Jügen Oberbäumer

Fukushima – Im Schatten

Jürgen Oberbäumer

Fukushima – Im Schatten

Verlag Ch. Möllmann

Ein Teil dieses Buches wurde erstmals veröffentlicht in:
Japan an jenem Tag – Augenzeugenberichte zum 11. März 2011.
OAG Taschenbuch Nr. 97 im Iudicium Verlag

Für Mariko

Erste Auflage 2015

Alle Rechte vorbehalten
Copyright © by
Verlag Ch. Möllmann
Schloss Hamborn 94, D-33178 Borchen
Tel. 0 52 51 / 2 72 80
Fax: 0 52 51 / 2 72 56
www.chmoellmann.de
Herstellung: Buchdruck Jürgens, Hamburg
ISBN 978-3-89979-222-5

Teil 1: Katastrophe und Flucht

1 Wir bleiben!

Seit über 27 Jahren lebe ich in Fukushima.
Sollte ich jetzt etwa weggehen? „Wir bleiben!" sagte ich neulich in einem Interview, das deutschlandweit über die Schirme flimmerte. Wir bleiben – schreibe ich das jetzt etwa mit dem heimlichen Wunsch, gerade diese trotzigen Worte könnten vielleicht irgend ein Wunder bewirken, uns einen Weg öffnen raus aus dieser Situation hier? „We have a situation ..." – in der Tat, mon general. We have a situation.

„Warum wollt ihr denn nur zurückgehen?" wurden wir in Deutschland so oft gefragt, im April 2011, als es klar war, dass wir genau das wagen wollten. „WARUM?!" Was sollten wir denn anderes tun, ihr Lieben? Wovon leben – mit wem – wo die halbe Familie hier ist; die japanische Seite der Familie und auf Hilfe der Tochter, meiner Frau Mariko, angewiesen. Wo meine Arbeit ist. Unser Lebensunterhalt. Unser Leben! In Deutschland als 57-jähriger, nach fast 30 Jahren, im Grunde seit über 30 Jahren im Ausland, versuchen einen Job zu finden?

Ein guter Witz, ha ha.

2 Wurzeln

Nach 27 Jahren gibt es Wurzeln, es gibt Verflechtungen, die nicht aus eigener Kraft zu kappen sind. Hatte Heike recht, als sie meinte, es sei vielleicht besser gewesen, wenn unser Haus vom Tsunami weggespült worden wäre? Fünfzig Meter vor uns lief sich die Welle aus. Hier im Ort war sie mit knapp sieben Metern extrem niedrig ... etwas höher, Normalhöhe, und wir wären alle unsere Sorgen los. Der Strand von Yotsukura ist kaum 500 Meter von unserem Haus weit weg; man kann im Sommer in Badelatschen und Handtuch zum Baden gehen. Wenn Seegang ist und der Wind kräftig von Osten kommt, hören wir die Brandung mächtig rauschen. Vor Jahren einmal so extrem, dass ich nachts rausgelaufen bin, weil es so laut war, dass ich dachte: „Das Meer kommt!" Aber es war nur ganz normale

Brandung. Der Hügel hinter dem Haus, auf den ich jetzt flüchtete, warf das Rauschen verstärkt punktgenau auf uns: wie ich dann mit einem flauen Gefühl im Bauch in Richtung Strand ging, wurde das Rauschen schwächer und schwächer und ich wunderte mich …

Wir wohnen etwa 33 Kilometer südlich von Fukushima Dai-ichi. Acht Zeitzonen östlich Deutschlands, auf der Höhe von Almeria in Spanien oder Naxos in Griechenland, am Stillen Ozean.

Unser Haus. Gemietet, aber doch: unser Haus seit Herbst 1986; der erste Oktober war Einzugstag. Ich hatte zwei Wochen darauf verwandt, die Ständer und Balken mit Leinölfirnis zu streichen und die Wände mit weißer Abdeckfarbe aufzuhellen: so zogen wir mit Kind und Kegel ein. „Kind" meint die kleine May, wegen derer Liebe zum Treppensteigen wir eigentlich aus der alten Wohnung rausgewollt hatten; die Treppe da war allzu steil; fast eine Leiter! „Kegel" die Sachen, die sich in jenem knappen einem Jahr schon angesammelt hatten. Nichts im Vergleich zu dem, was uns heute umgibt … aber doch mehr als beim ersten Umzug per Rucksack auf der kleinen Honda. Der beste Umzug, den ich je gemacht habe.

Leon, der mich gestern so direkt und fast brutal auffordert: „Schreib ein Buch!" war noch nicht geboren. „Schreib, solange Fukushima noch nicht vergessen ist!" forderte er, und so sitze ich jetzt am PC.

Neujahrsabend 2012: das Jahr des Drachen ist nicht mehr weit weg, ist ganz nah wie ein rettendes Ufer … noch drei Wochen, noch einen Vollmond und dann vierzehn Tage bis der Hase zur Ruhe gehen kann, der verdammte Nager. Hat mich schon früher gequält, durch meine eigene Schuld natürlich; Charakter ist Schicksal, und ein schwacher Charakter selbstverschuldetes Leiden. Und dies Buch jetzt – auch May hatte das ja schon einen Tag vor Sylvester drauf: Schreib doch ein Buch darüber! – aber das ist eine andere Geschichte. Wie auch die Frage, die mir so oft gestellt wurde, warum ich nach Japan gekommen sei.

Eine ganz andere Geschichte; lassen wir die jetzt mal ruhen.

3 Haben wir's geahnt?

Lassen wir dies mal anfangen im März 2011 ... einem anfangs überaus schönen Monat! Mariko hat normalerweise im März immer den Blues: letztes Jahr war's anders! Wir freuten uns auf den heranziehenden Frühling. Der Himmel war so blau. Nach dem langen Winter mit seinen Sorgen freuten wir uns so sehr auf den Frühling! Alles begann zu sprießen und zu blühen, das kleine wunderschön hellblau blühende Zeugs, in Deutschland würde man's Lungenkraut nennen, breitete sich über die winterkahlen Beete unseres kleinen Gemüsegärtchens aus wie jedes Jahr, die kalten Winde des Februar wehten schwächer, die Frostnächte wurden seltener und die hart funkelnden Sterne des Orion begannen im Westen zu verschwinden. An manchen Tagen konnte man regelrecht das kommende Frühjahr mit seinen Versprechungen riechen. Wir leben zwar im Verhältnis zu Europa relativ weit südlich hier, in unserem Garten wächst eine strubbelige Palme, die genauso alt ist wie unsere Kinder, sagt Mariko immer, aber die Winter sind lang und kalt. Es gibt keine gute Heizung und keine gemütlich warmen Stuben. Nachts sind es im Schlafzimmer nur drei, vier Grad über Null und im Grunde ist das ganze Haus von Dezember bis März ein einziger, großer Kühlschrank.

Unser Haus ist alt, es ist ein „richtiges" japanisches Haus wie es inzwischen nicht mehr allzu viele gibt, einstöckig mit Tatamimatten in allen Räumen außer der Küche, die einen einfachen, guten Holzfußboden aus Kiefernbrettern hat. Wir leben wie die Fürsten: so wie wir wollen. Freunde, die uns besuchen, sind immer überrascht: Das ist ja wie zu Hause bei den Großeltern ...

Freunde der Nacht: ihr seid vom Land und wisst nicht, dass dies inzwischen wieder hochmodern ist – „retro" – und in den Zeitschriften der Großstädte auf sorgfältig inszenierten Fotos einem schmachtenden Publikum teuer verkauft wird. Wir aber haben das noch in echt, und wir wissen, dass dieser Lebensstil bedroht ist in einem Land, das hundertfünfzig Jahre immer nur blind nach vorwärts gerannt ist, ohne sich umzuschauen.

Gerade deshalb ist es zukunftsweisend. Zurück zum einfacheren Leben! Wir sind keine idealistischen Spinner, wir sind aber klug genug, uns nicht von den immer greller tönenden Werbekampagnen für das gerade allerneuste Glück einfangen zu lassen.

In einer fremden Kultur ist es schwer, seine eigene Identität zu behaupten. Ohne irgendwelchen Kontakt zu anderen Deutschen, nicht mal anderen Europäern, muss man schon sehr in sich ruhen – mit anderen Worten ein bisschen verrückt sein – um nicht völlig weggeschwemmt zu werden von den, je älter man selber wird, immer fremdartiger werdenden Strömungen der fernöstlichen Umgebung! Zum Glück sind wir, meine Frau und ich, uns ganz einig in allen wichtigen Punkten und haben uns hier eine eigene kleine Insel des Glücks geschaffen, dreihundert Quadratmeter eingezäuntes bedrohtes Idyll. Unser eigenes „Fukushima", was ja übersetzt zufällig „Glücksinsel" heißt. Eine bittere Ironie nach den Ereignissen des elften März 2011 und seinen Folgen.

Wir waren nicht auf so etwas gefasst. Die örtliche Weisheit war: „Hier gibt's keine schlimmen Erdbeben!" und tatsächlich haben wir in all den Jahren nie eins gehabt. Die großen Verwerfungen sind relativ fern von uns, Japan wimmelt ja förmlich von ihnen – jetzt haben sich natürlich auch noch jede Menge neue Falten und Spalten aktiviert, so dass wir auch bei uns nicht mehr so ganz entspannt sein können, na, was rede ich. Auch vor Tsunamis glaubten wir sicher zu sein: die Küste der zwei nördlicheren Präfekturen Miyagi und Iwate mit ihren fjordartigen, tiefen Buchten ist gefährdet wie jeder weiß – aber wir doch nicht! Und vor dem Näherkommen des dritten apokalyptischen Reiters verschlossen wir jahrelang die Augen, so gut wir konnten, obwohl wir seine fahle Mähre eigentlich schnauben hörten.

Es hatte schon immer Probleme und Skandale in den Atomkraftwerken Dai-ichi und Dai-ni gegeben, besonders in der „Nummer Eins", wie Dai-ichi heißt. Nummer eins der Lügen und Vertuschungen wie wir jetzt, viel zu spät, besser und besser wissen und uns fragen: Wie konnte das sein? Natürlich war uns schon bewusst, uns, im Gegensatz zu den technikgläubigen und vertrauensvoll liberaldemokratisch wählenden Menschen um uns herum, dass da am Strand ein Monster hockte. Gleich an der Nationalstrasse 6, aber durch ein Wäldchen gut abgeschirmt und so weit weg von Menschen, dass es fast unsichtbar war. Strategisch ideal gelegen, genial gefunden dieser Platz. Weit genug vor den Toren der Stadt, zwischen ein paar kleinen Dörfern, die es erst reich machte und dann vernichtete. Eine dunkle Wolke am Horizont – mehr waren diese zwei AKWs mit ihren zehn Reaktoren für uns nicht; wie ahnungslos wir waren.

Eine vage Bedrohung, die uns immer davon abhielt weiter nach Norden zu gehen, in die schöne, unberührte Landschaft, in die es uns eigentlich zog: mehr nicht. Uns aber nicht veranlasste, hier wegzuziehen. Wie dumm wir waren, nicht auf unser Gefühl zu hören. Andererseits – wie schwer es ist, eine Umgebung zu verlassen, in der man einmal Fuß gefasst hat: sehe ich jetzt. Wie die Fliege auf dem Klebeband zappeln wir hier und können uns doch nicht losreißen; wer außer dem einen belgischen Cowboy auf seinem Jolly Jumper könnte schon den eigenen Schatten hinter sich zurücklassen?

Große Ereignisse werfen aber ihre Schatten voraus weiß das Sprichwort, und auch wir haben einige verblüffende Dinge gesagt und getan, wenn ich mich erinnere an die Wochen vor dem Erdbeben. Ich habe jetzt mein Tagebuch von damals noch einmal gelesen unter der Perspektive: Habe ich das Unheil irgendwie kommen spüren und wunderte mich über dies und das, ohne dass uns damals etwas bewusst geworden wäre? Im Nachhinein versteht man Vieles.. Irgendwas haben wir damals vorausgespürt, denke ich.

Makaber: wir sahen und kommentierten sarkastisch ein Video, den alten Schinken vom „China Syndrome" mit Jack Lemmon und Jane Fonda: eine Woche vor den Ereignissen. In dem Film geht's um eine Kernschmelze in den USA! Der geschmolzene Kern unterwegs in Richtung Erdmittelpunkt und darüber hinaus nach China. Wir ahnten nicht, wie bald wir genau das in unserer unmittelbaren Nachbarschaft haben würden, nur, dass es jetzt gleich drei alles verätzende Höllenfeuer sind, die in Richtung Südatlantik, offene See vor Uruguay, weit draußen vor dem Rio de la Plata wandern.

Noch krasser ist Folgendes. Wir haben – hatten! – ein Lieblings Onsen-Bad – „Misaki-koen" – in unmittelbarer Nähe des AKW Dai-ni und damit also in der Todeszone. Sehr schön war es da; man konnte da sogar im Freien das heiße Wasser genießen – die Erinnerung kommt beim Schreiben so deutlich –, den Mond über dem Meer aufsteigen sehen, wenn man genau am Einstieg, aus Natursteinen sehr schön gemacht, links der kleinen Treppe, im Wasser so saß, dass der eine Tragpfosten die stark blendende Laterne auf der Wiese zwischen Bad und fernerer Natur verdeckte. Das entdeckte ich bei meinem letzten Bad da! Mariko nebenan im Frauenbad: ob sie den gleichen Mond sah?

Auf dem Rückweg vom Onsen, abends gegen acht – mit dem Auto diese künstliche Allee mit den faux chinois Straßenlaternen am Rand, zurück zur N 6 – sahen wir eine Reklametafel für die Präfektur Fukushima: „berühmt" sollte Fukushima werden, wurde darauf erhofft. „Wodurch denn bloß?" spottete ich. „Berühmt? Wenn überhaupt durch irgendwas, dann höchstens durch die verdammten Atomkraftwerke ..." Wobei natürlich impliziert war durch eine Katastrophe; mein Spott legte sich aber nicht in irgendeiner Form als Vorahnung oder dergleichen düster aufs Gemüt, nein, wir erinnerten uns erst an diesen surrealistischen Dialog, als wir gut eine Woche später auf der Flucht vor eben dem sozusagen herbeigespotteten Ungeheuerlichen waren.

Wäre uns die Bedrohung akut erschienen – hätten wir uns sicher nicht ausgerechnet an diesem letzten Besuch im Bad eine Zehnerkarte gekauft! Die können wir jetzt an die Wand nageln.

Ob die Vögel uns was sagen wollten? Wer kann die aber schon verstehen. Wir hatten drei „Visionen": die erste war ein prächtiger Graureiher, der unversehens, seine riesigen Schwingen schlagend, hier im Garten vor unserem kleinen Teich stand. Schwang sich nach ein paar Augenblicken aufs Dach, hockte da („unheilverkündend"?), während Mariko und ich uns freuten und flog nach einigen Augenblicken hoch zum Tempel auf die große Kiefer, in deren Wipfel er manchmal zu sehen ist. Derselben, unter der ich ein paar Tage später Zuflucht vorm Tsunami nahm.

Die zweite war noch seltener. Es gibt die „japanische Nachtigall" – Uguissu – die als Frühlingsbringer geliebt wird. Sie ruft unverkenn-

bar melodisch mit einem Triller, den jeder kennt, auch wenn er sonst kein Spatzentschilpen vom Krächzen einer Krähe unterscheiden könnte. Die Uguissu ist nun auch dadurch bekannt, dass man sie nie sieht. Nie. Wie den Kuckuck bei uns. Aber zwei Tage vor dem elften März hörten wir eine ganz nah im Strauch am Teich – und dann zeigte sie sich uns! Hoppte flink an den dürren Zweigen hoch und runter und flötete froh. Wir waren sprachlos vor Staunen!
Das dritte Orakel war ein Zug Schwäne, durch den blauen Mittagshimmel zurück in den hohen Norden sich wendend ... Trompetend zogen sie, majestätisch weiß, fort von uns in Richtung Nordwest. Wir winkten ihnen nach, das taten wir wirklich – wir sind manchmal so, ich lasse mich von Mariko mitreißen – und freuten uns mit ihnen: zurück in die Heimat. Freuten uns auf den nahen Frühling, den wir in der sonnigen Frische des Märzmittags so deutlich wahrnahmen!
Warum daraus aber ein Gedicht entstand, das ich mit „Schwanengesang" betitelte und in dem ich mich als „verbannt" bezeichnete – ein paar Tage nur vorausschauend sachlich korrekt – das weiß ich wirklich nicht. Temporär verbannt, genauer gesagt, denn wir sind zurück!

Außer den ungewöhnlichen Besuchen der Uguissu und des Graureihers beobachteten wir weiter kein außergewöhnliches Tierverhalten, weder waren unsere Katzen unruhig noch sonst etwas. Wir waren in zweihundert Kilometer Entfernung vielleicht zu weit weg vom Epizentrum – seit dem großen Beben von Lissabon 1755 wird doch sonst immer berichtet, Tiere hätten sich sonderbar verhalten! Ob's nun am zweiten Weihnachtstag 2004 flüchtende Elefanten in Thailand waren oder Schlangen in China 2008 oder die Ameisen in Chile, von denen Isabel Allende schreibt. Das größte gemessene Beben überhaupt war dieses Chile-Beben von 1960: die Erde schüttelte sich mit einer Stärke von M. 9,5 und warf einen Tsunami auf, der quer über den gesamten Pazifik raste und sogar hier in Japan 138 Menschen umbrachte, wie ich nachlese. Zwischen fünf und über sechs Metern hoch rollte der Tsunami damals hier an Land! Vom andern Ende der Welt kommend! Ob er bei uns in Iwaki Schäden angerichtet hat? Es gibt keine Berichte.

Die Japaner reden nicht wie wir Deutschen ewig und drei Tage über die Vergangenheit! Vergessen so etwas schnell. Vielleicht weil Naturkatastrophen hier eher zum Alltag gehören als in Nordeuropa? Taifune, Erdbeben, Vulkanausbrüche, Tsunami – alles sind Dinge, gegen die man sich nicht schützen kann. Man nimmt sie hin. Hält sie aus – baut wieder auf, was kaputtgegangen war und vergisst. „Erdbeben – Blitzschläge – Feuer – der Alte ..." sind die sprichwörtlichen Plagen. Das Leben bringt von Tag zu Tag zuviel Schwierigkeiten, immer neue, um lange über verschüttete Milch zu klagen.

Und am Morgen nach dem Taifun ist das Wetter so unvergleichlich schön! So klar ist die Luft: ich habe einige solcher Sonnenaufgänge über dem aufgewühlten Meer hier fotografiert an meiner Lieblingsstelle, dem Felsen von Hattachi im Nachbarort Hisanohama und sah dabei einmal etwas sehr Seltenes aufleuchten, den „grünen Blitz" am oberen Rand der Sonnenscheibe; das Phänomen machte seinem Namen Ehre. Leider war ich zu verblüfft um auf den Auslöser zu drücken.

Das Gespräch mit „Lucky" vom Februar ist im Nachhinein auch eigenartig. Lucky ist ein Typ, der auch Jürgen heißt wie ich; zweimal „Jürgen" im gleichen gottverlassenen Kaff hier am Rand der bewohnten, der bewohnbaren Welt kann man jetzt ja ungeniert sagen – wie ist das zu erklären? Wo wir schon von Seltsamkeiten reden. Ein Bayer ist er. Aha, ein Münchner! Wenn auch bestimmt nicht im Himmel ... aber genauso unerschütterlich wie der andere. Fährt allerdings statt BMW stolz Harley Davidson: natürlich mit einer blauweißen Fahne am Heck. Er hatte mich angerufen, wir kannten uns nur vom Hörensagen und bat mich um Auskunft zu Yotsukura: er wolle ein Haus hier kaufen, eine günstige Gelegenheit. „Ja, nicht schlecht hier; die Leute anfangs etwas kalt", hätte Mariko zuerst empfunden, „bis man sie näher kennenlernt." „Auf der anderen Seite: die Atomkraftwerke in der Nähe ... und dann der Strand: nur ein paar hundert Meter entfernt! Wenn da mal ein Tsunami kommt, kannst Du laufen!" sagte ich ihm Ende Februar.

Jetzt, „zwischen den Jahren", bei einer Flasche Wein, tauschten wir uns noch mal über das Gespräch aus. Das war schon eigenartig, dass ich, neben der salzhaltigen Seeluft als Gefahr für seine Harley Davidson ausgerechnet Tsunami und AKWs anführte! Zwar irgendwie logisch, aber in der Nähe zum Ereignis – dem Beben Stärke 9,0 – das beides auslöste und verband, frappierend. Er hatte übrigens großes Glück: das Wasser stand ihm bis einen einzigen Zentimeter unter der Schwelle der Eingangstür. Weil sein Haus auf einem hohen Sockel steht, blieb im Gegensatz zu den stark beschädigten Nachbarhäusern bei ihm und seiner Frau alles unversehrt. Übrigens ist das ein Mann, baumlang wie er ist, von dem man sprichwörtlich sagen kann, ihn habe der Blitz auf dem WC getroffen. Er saß nämlich auf dem Firmenklo, als es losging! Auf dem „Donnerbalken". Weist das jetzt etwa auf einen Zusammenhang in umgekehrter Richtung hin, Chaostheorie, der Schmetterlingsflügel und der Hurrikan? Es gibt ja viel Unerklärliches ...

Es lag was in der Luft. War das nur die allgemeine Weltlage, die „KRISE"? oder etwas anderes, das mich veranlasste, im Januar mein über's ganze Haus in Schubladen und Tatami-Ritzen verstreutes Bargeld zu sammeln und einen echten Klumpen Gold dafür zu kaufen? („Schubladensparen" auch bei mir, 700 Milliarden Dollar liegen angeblich in ganz Japan in den Wandschränken ... kein Wunder bei den Null-Zinsen seit vielen Jahren. Deflation fast ununterbrochen seit dem Platzen der großen Blase 1991 ...) Der dann kaum einen Monat später im Sicherheitsscheck des Flughafens Frankfurt, Weiterflug nach Münster/Osnabrück, die Beamten verblüffen und zu einer telefonischen Nachfrage animieren würde, ob das erlaubt sei? Es war; Hans im Glück.

Mein Testament zu machen, meiner Frau eine Generalvollmacht auszustellen? Meine gesamten Konto-, PIN-, Kenn- und sonstigen Nummern schön übersichtlich aufzuschreiben, unglaublich, was man alles haben muss und alles mit Kopien fertig zu machen? Meine Sachen zu ordnen wie vor einem – einem was?

Und was ist eigentlich mit meinen „Bunkerphantasien"? Die fallen mir auch jetzt erst wieder ein. Ich hatte im Februar fiebrige Nächte, war das eine Erkältung oder waren's Zahnschmerzen, ich weiß es gar nicht mehr. Ich betrieb Weltuntergangsvorbereitungen ... Überdreht lag ich Stunden um Stunden wach und plante. Ein Deutschlandticket zum 90. Geburtstag meiner Mutter war gekauft: ich freute mich und machte mir Gedanken, machte wahnwitzige Pläne. Wollte einen Keller bauen, außerhalb des Hauses, unter der noch anzulegenden Terrasse vor der Sous-Parterre-Wohnung, die wir uns vor drei Jahren eingerichtet hatten. Von der Wohnung aus irgendwie begehbar ... wie? Kann man sich fieberfrei gar nicht richtig vorstellen.

Und der Clou war: dieser Keller sollte nach Norden hin, wo das Gelände in nicht zu großer Entfernung in ein Wiesental abfällt, in eine Grotte übergehen, in der man mit Wasser vom Bach wahlweise heiße und kalte Bäder nehmen könnte; denn ich wollte eine beheizbare Badewanne aufstellen. Irgendeine alte Wanne mit einer Möglichkeit, Feuer drunter zu machen! Wie so ein Kannibalenkessel. Das malte ich mir in den schönsten Farben aus!

Die Grotte aber würde vom Keller wiederum gut abgeschirmt sein; dem Keller als geheimen Rückzugsort. Am Besten mit noch einem Geheimgang ins Freie! Davon phantasierte ich Stunden um Stunden, bis mir fast übel war und konnte es doch nicht stoppen.

Tatsache ist jedenfalls, dass wir uns damals die Wohnung eingerichtet hatten mit Toilette und Dusche auf kleinstem Raum; was heißt Wohnung, es sind ja nur ein Zimmer und eine Küche; aber eben doch eine komplett eingerichtete Einheit und dass uns dies winzige Appartement jetzt ganz genau richtig kam. Ein Rückzugsgebiet wie es im Buche steht. Für eine Zeit, wenn einem der Himmel auf den Kopf fallen will.

Meine Frau Mariko hatte auch schon länger vage Ängste gehabt; grad als das Beben losging, sprach sie mit „Aichans Mama" am Telefon ausgerechnet über Erdbeben; es hatte einige „Vorbeben" gegeben ,die ich gar nicht registriert hatte. Wusste gar nicht, dass es „Vorbeben" gibt! „Ich glaube, da kommt jetzt wieder eins!" warf sie den Hörer auf und rannte raus ins Freie: 14:46 Ortszeit am elften März 2011. Alle diese „Vorahnungen" kann man zwar erst im Nachhinein verstehen. Doch liegt das nicht in der Natur der Sache? Einen

Kreis erkennt man eben erst als solchen, wenn er sich geschlossen hat! Der Anfang wird erst vom Ziel aus gesehen verständlich.

Noch eine Tagebucheintragung zu Leons geplantem Auslandssemester. Grade zwei Tage vor dem elften März war von der ICU in Tokyo die Annahme gekommen, lese ich wieder. Am Abend des zehnten März schrieb ich: „ ... ich habe nur Angst vor dem großen Beben. Wenn es doch vorher kommen würde!" Damit meinte ich allerdings das „Kanto"-Beben im Großraum Tokyo, das nach wie vor überfällig ist, und vor dem ich nach wie vor Angst habe. Das letzte Mal ereignete es sich 1923; es hatte eine Stärke von M. 7,9 und forderte über 140.000 Tote. Es machte fast zwei Millionen Menschen obdachlos, weil große Teile Tokyos abbrannten, ohne dass man dagegen etwas tun konnte. Ob mein Wunsch also erfüllt wurde? Kann ich nicht sagen! Ich habe immer noch große Angst davor. Vermeide Tokyo seit zwanzig Jahren, so gut ich kann – es ist aber damit wohl so wie mit dem Tod vor Isfahan aus der alten Geschichte.

Das Kanto-Beben hat eine Frequenz von etwa siebzig bis neunzig Jahren und ist damit jedenfalls überfällig. Unseres hier kam wie der Blitz aus blauen Himmel, niemand hatte das auf dem Radar gehabt. Es kam doch. Erdbeben sind so schwierig vorherzusagen. Eigentlich kann es noch niemand. Es werden Wahrscheinlichkeiten angegeben wie: In den nächsten zehn Jahren wird sich mit einer Wahrscheinlichkeit von 70 Prozent ein Beben der Stärke M. 8,0 da und da ereignen – was zu ungenau ist, um Menschenleben retten zu können.

Das nächste ganz große Beben, auf das man sich hier vorbereitet, ist das „Nankai"-Beben weit südlich von Tokyo. Auch ein furchtbarer Tsunami wird da entstehen – Städte an der ganzen, langen Küste bereiten sich vor so gut sie können: es werden Lehren gezogen! Es werden sogar einige Teile gefährdeter Städte völlig aufgegeben – der Schock dieses Tsunami war zu groß, um die Leute nicht wachzurütteln. Hunderttausende von Toten werden im schlimmsten Fall befürchtet! Grauenhaft.

Warum aber die Regierung Noda sich immer noch Sand in die Augen streuen lässt und glauben will, dass das AKW Hamaoka, sowieso in sehr bebengefährdeter Lage, durch eine 21 Meter hohe Mauer vor dem Meer geschützt werden kann? Es ist zum Verrücktwerden.

Ein Buch müsse ich schreiben, schnell, so lange das Thema „Fukushima" aktuell sei, erklärte mir Leon mit alttestamentarischer Bestimmtheit als wir Sylvester spätnachmittags zum Baden ins „Kanpo-no-Yado", dem Hotel für Postangestellte fuhren, mit der Venus schon sehr sehr tief über den Bergen; ich mit dem Gefühl „Da wird eh nix draus!", weil ich mit dem vermaledeiten „Kanpo-no-Yado" immer nur Pech gehabt hatte. Mal war's geschlossen gewesen und dann der Tag mit Ian und seiner Freundin … Saori musste sich umziehen, Saori musste sich schminken, während ich auf dem Parkplatz (ich hatte mich extra beeilt!!) in der Hitze kochte. Als sie dann endlich fertig waren und wir zum Strand gingen, wo mir Ian eröffnete, dass er gar nicht schwimmen wollte, Saori sowieso nicht, war ich dermaßen in Brast, dass ich voller Verachtung meinen berühmten Köpper in zehn Zentimeter tiefes Wasser machte: der mir zu Ians bleibender Belustigung einen steifen Nacken und eine schöne Schramme an der Stirn eintrug! Mich aber in wunderbarer Weise – auf der Stelle beruhigte.

Das also ist „Kanpo-no-Yado", und ich war nicht sehr überrascht, als uns ein Schild am Eingang darauf hinwies, dass der Badebetrieb für andere als Hotelgäste seit 17:00 beendet sei. Mit einer tiefen, bedauernden Verbeugung bestätigte es das freundliche Mädchen am Empfang. Ich fühlte mich – bestätigt, was sonst. Aus lauter Frust gingen wir viel zu teuer essen in einer Bar am Wasser, ganz in unserer Nähe, deren zweiter Stock den Tsunami überlebt hatte.

Ein Buch! Lieber Leon, als ob ich nicht wüsste, was ein BUCH ist, eins das den Namen verdient, sagen wir mal. Als „Leser", hallo Arno Schmidt, als Bücherwurm seit dem „Glücklichen Löwen" weiß ich, was ein Buch ist. Lese seit Weihnachten zum zweiten Mal die „Entdeckung des Himmels" von Harry Mulisch, lese und staune voller Ehrfurcht. Auch voll Scham, dass ich damals zu May sagte, es hätte mir nur so lala gefallen! Markus und sie läsen es sich vor, hatte sie mir erzählt und mich gefragt wie ich's denn gefunden hätte.

Wieder eine Sünde gegen den heiligen Geist also, eine von denen, die nicht verziehen werden können: ich war zu dumm, das Großartige an Markus und May zu würdigen: sich so ein dickes Buch gegenseitig vorzulesen. Nur weil mich der etwas sehr amerikanische Schluss der Geschichte ermüdet hatte! Nein, mehr als das: weil ich überheblich war und bin. Darum. So verdammt überheblich. Zum Steine erweichend blöd dazu – meine eigene Tochter und ihren Freund so lauwarm abzufertigen, das ist typisch für mich, immer noch, immer noch. Ich denke dann, dass ich ehrlich bin: wer sagte noch, dass der Deutsche grob ist, wenn er glaubt, ehrlich zu sein?

So ist es jedenfalls bei mir. Auch nach all den Jahren in kultivierter Umgebung! Ist ja auch nicht einfach. „Du musst Dein Leben ändern!" Aber wie? Die Japaner sind wirklich klüger mit ihrer Höflichkeit. Bedeutend klüger! Sind menschlicher, das heißt auch, behutsam. Und gar nicht so doof wie die deutschen Medien sie immer darstellen, wirklich nicht. Schäfchen sind sie zwar oft, in der Masse einer Stadtgesellschaft geht es auf die Dauer gar nicht anders, wie die Wölfe von der Wall Street vielleicht auch bald feststellen werden, aber blöd sind sie trotzdem nicht. Naiv aus Überzeugung zu sein? Fünfundachtzig Prozent der Zeit ist es eine bessere Strategie mit den Schafen zu blöken als einsam in die Nacht zu heulen! Leider nicht immer, besonders eben nicht, wenn Wölfe mitblöken. Schreibe jetzt also auch als Bußübung, bekenne hier öffentlich meine Mittelmäßigkeit, sollte dies je an die Öffentlichkeit gelangen!

May hatte ja das Thema „Buch" eigentlich als Erste angerissen, mit Markus zusammen erfand sie Titel um Titel für eine therapeutische Übung, die sie mir empfahl. „Du musst vielleicht dein ganzes Leben mal aufschreiben um klarer zu sehen" riet sie und stellte das unter Überschriften wie „Der alte Mann und das Mehr" – aber das ist eigentlich eine zu traurige Geschichte. Lassen wir das.

May, danke auch für das Büchlein „Wo die Liebe ist, da ist auch Gott" von Leo Tolstoi, angefangen mit „Hütet das Feuer" war jede einzelne Erzählung eine Mahnung und ein Wegweiser. Was ich hier jetzt versuche aufzuschreiben, ist also nichts vom Kaliber eines

„Buchs" und hat auch keine tragenden Weisheiten, fürchte ich: es ist einfach ein Bericht über gewisse Tage und Stunden, „norari kudari" wie meine ungeduldige Frau so eine Redeweise immer schilt: um acht Ecken rum. „Komm auf den Punkt!" schimpft Leon, aber es braucht Zeit auf den Punkt zu kommen. Habe Geduld mit mir, mein Sohn ... Ich habe kein Feuerwerk abzubrennen wie Harry Mulisch und bin auch keine klare Flamme wie Tolstoi, der weiß wie viel Erde der Mensch braucht; was ich aufzuschreiben habe, ist eher wie das unsichere Feuerchen ein paar zusammengeknuffter Seiten alter Zeitung, wie es Marikos Mutter und alle alten Mütterchen Japans zum Totenfest „Obon" und den Equinoxen auf dem Friedhof entfachen, um daran mühevoll eine Hand voll Räucherstäbchen in Glut zu setzen. Gelingt es zuletzt, werden die Stäbchen aus der Hülle genommen, die sie in der Mitte hält wie eine Banderole und auf die Grabsteine des Familiengrabs verteilt. Die Grabsteine wurden bereits gewaschen, Blumen sind schon aufgestellt. Man legt die Hände zusammen und gedenkt der Toten; an die zwanzigtausend sind es diesmal; und wie viele kommen noch? Man geht dann nach diesen kleinen Diensten der Dankbarkeit und des Gedenkens für gewöhnlich erleichtert und in guter Laune von dannen, Tee und etwas Süßes sind schon vorbereitet: das Leben ist nicht so leicht totzukriegen. Mehr als alles andere ist dies eine Meditation, ist es der Versuch, selbst wieder die Füße auf die Erde zu kriegen.

Gestern früh im Bett, nach einem der schweren, nichtsnutzigen Träume, die ich letztens habe, machte das Wort „Closure" sich so breit in meinem Kopf, dass ich anfing nachzudenken und mir DA plötzlich klarmachte wie sehr ich in der Luft hänge. Dass Mariko es überhaupt mit mir aushält! (Gut, das wundert mich schon über zwanzig Jahre ... aber jetzt noch mal anders ...) Merkt sie nicht wie realitätsfern ich geworden bin? Unfähig, meine große Entscheidung zu treffen – unfähig, wirklich in den Spiegel zu sehen? Ist sie vielleicht selber so, sind wir alle hier in der Nachbarschaft, der still und leise vor sich hin brennenden Reaktoren so? Schlafwandler, Traumtänzer, lebende Leichname? Oder nicht? Das ist die Frage aller Fragen – und sie ist nicht zu beantworten.

„Leugnung" ist doch die erste der Phasen, durch die man nach einem Schock geht, ob es eine Krebsdiagnose ist oder der Verlust eines geliebten Menschen: ES ist doch eigentlich gar nicht wahr! Es ist doch ganz anders – sagt man sich, unter Umständen schließlich erfolgreich. Schafft sich selbst damit eine neue, eine andere Realität – wie gut, wenn es gelingt! Es gelingt aber nur, wenn man an sich selber glaubt, an seinen guten Stern, an seinen Weg.
Schließlich sind wir doch geübt im „Verleugnen", oder „Abwehren"; wer denkt denn schon ständig daran, dass er mitten im Leben …? Die allerwenigsten! Ich bin einer davon; jeden Tag denke ich an ihn, den guten zeitlos alten Freund der kleinen Momo, und meine hier nicht Beppo Straßenkehrer, auch nicht Nicola den Maurer und erst recht nicht den Geschichtenerzähler Girolamo. „Bist Du …?" fragte sie ihn, und er lächelte; antwortete aber nicht gradlinig, der Meister der Stunden und Minuten.
„Closure" – wie dies Wort so vor mir stand, fühlte ich plötzlich, dass dies Schreiben für mich etwas zum Abschluss bringen wird. Kann. Muss. Sollte. Will?

Es ist ja alles in einem selbst, das Gift so wie die Medizin. Wer hat mich denn schließlich vor so vielen Jahren hier hin geschubst, wenn nicht ich selber? Über eine Entfernung von ziemlich genau 10.000 Kilometer punktgenau nach Iwaki – eine saubere Leistung, Respekt. Andererseits wäre es auch allzu schwach nach so einem langen Anlauf JETZT nicht den großen Sprung zu schaffen, den Sprung heraus aus der Trägheit. Den Sprung zurück: in die Wirklichkeit! Wirken möchte ich so gern nach 27 Jahren Einsamkeit. Wenn ich Menschen erreichen könnte mit diesem Bericht! Mut machen könnte. Zeigen könnte, was wirklich wichtig ist; nicht, dass ich mich für besonders befähigt hielte – aber im Gegensatz zu den meisten anderen Menschen meiner Sprache habe ich Erfahrungen machen müssen, die es vielleicht wert sind, geteilt zu werden. Ich möchte mir durch das Schreiben auch selbst darüber klar werden, was wichtig ist, „learning by doing" oder auch „learning by wooing": ich werbe um Aufmerksamkeit. Auch meine eigene! Wie kann man anders etwas über sich erfahren als im Spiegel des Gegenüber, auch wenn der Gegenüber die Tasten des Keyboards sind, auf denen meine Finger ein skurriles Muster weben. Der Schirm, auf dem ich Worte stehen sehe: „An audience of One". Egal. Ich will's versuchen! Meine Familie wird's verstehen.

Und ich mich selbst ein bisschen besser kennen lernen. Meine Familie, besonders meine Frau: eine Figur-Grund-Gestalt! Je mehr ich von „mir" schreibe, desto klarer umrissen wird unausgesprochen auch Mariko erscheinen; sie, die mich und die Kinder trägt, treu wie die gute Erde selber, ein kleines Stückchen davon, ein Gärtchen eben wie wir es hinterm Haus haben und nun nicht mehr bebauen können. Kleine Leute sind wir, unauffällig und um unsere Existenz kämpfend wie alle unsere Nachbarn hier in diesem kleinen Fischerörtchen Yotsukura, Ortsteil der Stadt Iwaki.

So bescheiden wir sind: das Tableau, auf dem sich dieser Bericht entfaltet, ist gewaltig.

4 *Taira plus*

Elfter März 2011, Uhrzeit 14:46, ich komme nicht mehr drumherum. „Heisei 23" in japanischer Rechnung, 23 Jahre seit Antritt des gegenwärtigen Kaisers Akihito! Ein sonniger Tag, frühlingshaft: wobei ich mich jetzt nicht mehr absolut konkret an den Vormittag erinnere. Es ist mir aber, als sei er so wie der Schwanentag zwei Tage vorher gewesen, es ist mir, als stehe ich noch in der langsam steigenden Sonne draußen vor der Küchentür, Mariko in der Nähe mit Pflanzen im Garten beschäftigt, wie jeden Morgen. Wir leben ja eine regelrechte Idylle: bewohnen ein fast hundert Jahre altes Haus! Das damals für den Vizechef des großen Zementwerks hier gebaut wurde, komplett mit Dienstmädchenzimmer, zur Zeit „Corporate Headquarter" für unsere winzige Firma „Kleines Deutschland GmbH", Spielwarenimport. Wunderbare Artikel führen wir: die Figuren der Margarete Ostheimer in japanischer Vertretung. Hauptsächlich die Figuren. Von Fuchs, Igel und Hase über Schneewittchen mit den sieben Zwergen bis zu Maria und Josef mit dem Heiland:

diese in der originalen, genialen Form- und Farbgebung der Gründerin Margarete selbst! Genie kann keiner verbessern.

Bewohnen also dies Haus mit seinen 75 Türen und fünf Fenstern, die kleinen Klofenster nicht eingerechnet, schon eine halbe Ewigkeit und mit zwei Kindern – ein Leben lang, obwohl unsere Tochter May ihre ersten zehn Monate in unserer vorherigen Wohnung in Hirakubo verbrachte. Meist schlafend allerdings; die ersten Schritte tat sie hier. Leon verbrachte sein ganzes Leben hier, und so ist unser Haus voller Erinnerungen an Kinderlachen, an schnelle Füßchen und kleine Strolchereien aller Art. Darüber hinaus voll von den Werken kleiner Hände, immer noch. Trotzdem vieles halb vergessen schläft in Kästen und Kisten, und viel in der großen Kiste landete: dem Müll. Auch voll von Marikos Textilarbeiten, ihren guten Webereien aus selbstgesponnenen, selbstgefärbten Garnen und seit zwei Jahren auch voll von auf der neunzig Jahre alten Singer genähten Sachen, voll von Fotos und Büchern, alten LPs und viel zu vielen schönen alten Möbeln. Voll Leben. Voll lieber Geheimnisse eben. Voll Erinnerungen!

Jeder mag dies Haus, jeder ist gern hier, sogar die Leute vom deutschen TV neulich erklärten, sie könnten verstehen, dass wir hier bleiben wollten ... wobei Mariko erst solche Bedenken hatte, unsere Hütte in aller Öffentlichkeit zu zeigen. Kam aber doch gut an. Mir wär's sowieso egal gewesen! Sie versprachen aber „schöne" Aufnahmen und hielten ihr Versprechen so weit sie konnten. Merci. Es ist einfach gut bei uns – was nicht unbedingt mein Verdienst ist. Eher noch – das unserer (gegenwärtig) fünf Katzen.

Ein Garten geht ganz um das Haus herum, mit vierzehn Ecken wie ich einmal bei einer Flasche Rotwein zählte; das war im Mai. Die ganze Einfahrt war von wildwuchernden Margariten zugewachsen, und bei betörend milder Luft zählten die Katze Happy und ich die Sterne wie die Gartenecken einer lauen Frühsommernacht. Ein Teil des Gartens, etwa 50 m^2 hinterm Haus, ist Marikos Gemüsebeet, und da war sie mit Sicherheit an DEM Morgen auch beschäftigt. Sie ist wie alle guten Hausfrauen, im Gegensatz zu mir, Frühaufsteherin!

Ging morgens als Erstes mal kurz raus zu ihren Radieschen und Zwiebeln.
Anfang März – für meine schöne Gärtnerin eine Jahreszeit voll Hoffnungen, voller kleiner Einkäufe im Markt „Komeri", der an diesem Morgen auch nur noch ein paar Stunden Frist hatte, ohne dass es einer ahnte.

Immer neue Blumen und Stauden schleppte sie an, pflanzte Bäumchen an den unmöglichsten Stellen: „Die sind doch so klein!" und überließ mir dann die undankbare Aufgabe mit dem zu groß gewordenen Wuchs irgendwie fertig zu werden ... Sie hatte an jenem Morgen aber auch eine Verabredung in der Galerie „Komorebi", die fast eine Stunde Autofahrt von hier bergwärts an einer herrlichen Flussbiegung mitten in unberührter Natur liegt. Es gibt hier so schöne Stellen! Im „Komorebi" gab es eine kleine Ausstellung von Malern aus der Gegend, unter anderem ihrer Freundin Yasuko. Die ist aufs Meer spezialisiert. Eine mutige ältere Dame mit interessanter Vergangenheit: folgte vor langer Zeit ganz ohne einen Pfennig jemandem nach Amerika, mit einem kleinen Kind auch noch, schlug sich da irgendwie durch, kam nach langen Jahren zurück und malte dann sehr schöne Seelandschaften.
Ihr war also erspart, weglaufen zu müssen ... denn natürlich lebt sie am Wasser, übrigens ganz in der Nähe meines bayrischen Namensgenossen. Ihr Haus blieb verschont: die Strahlung trieb sie dann aber sehr weit fort, von hier bis nach Shikoku, Westjapan. Ob sie wohl immer noch das Meer malen mag?
Ihr Onkel mütterlicherseits war übrigens der ehemalige Präfektur-Oberst Kimura: der in den 60er Jahren die Atomkraft zu uns holte! Und selbstverständlich nicht zu seinem Schaden. „Wie gewonnen – so zerronnen" kommentiert meine Frau die Tatsache, dass der leichtsinnige Sohn dann alles wieder verspielte. Fast alles – denn uns blieb das „glückliche" Atom.

Nach dem Ausstellungsbesuch aßen die beiden zusammen etwas Sushi in so einem Revolvershop; also aufs Fliessband wird serviert und vom Fliessband nimmt man sich Tellerchen und genießt. Ein

zweifelhafter Genuss eigentlich, aber diese Restaurants sind ein absoluter Hit weltweit scheint es. Nun also. Mariko kam vor Mittag noch zurück, die perfekte Hausfrau und Gattin, die sie ist, rechtzeitig bevor ich zur Arbeit musste.
Ich las derweilen auf meinem Lieblingsplatz in der Küche und weiß sogar noch was: „The Revenge of Gaia" von James Lovelock, dem Engländer. Er wird ja immer als der Erfinder des „Gaia-Konzepts" dargestellt, was sicher eine gewisse Berechtigung hat, wenn auch Gustav Theodor Fechner vor hundertfünfzig Jahren das gleiche viel besser beschrieb; aber die Erde als lebendes Wesen verstehen – kann jeder, der ein bisschen Grips im Kopf und ein Herz in der Brust schlagen hat. Müsste eigentlich jeder können ...
Ich ärgerte mich über seine Blauäugigkeit was die Gefahren der Atomkraft angeht! Er hätte nichts dagegen, einen Reaktor bei sich im Garten stehen zu haben! schrieb er tatsächlich. Das stieß mir übel auf; „so ein Quatsch!" dachte ich. Uns hier mit den Scheiß AKWs in der Nähe so was sagen zu wollen! dachte ich empört – einen halben Tag, bevor uns alles um die Ohren flog!
Hatte ich hier Vorahnungen? Ich weiß, warum er die Atomkraft für das kleinere Übel hält: aber wie kann man den Teufel mit Beelzebub austreiben wollen?
Ich las gleichzeitig, unsere städtische Bibliothek ist erstaunlicherweise sehr gut ausgestattet mit englischen Büchern, George Monbiot: „Heat. How to Stop the Planet from Burning". Es muss schnell etwas gemacht werden! war und ist mir glasklar. Jeder muss JETZT anfangen; die kleinsten Tropfen höhlen auf Dauer den härtesten Stein. Jeder kann versuchen, etwas einfacher zu leben, etwas bescheidener zu leben: sich nicht mehr verdummen zu lassen vom „Kauf, kauf, kauf!"

Das ist der erste Schritt, und jeder kann ihn tun. Nicht verschwenden. Achtsam leben! Freund Adrian, als guter Buddhist, lehrt dies nicht: er lebt es vor! Meine persönliche große Sünde ist aber leider nicht leicht abzustellen – wie soll ich nach Deutschland kommen, wenn nicht mit dem Flugzeug?

Die beiden Bücher übrigens fand ich fast zwei Monate später wieder und brachte sie zurück in die Bibliothek: niemand beschwerte sich über die lange Ausleihdauer!
Wir aßen Mittag. Mariko zauberte mir in Minutenschnelle eine kleine Nudelsuppe mit entweder braunem Buchweizen „Soba" oder weißem „Udon", welche von beiden weiß ich nicht mehr – nur eine kleine Portion, und dann war es schon Zeit für mich loszufahren. Zur Arbeit.

Kurz vor zwei los, knapp zwanzig Minuten Fahrt die große Strasse, ehemals von Tokyo zur Metropole des Nordens, Sendai, also die Nationalstrasse 6, runter nach Taira. Taira ist der Hauptort der Stadt Iwaki. „Iwaki" ist eine künstliche Schöpfung (wie Salzgitter etwa) aus vierzehn kleineren Orten, die neulich ihr 40-jähriges Jubiläum feierte. Erster Oktober 1966 ist das Gründungsdatum. Kohle-Bergbau in ganz großem Stil wurde hier betrieben bis in die sechziger Jahre. Dann war's plötzlich aus, alles geht hier viel schneller als bei uns, wenn es denn so weit ist! Wie es der Sumo als Nationalsport Japans zeigt. Nach scheinbar endlosem Positionieren der Kolosse, nach langem Schieben und doch Nicht-vom-Fleck-Weichen gewinnt eine Seite einen fast nicht wahrnehmbaren Vorteil: und der unglückliche Gegner taumelt oder fliegt gleich im hohen Bogen aus dem heiligen Strohring ...
Plötzlich war es also vorbei mit der Kohle. Heute bleiben aus der Bergbau-Zeit neben etwas rauheren Manieren im Straßenverkehr nur ein kleines Museum und eine überdurchschnittliche Zahl von Läden mit Alkohollizenzen übrig und ein Filmchen – „Hula-Girl" –, das die erstaunliche Wandlung der „Joban Mines" zum „Spa Resort Hawaiians" in bewegten Bildern in etwas dick aufgetragenem Dialekt wiedergibt. Irgendein Vizechef, ein Verrückter – ein Visionär sagt man ja im Erfolgsfall – hatte die sicher von Bier oder Sake beflügelte Phantasie: HIER muss ein Hawaii auf dem Dorfe hin!

Ganz im Gegensatz zu einer anderen großen Anlage vor den Toren der deutschen Hauptstadt gelang dies Wahnsinnsprojekt über alle Massen und der Film erzählt sehr interessant davon.

Marikos Cousine Keiko erscheint kurz darin; trägt als Trauergast bei der Beerdigung des verunglückten Vaters der Heldin ein Foto des Verstorbenen einen gewundenen Pfad entlang der inzwischen verschwundenen riesigen Abraumhalden. Hula-Tänzerin zu werden – was für ein Traum! Für einige örtliche Mädchen, die härtesten, begabtesten, unerschrockensten sicherlich, erfüllte er sich. Und für die erfreuten Iwakianer war es möglich, auch ohne die total unerschwingliche Flugreise ein bisschen Ferngefühl zu empfinden. Man muss wohl an Freddy Quinns Weg ins Glück nach Italien denken, wenn man dies verstehen will! (Übrigens spricht Freddy als Meier II in einer Szene mit falschen Japanern nicht unübel japanisch!) Wie es die Leute hingekriegt haben, den hiesigen Bergbau in so ein riesiges Spaßbad, angehängt mehrere große Hotels und ein Golfplatz für das Praktikum unserer Tochter zu verwandeln, begreife ich zwar trotz des „Hula Girls" nicht ganz: aber das „Hawaiians" steht und ist ein Riesenerfolg, mehr und mehr dank der Besucher aus Tokyo.

Die Hula Girls tourten nach dem elften März durch ganz Japan – aus der Not eine Tugend zu machen – und tanzen inzwischen wieder zu Haus. Das Bad ist offen!

Kohle wird jetzt importiert aus Port Hedland, Australien. Glitzerschwarze Berge von Kohle liegen im Hafen Iwakis, in Onahama, und werden mit LKWs zum nahgelegenen E-Werk in Ueda gekarrt. Wieviel Kraftwerke wir nicht haben! Kohle in Ueda, Gas aus dem Meer in Hirono, Atom 1, Atom 2 leider nicht mehr, haha.

Flächenmäßig war Iwaki Top in ganz Japan – war, denn es gibt seit Neuestem andere Kreationen, die größer sind als wir: diese haben aber nicht so viel Sonne! „Sunshine Iwaki" ist unser Spruch, im Mittel 2035 Sonnenstunden pro Jahr haben wir bei einer geographischen Lage von 37-38 Grad Nord, dem Peloponnes oder Malaga vergleichbar, ideal für Solarpaneele auf jedem Dach. Leider muss man die mit der Lupe suchen – und würde immer noch nicht viele finden. Gegen Null.

Als ich vor langen Jahren hier ankam, gab es einen kleinen Boom mit heißem Wasser vom Dach – das schlief dann ein und von Photovoltaik hatte hier bis nach dem Beben und seinen Konsequenzen noch

nie jemand gehört. Es wurde zu wenig gefördert. Bis sich eine private Anlage amortisierte, dauerte es mindestens fünfzehn Jahre. Man hatte eben Atomstrom reichlich! Und auch jetzt noch sind die Einspeisevergütungen furchtbar mickerig.
Private Initiative ist nicht gefragt, die Großindustrie hat die Zügel nach wie vor fest in der Hand: und setzt leider auf andere Pferde. Regierung und Medien sind fest vor den Karren gespannt, Hüh! die Schindmähren begreifen nicht, dass sie mit dem rasselnden Karren auf den Weg zum Müllplatz der Geschichte sind.

Auf der geographischen Höhe von Naxos liegen wir: und zwar exakt, sah ich vor ein paar Tagen! Der Insel, auf der unsere komplette kleine Familie eine Woche im Schlafsack am Strand lag, windgeschützt in einer Mulde unter einem Baum, an Marmorklippen, in unserem schönsten Urlaub je. Der andere war in Kroatien. Und Benasque in Spanien? Das war kein Urlaub. Das war ein Besuch bei Freunden! Schneckensammeln am Rio Esera. Am nächsten Morgen waren die Viecher ziemlich gleichmäßig über Sitze, Scheiben und Armaturenbrett von Ramiros R5 verteilt: wir hatten die Tüte mit den Schnecken im Auto vergessen ... Wie schön es bei ihm in den Pyrenäen war!
Wie armselig doch, muss ich jetzt denken. Zweieinhalb Familienurlaube in 25 Jahren, wenn man die Deutschlandreisen nicht mitrechnet. Pendler waren wir eben. Unsere Kinder mussten auf so vieles verzichten! Leben in zwei Ländern, auf zwei Kontinenten, in zwei Welten: ist nicht leicht. Viele beneiden sie – wenn sie wüssten wie hart es ist.

Iwaki also. Eine neue „Stadt" mit einem alten Namen. Iwaki bedeutet eigentlich so etwas wie Felsenschloss und wurde zum ersten Mal 708 urkundlich erwähnt: als Grenzbarriere! Halb so groß wie das Land Luxemburg, etwas dichter besiedelt – wenn auch längst nicht so wohlhabend. Und leider nicht unabhängig! Immer nur für Tokyo da, erst als Kohlelieferant – bis vor kurzem dann als Stromversorger. Gegenwärtig liefern wir unsere Kinder: die jungen Familien verlassen die Gegend.

Wir liegen am hier unglaublich fischreichen Pazifik; genau vor Iwaki treffen sich zwei große Meeresströmungen und versorgen uns mit Meeresfrüchten aller Art, auf sechzig Kilometer Küstenlinie gab es fast ein Dutzend kleine Häfen, es gab die sieben Strände von Iwaki: die werden sicher irgendwann wieder aufmachen, was bei den Häfen nicht sicher ist. Die Küstenfischerei war eh schon auf dem absteigenden Ast – jetzt wurde ihr der Todesstoss versetzt.

Das Meer ... ohne das Meer, ohne seinen Atem von Freiheit hätte ich es niemals so lange in der japanischen Enge ausgehalten! Wenn auch die Strände allesamt durch Beton verschandelt sind – man vergisst nicht so schnell, wo man verliebt im Sand gelegen hat und etwas später die Kinder gespielt haben: man vergisst das nicht.
Leider ist das Wasser bis Ende Juli sehr kalt – erst dann kippt's und lässt die südliche Strömung warmes Wasser bringen bis in den Oktober. Die Japaner lieben die Berge; das Meer ernährt sie, aber inspiriert sie nicht. Wenige Leute gehen schwimmen. Sie sind so eine Art Schweizer. Geboren im Zeichen der Jungfrau.
Ab Mitte August, wenn „die Quallen kommen" habe ich sechzig Kilometer Küste für mich allein wenn ich meine Runden drehe. Klar, seit fünfzehn Jahren etwa gibt's auch Surfer – die zähle ich jetzt mal nicht. Ich bin der einzige Schwimmer: die Angler kennen mich schon, denken: ach, der verrückte Ausländer, na, Ausländer eben ...
Auch Berge haben wir, etwa wie das Sauerland, und sehr schön sind die besonders im Herbst, dem einzigartigen japanischen Herbst. Mitten zwischen Bergen und Meer liegt Taira, der Hauptort Iwakis, groß wie Göttingen, groß wie Paderborn: und wir daneben, am Rande der bewohnten Welt, zwanzig Autominuten entfernt vom Bretterzaun. Wie man sogar am andern Ende der Welt irgendwie häusliche Verhältnisse vorfindet; plus ca change – plus ca reste le meme! Sogar mit dem Rücken zur Wand lebe ich jetzt wieder – damals unmittelbar an der innerdeutschen „Zonengrenze" mit ihrem perversen Minengürtel und den tückischen Selbstschussanlagen, einen Spaziergang durch das Wäldchen weit weg, heute an der „20-Kilometer-Zone" mit ihren Barrieren!

Iwaki – eine Stadt, die auf der falschen Seite stand, als Japan sich 1854 im Anblick der „schwarzen Schiffe" des Commodore Perry anschickte, eine seiner periodischen Häutungen zu machen. „Ehrt den Kaiser! Schmeißt die Barbaren raus!" war das Motto der Verlierer.

Die Barbaren kamen nämlich doch; en masse sogar, kommen immer noch, zwar zur Zeit oft nur mit Schiss in der Hose: aber sind zweifellos nicht so einfach zu vertreiben. Siehe „Yours Truly"!

Im Konflikt um die richtige Vorgehensweise auf dem Weg in die neue Zeit schlugen sich damals also die Altkonservativen mit den Neukonservativen im Bosen-Krieg ausgerechnet auch in unserer Gegend, die doch sonst nicht sehr geschichtsträchtig ist. Das Ende der zivilisierten Welt war hier schon immer. Auch verläuft eine Linie durch unser Gebiet, die wärmeliebende und nördliche Vegetation trennt oder anders gesagt zusammenbringt: im Gärtchen meines ersten Hauses stand eine Fichte einträchtig neben einer Palme! Am südlichen Rand Iwakis liegt der Ortsteil Nakoso mit seiner uralten Zollstation. Einige sehr schöne Kirschbäume gibt es da, und trotzdem lief es mir irgendwie kalt den Rücken runter; ich bildete mir ein Pferdehufe zu hören und Schwerter aufblitzen zu sehen, als ich da einmal von rosa Blüten umwoben und umschwebt in der Abenddämmerung spazieren ging. Nicht einmal der wandernde Mönch und Dichter Bassho fand auf seinem langen, engen Weg in den Norden unsere Küste besuchenswert! Nur der Dämon der Zerstörung ließ sich nicht beirren.

Die damaligen Herren von Iwaki, die Familie Ando, waren 1860 verbündet mit Aizu und wurden mit dem Aizu-Clan gemeinsam niedergemacht. Das Schloss in Aizu brannte, 36 blutjunge „Krieger" sahen das aus einiger Ferne oder glaubten es zu sehen und töteten sich daraufhin bis auf den letzten Jungen. Ihre Fotos sind zum Andenken geblieben, und man kann ihre Gesichter nicht anschauen, ohne tief bewegt zu sein von einem Schicksal, das unseren Sechzehnjährigen erspart blieb. Die Schlossburg von Taira brannte allerdings auch, die Reste wurden geschleift und heute ist nur noch der alte Schlossgraben übrig wo unsere Freunde Emi und Nobusan wohnen. Ihr altes Haus direkt am Rand des Wassers hat das Erdbeben nicht überstanden: so fällt selbst das Bürgerliche, wenn vielleicht auch nicht so lange zurückleuchtend wie echter Adel. Thank you for the memories aber!

Wie viele schöne Parties haben die beiden im Zeichen privater Völkerverständigung nicht gegeben! Und die Erinnerungen an all die Musik da sowohl im Frühling als auch im Herbst wurden von den Gästen inzwischen in alle Welt getragen – wogegen die Erinnerung an den Schlossberg sich ziemlich auf eine einsame Büste an unzugänglicher Lage beschränken dürfte; das Museum dahinter verschweigt man besser ganz. Dagegen Boyko Stoyanov! Ein professioneller Musiker, studierter Komponist, und was sein Wesen viel besser beschreibt: einer, der jeden zum Musikmachen bringt. Irgendwas kann jeder! Und wenn dann Sato-san mit seiner Mundharmonika anfing, wusste ich schon, dass die Zeit für mich und „Lili Marleen" wieder gekommen war. Was für ein schönes Lied doch auch! Die beiden machten sich einen Spaß daraus, mich singen zu lassen, und zwar im Marschtempo ... Ich machte gute Miene dazu und sang!

Jetzt gibt es keine Parties mehr, Boyko ist schon jahrelang weg. Lebt mit seiner zweiten Frau, einer Brasilianerin, drei kleinen Kindern und seiner herrlichen, bulgarischen Mutter auf der anderen Seite Japans: in den Schneebergen Niigatas. Musik ... Boyko gab uns Musik. Und nahm die Musik mit weg in seine weißen Berge. Seine Kinder haben aber Musik in den Knochen: ich sah den dreijährigen Michael lässig auf eine Trommel hauen wie er fast noch in Windeln daran vorbei jockelte – das saß! Ganz abgesehen von den beiden großen Töchtern aus erster Ehe, Julia und Kaya, die ebenfalls Berufsmusikerinnen sind! Ich vermisse ihn sehr.

„Taira, Taira, hier ist Taira! Endstation, bitte alles aussteigen!" singsangte die Stimme am 29. Juni 1984, ich verstand natürlich außer dem dreimaligen „Taira" nichts. Ob das irgendwas mit dem „Taira-Clan" zu tun hat, dessen Untergang in der Seeschlacht von 1185 in Literatur und Legende bis heute zurückhallt? Wie der „Nibelungen Not und Klage" bei uns? Ist unwahrscheinlich. Hätte mich auch nicht die Bohne interessiert – ich kam völlig unvorbelastet hierher,

unbelastet von Wissen um Japan jedenfalls. Hatte außer einem Merian-Heft nichts Vorbereitendes gelesen, außer einem Gespräch über Hong Kong nicht das Geringste aus erster Hand über Asien erfahren: ich wollte unvorbelastet reisen. Mein kleiner gelber Sprachführer lag ganz unten im Rucksack; ich war nicht über das Verb „arimasu" hinausgekommen, „sein", „haben", und nach fast 28 Jahren bin ich im Grund auch heute nicht sehr viel weiter. Zu meiner Schande, sicher. „Kanji" heißt das Problem, „chinesische Schriftzeichen" auf deutsch; und es gibt nicht nur fast unendlich viele von ihnen, nein sie sind auch noch alle anders!
Und werden darüber hinaus auf viel zu viele Arten wechselnd ausgesprochen, zum Beispiel wird das Zeichen „Taira" auch „Heike" ausgesprochen, und damit sind wir beim Nationalepos der Japaner: der „Geschichte der Heike". Und mittendrin im Dilemma aller Ausländer hier. Keiner kann richtig lesen! Außer absoluten Spezialisten wie Donald Keene, der jetzt im Alter von 88 Jahren endgültig von Amerika nach hier übersiedelte und Japaner wurde, um Solidarität zum Ausdruck zu bringen! Toll – aber nichts für mich.

Von den Heike wenigstens hörte ich später singen: sehe und höre noch heute den alten Biwa-Spieler gewaltig in die Saiten greifen, obwohl sein Gesang schon lange Jahre verstummt ist.
Ein Recke wie Volker, der Spielmann: ein alter Mann allein im Wald lebend – mit seinem Instrument, der Laute, und seinem Kummer. Ich verstand kein Wort seines Vortrags; begriff trotzdem! Wie er in sich gekehrt sang, so als ob er ganz allein unter einer uralten Kiefer säße. In ihren Zweigen den Wind von tausend Jahren wehen hörte.
Eine Fliege krabbelte über seine Glatze, er bemerkte sie nicht. Er spielte und sang. Selten hat mich ein Vortrag so beeindruckt wie der!
„Taira" wird mit einem einzigen Kanji geschrieben und heißt auch „Frieden", „Eintracht", wenn es in Kombination steht, und es ergibt auch das schöne Wort „Heeheebonbon" das mich zu regelrechten Lachkrämpfen brachte, als Mariko es aussprach, um unseren hippyhaften Lebensstil gegen Ende eines schönen Sommers zu charakterisieren. Braungebrannt wie frischgebackene Brötchen waren wir und müde und satt vom Schwimmen in der weiten, weiten See. Sie lag

lang ausgestreckt auf dem Packtisch in unserem Spielwarenlager, während ich mich auf den Tatamis wälzte und mir schier die Seiten zerspringen wollten ... und unsere gute Katze „Happy" dazu schnurrte: was wären wir ohne Katzen.
Inzwischen heißt der Bahnhof lange nicht mehr Taira sondern Iwaki; zufällig umbenannt während der Amtszeit eines Bürgermeisters der „Iwaki" heißt, inzwischen Abgeordneter im Unterhaus in Tokyo; völlig unbelastet von den Vorwürfen er habe mit dem Bau der neuen Radrennbahn auch sich selbst bzw. seine Parteikasse mächtig gestärkt ... 13 Millionen Euro, hörte ich, Wahlkämpfe kosten eben so furchtbar viel.

Fünf Prozent seien früher der Satz an kickback gewesen, jetzt seien es nur noch drei Prozent. Schlechte Zeiten für Politiker auch hier. Die Bauindustrie ... „Dogs and Demons" eben, Alex Kerr, Pflichtlektüre. Jetzt wieder brandaktuell; jetzt wird Geld verdient, Leute! Geld fließt in Strömen! Eine kleine Menge davon bleibt in Iwaki hängen, alle Hotels sind ausgebucht, die Kneipen abends voll bis zum Stehkragen; die Mädel in den diversen Clubs haben sicher genug zu tun. Arbeiter und Ingenieure, was weiß ich, wer da alles die Strassen abends bevölkert, ich bin nicht oft in der Stadt. Man sieht aber zu allen Zeiten Busse fahren und erschöpfte Männer in einer Art Gänsemarsch aussteigen; diszipliniert, von einer Aura der Unnahbarkeit umgeben. Stigmatisiert – wie wir alle in Fukushima, aber die eben richtig. Vor Abfahrt stehen sie dann draußen und warten, jeder steht für sich allein, raucht, fummelt was am Handy. Klappe zu. Keine Kameradschaft ist erkennbar, keine Verbindung untereinander und erst recht nicht zu uns Vorübergehenden. Als ob sie sich schämen müssten: und nicht wir Einkaufenden, Lachenden, Lebenden. Betrogene sind sie, die Gangster haben auch diese Geldquelle sofort angezapft, heißt es: schöpfen den Rahm ab. Ob es stimmt? TEPCO zahle tausend Euro pro Mann und Tag – was davon wirklich ankommt beim Malocher seien hundert Euro. Na, dafür haben die Schlepper natürlich auch viele Unkosten! In Deutschland wäre es wahrscheinlich auch nicht viel anders, siehe Günter Wallrafs „Ganz unten", wo er in seiner falschen Identität als Ali, der Türke, für Reinigungsarbeiten im AKW Würgassen angeheuert werden soll ... Ob das viele Geld außer der Bauindustrie, inklusive Yakuza und Politikern eben, auch sonst noch jemandem helfen wird? Ob es vielleicht sogar etwas Gutes bewirken kann, einen Wandel?! Eine Energiewende? Ich bin sehr skeptisch. Es sieht nicht danach aus, es ist zum Verzweifeln. Nicht einmal in unserem Teil der Insel tut sich was, geschweige denn im Zentrum der Macht und der Dummheit, Tokyo.

Die Leute sind so phlegmatisch. Die reinen Schafe. Ob sie, ob wir zur Schlachtbank geführt werden sollen? Hoffen wir es nicht, geneigter Leser. Obwohl wir doch wie Schafe sind: die einzige Demonstration gegen den atomaren Wahnsinn, die ich hier in Taira sah, war zu beklemmend. In der schwülen Nachmittagshitze eines Sommertags bewegte sich da ein armseliger Zug von wenigen hundert Männeken in Richtung Bahnhof, schön die Ampelphasen beachtend, beäugt von den vorbeifahrenden „Einheimischen" wie mir, die wie ich keine Zeit für so etwas hatten. Parolen wurden ohne Resonanz skandiert – wer kann schon aus voller Kehle brüllen, wenn überhaupt kein Echo da ist? – und Transparente mitgeführt, auf denen Sachen standen wie „Schluss mit der Atomkraft". Was die Regierung allerdings zweifellos korrekt las, Kanjis haben ja immer mehr als eine Lesart, war wohl eher: „Entwarnung! Es kann in Ruhe so weitergemauschelt werden wie bisher!"

Zwei, dreihundert Männeken – nicht mehr. Außer an unseren beiden Kleinwagen, die eine Sonne tragen und „Atomkraft – Sayonara!" drumherumgeschrieben, habe ich noch kein einziges Auto mit so einem Sticker gesehen. Was sehr Viele angeklebt haben, ist der ermunternde Spruch: „Iwaki! Wir schaffen's!" Auch nicht schlecht – nur nicht gut genug!
Ich habe die Ruinen von Dai-ichi in der Webcamera von TBS/JNN (nicht mehr in der mit dreißig Sekunden Verzögerung abbildenden Kamera von TEPCO; ein Schelm, wer Böses bei den dreißig Sekunden Puffer denkt ...) den ganzen Tag auf dem PC. Auch mit Ton; außer dem Wind hört man zum Glück nichts! Was ist zu sehen? Weiße Gebäudereste in der Ferne, große Kräne, die sich selten be-

wegen. Sonst nichts. Sollte ich froh sein, dass sonst nichts zu sehen ist? Bei Nordwind, wie heute, auf jeden Fall.
Andererseits frage ich mich aber: warum wird da nicht endlich mit einem dem Ernst der Lage angemessenem Einsatz gearbeitet? Glaubt Tepco, ich bin die Grossbuchstaben leid, glauben die Politiker wirklich, das Problem erledige sich durch Liegenlassen? In Tschernobyl schufteten sie, 500.000 Menschen aus dem ganzen Land allein in den ersten sechs Monaten: unter Einsatz ihres Lebens. Heroisch, es kommen einem die Tränen, wenn man Dokumentationen auf „YouTube" sieht, und es ist gut, dass hier niemand so leiden muss, aber machen es sich die „Liquidatoren" hier in ihren Büros nicht doch viel zu einfach? Warum wird nicht endlich die große Spundwand gebaut, die das Meer schützen soll? Warum versucht man nicht unter die Reaktoren zu kommen, um das Corium, den geschmolzenen 3000 Grad heißen Höllenbrei, aufzufangen bevor er sich durch die letzten Zentimeter Beton frisst, die laut den neuesten Computersimulationen noch da sind?
Warum nicht? „Es ist zu teuer" ist die einzig zutreffende Antwort. Die aber niemand offen zugeben würde.
Tschernobyl wurde sofort untertunnelt – hier schlafen alle! Oder? „Zu teuer" wie Schutzmassnahmen, die nach dem Tsunami vor Sumatra zu Weihnachten 2004 hier empfohlen worden waren, „zu teuer" wie die Entwicklung besserer Energiequellen.

„Zu teuer" – bis plötzlich der Vorhang reißt und man sich die Augen reibt und sich fragt wie blind man eigentlich war.
Ich hoffe also, dass ich keinen dumpfen Knall hören werde wie ich hier schreibe: obgleich DAS ja immer noch den Vorzug hätte, dass wir sofort ins Auto springen könnten, mit unseren Notfallkoffern, die Katzen so weit greifbar in den neuen Transporttaschen fauchend, um ohne nachzudenken in Richtung Westen zu starten. Nur nicht nach Tokyo, nur nicht in die große Mausefalle, aus der sich im Falle eines Falles Millionen von Menschen gleichzeitig auf den Weg machen würden. Vorsprung brauchten wir, eine Stunde würde schon viel ausmachen, und dank der milden Tage jetzt sind die Autobahnen und Strassen ins Landesinnere schneefrei: da hätten wir freie Fahrt

ins Glück ...Nach Osaka, 750 Kilometer von hier, ins „Guesthouse Ten", wo wir im März so freundlich aufgenommen wurden, würden wir versuchen zu gelangen; so ist auch unsere Verabredung mit Leon. Aus Tokyo so schnell wie möglich weg – ins Guesthouse Ten. Das ist unser Fluchtpunkt ... Osaka, „Guesthouse Ten", nicht vergessen!

5 *Intermezzo mit Freunden*

Die Sonne geht unter, wir warten auf Chie-san, eine gute Freundin, die in Düsseldorf lebt und für ein paar Wochen gekommen ist, um ihre Mutter zu besuchen. Neujahrsfeiertage, Zeit für Besuche, Zeit für Gäste und ihre Schicksale. Am zweiten Januar oder dem dritten, nicht vorher! Der Erste gehört der Familie.
Chie versorgt uns seit Monaten, seit März eben, mit Informationen zur radioaktiven Belastung in Fukushima, zum Zustand der Reaktoren und anderen verwandten Themen. In Deutschland, wo wir keinen Internetzugang hatten, schickte sie uns alles ausgedruckt per Post, danach per E-Mail. Sie hat furchtbare Angst und traut keiner offiziellen Verlautbarung auch nur das kleinste bisschen ... Im Gegensatz dazu der Besucher von gestern: Herr Sasaki, ein alter Freund, von Haus aus Zimmermann, in seinem zweiten Leben Automechaniker höchster Kompetenz (seine Liebe gilt Ferrari und Porsche, er fuhr als junger Draufgänger selbst Rennen) und jetzt, wo die Autofirmen ihm mit ihrer Informationspolitik – sie geben ihre Sourcecodes nur noch an ihre Vertragswerkstätten weiter – den Hals langsam abdrehen in seinem dritten Leben: Computerfreak. Baut mir seit Jahren PCs, richtet sie auch ein und repariert sie, wenn ich mal wieder zu großen Mist angerichtet habe.
DER nun denkt ganz anders. Sieht keinen Grund zu großer Sorge – um es gelinde auszudrücken. Sieht Gefahren eher in hysterischen und technisch unbedarften Leuten wie uns, in aller Freundschaft. Wenn die beiden sich hier träfen – das tät spritzen!

Zu Neujahr selber halfen Mariko und Leon ihrem Bruder mit seinem „Cakeland": business as usual, keine Frage. Es wurde sehr gut ver-

kauft! Wer würde sich nicht gern zum neuen Jahr was Süßes gönnen, besonders wenn es im Angebot ist!
Ich blieb bis abends zu Haus und schrieb.
Hatte auch kurz Besuch: direkt nach dem Mittags-Beben der Stärke M. 7,2 in 800 Kilometern Entfernung tief unter dem Pazifik. Stark genug, um alles sanft schwanken zu lassen, war's; ich rannte raus und böse Erinnerungen wurden wach. Das Radio gab sofort Entwarnung, und mein Besucher, der alte, gute Doktor Hasegawa, Zahnarzt in Halbpension, hatte es nicht einmal bemerkt wie er so ganz in Gedanken ging. Ein paar Minuten drauf kamen seine Frau und die Tochter Megumi aufgeregt nach, sie hatten ihren Zug fahren lassen, um erst mal Näheres zu hören, wir wohnen ja in der Nähe des Bahnhofs. Ihr Haus dagegen liegt näher am Wasser. Es war vom Tsunami zwar überschwemmt, aber nicht zerstört worden; freiwillige Helfer aus Nagoya halfen so aufräumen, dass jetzt alles wieder „wie früher" ist. Nur, dass er zehn Jahre gealtert ist, ich sah ihn weggehen wie einen alten Mann. „Das ganze Jahr nicht ins Meer..." klagte er. Er sei krank geworden wie auch viele seiner Kollegen von den Tauchern. Seeigel, Seeohren, Konbu und Wakame – nichts davon ist mehr essbar hier, ganz abgesehen davon, dass es überhaupt nicht empfehlenswert war, ins Wasser zu gehen. Wir hatten im Frühsommer stark belastetes Meerwasser: 3000 Becquerel pro Liter maß ich.

Der ehrenwerte Doktor Hassegawa: ein lieber Mann, ein Mann ohne Furcht vor dem Wasser. Nach dem Beben bugsierte er auf Grund der Tsunami-Warnungen seine Frau ins Auto der Schwiegertochter, stieg daraufhin selbst auf sein klappriges kleines Fahrrad – und fuhr zum Strand, um sich die Sache aus der Nähe anzusehen! Als er das Wasser dann aber gewaltig zurückgehen sah – das muss man sich mal vorstellen! – wurde es ihm doch unheimlich und er radelte schnell fort und in Sicherheit. So einer ist das ... ein Wahnsinnstyp!
Unser Überraschungsgast; zu allen möglichen und unmoeglichen Zeiten steht er plötzlich im Garten hinterm Küchenfenster: ich bin froh, dass es so einen gibt; nur Adrian ist außer ihm so frei! Auch mir fehlt das Schwimmen des Sommers sehr: das war immer mein Aufbausport für die kalten Wintertage ohne Möglichkeiten zur Be-

wegung gewesen: nicht dies Jahr. Wie so vieles – nicht dieses Jahr. Kinderstimmen?
Wie lange hat man keine Kinderstimmen auf der Strasse gehört! Grundschüler auf dem Schulweg – frech wie die Spatzen – wo waren sie nur? Die Mütter machten Überstunden mit Fahrdiensten. Niemand ließ Kinder draußen sein. „Vom Haus ins Auto ins Haus" – eine der Beschwörungsformeln dieses Jahres.
Die schnatternde Gänschenherde der jungen Oberschülerinnen mit ihren Kavalieren auf dem Weg zum Bahnhof; man sah das ganze Jahr nichts von ihnen. Und wenn – dann weiß maskiert und in Eile unter Dach zu kommen.
Die Kinder, die jungen, frischen Triebe am alten Baum unseres Lebens hier: fehlen so sehr.

Gestern war aber Baby-Tag: gleich zwei liebe junge Familien kamen zu Besuch, Ryuichi und Noriko mit Baby Yuzuki aus Osaka ohne 'strahlende' Probleme, und dann Kazuki und Gai dazu mit der kleinen Joy. Sie wird demnächst zwei, ist schneller, als man gucken kann und sagt „Oh, dear!" im drolligen, exakt gleichen Tonfall wie ihre Mutter. Von den Ereignissen überrollt und brutal auseinandergerissen diese drei.
Kazuki ist angestellt in der ehemaligen Gemeindeverwaltung Naraha, innerhalb der 20-Kilometer-Zone, und die drei wohnten hier sehr bequem in unserer Nachbarschaft – bis zu DEM Tag. Gai ging dann mit der Tochter nach Australien ... und kommt nicht zurück. Kazuki dagegen arbeitet mehr denn je; er ist den Evakuierten zugeteilt, die jetzt in Aizu leben.
In Behelfssiedlungen leben um die 100.000 Menschen, teils aus Tsunami-Gebieten, teils aus der Todeszone evakuiert, in furchtbar bedrängten Verhältnissen und oft ohne Verwandte und Freunde in der Nähe zu haben.

Manche, vor allem Alte werden depressiv oder anders krank. Sterben. Ein schweres Leben haben sie – obwohl die wegen Strahlung Evakuierten finanziell ganz gut stehen: pro Person kriegen die im Moment eine monatliche Entschädigung von fast tausend Euro, abgesehen von allem Anderen. Manche von denen machen sich dadurch ziemlich unbeliebt: profitierten in der Vergangenheit als Tepcos Leute von all den Vorteilen, die ihnen auf Kosten Anderer entstanden: und profilieren sich jetzt auch noch als Opfer! Wenn man dagegen die wirklichen Verlierer sieht, die Bauern, die einfachen Leute, die lange Ansässigen aus der Gegend – möchte man an die Decke gehen vor Wut. Um alle jedenfalls muss sich Kazuki kümmern.

Wie kann er Gai und Joy ein Heim schaffen? Wo? Die beiden wollen nicht hierhin zurück. Viele junge Mütter mit Kindern gehen weg. Auch wir wären vielleicht nicht mehr hier an ihrer Stelle! Schäden im Erbgut, Krebs für Kleinkinder: beide Risiken sind für junge Eltern eigentlich nicht zu tragen; ich kann Gai gut verstehen.
Andererseits gibt es natürlich auch junge Familien, die bleiben: Meine Freunde Rick und Sanae zum Beispiel mit ihrer kleinen Tochter Qiana Aria. Was soll man machen, wenn man ein neues Haus hat und die Schulden abbezahlen muss? Was nur geht, wenn das Einkommen aus der kleinen Sprachschule regelmäßig fließt? Man beisst die Zähne zusammen und hofft das Beste; sie machen das genau wie wir – mit höherem Einsatz.

Gai, der ich mich vorgestellt hatte: „Hi! I'm Jürgen, and I'm an idiot!" wie ich mit Adrian hier rumalberte, und die leicht wie eine Feder durch den Raum schwebte, bevor sie schwanger und Mutter wurde! „I'm Gai, woman of mystery ..." hatte sie erwidert.
Und Kazuki, der glücklich war, so eine gute Frau zum Traualtar führen zu können, Adrian traute die beiden übrigens, das geht hier alles, liebt den deutschen Fußball und quatschte gern bei einem Bierchen mit Leon und Markus über Schalke und Dortmund: tempi passati.
Wir versorgten den beiden einmal das Federvieh in ihrem Haus am Strand – wenn sie da noch gewohnt hätten, wären sie weggeschwommen. So aber, in der neuen Hütte etwas weiter weg, blieben ihre Füße trocken. Ob sie zu Haus waren am elften März, weiß ich gar nicht mal; Kazuki arbeitete natürlich, ganz nah am AKW Daichi! aber Gai?

Ich fuhr in der Nacht, auf der Suche nach meiner Frau, mehrmals bei ihnen fast am Haus vorbei; kam jedoch nicht auf die Idee, nach ihnen zu schauen. Auch Mariko am nächsten Morgen nicht, aber da war ja auch die allgemeine Flucht schon im Gange, und wir wussten irgendwie, dass sie nicht mehr da waren. Am Tag vorher übrigens war Mariko Babysitterin bei Joy und fast verzweifelt über das nichtendenwollende Weinen der Kleinen, nachdem die Mutter aus der Tür gegangen war. „Sie hatte so einen abgrundtief traurigen Blick! Hörte und hörte nicht auf zu schreien", erzählte Mariko mir abends, „bis sie schließlich erschöpft einschlief".

Gai war auch diejenige gewesen, die eine Themenparty zum Einzug eines anderen jungen Paars ein paar hundert Meter weiter organisierte hatte. Ken und Mayu hatten ein hübsches Häuschen direkt an der N 6 gebaut. Mariko und ich mochten es ganz gern anschauen, fanden nur, es sei doch zu dicht an der großen Strasse, besonders mit einem Baby! Wenn da nur nicht mal ein Unfall passieren würde ... Übrigens führt die N 6 dort direkt am Hafen entlang, keine dreißig Meter unterhalb des Hauses lagen die Fischerboote. Das Thema der Einzugsparty war nun, wie war das möglich? „Under the Sea" und alle Gäste hatten irgendwas Meerjungfräuliches oder Neptunhaftes oder sonstwie Fischiges, Muscheliges oder Tangiges anzuziehen oder anzustecken. Ich trug ein Kettchen mit kleinen Muscheln dran, mehr schlecht als recht kostümiert, Mariko ging gar nicht erst mit.
Ich hatte auch keine Lust, wie ich mich lebhaft erinnere, aber wollte kein Spielverderber sein ... und machte mit. Ein paar Muscheln um den Hals gehängt, fuhr ich auf ein Stündchen hin.
Die Party war am Wochenende, bevor aus Spaß Ernst wurde!
Mayu und Familie konnten entkommen, eigentlich konnten alle entkommen, die die Tsunami-Warnung ernst genug nahmen und sind dem Hörensagen nach auf Okinawa. Das Haus steht sogar noch und ist renoviert und vermietet. Wohnungen sind zur Zeit sehr gesucht hier! Die Vertriebenen suchen ganz verzweifelt.
Eigentlich war Kazukis Vorhaben gewesen, sich ein Jahr beurlauben zu lassen (in einem Pilotprojekt), um mit Frau und Kind Australien kennenzulernen: daraus wird jetzt natürlich nichts. Alles ist anders

und er etwas sehr schweigsam, „düster" meinte Mariko. Er steckt in der Klemme. Soll er sich für die große Ungewissheit, den Sprung in einen fremden Erdteil entscheiden? Ohne gesicherte Verdienstaussichten? Hausmann sein? Oder sich in die Pflicht nehmen lassen, ein Jahr, zwei Jahre, bis die Lage sich beruhigt hat, und solange die Trennung von „Froh" und „Freud", so heißen doch seine beiden Lieben, in Kauf nehmen? Wie werden sie sich entscheiden? Auch Gai wird nicht wissen, was sie ihm raten soll. Kann ihm die Entscheidung aber nicht abnehmen! Es ist nicht leicht. Trotzdem lachten wir und verbrachten ein paar angenehme Stunden miteinander, bevor sich die Wege wieder trennten. Sie gingen – wir blieben.

6 Beben

Taira donc! Wo ich vor fast achtundzwanzig Jahren ankam. Einem Busfahrer meinen Jugendherbergsführer unter die Nase hielt und tief beeindruckt war, als er mich weiß behandschuht wegwedelte: Was denn, Kannitverstan auch hier, so weit weg?
Wo ich eine junge Frau über die Strasse kommen sah: meine Frau. Sie ansprach ... sie, meine Lebensretterin.
Dann ging alles ganz schnell. Sie ließ mich hinter sich herrennen, an den feixenden Zuhältern des Barviertels vorbei auf direktem Weg zur „Gallery Iwaki", deren Besitzer Chuhei Englisch spräche – ich hörte das Glöckchen an meinem guten alten Rucksack klingeln, was der nicht schon alles gesehen hat, und musste innerlich lachen: Wusste, was die Glocke geschlagen hatte!
Wusste es wirklich schon nach kaum fünf Minuten in jenem surrealen Galopp durch das Rotlichtviertel der Stadt Taira in der Präfektur Fukushima, meiner glücklichen Insel.
Wo wir heirateten, am folgenden Heiligabend, wo unsere beiden Kinder geboren wurden und wo mir nun fast der Himmel auf den Kopf gefallen wäre.

Ich parkte meinen weißen Kleinwagen wie immer unbehelligt im Parkdeck des Ito-Yokado, stahl denen ein bisschen Platz wie sie mir die Sonne stehlen, die und all die anderen Hochhäuser, ging die hun-

dert Meter zur „ies", hinter welchen Minuskeln sich Rick und Sanae verbergen mit ihrer International English School. Damals mit Leah als fest Angestellten und Kaori als Sekretärin und Mädchen für alles, und eben mir als kurzfristige Aushilfe. Rick ist seit zwanzig Jahren hier, der einzige Amerikaner hier, den ich politisch ernst nehmen kann und darüber hinaus für eines immer bewundert habe: wie er als Junggeselle seinem kleinen Bruder Josh eine Heimat bot, als der in Druck war. Er kam aus Chiba nach Taira und hat aus der Zeit noch einen Freund, meinen Geburtstagszwilling Steve, mit dem er zur Zeit das Wesen des Geldes versucht zu ergründen ...
Ich ging die Treppe hoch, die leicht klaustrophobische: einen dunklen Schlauch. An einem Sandwichladen vorbei in den ersten Stock. Der kleine blaue Schaukasten links leer und trist wie seit Jahren, ich erinnere mich noch an den Abend, als da ein kleines TV installiert war, auf dem ich im Vorübergehen ein Fußballspiel sah: Deutschland spielte in der WM 2002 gegen Korea und Ballack fing sich eine dumme rote Karte ein. Dachte unterschwellig jedes Mal an diesen schwülen Sommerabend, wenn ich die dunkle Treppe hochging. Oben drückte man dann eine schöne verglaste Tür auf und war drin in der Wärme, der freundlichen Atmosphäre Ricks kleiner freien Welt in der großen verschlossenen Welt, die Japan ist!
Diese freie Welt ist inzwischen, etwas bescheidener, mit neuen Ikea-Möbeln wieder entstanden. Ganz nah; im Erdgeschoss des gleichen Gebäudes, gleich an der Ecke. In sehr guter Lage! Passanten können Rick arbeiten sehen, und er sieht in schlappen Momenten den Passanten nach.

Wie ich also zu meiner Klasse ankam und gleich links meinen Mantel aufhängte, während ich Kaori hinter dem Tresen begrüßte, hörte ich Leah mit ihren beiden Lieblingsschülerinnen fröhlich wiehern, wie jeden Freitag ... Die nahmen die Sache wirklich ernst! Leah – die bei manchen Schülern auch mal Metall in die Stimme kriegen konnte, war eine phantastische Lehrerin, die eigentlich nur vorübergehend in Japan war und das seit vielen Jahren! Ihr Traum: in den USA Jura zu studieren.

Ich sah sie nicht wieder: die philippinische Regierung holte ihre Leute sehr schnell und sehr konsequent raus aus dem Katastrophengebiet, das in jenem Moment nur noch ein paar Minuten in der Zukunft lag, trotz „High Heels" – sie liebt eben fetzige Schuhe – und bester Laune!

Ob ich knapp dran war, weiß ich nicht mehr; eigentlich bin ich, seit ich in Japan bin, immer pünktlich: habe einen Horror vor Verspätungen; und die Leute hier lieben es eben auch nicht, wenn der Lehrer sich verspätet. Als Lehrer – „Sensei"– darf man zwar einiges erlauben – manches allerdings nicht!

Nach ein paar Worten mit der freundlichen Kaori rückte ich also den niedrigen, erstaunlich schweren, runden Tisch und die drei Plastikstühlchen raus; das gelbe, das blaue und das rote. Meine erste Schülerin war Himarichan, das süßeste kleine Mädchen, das man sich vorstellen kann. Sie war immer mit einem kindlichen Ernst bei der Sache wie ihn sich Erwachsene nur erträumen können. Fünfjährig. Sie wohnte im zwölfstöckigen Gebäude auf der anderen Straßenseite, man konnte durch das Fenster direkt auf ihre Wohnung sehen.

'D'Cladair' nennt sich das Gebäude, um gleich zu zeigen, dass dort auf hohem Niveau gewohnt wird. Wenn auch niemand weiß, was das bedeutet – was die Sache umso attraktiver macht. Sie kam immer mit ihrer Mutter, die am Tisch neben uns saß und normalerweise die kleine Schwester bei sich hatte, nur an diesem Tag nicht! Die dreijährige läge mit Fieber im Bett. Für eine halbe Stunde allein in der Wohnung, sicher hatte die Mutter kein gutes Gefühl dabei, aber was kann man machen? Und die Mutter selber genoss auch die entspannte Atmosphäre der Schule, keine Frage. Einmal in der Woche andere Luft schnuppern!

Himari und ich hatten einen festen Rhythmus; in den 30 Minuten „lesson time" gab's nach der Begrüssung ein Textbuch mit ein paar Liedchen hier und da, einer fortlaufenden kleinen Geschichte, und dazu Vertiefungsübungen. Dann ein Arbeitsbuch, für das Buntstifte und Crayons rausgeholt wurden: „Red, please!" „Here you are ..." und dann in den letzten fünf Minuten das Erdbeerspiel ... das sie liebte! Als ob sie die Erdbeeren auf den Spielkarten des Halli Galli

wirklich vor sich hätte, um sie mit Zucker und Schlagsahne zu verspeisen. Sie zog immer die Oberlippe lang vor Vergnügen und schnurrte behaglich wie ein Kätzchen, wenn ich das Spiel zur Belohnung für gute Arbeit rausholte. Jedes Mal, denn sie lernte selten gewissenhaft, und außerdem hatte ich vielleicht noch mehr Freude an dem Kindchen vor mir, als sie an den „Erdbeer"-Karten. Nur um die ging es bei uns; das hatte sich gleich beim ersten Spiel herausgestellt. Bei Halli Galli haut man ja eigentlich auf die Glocke, so schnell es geht, sobald die Zahl „Fünf" erreicht wird; die Spieler decken nacheinander je eine Karte auf mit Bananen, Trauben, noch irgendwas – ich habe das jetzt fast ein Jahr nicht mehr gemacht – und eben Erdbeeren in stets wechselnder Anzahl auf, es ist ein sehr schnelles Spiel! Liegen also auf die ganze Runde gesehen fünf Früchte der gleichen Art offen auf dem Tisch, heißt es blitzschnell zu reagieren …
Gegen Kinder im Grundschulalter haben Erwachsene es schon schwer; Himari war aber noch zu jung für berechnende Schnelligkeit und liebte außerdem eben die Erdbeeren viel mehr als das andere Gemüse. So deckten wir also abwechselnd unsere Kärtchen auf, und ich hatte meinen Spaß daran, wie ihr kleines Gesicht auf die leckeren Früchtchen reagierte, wenn sie sich denn zeigten, und sie so schnell sie konnte über den Tisch langte und zupatschte. Am Schluss wurden dann die erbeuteten Karten auf Stapel zu je zehn gelegt und jeweils gewissenhaft gezählt. Es erhöhte auch den Genuss noch festzustellen, dass sie wieder mehr hatte als ich! So war's jede Woche – am Elften kamen wir aber nicht so weit.

„Elf"? Was hat es mit dieser Zahl auf sich? Wo wir schon von Zahlen sprechen. Zahlenmystiker haben eine ganze Kette von Elfen in Verbindung mit den Sünden Amerikas unter Bush gefunden … nicht mal kulminierend mit dem schlimmen elften September, sondern gleich weiterführend zu Afghanistan und wer weiß wohin.

Na, jedenfalls rumpelte es auf einmal los, als wir noch an den Büchern saßen: „Jishin!" „Erdbeben!" wird dann immer sofort gerufen; Beben sind ja nichts Außergewöhnliches in Japan. Man ist in gewisser Weise dran gewöhnt, jeder weiß was zu tun ist: die Kinder in den

Schulen tauchen unter die Tische, zu Haus macht man als Erstes offene Flammen aus, Gasherde und Ölöfen, obwohl die Öfen dank einer cleveren Sicherung bei Erschütterungen sofort den Docht fallen lassen: den Brand augenblicklich löschen. Man macht die Tür nach draußen auf, wenn man so weit denkt, verklemmte Türen versperren den Fluchtweg und stellt sich selbst in eine Tür, unter den stabilen Sturz: die Gefahr kommt von oben. Keinesfalls rennt man – genau aus diesem Grund – nach draußen!
„Man" ist aber nicht ich; zur Belustigung meiner Frau stand ich schon manches Mal mitten in der Nacht nackt im Garten: was wusste ich denn schon von Erdbeben! Steckte aber meine Familie an, wir sind jetzt alle von der „Läuferpartei." Ist in unserem Haus ja auch sinnvoll, im Garten ist es sicher, weil nichts weiter von oben fallen kann und so fanden wir uns denn im letzten Jahr mehrmals gemeinsam draußen wieder. (Letztens fand ich im Dunklen den Weg nicht und versuchte im Halbschlaf die Tür zum Wandschrank aufzubekommen – Mariko amüsierte sich köstlich.)

Man hat auch durch die langjährige Erfahrung , drei bis viermal pro Jahr gab es bei uns auch früher schon Erschütterungen von einer Stärke, die einen in Bewegung brachte, (Iwaki ist vor großen Beben sicher!" hieß es zwar immer) ein gewisses Verstehen der Art des Bebens und achtet darauf wie es kommt, ob plötzlich, mit einem Ruck – dann ist das Epizentrum nah und wahrscheinlich nicht in großer Tiefe – oder in Vibrationen, die anschwellen oder auch in Wellen wiederkommen. Letzteres bei einem entfernten Ereignis.

Das war für uns in Iwaki das Erschreckendere, denn das zukünftige große Kanto-Beben ist immer im Bewusstsein, mir jedenfalls. Wir hatten hier bislang maximal Beben von „Shindo" drei bis vier auf der japanischen Skala der erlebten Intensität. Die von eins geht ('nicht wahrnehmbar') bis neun oder zehn ('absolutes Platt'). Wir hatten hier am elften März Shindo sechs, „schwache Gebäude stürzen ein"; auf deutsch: der Kölner Dom liegt in der U-Bahn.

Weil hier, anders als in Europa, alles auf Erschütterungsfestigkeit hin gebaut ist, blieb hier alles stehen. Einen Zentimeter hat sich die Erde an jenem Tag in Köln gehoben und gesenkt; das Echo so eines Bebens geht um die Welt, bringt die Erdachse aus dem Lot und verlangsamt die Erdrotation um ein paar Nanosekunden.

Ganz zu schweigen von den Verschiebungen im lokalen Bereich, das heißt der Bewegung ganz Japans in Richtung Osten, aufs offene Meer hinaus ... Hawaii, ahoi! Wo sich Japan eigentlich doch nach Westen vorschiebt, mit der Geschwindigkeit eines wachsenden Fingernagels etwa.

Es ist ungeheuer schwer für einen Laien, die Macht eines Erdbebens korrekt zu bestimmen; die Wissenschaft kann's inzwischen und so bringt das Radio nach jedem Beben innerhalb Sekunden, spätestens zweier Minuten eine Meldung wie: „Ein Erdbeben ereignete sich um xx Uhr yy Minuten. Es hatte die Stärke von Shindo wie folgt: drei in Iwaki, vier in Koriyama, zwei in Hitachi." etc etc; eine Litanei von Ortsnamen in je endloseren Wiederholungen desto mächtiger das Beben war. Dann wird gesagt, wo das Epizentrum war, welche Stärke es hatte und am Schluss dann meist der Zusatz, eher Formsache, dachte ich immer: „Die Gefahr eines Tsunami besteht nicht."

Selten mal wurde vor Tsunamis von geringer Höhe, um die fünfzig Zentimeter etwa, oder maximal einem Meter, eindringlich gewarnt: „Verlassen Sie sofort Strände und Flussufer! Der Tsunami kann stellenweise auch größere Höhen als diese erreichen!" was aber bei uns hier keinen Hund hinter dem Ofen hervorlockte.

„Die Küste nördlich Sendai mit ihren fjordartigen Buchten ist tsunamigefährdet, klar, das weiß jeder – aber wir hier doch nicht!" Auch die Lautsprecher, die seit einigen Jahren überall in den Gemeinden in Meeresnähe stehen, gingen bei so was los und überlagerten sich mit kreuz und quer hallenden Botschaften, die kein Mensch verstehen konnte ... in leider vergeblicher Mühe solcher Übungen, denn die Lautsprecher funktionierten nicht, als es jetzt drauf ankam!

Den größten Tsunami vor diesem erlebten wir vor zwei Jahren. Das Chile-Beben 2010 schickte seine Grüße bis hierher. Auf dem offenen Meer läuft so eine Welle mit unglaublichen 800 Stundenkilometern! Wie eine Kette von Billardkugeln, von denen man eine anstößt, um

praktisch im gleichen Augenblick die entfernteste in Bewegung zu setzen, pflanzt sich die Erschütterung fort, um in Küstennähe langsamer zu werden und höher. Unter Umständen, nach Beschaffenheit des Meeresbodens und der Küste, sehr viel höher. Die Ankunftszeit eines Tsunami kann nicht exakt angegeben werden; wir fuhren damals zur erwarteten Zeit nach Hisanohama, tricksten cool die Polizei aus, die die Strasse gesperrt hatte, es war ein riesiger Aufwand betrieben worden, „echt lächerlich!" dachte ich, „mal wieder typisch japanische Übertreibung ..." und schauten von einer Brücke auf das Meer: es kam nichts.
Einige – zig Zentimeter wären es gewesen, wurde später offiziell gesagt. Wir hätten etwas mehr erwartet!
Waren fast enttäuscht, dass wir so rein gar nichts zu sehen bekamen.

Soweit zur Tsunami-Geschichte Iwakis. Wir hatten Glück: nicht mehr als 250 Menschen starben, hier in unserem Yotsukura allein zwanzig. Sie alle unterschätzten die kommende Welle, wohl auch weil das Radio und das Fernsehen diesmal lediglich von einer Wellenhöhe von drei Metern sprachen: man rechnete sich das schön; setzte es in Relation zu Warnungen der Vergangenheit, kam zum Schluss „einen Meter fünfzig vielleicht!" und starb, wenn man Pech hatte. Unserem neuen Nachbarn Abe stand die Suppe bis zur Brust: Glück!
Am elften März also begann der Raum zu zittern, aber anstatt die paar Sekunden zu sitzen, als ob die Zeit stillstände und das Ende abzuwarten, wie man es immer macht, die Augen irgendwo an der Decke oder in einem Winkel, Hauptsache man schaut niemandem in die Augen, sprang Himaris Mutter sofort auf und sauste ohne ein Wort los: der Gedanke an die lüttche Schwester! Allein in der Wohnung!
Ich wiederum reagierte auch sofort, in ähnlicher Weise: griff Himaris Händchen und rannte mit ihr hinter der Mama her! Ich wollte nicht allein mit dem Kind bleiben. Sehe uns zwei noch die Treppe runterlaufen, alles um uns ächzte und knackte furchtbar, die Kleine hatte Angst – ich hatte nur das Bedürfnis, das kleine Mädchen an ihre Mutter zurückzugeben, um die Verantwortung loszuwerden, sehe

uns nach der endlosen Treppe schließlich die laufende Mutter auf der Strasse einholen: Gott sei Dank! Ich gebe ihr die Tochter zurück und bin also im Freien, wo es stärker und stärker zu grummeln und zu scheppern anfängt. Man hört ein Beben wie tief aus der Erde aufsteigen, mit einem dumpfen, ganz seltsamen Ton. Manchmal hört man es sogar, kurz bevor man's spürt.

Ich stand mitten auf der Strasse und schaute voll Angst auf die hohen Gebäude der Umgebung, während ES stärker und stärker kam, alles mehr und mehr rüttelte – „wie groß wird dies noch???" war der beherrschende Gedanke. Es kam und kam, baute sich auf, im Ganzen dauerte es über vier Minuten. Ich sah die Gebäude in der Nähe schwanken, ging mühsam über eine Straßenkreuzung, nichts wie weg von dem zwölfstöckigen „D'Cladair", bis auf einen relativ großen Parkplatz und blieb. Angst hatte ich da eigentlich schon nicht mehr, der Körper schüttet Adrenalin aus, und man spürt nichts mehr. DAS IST ES JETZT. The real thing. THIS IS IT. Das, worauf man all die Jahre gewartet hat und sich versucht hat im tiefsten Herzensgrund vorzubereiten – das große Beben: es ist da. Fassungslos steht man der Gewalt des Ereignisses gegenüber, absolut fassungslos. Trotzdem versucht man irgendwie abzuschätzen, der Kopf arbeitet kalt, ganz wie unabhängig vom übrigen Körper, ob es noch schlimmer werden wird: fällt etwas um? Wie sind die Chancen, dass mir etwas von da oben auf den Kopf fällt? Bleibt das Hotel drüben stehen wie es schwankt, als ob es besoffen wäre? Wie schlimm wird es noch?? Werde ich dies überleben???

In der Nähe stand ein Mann und fummelte an seinem Handy rum – wir konnten stehen, keine Frage. Mariko sagte, sie hätte sich festhalten müssen, um nicht umgeworfen zu werden; der Mann da und ich standen jedenfalls aufrecht. Es war ansonsten vollkommen still: abgesehen von Wummern und Ächzen wie bei Windstärke auf einem Schiff, irgendwie. Das einzige, was dies dunkle Grummeln im Hintergrund übertönte, war das Rattern der Ampelanlage: die Pfosten schwankten und klapperten wie Galgenbäume, und die wildgewordenen Ampeln oben schüttelten sich wie Skelette im Wind. Heftig.

Es war vollkommen still trotz aller mahlenden Geräusche – die wurden vom Ohr zwar wahrgenommen, aber nicht weiter registriert, scheint mir. Drangen nicht ein, weil das Ohr etwas Wichtigeres suchte! Es war, als lausche man mit ganzer Kraft tiefer in die Welt hinein als sonst, als versuche man etwas zu hören, das sich hinter den Dingen verbirgt. Als hinge alles davon ab, ob man etwas aufnehmen kann, was eigentlich nicht mit den Sinnen fassbar ist. Der „Sound of Silence"? War er das? Das Tosen im Mittelpunkt der Stille; die Ruhe im Auge des Taifuns? Lauscht man in so einem Moment auf die Stimme Gottes? Man hörte ja die Stimme von Mutter Erde laut und deutlich, nichts anderes hörte man im dumpfen Wummern und Stöhnen von Stein, von Beton und Stahl als die Stimme der Erde: unbedingt ein mystisches Erlebnis, unbedingt ein Mysterium Tremens. Und – einmal aus der banalen Realität gerissen wie wir sie uns seit der Geburt, seit dem Eintritt in diese Welt zurechtbasteln (denn unsere „Wahrnehmung" ist ja nichts als eine Serie von Filtern; wir würden verrückt, müssten wir Schwerkraft, Erdrotation, das Strömen unseres eigenen Blutes, Radiowellen und alles, alles, alles wahrnehmen) – lauschten wir vielleicht wirklich auf die STIMME hinter dem brausenden Schweigen, der Mann da und ich.

Er mit Hilfe der Technik und ich auf meine Art; jeder ist eben anders veranlagt? „Hören" ist vielleicht nicht auch das beste Wort; das da war viel umfassender, war ein Sich-Öffnen mit allen verfügbaren Sinnen. Wenn man's auf den Punkt bringen will, war es aber das Ohr, finde ich, das die Hauptrolle spielte. Das aufnehmende Ohr – und gar nicht so sehr das Auge. Ich sah – gut, ich sah die Oberfläche der Dinge schwanken und sich verzerren – aber was ich wollte, was mein Überlebenswille forderte, war ein Einblick in das WESEN dieses Geschehens. Ein Blick auf den Grund des Wirbels. Ein Blick hinter die Kulisse.

Wie paradox alle diese „Bilder": schon wieder ein optisches Gleichnis, wo ich versuche, etwas zu beschreiben, was gerade über das Auge hinausgeht! Ohne das Eigentliche dieser Verwerfung begreifen zu können, sah mein egoistisches Gen keine Chance, sich heil herausziehen zu können aus diesem Aufruhr. Es und damit „ich" wollte WISSEN.

Ein Gedanke an den Tod war aber nicht da; es war eben gar kein Gedanke da, es war einfach nur ein großes Unglauben, ein riesiges Unverstehen – etwas passierte, das nicht zu fassen, nicht zu greifen war. „Was geht hier vor?" und „Kann ich es überleben?" waren die Fragen, auf die etwas tief in mir Antwort verlangte. Und ich strengte meine Ohren an, mehr als alles andere, um die Antwort, die doch irgendwann kommen würde, nicht zu überhören, wie ich da stand und wartete.

Wie zu Stein erstarrt warten: etwas anderes taten wir alle nicht in diesen Minuten. „Wann hört es auf?" Sogar Tsunamiopfer standen teilweise wie hypnotisch festgebannt, während die Welle sie schon fast überrannte: gerade so wie das Kaninchen vor der Schlange wohl.

Der Mann, vertieft in sein Handy ... nahm mich nicht wahr. Ich versuchte, an einem Punkt mit ihm in Verbindung zu kommen, aber obwohl wir nur ein paar Meter entfernt voneinander standen, trennten uns Welten. „Jeder stirbt für sich allein." Da ist vielleicht was dran. Beide standen wir unter Schock, herausgerissen aus unseren normalen Realitäten, und ich für meinen Teil wäre nicht wirklich erstaunt gewesen, Godzilla selber aus dem Pflaster vor mir auftauchen zu sehen. Chthonische Mächte dort wie hier, das Reptilgehirn arbeitete fehlerfrei; registrierte, was für's Überleben wichtig war. Alles andere nimmt es nicht sehr gut wahr, obwohl ich mich erinnere, dass ich seinen Gesichtsausdruck bedauernswert kalt fand, sittlich nicht einwandfrei.

Also doch Spuren von Großhirn-Aktivität! Ich fällte ein moralisches Urteil! Warum aber? Wäre das für's Überleben wichtig gewesen? Ja! Nach der Naturgewalt schon der Mensch, die Frage: „Freund oder Feind"?

Tatsache ist jedenfalls, dass er und ich nicht kommunizieren konnten. Wir standen jeder auf unserem eigenen kleinen Planeten und trieben jeder für sich einsam durch ein unbekanntes Sonnensystem. Ich erinnere mich jetzt, dass ich bei der großen Sonnenfinsternis

August 1999 etwas Ähnliches erlebte: ein ähnliches Aus-mir-gerissen-sein. Die ganze Welt stob auseinander, als unsere kleine Familie da auf dem Acker in Frankreich stand.
Anders als ich Extremsituationen bei Autounfällen erlebt habe: vielleicht weil dies jeweils länger dauerte? „Ruhig" war? Keine Aktion forderte bzw. zuließ? Oder weil ich beide Male mit Mächten konfrontiert wurde, die das menschliche Maß einfach übersteigen und nichts zulassen als einen Zustand kompletter Erschütterung?

Meine Frau Mariko machte in der Nachbarschaft unseres Hauses wieder andere Erfahrungen, wie jeder eben seine eigene Geschichte erzählt, jeder den Elephanten anders beschreibt. Sie lief raus, nachdem sie den Telefonhörer hatte fallen lassen bzw. das schnurlose Dings hingeworfen und den Ofen abgestellt. Draußen fand sie einen Arbeiter in weißer Berufskleidung vor, der eben telefonierte; sie sprach ihn an, wie sich das Beben aufbaute und hielt sich sogar an seiner Schulter fest vor Angst wie ES immer stärker wurde. Dann kam aus dem Haus gegenüber die Frau Sasaki gerannt, und Mariko lief zu ihr über die Strasse, dann kam noch die alte alleinlebende Frau aus dem kleinen Häuschen daneben mit ihrer Tochter, die zufällig zu Besuch war und die vier Frauen stützten sich gegenseitig, während die Welt in Scherben zu gehen schien, wie alles rappelte und schepperte und sich vor ihren Augen ein Spalt in der Strasse auftat.
Der Spalt ist nach fast einem Jahr noch da, vier Zentimeter breit, quer rüber. Auch in der Strasse vor dem Haus der Fujiis ist so einer; die Fortsetzung! Dazwischen der Schotter des Parkplatzes, in dem kein solcher Riss auftritt. Aber unsere Beton-Mauer zur Strasse hat ihn.

Unsere Katze, der Kater „Gorri", die Kanonenkugel, machte einen Riesensatz von zwei Metern und verschwand!

Als das Beben zu Ende war, kam der Vater der Frau Sasaki hervor mit der Nachricht, es gäbe einen drei Meter hohen Tsunami, und sie alle müssten sich in Sicherheit bringen.
Da waren versammelt noch der Chef unserer Hausverwaltung, der zufällig etwas hier zu tun hatte und einige Gäste des Frisiersalons

nebenan: alle an der kleinen Strasse hinterm Haus, nach Norden raus, und auch die Oma Ishikawa, die eben bei Okawa, dem bekannten Fischhändler den letzten Fisch aus Fukushima einkaufte, als es losging. Sie wollte schnell nach ihrem Haus sehen; Mariko lief unterdessen zu den Miharas, die Tochter war zufällig daheim, man beratschlagte kurz was zu tun sei: fliehen!
„Und Hippy?" Was passiert mit der Katze ...? Die muss eben dableiben ... Als nächstes zu Neuchis, den andern Freunden – die schon nicht mehr da waren. Das Haus abgeschlossen – sie waren schon geflohen.

Auf den paar Metern zurück traf Mariko dann am Tor eine Frau. Die mysteriöse Frau mit den hüftlangen Haaren, die sie weder vorher noch nachher je gesehen hat! und sprach sie an: wann der Tsunami käme? Die Frau – dieses alles ist Mariko bis heute ein großes Rätsel – gab in völliger Gelassenheit Auskunft „Um zehn Minuten nach drei", was Mariko zu höchster Eile antrieb! Es war doch schon drei Uhr, bestimmt, und sie lief schnell durchs Haus um die Autoschlüssel, eine warme Jacke und ihre Handtasche zu greifen und loszufahren.

Eigenartig ist, dass sie sagt, sie sei durch die Haustür gegangen, denn die war doch festgeklemmt, als ich wenig später zu Haus ankam! Besser gesagt – als ich nach mehreren Stunden daran dachte, das Haus auf Schäden anzuschauen.

Sie sauste also los und sammelte unterwegs, grad unterhalb des Tempelchens, zu dem ich mich dann flüchtete, die alte Frau von gegenüber mit ihrer Tochter auf, die zu Fuß unterwegs waren ... hilfsbereit wie sie eben ist. Sah die beiden. Hielt an. Nahm sie mit auf den Berg, zwei Kilometer weg von hier, ins „Haus der Natur der Präfektur Fukushima", was für ein Name, in Sicherheit.

Da sah sie dann nach einiger Zeit den Tsunami anrollen, drei gigantische weiße Wellen gegen einen unheimlich dunklen Himmel. Etwas Regen, etwas Schnee war in der Luft. Die dunklen Wolken sind ihr sehr im Gedächtnis haften geblieben, Weltuntergangsstimmung. Die drei heranbrausenden Wellen hätten irgendetwas von einem Drachen gehabt, sagt sie immer! Ich verstehe das so: ein ziehender Flug, alle Hindernisse überwindend, unaufhaltsam – das ist „Drache".

Ob da am Parkplatz in Taira lange oder kurze Zeit verstrich, könnte ich kaum sagen. Irgendwann waren plötzlich Menschen auf der Straßenseite gegenüber, eine alte Frau, die um Hilfe schrie „Ich habe Angst! Ich habe Angst! KOWAII!" und als sie mich auf sich zugehen sah auch auf English „Help me!" Ich nahm sie in den Arm. „ Es ist ja alles vorbei ... es ist ja alles gut!"
„Ich habe Angst!" ließ sie nicht locker. „Ich komme aus Tokyo! Nordjapan ist furchtbar!" konnte sie sich schier gar nicht beruhigen – aber es war wirklich vorbei. Leah und Kaori kamen mit ihren Schülerinnen raus, Leah hatte ihr Handy dabei und bekam einen Erdbebenbericht: „Bei Sendai!" sei das Epizentrum. So weit entfernt!? Da war mir klar, das dies was Größeres war. Wie groß wurde mir eigentlich erst viele Tage später, in Deutschland, richtig klar. Wusste sie Genaueres? Sagte sie was von Stärke M. 8,0 oder bilde ich mir das im Nachherein ein? Von Tsunami war noch nicht die Rede, wie denn auch. Die allerersten Meldungen waren sehr rudimentär. Dringende Warnungen? Sicher! Mehr aber auch nicht. Es war ja alles konfus. Die üblichen Kommunikationskanäle gebrochen, mindestens gestört. Etwas später dann wurde gehämmert: TSUNAMI! TSUNAMI! TSUNAMI!
Wir standen auf dem Bürgersteig: Überlebende! Fühlten uns erleichtert, dass wir's unbeschadet überstanden hatten, tauschten ein befreites Lachen und irgendwelche Floskeln aus – das war aber jetzt ein Ding! – alle wohl wie ich mit der gleichen großen Sorge: „Wie sieht's zu Haus aus?" Nach einem kurzen Gedankenaustausch war klar und stand als offizielle Linie fest, obwohl Kaori unseren Boss, Rick, nicht erreichen konnte, die Leitungen waren bereits dicht: heute kommt bestimmt kein Schüler mehr!
„Wir machen für heute zu." Dachten natürlich, wir hätten's hinter uns. Ein großes Erdbeben! Ein Ereignis! Ein Erlebnis, wie man es nur einmal im Leben haben würde. Etwas, vor dem man sich heimlich gefürchtet hatte, zwanzig Jahre lang; jeder fürchtet sich heimlich vor dem „großen Beben" auch wenn's niemand zugibt.

Jetzt war's passiert. Das Beben. Von dem man sicher noch lange würde erzählen können! Das man HINTER sich hatte. An eine Tsunami-Gefahr – womöglich auch bei uns – dachte niemand. Tsunamis standen nicht auf unserem Plan. Nie!

Wir hatten keinen Schimmer, dass dies nur ein erster Akt war, nur das Vorspiel gewesen war. Sicher kam der Gedanke an das AKW auch schon, wenn auch nicht sehr klar. Der fürsorgliche Sandwichbesitzer von nebenan war inzwischen mit Klebeband aufgetaucht: er hatte bemerkt, dass eins der großen Fenster oben gerissen war und war gleich die besagte Treppe hochgelaufen. Ich, als einziger Mann zwischen Kaori und Leah, vertrat die Schule und half Klebeband kreuz und quer über die Risse zu ziehen; erstaunlich dick war das Glas, fiel mir auf! Was ich nur am Rande wahrnahm, war der Zustand der Räumlichkeiten. Sicher, Dinge lagen übereinander: aber ich bemerkte nichts von Schäden an Ricks großem Aquarium – habe auch nie nachgefragt wie es passierte, ob durch Risse im Glas oder ob es komplett umstürzte: jedenfalls war dies das traurige Ende für seine hübschen Neon-, Zebra- und andere bunten Fische. Unbemerkt in der Aufregung müssen sie irgendwo gezappelt haben und erstickt sein.

Ich wollte ja auch nur eins – so schnell weg wie es die Höflichkeit erlaubte. Ging also runter, sobald das Fenster einigermaßen gesichert war, voller Bewunderung für die Umsicht des Sandwichmanns, verabschiedete mich. „Your coat!" schickte Leah mich noch mal die Treppe hoch und runter, dann lief ich! Sah Leah nie wieder. Sprang ins Auto, sah zu meinem Erstaunen, dass erst jetzt die Leute aus dem großen Kaufhaus gegenüber herauszuströmen begannen ... war mit zwei andern Autos zugleich an der Ausfahrt des Parkdecks; eine Frau und ich gaben uns Zeichen: bitte, fahren Sie nur zuerst ... und die nächste Erinnerung ist dann schon einen Kilometer weiter, die Ampel an der ziemlich bombastisch benannten „Ostjapanischen Internationalen Universität", früher bekannt als „Tandai", was soviel wie Kurzzeit-Uni heißt und eine respektable Bildungsstätte für Mädchen war. Da hatte ich 1986 die einzigen regulären Japanischstunden meines Lebens, sechs oder sieben an der Zahl, bis ich das

Handtuch warf. Meine chinesischen Mitschüler lernten so viel schneller als ich – sie können ja von Haus aus die Kanji – wenn auch nicht die Aussprache. Ich bog auf die N 6 ein – ob die Ampeln überhaupt noch funktionierten? – und fuhr zügig in Richtung Norden, in Richtung Yotsukura.

An diese ganze Fahrt habe ich nur eine sehr lückenhafte Erinnerung; ich weiß noch, dass wenig Verkehr war; sah hier und da umgestürzte Mauern, aber keine kaputten Häuser. Das beruhigte mich und nahm mir etwas die Angst um Mariko. Ungeheuer konzentriert fuhr ich, alle Kräfte waren angespannt, ich projezierte mein ganzes Wesen voraus nach Yotsukura, zu Mariko, nach Haus. Ich wollte schnell nach Haus, nur das. Ich muss das Autoradio angehabt haben, ohne jeden Zweifel – „das Radio!" ist automatisch der erste Griff nach jedem Beben – kann mich aber beim besten Willen nicht faktisch daran erinnern. Ich muss auf der Fahrt Tsunami-Warnungen gehört haben, denn ich war froh, dass ich Yotsukura erreichte, ohne Wasser zu sehen; die Strasse, ebenso wie die Bahnlinie, nähert sich von Taira aus in einem spitzen Winkel dem Meer an – hier in Yotsukura, auf Höhe unseres Hauses etwa – erreicht die N 6 die Küste; die Schienen dagegen bleiben etwas weiter im Inland. Unser Haus liegt zwischen beiden, wie hören nachts im Bett sowohl die LKWs als auch die Züge – die wenigen die noch fahren, heißt das.

Ich bog erleichtert ab von der N 6 auf den kleinen Bahnhof zu: diese Kreuzung ist dem Meer am Nächsten, und ich hatte sie geschafft! Das war das Wichtigste.
Hatte also keine allzu große Angst, vom Tsunami weggerissen zu werden oder sonst was, unter „Tsunami" konnte ich mir auch im Grunde gar nichts vorstellen, obwohl ich auf der Fahrt abzuwägen versuchte wie weit der Tsunami wohl kommen würde, („Bis nach hier? Ist dies jetzt gefährlich?") sondern hatte hauptsächlich Angst, das Haus nicht erreichen zu können, falls die Strassen unbefahrbar würden. Von der Größe des kommenden Tsunami hatte ich absolut keine Vorstellung. Wollte nur nach Haus. Ahnungslos wie ich war!
„Zu Haus" – das ist mein Hafen, das ist ohne Frage, ist sicher. Da bin ich geborgen.

Ich fuhr im Übrigen völlig emotionslos, wie in Trance, wie ein Roboter. Unter Schock eben. Fühle das jetzt wieder wie ich's schreibe – die totale Anspannung dieser zwanzig Minuten, die Hände am Lenkrad wie fremde Wesen, die absolute Konzentration: wie auf Droge. Ich fuhr wie im Tunnel. Hörte Sachen, sah auch Sachen – und was? Bedeutungslosigkeiten. Ich hatte ein ZIEL, und das allein war Realität.

Ich wäre wahrscheinlich auch mit Vollgas ins Wasser gerauscht, wäre etwas auf der Strasse gewesen. Nichts hätte mich aufhalten können – oder doch?

Kaum eine Viertelstunde später stand die Kreuzung metertief unter Wasser – ich wäre weggespült worden wie ein Schiffchen aus Papier zusammen mit all dem Unrat, der sich da auftürmte.

7 Tsunami

Ich kam an, sah, dass das Haus stand, sah, dass Marikos Auto nicht da war: „Ado-Go!" Unsere Erinnerung an Freund Adrian. Er schenkte uns den kleinen, schwarzen Daihatsu „Move" mit nicht ganz passender eingebeulter rechter Tür und einem Delphin drauf, als er nach Australien zurückging! Wir fahren ihn als Andenken, obwohl er uns inzwischen, Mays Unfall inklusive, teurer zu stehen gekommen ist als der beim Kauf fast neue weiße Subaru R2, unser zweites Auto. Ein Hauch von Brandungs-Freiheit, von Seeluft, von Adrians unbeschwertem Lachen wie er über den Parkplatz kurvte, dass das Surfboard fast runterfiel – hängt der Karre nach drei Jahren immer noch an!

Ich war beruhigt: „Gut, Mari ist sicher nach Yoshima zu ihren Eltern gefahren; jedenfalls ist sie vor dem Tsunami in Sicherheit! Gut. Da brauche ich mich um sie nicht zu sorgen!"

Die Brettertür vom Parkplatz zum Garten, unsere Hintertür, stand weit auf, die Küchentür ebenfalls; das Radio lief und warnte pausenlos. Es lief, das meine ich noch zu wissen. Die Erinnerung an all das ist löchrig wie ein Schweizer Käse, manches ist glasklar – anderes

einfach nicht zu finden. Vorsichtig ging ich rein ins Haus; in der Küche lagen ein oder zwei kaputte Dinge auf dem Fußboden. „Aha, gut". Im nächsten Raum, dem Klavierzimmer lag etwas mehr. „Vorsichtig! nur nicht in Glas treten". Dann das Wohnzimmer: gar nichts am Boden außer dem „O-Fuda", einer jährlich zu erneuernden Votivtafel des Tempelchen Myookensama, was Mariko später als Zeichen des besonderen Schutzes ansah, den wir zweifellos in unserem Haus erfahren hatten!
So wenig war zerstört! Ich war überrascht, aber weiterhin registrierte ich lediglich nüchtern, konstatierte Fakten und ging weiter zügig von Zimmer zu Zimmer durchs Haus, ohne mich mit irgendetwas aufzuhalten und sei's nur einem Gefühl.

Ein Blick ins Arbeitszimmer – hier sah's bunt aus, Bücher und alles mögliche Zeugs von den rundum laufenden, selbstgebauten Regalen lag wild zerstreut auf dem Fußboden, darunter die im Runterfallen stehengebliebene Uhr: Die Zeiger standen auf 14: 51 glaube ich mich zu erinnern; ich habe sie später auch fotografiert: den locker gewordenen Stundenzeiger verrutscht lassend ohne es zu bemerken. Sie ging auch sowieso nicht genau; ist also als Zeugin der Verteidigung genauso wenig zu gebrauchen wie als Zeuge der Anklage.
Sicher schaute ich auch schnell nebenan ins Lager: Zugang versperrt durch einen umgekippten Schrank gleich hinter der Tür, gesplittertes Glas dazwischen. No go. Okay.
Keine Spur von den Katzen – okay.

Wohin ich aber eigentlich wollte, war ins Schlafzimmer zu unseren Wertsachen. Ich hatte unterwegs einen kleinen Rucksack vom Haken genommen und packte da hinein die kleinen Taschen mit Dokumenten wie Versicherungsunterlagen, Sparbüchern etc und das kleine Kästchen mit Geld und Schmuck ... das ich an seinem Bindfaden aus seinem Versteck zog wie kaum zwei Wochen vorher geübt, Vorbereitungen für den Ernstfall. Leider riss in der Eile einer der beiden Halte-Haken aus; der andere Haken hielt. Zu meinem großen Glück hatte ich erstens genug Zeit dies zu tun und war zweitens ja sowieso außerhalb der Tsunami-Zone. Einige der Ertrunkenen sind nämlich genau durch das Einsammeln irgendwelcher vermeintlicher Schätze ums Leben gekommen. Ich war also auch ein Kandidat für den nassen Tod, jetzt schon zum zweitenmal.

Andererseits haben auch viele Leute ihre Werte verloren, weil sie sie in der Eile nicht mitnehmen konnten; es wird ja hier so unglaublich viel unter der Bettkante gebunkert. Bei 0,01 % Prozent Sparzinsen seit vielen Jahren kein Wunder. Umgerechnet 700 Milliarden Dollar sollen es sein, hörte ich gestern im Radio, sowohl privat als auch in Firmen. In Yen eine Zahl mit 13 Nullen, 80.000.000.000.000 Yen! Also fast 700.000 Yen oder 7000 Euro pro Nase! Es gibt Leute, die Millionen in bar in alten Scheinen zur Bank bringen, hört man: die alten Scheine sind schon seit über zehn Jahren nicht mehr in Zirkulation.

Die ihr Geld in den hier üblichen Tresoren im Wandschrank hatten, klotzige würfelförmige Apparate, die ein Dieb nicht allein forttragen kann, was einen gewissen Schutz bietet, waren zum Teil so glücklich es nach Monaten von der Polizei wiederzubekommen. Es wurden Hunderte solch schwerer Tresore tief unter den Tsunami-Trümmern gefunden! Sicher gab es da tragikomische Szenen en masse: die angeblichen Besitzer mussten sich identifizieren und zur Untermauerung ihres Besitzanspruchs beitragen, indem sie der Behörde angaben, was denn der Tresor nun enthalte ... was im Einzelfall wohl peinlich sein mochte. Doktor Hassegawa ist ja immer gut informiert; ob die Geschichte aber stimmt oder ob's eine ist wie die von der Maus in der Coca Cola weiß ich nicht.

Also: der Bürgermeister des kleinen Ortes Tomioka, direkt am AKW, hätte wohl oder übel achthundert Millionen Yen in so einem zunächst herrenlosen Tresor als sein Geld deklariert! Bei einem Jahresgehalt von, wenn's hoch kommt, einer Million, ist das keine schlechte Sparleistung: alle Achtung, Herr Bürgermeister!

Die Geschichte ist deshalb interessant, weil sie bezeichnend ist für das Verhältnis, das Tepco mit den Politikern vor Ort pflegte: wie die Geschäfte des Herrn Julius Cäsar dreckig und für beide Seiten hochprofitabel. Ein Milliardengeschäft.

Auch der saubere Herr Ozawa, der große Strippenzieher hinter den Kulissen, als Machtpolitiker vom Typ her exakt Franz Josef Strauss, hat, wenn man ihm Glauben schenken soll, über all die Jahre fleißig in die Schublade gelegt: vierhundert Millionen Yen Bargeld hatte er liegen als die Polizei wegen Korruptionsverdacht endlich eine Haussuchung machte! Das nur so am Rande. Er hat mit dem Tsunami auch nichts zu tun, mit Tepco aber höchstwahrscheinlich umso mehr. Alle Politiker haben. Geld will fließen ... und am leichtesten eben in die Niederungen der Parteipolitik, hier wie dort. Und um sein Leben ist er gelaufen, nach den Explosionen in Dai-ichi, aus Tokyo so schnell wie möglich abgehauen wie seine Frau jetzt an die Öffentlichkeit brachte.
Was mich an G.W. Bush erinnert, auch so einen Machtmenschen, der die Hosen mächtig vollhatte an einem gewissen Katastrophentag: stundenlang vom Schirm war mit seiner Air Force One; irgendwo über Nebraska oder sonstwo, nur möglichst weit weg ...

Wie spät es nun geworden war? Hinterher habe ich versucht, das zurückzurechnen. 14:46 Anfang – 14:50 Ende des Bebens; zehn Minuten für „Lage" und Aufräumen, fünfzehn bis zwanzig Minuten für die Heimfahrt. Fünf Minuten für das Bergen der Wertsachen. Vergessen hatte ich übrigens die „Inkan", die registrierten Stempel, von denen Mariko sagt, sie seien so wichtig wie das Leben.
Hieße also, dass ich etwa um 15:30 mit dem Rucksack auf dem Rücken aus der Tür ging; ob ich im Gehen noch den Stecker fürs Radio rauszog? Der genau an der Küchentür ist? Gut möglich. Oder war ich schon so weit weg, dass solche kleinen Sachen nicht mehr zählten? Eigentlich wahrscheinlicher.

Wer bringt schon noch den Müll raus, wenn das Haus lichterloh brennt ...

Die Katzen waren nirgendwo zu sehen und auch keine Menschen mehr. Ich dachte kurz nach – ob ich mit dem Auto fahren sollte? Versuchen, die kleine Strasse lang, die am Fuß des Hügels geht in Richtung Schule und dann Richtung Yoshima, weg vom Meer zu fahren?

In Yoshima, bei ihren Eltern, vermutete ich Mariko. Entschied mich aber sofort dagegen; sah im Geiste undurchfahrbare Stellen auftauchen und ging zu Fuß los mit ganz normalem Schritt, eigentlich stark wie im Traum! Ging die Strasse hoch. Ob ich da Leute traf, ob man sich grüßte mit „Ach, sind Sie auch auf der Flucht vor dem Tsunami?" weiß ich nicht mehr. Ich weiß noch, wie irreal alles war. Wie falsch ich mich fühlte mit dem Rucksack auf dem Rücken unterwegs auf den Hügel.

Und gerade das ist es ja, was Leute in solchen Katastrophen das Leben kostet: man kann einfach nicht glauben, dass es JETZT soweit ist. Das kann ich inzwischen gut verstehen und, mein Gott, denke ich grad: bin ich denn nicht immer noch in der gleichen Situation? Das AKW ist doch nicht unter Kontrolle! Wer weiß, was da passieren könnte; bin ich denn total bekloppt, hier solche Sachen zu schreiben als ob sie Vergangenheit wären?
Es ist schwer. Die Webkamera zeigt das gleiche Bild wie immer: riesige Kräne vor hell angestrahlten weißen Trümmern. Unter denen die Hölle kocht.

Keine zweihundert Meter zum Tempelchen sind's. Die alte Treppe, fast siebzig steile Stufen, hoch: rechts über einen Trampelpfad die letzten Meter einen Hang rauf und einen Grat lang durchs Unterholz ist unser geheimer Platz, so ein offenes Rund. Da haben May und ich die gute Happy begraben. May, die uns Happy beschert hatte, als sie grad in die Schule gekommen war, war auf grosser Reise. Sie rief von Tonga aus an, am Vortag ihrer Abreise von der Insel des dicken alten Königs und merkte natürlich was passiert war, erschrak furchtbar und wollte nur eins: Happy noch einmal sehen. Wieso haben wir diesen Wunsch nur? – Er wurde ihr aber erfüllt. Ich holte sie spät abends schweren Herzens vom Bahnhof ab; hätte ihr ein freudigeres Heimkommen gewünscht! Aber so konnte sie Happy dann doch den letzten Dienst erweisen. Ich hatte da oben ein Loch in den weichen Sandstein eingehackt und da hinein versenkten wir sie gemeinsam. Die gute treue Happy.
Links führen aber vier, fünf aus dem Fels gehauene Sandsteinstufen

weiter hoch, vorbei an einer Höhlung im dunkelgelben Stein: über die gelangt man zu der planierten Fläche, auf der seit Jahrhunderten der kleine „Jinja" steht, „Myookensama" heißt er, ein Shinto-Schrein. Die Götter werden dort gerufen, indem man an einer überdimensionalen Kordel zieht und damit eine Schelle rasseln lässt: dann klatscht man mit geneigtem Haupt zweimal in die Hände und spricht sein kleines Gebet. Vorher hat man schon seinen Obulus in die große, schwere Kiste mit den Querstäben aus dunklem Holz geworfen: ich denke immer, um das jederzeit tun zu können, hat Mari stets ein paar Münzen in der Tasche. In jeder Tasche, egal ob Jacke oder Jeans!

Früher war sie oft mit den Kindern dort oben, Happy immer dabei; die liebte diesen Spaziergang, später auch mit mir, vor allen anderen! Wie sie die Treppe rauf und runter fegte! Was für Sätze sie machte! Einen davon haben wir im Fotoalbum, im Grund sind es zwei, die ich zufällig auf's Bild bekam: drei Fotos in Folge. Auf Bild eins lachen die Kinder wie sie auf einem alten Stein sitzt und nach oben peilt. Auf Bild zwei steigt sie lang gestreckt nach oben, aus dem Format raus während die Kinder sie anfeuern, und auf Bild drei kommt sie postwendend wieder genauso langgestreckt zurückgesaust; sie hatte sich verrechnet und da oben keinen Halt finden können!

Jahrelang, zwölf Jahre lang vielleicht, haben wir da vor dem gleichen ockergelben Felsen ein Familienfoto zum Jahresende gemacht. Immer an der gleichen Stelle. Ich trug dazu jedes Jahr die alte Jacke aus dem Super-Center, weil sie eine so schöne mattrote Kapuze hat, die farblich so gut mit dem in der Nachmittagssonne sattgelb leuchtenden Felsen harmoniert. Ein Geschenk von Mariko für die Motorradfahrten zur Arbeit im Restaurant „Mexico", vom Tellerwäscher zum (Yen-) Millionär, noch vor unserer Heirat. Hinter einer einigermaßen großen Kiefer – nichts ist da besonders herausragend, alles ist eher ältlich, ganz einfach weg und vom Lauf der Zeit vergessen – steht also unser „Jinja" und schläft, außer für ein paar Tage, während der Kirschblüte. Wenn überall gefeiert wird, gibt es auch da oben ein paar bunte Glühbirnen in einem kleinen Kirschbäumchen über ein paar angetrunken feiernden Yotsukuranern. Viel ist da nie los; wir haben's auch immer nur von unten gesehen, ohne das Bedürfnis mitzufeiern. Fühlten uns auf jeden Fall nicht ausgeschlossen – der Jinja war eben unser Platz. Ein besonderer Platz ist er uns auf alle Fälle: das Numen wohnt uns nirgends näher. Shinto ist eine Religion der Reinigung, der Reinheit: die Schreine sind auf Hügeln oder im Wald, in der „unberührten" Natur jedenfalls! Berge sind heilig – der Fujisan ist Sitz der Götter, der Unzähligen, die von Anfang an Japan unter ihren besonderen Schutz nahmen. Um einen Shinto-Schrein herum gibt es unbedingt alte, immergrüne Bäume: alte Kiefern oder die noch eindrucksvolleren riesigen Zedern, die Kryptomeren. Da gibt es direkt Anklänge zu den Bäumen und Hainen der alten Germanen!

„Der Weg der Götter" heißt Shinto übersetzt, vielleicht wäre auch der „Weg der guten Hausfrau" nicht völlig verkehrt? Es ist dies eine Religion ohne fassbaren Gott, ohne heilige Texte: die Priester schwingen elegante Patschen aus speziellem weißem Papier und einem besonderen grünen Laub ein paar mal hin und her: und schon ist das zu bauende Haus oder auch das neue Auto mit dem Segen der Götter, der zehntausend, bedacht und man kann beruhigt weitermachen mit seinem Leben.

Shinto durchzieht den japanischen Alltag wie ein feiner, den sechs Sinnen fast unwahrnehmbarer Duft. Ein „Aroma"? Schwer zu fassen ist Shinto. Vielleicht aus dem Geist des Tao zu verstehen: Die Leere im Inneren der Teeschale macht die Schale aus. Das mir eingeborene Christentum dagegen hat ja nun eine breite Palette von Düften, vom klaren Morgenduft des echten Christentums über den Weihrauch der Katholiken und Orthodoxen bis hin zum ziemlich vulgären Geruch mancher „Wiedergeborener" in der Neuen Welt und nicht nur da.

Das grüne Kupferdach schön geschwungen, wie ein Samurai-Helm, mit geschnitzten Drachen als halb tragenden, halb getragenen Elementen, steht der stille Tempel da. Er blickt hinaus auf's Meer! Von da, genau gesagt von einer schlecht zugänglichen Stelle oberhalb des Tempels – über diesen „Gipfel" des Hügels streiften wir mit den

Kindern auf Entdeckungsreise – habe ich früher oft Fotos gemacht. Habe die aus dem Pazifik aufgehende Sonne fotografiert. Auch unser Haus konnte man früher, bevor ein natürlich zweistöckiges Nachbarhaus gebaut wurde, von da aus in der Totalen sehen.

Das Meer! Wie ich das Meer liebe! Das vergiftete Meer. Tepco, ihr Schweine. Wie wollt ihr das gutmachen?
Dem Meer verdanke ich so viel! Ich hatte als Kind furchtbares Asthma; nach dem tragischen Tod meiner Spielkameradin im Februar 1962 ging das los, wie mir neulich nach fast fünfzig Jahren endlich klar wurde. Asthma – der Schrei nach der Mutter! heißt es ja auch, und in meinem Fall war die Mutter dann die Urmutter – das Meer, dem wir alle entstammen. Eine Reise an die See ... nach Borkum, von einem Onkel gesponsert, sollte Hilfe bringen: und tatsächlich! Schon als wir in Oldenburg übernachteten, konnte ich freier atmen, auf Borkum dann war alles augenblicklich wie weggeblasen. Wer kein Asthma kennt, weiß nicht, was das bedeutet.

Das Meer! Das gute Meer! Später vor allem das Mittelmeer; mit dem Schlafsack am Strand; den Schwan, das Sommerdreieck hoch über mir: Im Rauschen der Wellen ein großer Flügelschlag ... Neben mir jemand Liebes, ganz Verschiedene lagen neben mir; auch Rayun, der Weitgereiste!
Die Zeit auf dem alten Küstenmotorschiff: Deckshelfer war ich und erlebte vor Dänemark einen Nordseesturm Stärke elf mit Orkanböen. „See über Deck und Aufbauten" konnte ich später im Logbuch lesen, ohne übermäßige Angst gehabt zu haben: das Meer ist gut!

Und hier endlich der Pazifik. Der gleiche, den Nunez de Balboa als erster Europäer von Panama aus sah, in einer Sternstunde, von der anderen Seite aus! „A man, a plan, a canal: Panama" Jahrhunderte später ...
Ich sah den Pazifik zuerst vom Flugzeug aus. Am Ende der langen Bahnfahrt quer durch Asien stand ein Flug: „Einfach!" gegen den Ratschlag des Reisebüros von Hong Kong über Manila nach Narita. Wieder sah ich ihn auf der Autofahrt von Itako nach Mito; ich hatte mich in einer Jugendherberge in der Nähe des Flughafens drei Tage

akklimatisiert, es gab komische Sachen zum Frühstück – Reis und Fisch – und war dann per Anhalter in Richtung Norden gestartet. Kein Mensch trampt hier, selbst damals nicht, aber das wusste ich nicht und fand nichts dabei. Unwissenheit ist Stärke! So fuhr ich mit einem schrägen mittelalten Paar Stunden um Stunden nach Norden, auch am Meer vorbei und kam doch nicht vorwärts wie ich per verstohlenen Blick auf Tacho und Hinweis-Schilder feststellen konnte: der Verkehr hier schleicht hinter dem langsamsten Teilnehmer her, und Höchstgeschwindigkeit ist eh' meistens fünfzig. Bei Überholverbot.
Auf den meistens sehr gut ausgebauten Nationalstrassen! Es ist zum Wahnsinnigwerden, damals war es vielleicht noch etwas schlimmer als heute, minimal.

Man fährt auf Autopilot; so manches Buch, so manche Zeitung wurden unterwegs schon gelesen, ein kleines Wunder, dass nie was passiert ist. Wie mir diese „6" zum Halse heraushängt! Eine Strecke bis zum Mond und halb zurück bin ich auf ihr gefahren, sechzig mal und mehr nach Deutschland – wäre ich Tag und Nacht nur gejockelt ohne anzuhalten, wäre ich zwei Jahre nicht aus dem Auto gekommen, es ist zum wahnsinnig werden. Schon auf der allersten Fahrt damals war's schlimm genug; hatte ich eine Vorahnung auf die Jahre am Steuer, die kommen sollten? um mir die Aussicht auf den Pazifik zu verleiden. Zusätzlich gibt es Ampeln, Ampeln und noch mehr davon, ich habe einmal auf einem abendlichen Nachhauseweg von Isohara nach Yotsukura über hundert Stück gezählt; gut, das war die „alte" 6, inzwischen gibt's Umgehungen. Seit siebenundzwanzig Jahren fahre ich diese Strecke nun treu und redlich: eine Ampel alle fünfhundert Meter, grüne Welle unbekannt, na, was rege ich mich auf.
Wollte von einer anderen Welle sprechen, muss davon sprechen. Sie war oft schwarz, wie man auf Fotos sehen kann. Mariko sah sie von der hohen Warte ihres Fluchtpunktes aus, dem „Haus der Natur der Präfektur Fukushima", auch so ein weißer Elefant, ein Bubble-Projekt, eine Wahnsinnstat! Nützt fast niemandem was, die Kinder von hier kommen erst gar nicht rein! Dafür muss es extrem teuer sein.

Wieviel Leute da allein mit Instandhaltung beschäftigt sind, es ist ja nicht nur das bescheuerte Gebäude, sondern sind auch die riesigen Anlagen drumherum. Breite Wege durch Wälder, die kaum je ein menschlicher Fuß gegangen ist. Haus der Natur: dass ich nicht lache! Eine Geldmaschine! Fragt sich nur, wer an der Kurbel sitzt und sich freut, wenn es wieder klingelt. Mariko hasst diese großangelegte Flunder mit Inbrunst; sie, die wirklich eine liebende Seele ist! Hauptsächlich, weil so an uns Einheimischen vorbei gebaut und gedacht wurde. Zum Beispiel musste für diese hässliche Kröte das alte „Kinderdorf" schließen, ein liebenswertes Sammelsurium von Spielgeräten und einer Halle mit Tischtennisplatte, das noch für unsere Kinder und deren Freunde ein beliebter Ausflugspunkt war.

Ist es nicht ironisch, dass Mariko ausgerechnet da Schutz suchte? Von hoch oben die Welle kommen sah, weit weg, drei Ketten weißer Schaumkronen vor einem dunkel drohenden Hintergrund? Ganz unheimlich sei das gewesen, sagte sie! Man sieht von oben verschiedene Ausschnitte zwischen den Hügeln hindurch, aber nirgends die Küstenlinie ungebrochen. Als wir später einmal dort standen und versuchten zu rekapitulieren, was sie sah und von wo aus genau sie die Fluten sah, wollte es nicht richtig gelingen. Man kann so etwas nicht reproduzieren! Es ist zu viel „Rauschen" dabei, zu viel Gefühl, zu viel Schrecken. Man kann es nachher nicht mehr verstehen. Nicht mehr feststellen, wo man genau war, was man genau sah! Sie sah jedenfalls etwas – im Gegensatz zu mir. Ich sah gar nichts. Und bin jetzt froh, dass mir das erspart geblieben ist! Schon so war mir das Meer dieses ganze Jahr sehr suspekt, ich schaute nicht gern drauf – wie kann man einem Monster in die Augen schauen? Oder besser, einem geliebten Wesen, das unversehends Amok lief und zum Massenmörder wurde? „When the still sea conspires in armor ..." hörte ich den verrückten Jim Morrison immer singen ... stand sie gegen uns auf, die See? Bewaffnet?

Ich bin so froh, dass ich nicht gesehen habe wie sie sich schwarz und dreckig einfach über die Ufermauern wälzte und alles wegriss, Autos, Häuser vor sich hertrieb wie Spielzeuge und stieg und stieg ... Menschen jagte und fraß, wenn sie nicht schnell genug fliehen

konnten, wie froh ich bin, dass ich so etwas nicht sehen musste und keinen der verzweifelten, vergeblichen Schreie um Hilfe hören musste. Wenigen vom Wasser Erfassten konnte geholfen werden: die Strömung, die Kälte. Viele tausend kleine und große durcheinandergewirbelte Trümmer, die auch den besten Schwimmer hoffnungslos schwächen, wenn nicht gleich erschlagen oder festhalten und unter Wasser ziehen, ich mag nicht daran denken. Man sieht im Film das Wasser brodeln und kochen wie im Sturm – und dabei immer weiter steigen und immer weiter vorwärts rasen, schneller als ein Mensch laufen kann. Die Leute ertranken in ihren Autos, eingeklemmt, verschüttet unter was auch immer, ertranken in ihren Häusern – konnten vielleicht nicht einmal schwimmen. Ein älterer Mann wurde nach quälend langen Stunden am nächsten Tag weit draußen, auf seinem Hausdach treibend, aufgefischt: ein kleines Wunder! Er war der Einzige. Nein, eine achtzigjährige Frau mit einem Enkel gab es noch, die nach zehn Tagen aus einem Auto gezogen wurden. Ein wirkliches Wunder! Die Kälte ...
Das Wasser war sowieso eisig und es gab dazu noch einen Wintereinbruch: es schneite dicht und nass. Anfang März ist es noch sehr kalt im Norden.
Die Kinder der Okawa-Grundschule in Ishinomaki! Von 108 Kindern sind 70 tot, dazu zehn ihrer Lehrer: vom Schulhof weggefegt, weit weg vom Meer, am Fluss vier Kilometer weit im Inland: wie könnte man so etwas sehen und nicht verrückt werden? Zu sehen wie der rettende Hügel gleich hinter der Schule liegt und der große Teil der Kinder einfach nicht dorthin geführt wurde – wie hätte man so etwas ertragen können? Die Lehrer hatten sich nicht einigen können, ob sie den Gang auf den steilen Hügel tun sollten, vier Kilometer vom Meer entfernt. Wäre ich an ihrer Stelle gegangen? Als das Wasser brüllend den Fluss hinauf raste, war alles zu spät, es muss grauenhaft gewesen sein. Und sogar hier bei uns, ein paar hundert Meter entfernt, wo zwanzig Menschen starben, müssen sich entsetzliche Szenen abgespielt haben. Ob dem alten Mann mit dem Radio am Ohr oben auf dem Hügelchen so etwas schwante, als er dann sprach?

Wie ich die letzten Sandsteinstufen zum Vorplatz des Myooken-Schreins hoch war, sah ich vor mir ein kleines Grüppchen von älteren Menschen am östlichen Rand des kleinen Platzes stehen. Es gibt da nur eine Stelle mit freiem Blick nach unten, und dort standen die Leute natürlich. Unter der großen Kiefer. Ein Mann hielt ein kleines Radio ans Ohr, es wurde nichts geredet, allen war beklommen zumute, man hätte die Stecknadel nicht fallen hören – die Luft war zum Schneiden dick vor dumpfer Furcht. Ich kann nicht genau sagen wie lange wir standen, höchstens eine oder zwei Minuten will mir scheinen, als eine ruhige, resignierte Männerstimme sagte: „Nishiyama ganka made kita." Bis zur Augenklinik Nishiyama wäre es gekommen: und so war es tatsächlich.

Ich ging dann irgendwann wieder runter, stehe ja offensichtlich nicht mehr da oben ... das wäre was! Zur Salzsäule erstarrt wie Lots Weib ...

Wie, weiß ich aber nicht mehr; die folgenden Stunden sind überhaupt ziemlich konfus. Der Erinnerung ist in Zeiten großer Erschütterung einfach nicht zu trauen, außen und innen werden zu sehr eins. Ich weiß aber noch, dass ich mich nicht vordrängeln wollte um bessere Sicht zu haben, wozu auch? und höre immer noch die alte, ruhige Stimme sagen: „Bis zur Augenklinik Nishiyama ist es gekommen."

8 Nachbarschaft

Es war ja noch früh am Nachmittag, und somit wäre Zeit genug für vieles gewesen, aber ich sehe mich in der Rückblende erst wieder nachts einigermaßen klar: im schwarzen Mantel vor dem Ofen in der Küche sitzen. Die Tür nach draußen steht offen, das Radio läuft, und ich sitze da in Hut und Mantel, also Wollmütze und Mantel. Es ist kalt. Im Wohnzimmer habe ich keinen Ofen an, der PC ist eine Zeitlang an, ich spreche mit den Kindern, bekomme E-Mails und beantworte sogar drei oder vier: „Wir leben noch!!" Ständig gibt's Nachbeben, die einen raustreiben ...

Folgende paar Fetzen aus den Stunden zuvor sind jedenfalls zweifellos echte Erinnerung.
Ich wanderte mit meinem Rucksack ziellos – die Frage war nicht wohin, sondern eher wohin nicht! – zunächst in Richtung Bahnhof, überquerte die Schienen und ging rüber zu einer kleinen Gruppe von Leuten auf dem Parkplatz des buddhistischen Tempels, eben des Tempels, der jetzt abgerissen wird, um einen neuen Protzpalast ganz oben auf dem Hügel zu ermöglichen! Schon wieder Stoff, um mich aufzuregen. Der Tempel bezieht sein Geld – und ein Tempel wie dieser braucht viel Geld – von den Leuten, die ihre Familiengrabstätten dort haben.
Die Buddhisten hier sind zuständig für Beerdigungen und verdienen gut daran. Der Tempel hier ist mit seinem Friedhof – auf dem unsere Kinder jeden Weg und jede Sackgasse zwischen den Gräbern von endlosem Verstecken- und Fangen-Spielen genauestens kennen – einer der größten, also auch reichsten der Gegend. Nun waren dem Fischer und seiner Frau die altehrwürdigen Gebäude nicht mehr gut genug! Und so erließen sie also vor zwei Jahren einen Spendenaufruf an ihre Gläubigen: unter 300.000 Yen, bedeutend mehr als ein Monatslohn brutto für Angestellte, brauche gar niemand anzukommen. Je mehr aber desto besser! Es gab auch keine ideologische Verbrämung a la „Wenn das Geld im Kasten klingt"; nein, das war ganz einfach ein 'Gebot der Notwendigkeit'. Die Leute murrten ein klein wenig – und zahlten. Das in einem Ort wie unserem; alte Leute, kleine Leute und wenig andere. Nur damit die Frau des „Bonzen", er selber ist alt und krank, sich jetzt oben auf dem Berg sonnen kann und ein goldeneres Dacherl hat als alle Tempel der Umgebung. Los ging der Stress, und ich wurde aufmerksam auf die Art dieser Leute, als der alte Opa direkt neben dem Friedhof begann seinen Garten abzubauen. Das war nun nicht irgendein Garten; das war ein Mustergarten! Jedem Professor des Gemüsebaus hätte der alte Mann gezeigt was 'ne Harke ist! Kam mit seinem uralten Fahrrad angefahren; hatte weder Wasser noch einen Schuppen für etwaige Geräte, nichts an Hilfsmitteln außer seinem gepflegten Komposthaufen – aber zu jeder Jahreszeit volle Felder. Wie er das machte, ist mir ein

völliges Rätsel! Er machte es aber; bis ihm dann gekündigt wurde und ein akkurat asphaltierter Parkplatz angelegt wurde. Wo bis kurz davor Möhren und Rettiche wuchsen parken nun die Kunden des Tempels. Zum Kotzen das! Er war aber nicht bitter, jedenfalls nicht nach außen; was meine Hochachtung nur noch steigert. Wie können nur manche alten Leute solche Kraft haben?

Andererseits, wenn nicht die Alten – wer soll dann Kraft haben? „Altwerden ist nichts für Feiglinge." Die kleinen Leute haben die Kraft, denke ich immer. Das Volk – ja. Wenn ich mir alle die Leute unserer Nachbarschaft hier vor Augen halte ... Da sind schon einige Charaktere dabei! Oder – dabei gewesen. Sogar die Leute, die hier im Haus vor uns gewohnt haben, lernte ich zufällig kennen in Gestalt einer jungen Mutter als Teilnehmerin der „Mothers", meiner Englischklasse „freestyle": sie lebte als Kind gerade hier, wo ich dies schreibe! Und Monate nach dem Beben jetzt stand plötzlich die elegante Satoko aus dem „Taira Salon" da; wie überrascht ich war, als sie mich damals ansprach: sie hätte im Kindergarten Englisch bei mir gelernt! Sie und ihre Leute hätten hier ganz früher einmal gewohnt und wollten nur mal sehen, ob noch alles steht. Es gab schon einige Charaktere, ja. Warum nicht mit der Frau direkt über'n Parkplatz – aus der Küchentür raus geradeaus in ihre Türe geschaut – anfangen? Auch wenn sie uns plötzlich nicht mehr kennen wollte, als erst May und dann Leon aus Japan fortgingen. Sie radelt jetzt noch manchmal mit ihrem Rennrad durch den Ort; die Eltern leben hier.

Eine freie Bürgerin war die ein bisschen eigenartige Schneiderin Kyoko-chan, bei der unsere Kinder inmitten einer fröhlichen Rasselbande samstags, wenn der entsprechende Vorhang vor der Tür flatterte, kalligrafierten; ungezwungen lebte und wirkte sie da neben Oma und Tochter Mihara in einem der alten, kleinen Doppelhäuschen unserer Werkssiedlung. Nicht einträchtig, leider! Kyoko hörte sonntags bei offenem Fenster laut italienische Opern, aber ertrug den Kanarienvogel der Oma Mihara nebenan nicht: Der Vogel musste weg! Und so war sie dann auch zum Schluss selber weg. Nicht ohne der alten Frau das Leben sauer gemacht zu haben ... warum auch immer. Oma Mihara, einer von den ganz Lieben. Sie lebt immer noch hier, wenn auch neulich einmal plötzlich der Krankenwagen kam: zum Glück nichts Ernstes! Wohnt ein paar Häuser weiter mit ihrer dicken Brille und der zitterigen Stimme, den guten Gedanken und dem großen Herzen für Menschen und Tiere um sich herum. Zu ihr flüchtete sich unser Kätzchen „Hippy" als die große Flohepedemie 2000 ihr das Haus hier verleidete, und sie versorgte Happy als Mari und die Kinder damals in Deutschland lebten und ich die Sommerferien bei ihnen verbrachte. Sie kannte den – teuren – Lieblingsfisch der Katze: „Kawahagi hat sie so gern!" und gab ihn ihr zu fressen. Unser Haus stand viele Jahre über den ganzen Sommer lang offen, während ich auf unbezahltem Urlaub bei meinen Lieben in Deutschland zu Besuch war: es gab ja keinen Schlüssel! Den brauchten wir nicht. Die gute Oma weinte hier im Hausflur mit mir bittere Tränen als es mit Happy zu Ende ging. Möge sie noch lange gesund und bei ihrer Tochter bleiben!

Andere Freunde sind ausgezogen, vor allem geht mir Yuki-chan leid ab, das kleine Häschen! Leons Spielgefährtin der ersten Jahre. Sie stand jeden Tag mit ihrer kaum noch als irgendwas erkennbaren Puppe Porro vor der Tür und sagte ihr Sprüchlein auf, mit einer Stimme die mir noch jetzt, nach achtzehn oder neunzehn Jahren die Knie weich werden lässt, wenn ich sie mir in Erinnerung zurückrufe: „Le:on:kun! A:sso:bo!" Leon! Lass uns spielen ... Wie gern hätte ich die beiden weiter befreundet gesehen – es hat aber nicht sein sollen. Die Wege der besten Freunde gehen auseinander, wenn das Leben es will: die Schule, die Umstände. Und wie selten findet man sich wieder.

Ihre ältere Schwester Rie war Mays Freundin, mit Sachiko, der Enkelin von Oma Fujii bildeten die drei eine Art Triade und triezten die jüngeren Brüder nicht schlecht!
Leons Klassenkamerad Yuuske „Tsumaranaimono desu ga ..." (kann ich das übersetzen? Altklug kam er eines Tages an und überbrachte Mariko mit den Worten „es ist zwar nur eine unbedeutende Kleinigkeit" ein Geschenkchen als Dank, so wie es üblich ist, für irgendeinen erwiesenen Dienst) und sein kleiner Bruder Kenta, der ganz

kleine Satoshi, auch Mochan Irie – die ganze Bande wurde in alle Winde verweht.

Um die Familie von Yuuske, Kenta und Satoshi macht sich meine Frau immer noch Sorgen, weil sie vor 13 Jahren erst nach Kessennuma gezogen waren und dann in der Nähe von Matsushima gebaut haben, so weit wir wissen. Das sind Orte, die jetzt vom Tsunami völlig verwüstet wurden. Es gibt keine Nachrichten von ihnen. Was man so oder so auslegen kann. Gewissheit, eine gute Nachricht von Familie Takahashi, wäre meiner Frau aber sehr lieb!

Die ganz alten Zeiten kommen vor Augen; Frau Toda, deren Sohn schon lange Arzt ist, und Familie Taniguchi, die uns beim Auszug ihre Fische schenkte! Drei „Funa", baktrische Karpfen, waren das. Einer lebt immer noch; der vorletzte hing letzten Monat zusammengekrümmt und bewegungslos im Wasser. Sowieso ist erstaunlich wie langlebig diese Fische waren! Ein Funa und ein Dojo, den die Oma am Reisfeld für Leon gefangen hatte, sind die letzten einsamen Bewohner des kleinen Teichs. Die Goldfische des Teichs verschwanden im letzten Jahr mysteriös einer nach dem anderen: ob das der Reiher war, den wir kurz vor dem Erdbeben hier im Garten stehen sahen? Leon liebte die Fische so! Als er noch kaum laufen konnte, fiel er selber einmal kopfüber ins Wasser, die Großmutter rannte, was sie konnte und zog ihn raus: Gott sei Dank. Man kann ja in einer Pfütze ertrinken.

So komme ich wieder von Höcksken auf Stöcksken – stehe in meinem Bericht ratlos auf dem Parkplatz hinter den Schienen und bin mächtig abgedriftet: vom Tempel aus auf die Menschen, die in seinem Schatten lebten, sozusagen: unsere Nachbarschaft. Die will ich jetzt mal durchgehen, wo ich schon so mäandere, wie ich sozusagen noch bei den Leuten hinter den Schienen stehe, die Oma Fujii dabei, und nicht weiß was eigentlich passiert ist in den letzten zwei Stunden … Die Namen so Vieler, die kürzer oder länger mitwebten am Flickenteppich unseres süßen Lebens hier steigen mir auf – die Namen sind zwar völlig unwichtig, nur muss man Menschen nun ja irgendwie nennen!

Es ist die letzte Chance, sie noch einmal kurz ins Leben zurückzubringen.

Bleibe also bei mir, geneigter Leser, wenn ich einen letzten Gang durch die verwinkelten kleinen Gässchen der Erinnerung mache, Du kannst in die Fenster schauen und die Leute wie Silhouetten sehen, alle von A wie „Aoki" bis O wie „Okada" als ob es traurige Vögel in einer vergessenen Voliere im Park von Walsrode wären, oder Vertreter unbekannter Fischarten, von denen manche noch zucken, auf dem Markt am Hafen.

„Irrrrrashai!" „Treten Sie näher!" gröhlen die Fischhändler, sie als Einzige dürfen in Japan laut ihre Kundschaft ansprechen, um dadurch die Frische der Ware kennzuzeichnen. Ich will ein kleines Lobliedchen singen – nur ein kleines, mehr wäre dem Ganzen hier nicht angemessen, dies war kein Paradies auf Erden, aber es wäre eben auch schade, wenn nicht irgendwo wenigstens einmal festgehalten stände, dass hier Menschen wohnten und einander nahestanden in der Solidarität der kleinen Leute überall auf der Welt.

Ich sah bei meiner Ankunft in Japan wenig sozialen Dünkel, man konnte arm sein und Klofrau: wer seine Arbeit gut machte und seine Kinder nach Kräften erzog, war anerkannt und freute sich mit gewissem Stolz seines Daseins. Das machte die Stärke Japans aus! Die Gemeinschaft. Und, was man zuerst gesehen hat, bleibt haften. Wir also darin: bunte Vögel zwar, aber im gleichen Käfig. Unsere Kinder nannten alle Erwachsenen hier „Tante" und „Onkel", so wie ich's von meiner eigenen Kindheit her kenne, und alle Häuser standen ihnen offen – genau wie unser Haus offen stand für jedes Kind. Die Hausfrauen, die damals noch überwiegend „Hausfrauen" waren, im Besitz des Portemonnaies, des Kochlöffels und der unbeschränkten Hoheit in allen Familienangelegenheiten und noch keine „Arbeitnehmerinnen" in schlecht bezahlten Jobs im Supermarkt, hielten ihre kleinen Pläuschchen im Eingangsflur; das Jüngste im Tragegurt auf dem Rücken schlafend, während die Mutter es beim Schwatzen rhythmisch schaukelte. Dieser japanische Rhythmus –

Kurt Singer beschreibt ihn in „Spiegel, Schwert und Edelstein" so verständnisvoll!
Diese Pläuschchen! Wie oft ich die hingerissen aus der Entfernung belauscht habe. Es wurde mit großer Kunst im Aufbau des Tratsches geschwätzt, beide Seiten wussten genau wie sie Tempo und Rhythmus zu behandeln hatten, langsam steigernd, immer noch hatte eine der beiden Stimmen was draufzusetzen: bis zum Höhepunkt – auf dem dann ein Weilchen glücklich und erschöpft geschwiegen wurde, während die Gedanken langsam kreisend auf die Suche gingen: ob es noch ein Thema gäbe, das eventuell mit Befriedigung zu behandeln wäre. Falls ja, ging's wieder von vorne los, falls nein, erfolgte der Schluss meist sehr abrupt, weil einer der beiden Rednerinnen plötzlich einfiel, der Reis müsse aufgesetzt werden oder das Telefon klingelte wie gerufen; immer war so oder so Magie im Spiel, Zauberei und Ekstase.

Und das ganz Besondere an diesen Berauschungen: es wurde nicht schlecht über jemand gesprochen! Es ist wirklich wahr: die Japaner, jedenfalls meine Frau und ihre Freundinnen und Nachbarinnen, reden sehr ungern schlecht über Andere. Es wird über Ereignisse gesprochen, über Probleme, natürlich über die Kinder: und immer aus der Kraft des positiven Denkens. Nie heruntersetzend. Das habe ich auch an anderer Stelle sehr überrascht zur Kenntnis genommen; am Eindringlichsten hat es mir „Shacho" damals vor Augen geführt, mein Chef, der einzige Chef, den ich je hatte, abgesehen von einem Halbpiraten auf See.

Der kam mir damals, als ich in seinem Restaurant Teller wusch, die Flamingos fütterte, Krebse, tiefgefrorene King Crabs aus Alaska in Stücke hackte, (so, dass sie mir eines Nachts im Traum aufmarschierten) und überhaupt sehr glücklich war auf die Bude gerückt, als ich mich wegen Erkältung krank gemeldet hatte. Schließlich hatte ich schon drei Monate ohne einen Mucks brav gearbeitet und fühlte mich eines Morgens nicht so richtig! Es war November und kühl, und mein Chef sorgte sich um seinen neuen Angestellten.
Kam also angerückt mit einer warmen Decke, einem winzigen Ofen

und einer Flasche Wein samt drei Eiern: mit denen er mir umgehend einen Stärkungstrank kochte. Mich daraufhin meiner Erkältung und meinen Betrachtungen überließ. Nie wieder war ich danach krank in 27 Jahren, außer meinen Tagen als Rocket-Man. Hexenschuss hielt mich ein paar Tage im Bett und nur die morgendlichen Streitereien unserer Kinder ließen mich unter der Decke hervorschießen – ganz in der Horizontalen, aber zischend und fauchend vor Wut. Zur bleibenden Belustigung meiner Familie ... Ich beherrsche diese japanische Tugend nicht, kann das immer noch nicht ganz: den Gegenüber so zu nehmen wie er sich gibt; nicht kritisch zu hinterfragen, sondern ihm zu vertrauen. Bis man unter Umständen eines Besseren belehrt wird.

Naiv sein oder sollte ich sagen ritterlich, kann man als moderner Deutscher eben nicht so leicht! Ritterlich – weil es durchaus die Lebenseinstellung der Samurai war, der Krieger. Gut sein – ist schwer. Mutig zu sein noch schwerer.

Kinder! Das Ein und Alles der Japaner, besonders der japanischen Frauen, früher wie heute. Kinderwagen kannte man noch nicht. Die Männer kriegten ihr monatliches Taschengeld und ließen sich kaum blicken; waren tagsüber im Beruf – abends spät zu Haus und dann in der Horizontalen vorm Fernseher. Eine Welt der Frauen und Kinder war diese, und ich mittendrin als Ehrenindianer, „Maysvater" oder „Leonsvater", je nachdem, als ein sympathisierender Spion, der ein paar kurze Jahre in einer vielhundertjährigen Geschichte miterlebte. Verstand nicht viel von den Vorgängen um mich herum: mochte die Atmosphäre und die Menschen aber. Sehe alte Fotos an und sehe gute Gesichter! Dann kam die „Blase" Ende der achtziger Jahre. Ihr Platzen – mehr Implosion als Explosion, hier auf dem Dorf eigentlich nicht direkt bemerkbar – und erst nach Jahren fiel mir auf wie lange ich schon keine neuen Arbeitsangebote mehr bekommen hatte. Dann die sich immer noch weiter öffnende Schere, die arm und reich immer mehr auseinandertreibt. Gewinner und Verlierer schafft. Schon lange vor dem Tsunami war also alles sehr auf dem absteigenden Ast; die Häuschen unseres Viertelchens erschienen einem Jahr für Jahr ärmlicher und bedrohter mit all den billig protzenden Neu-

bauten drumherum, und das Schlimmste: es waren kaum noch Kinder da! Ohne rennende und lachende und Streiche machende Kinder – ist eben alles tot. Und jetzt ist offensichtlich geworden, was schon Jahre lang unter der Oberfläche sich abzeichnete: das Ende. Die alten Leute, die bleiben – außer den Kindern einer einzigen Familie – sind schäbige Überbleibsel, sind Relikte wie wir oder Tsunami-Treibgut wie die neuen Nachbarn gegenüber.
Damals aber war hier viel los, es gab junge Familien und Kinder in Menge. Unsere Kinder wurden in eine gewachsene, lebendige Gemeinschaft geboren. Schon damals war ich froh darüber; schon damals bedauerte ich die aufstrebenden jungen Familien in den schönen, etwas sterilen Siedlungen mit all den schönen Häusern: „Little boxes; made of tickitacky ..." höre ich Pete Seeger singen.

Ureinwohner in unserem Bretterzaunviertel war auch die Familie Osawa, die unseren Kindern beim Auszug eine hölzerne Rutsche schenkten mit Motiven von Dick Bruna an den Seiten: „Miffy"! Was kannte ich Dick Bruna? Als guter Deutscher bildete ich mir doch immer ein, wenn auch nicht alles, so doch wenigstens ziemlich viel zu wissen ... und kannte nicht mal „Miffy". Den doch jedes Kind kennt! Das Kinderzimmer in der Sonne; da stand die Rutsche, da wohnten die vielen Stoffpuppen und Tiere! Die schönsten selber gemacht von Muttern und Großmuttern: für die kleinen Enkel in der Ferne. Da lag Leons erster kleiner Futon im Sommer 1988 wie er noch nicht laufen konnte, sondern fröhlich lachend sein Speckbäuchlein sonnte: „Kleiner Kaiser" nannte ihn unsere Freundin Elke aus Berlin, die mit ihrer Punkband zu Besuch war, immer liebevoll ...

Der Tod des alten Kaisers Hirohito Anfang 1989 – auch dies Ereignis ist für mich mit der Vorfrühlingssonne in diesem sonnigen Raum verbunden. Und der Name für das neue Zeitalter wurde da im Radio verkündet: „Heisei" – „erleuchteter Friede". Man fing mit dem Zählen der Jahre wieder einmal bei „eins" an, so ist es der Brauch. Der Abstieg Japans hatte begonnen, von eins ging es, bis derzeit vierundzwanzig, der neue Kaiser ist inzwischen selber ein uralter und sterbensgrauer Mann: sein Sohn, der Thronfolger, hat nur eine einzige

Tochter, die nicht Kaiserin werden darf ... Die große, lange Rutsche – wir wären lieber bei „Miffy" geblieben!
Aber, das Rad dreht sich weiter. Und auch mir wird langsam klar „dass nichts bleibt, dass nichts bleibt wie es war ..." Sogar die Kimuras sind weg, eine etwas wilde Bande, deren Oberhaupt Kampfhunde hielt, aber sich doch knurrend dem Spruch der Nachbarschaft beugte: „Hier nicht!" Ein bisschen, ja, nu, ein Penzold hätte aus denen eine zweite Powenz-Bande machen können! Liebe Kinder hatten sie aber; Masaki, der mit der großen Bissnarbe – ob vom eigenen Hund? – war besonders anhänglich.
Auch nachdem er mal böse von unserer selbstgebauten Schaukel fiel. Er ist immer noch im Dorf, hat früh gefreit und arbeitet jetzt im Dai-ichi. Ich habe ein bisschen Angst um ihn; solche wie er werden da bedenkenlos ausgenutzt. Sind Kanonenfutter für die Börse, die Bilanzen, fürchte ich, denn Tepco ist nicht totzukriegen: wie die Kakerlaken angeblich den Weltuntergang überleben ist Tepco nicht umzubringen.
Geblieben ist die Familie Hara. Marina traf ich neulich im Baumarkt an der Kasse, und Leon sprach kürzlich mit dem alten Klassenkamerad Tatsuya über alte Zeiten: über anderes können sie kaum reden, zu verschieden sind die Wege gegangen. In fünfzig Jahren werden sie sich wieder was zu sagen haben; und dann ist vielleicht Yuki-chan auch wieder dabei. Nur ich wohl kaum ... Sie wohnen in dem Eckhaus aus dem mal eine gewisse Familie über Nacht verschwand, nachdem sie einige Monate mit der Miete im Rückstand gewesen war ... solche Leute gibt's viel in Japan, sie sind nie wieder aufzufinden, wo man doch immer glaubt, hier sei alles so gut organisiert.
Chaotisch ist's. Eins der bestgehüteten Geheimnisse des Landes! Gebändigtes, geordnetes Chaos, zugegeben. Die ursprüngliche vulkanische Energie des Landes UND der Menschen – beides zeigt sich nur in Ausnahmefällen – brodelt unter der Oberfläche.
Haras haben übrigens ein kleines Restaurant, aus dem wir früher öfters mal „Ramen" kommen liessen, eine Nudelsuppe, wenn man sie so nennen will, eine Spezialität des Landes wie die Currywurst bei uns. Alle diesen kleinen Läden liefern ins Haus; ich habe das für un-

sere besten Freunde Pearl und Eizo ja auch einen Sommer lang gemacht, damit Pearl wenigstens einmal nach Haus, nach Amerika in Urlaub konnte, und die Oma Hara ist nun legendär.
Japaner haben nicht umsonst den Ruf, gute Manieren zu besitzen, was sich im Kundengespräch natürlich besonders zeigt. Nicht bei Oma Hara mit ihrem ewigen grauen Kopftuch! Die ist aus anderem Holz geschnitzt.
Sie geht also ans Telefon. Ganz trocken sagt sie „Hai"(was „ja" heißt; man KANN privat so antworten, „kann" in Grossbuchstaben, und „privat" noch größer ...), nimmt die Bestellung auf, indem sie wieder „Hai ..." sagt – und legt mit einem dritten „Hai ..." den Hörer auf. Ihre Nudelsuppen oder wie man das übersetzen sollte, schmecken aber vorzüglich! Und Takuyas Motorrad, ein Classic Bike, sieht sehr cool aus wie es da seit Wochen unbewegt an der Strasse steht!

Nebenan wohnten früher Fujiis, deren Tochter Sachiko mit Rie und May eine Zeitlang als weibliches Triumvirat die Strasse beherrschte, bevor Leon und seine Kumpane dem ein Ende bereiteten. Was da los war in den kleinen Strassen und Gassen! Genauso ging es wie in einem Atemzug durch unseren Garten, rund ums Haus und auch mitten durchs Haus, es standen ja immer Türen offen, aber das Laufen und Jagen draußen war am Schönsten. Ich glaube, unsere Kinder haben alle anderen mitgerissen, nicht weil sie so wild waren, sondern hauptsächlich, weil wir kein Fernsehen hatten und unsere beiden Kinder wirklich verstanden zu SPIELEN. – Fujiis Katze Nina hockte aufgeplustert hoch oben auf dem Zaun – es gibt da immer ein flachliegendes Brett als Abschluss und Wetterschutz – und machte ein Gesicht wie eine Eule; außerdem war sie der Erzfeind unserer Happy. Epische Faucherein gab es da ... bis Happy schließlich diejenige war, die von oben die spielenden Kinder bewachte. Fujiis zogen um in eine größere Wohnung, in die Haushälfte, die stehen gelassen wurde, nachdem die Kimuras weggegangen waren: abgerissen wird hier nichts, bevor jemand auszieht. Mieterschutz gibt es eben auch hier – und die rüden Methoden der Großstadt zum Glück noch nicht.
Gleich daneben wohnte einige Jahre lang eine Frau, an die ich mich

mit sehr gemischten Gefühlen erinnere, gemischt aus Dankbarkeit (ihre Tochter Lulu ging in England in Michael Hall zur Schule, und das brachte uns auf die Idee, unsere Tochter May dort anzumelden) und Widerwillen: sie wollte uns nicht recht verzeihen, dass May die gleiche Schule wie ihre Tochter besuchte und brachte die seltsamsten Bolzen: stand eines Abends mit ihrem Mann auf der Matte und „sorgte" sich so. Die Schule habe sich über unsere mangelnde Kooperation beklagt! Ich rief sofort in England an: reinster Unsinn. Aber wie konnten die beiden sich so etwas ausdenken? Trotzdem wir ihnen immer mal kleine Geschenke brachten, um unsere Verbundenheit zu dokumentieren: es reichte nicht. War nix. Dieses Ehepaar war übrigens keins von der „einfachen Art" ... Er war Ingenieur bei Aramco und die Familie damit was Besseres. Auch war er Ausländer – Ägypter? – und sie aus guter Familie. Wie die überhaupt hier hingekommen waren! „Wahrscheinlich nur um May nach England gehen zu lassen ...." war Marikos Kommentar, treffsicher wie meistens. „Ich kann ja Ausländer auch nicht leiden ..." eine meiner Lieblingsblödeleien.

Etwas um die Ecke, etwas separat, da ihr Gässchen ein Sackgässchen ist, lebt neben dem alten, seit Jahren alleinstehenden asthmatischen Herrn Yabuki, einem ex „Atomkrieger" aus den Anfangsjahren in entweder Dai-ichi oder Dai-ni (bekam jetzt angeblich einen Hilferuf aus Dai-ichi; mit Achtzig! Ob er nicht aushelfen könne?) unsere gute Freundin Naoko, die liebenswerte, immer freundliche Tochter eines buddhistischen Abts aus Onahama. Innerhalb eines Jahres verlor sie sowohl ihn als auch den Bruder, der Nachfolger des Vaters werden sollte. Pflegte den kranken Vater aufopfernd – ob die Schwiegertochter ihr das danken wird? Sie hat vor vielen Jahren eine ganz große Reise gemacht, ist auf dem „Peace-Boat" um die ganze Welt gefahren und müsste jetzt so dringend lernen, wieder Auto zu fahren! So sanft ist sie: sie sollte das Erdreich besitzen. Menschen wie sie müssten die Geschicke der Völker lenken dürfen – es wäre besser bestellt hier und anderswo. Sie wollen nur nicht. Naoko-san und Neuchi-san, in benachbarten Häusern, sind Marikos beste Freundinnen hier. Die drei Frauen verstehen sich. Neuchis haben

ihre Haushälfte vor einigen Jahren gekauft, ein neues Dach drauf machen lassen und letztens auch noch mal im Haus selbst einiges renoviert. Ein Vorbild für uns? „Dach" wäre bei uns wohl auch fällig, es regnet durch seit wir hier wohnen, wenn der Wind bei starkem Regen ungünstig steht. „Ungünstig" heißt eigentlich „aus einer der vier Himmelsrichtungen"; sonst ist es aber solide.
Komischerweise regnet es seit dem elften März nicht mehr so durch – alles scheint sich zurechtgerüttelt zu haben! Das Beben hat nicht einen einzigen Ziegel runtergeworfen! Gut, billige Dächer wie dies sind alle heil geblieben. Zugegeben. Trotzdem ist es nicht wirklich schlecht; nur die Radioaktivität. Setzte sich ab und frisst sich in den weichen Stein hinein ... Zementpfannen sind's, natürlich, unglasierte, dunkelgrau. Wo das Haus von Sumitomo Cement für Sumitomo Cement erbaut wurde ... Sogar einen winzigen „Zement-Park" gibt's hinterm Bahnhof! Ganz neu, nach dem Beben eingerichtet! – Warum? Keine Ahnung ...

Wenn Mariko also mal verschwunden ist, brauche ich keine Sorge zu haben, dass sie mich verlassen hat. Sie ist meistens bei Frau Neuchi hängen geblieben, außer sie hat jemand anders getroffen. Was auch vorkommt. Ich bin froh, dass sie so viele Bekanntschaften hat und an allem teilnimmt, immer voll Gefühl und Mitleid, wenn nötig, und es ist oft nötig. Ich bin froh, auch wenn das noch ein Mühlstein um unseren Hals ist. Wie die Katzen. Und der Garten. Und die Erinnerungen ... Ja, die haben das schwerste Gewicht.

„Preserve your memories: they're all that's left you!" singen Simon and Garfunkel in ihrer Ballade von den alten Männern, den alten Freunden auf der Parkbank. Ohne Erinnerungen – wie könnten wir glücklich sein? Wo? Hier haben wir Wurzeln geschlagen, das ist wohl oder übel so passiert, und man kann' s nicht ungeschehen machen. So ist das eben. So ist das Leben: Asi es la vida. Es gibt nichts geschenkt.

„Wir bleiben!" sagte ich Johannes B. Kerner und dem ganzen deutschen Publikum in Kerners Jahresrückblick.

Jetzt nach dem ganzen Unheil sind geflohen und abgängig geblieben: die etwas spinnerte Frau, die nur mit ihrem Hund redete, nun steht das Haus leer und zum Verkauf (Yuko, die Sängerin, hatte da vor Jahren eine Zeitlang mit ihrer Mutter gewohnt) und unsere unmittelbare Nachbarin Oma Ishikawa. Deren Tochter hat sie gegen ihren Willen weggeholt aus ihrem kleinen Häuschen mit Garten hier in der Gefahrenzone. Die Freiheit, alles zu pflanzen und zu ernten, was ihr Spaß machte, ganz frei Schnauze in ihren eigenen vier Wänden zu LEBEN, musste die alte Frau eintauschen gegen eine kleine Wohnung im zweiten Stock irgendeiner Wohnmaschine, weit weg von allen Bekannten und Freunden, hörte man. Wie lange wird sie das aushalten? Viele in den Behelfssiedlungen halten es nicht lange aus. Bei der Tochter ist es besser – sollte man hoffen für sie. Wenn man allerdings so einen liebenswerten anarchistischen Charakterzug hat wie die alte Frau, ist das nicht sicher.
Töchter ... nicht leicht ist das.

Des einen Unglück: in das freigewordene halbe Haus zog ein Ehepaar, dessen Tochter die Mutter der drei streitlustigen Kinder im Neubau gegenüber ist! Sie sind ausgewaschen worden, sogar dramatisch: der Mann, der mich im Herbst so fürsorglich bedachte, als ich oben in den Bäumen saß und sägte, weg mit der Radioaktivität, haaa raaa, haaa raaa ... war vom Wasser überrascht worden, als er kurz noch mal zurückwollte in sein Haus und wurde eingeklemmt, während das Wasser ihm bis zur Brust stieg – bevor er sich glücklicherweise im letzten Moment doch noch befreien konnte. Was für eine Story, Herr Abe!

Ein wunderbar Erretteter im Hause des Erhängten. Bevor Oma Ishikawa da einzog, hatte es nämlich einen traurigen Vorfall dort gegeben; ich kam abends spät von der Abend nach Haus und traf seine Söhne, der ältere war Medizinstudent, der jüngere mein Schüler auf der technischen Oberschule, draußen vor ihrem Haus beschäftigt mit Unmengen von Blumen ... Ich grüßte freundlich und verstand noch nichts.
Am Tag vorher hätte er noch Leon beim Einrad-Fahren sehr liebe-

voll geholfen, sagte Mariko. Das lässt mich wiederum an meinen Vater denken, mit dem Leon viel gemeinsam hat; ob auch dies bedeutend ist? Nie habe ich vergessen wie mein Vater mir erzählte: der Nachbar habe ihm draußen vor dem Haus über den Kopf gestrichen und sich mit einem „Nu adjüs denn, Schorse" von ihm verabschiedet, bevor er sich erschoss. Wohnte über die Strasse, die gleiche Situation wie hier ... in Nachbarschaft.
Gibt es solche Konstanten? C. G. Jung beobachtete und erforschte ähnliche Zusammenhänge, „Zufälle", in seiner eigenen Familie über Jahrhunderte hinweg!

Und vor dieser tragischen Familie wohnte doch eine Familie mit sehr lebendigen Kindern im gleichen Haus? Die unsere kleine May bei „Eisenbahn" mitspielen ließen, Leon warf seinen Gondoliere-Strohhut schon in die Luft und kriegte noch die Brust. Die vierte „Generation" Nachbarn erleben wir also schon; und jede wohnt, als ob sie nie weggehen wolle. Ich bin manchmal in der Eisenbahn so frappiert: ein Sitz wird frei – und ist im gleichen Moment auf geheimnisvolle Weise wie schon immer frei gewesen. Es bleibt nichts kleben. Oder doch? Und wenn ja – was bleibt?

9 *Unser Haus / Aokis Haus*

Auf dem Platz hinter den Schienen standen Leute, sogar einige mehr als oben auf dem Hügelchen, darunter auch „Kantoku". „Boss" ist der Spitzname von Oma Fujii bei uns seit sie sich selbst mal dem alten „Daiksan" gegenüber, dem Zimmermann unserer lieben Vermieterin, halb im Spass, halb im Ernst so genannt hatte.
Der so schön schief grinste, wenn er seinen Lieblingswitz riss: Du musst nur den Kopf gebrauchen! (um irgendeine eine alte Latte in Position zu halten ...) Ob der den Tsunami gut überstanden hat? Wohnte ganz nah am Strand; ja, ich erinnere mich: er sei umgezogen zu seiner Schwester, wurde gesagt. Die Werkstatt ist natürlich futsch.
Kantoku – das passt zur Oma Fujii; sie hat so ein bisschen was Bestimmendes. Lacht laut und mit verrauchter Stimme, schenkt uns

Gemüse und selbstgeflochtene Schuhe. Sie war nach dem Tode des Herrn Aoki, unseres alten Vermieters, lange die rechte Hand seiner Frau. Er war Lehrer gewesen und mochte uns sofort gern, als wir hier 1986 in sein Haus einzogen. Vermittelt von Yuko, der Sängerin; seiner Zeit Teilnehmerin an meiner ersten Deutschklasse. Damals war Deutsch noch gefragt! Ärzte und Musiker waren die besten Kunden, besonders die Ärzte, die damals noch Deutsch für die Fieberkurve auf der „Karute" ihrer Patienten brauchten, bevor sie das „Messu" ansetzten genau da, wo unsere Doktores Latein verwenden. Inzwischen ist es leider Englisch; nur den halbgöttlichen Status des Arztes haben sie im Gegensatz zu ihren deutschen Kollegen behalten können, sie geben keinem Laien und wohl auch selten Kollegen Rechenschaft ab über ihr Tun und Lassen, wie eine Freundin jetzt zu ihrem Leid erfahren musste. Einige Böcke dieser alten Generation schöpften in meinen ersten Jahren hier noch ganz naiv aus den trüben Quellen ihrer Jugend: „Das nächste Mal ohne Italien ...!"
Andere dagegen sind mir bleibende Inspiration; ich bin ihnen zu tiefstem Dank verpflichtet für ungezählte Wohltaten und Hilfen in allen meinen Jahren hier! Dr. Wada, der Freundin und Kennerin der Brüder Grimm, Dr. Sato, der Musiker und Arzt in einer Person ist mit seiner Frau und vielen Anderen. Vielen, vielen. Meinen Schwiegereltern.
Wirkliche Freunde sind sie; „Menschen" von hohen Graden! Immer zu helfen bereit.

Ich kam zu meiner ersten Klasse wie die Jungfrau zum Kind. Saß plötzlich einer Reihe von würdigen Herrschaften gegenüber, die mich als „Sensei" anredeten und auf meinen Protest hin, ich hätte noch nie Deutsch unterrichtet und könne das gar nicht, keinen Widerspruch duldeten und mich all so triumphierend zum Jagen trugen. Yuko, die Sängerin, leitete einen Chor, in dem die gute Frau Aoki mitsang. Ging mit Mariko und mir nach Yotsukura, als sie hörte, dass ich gern am Meer wohnen wollte ... und stellte uns vor. Wie gelangten durch eine Seitentür ins Haus, von Südwesten aus, falls das im Sheng-Fui eine Bedeutung hat, Anfang September: das Haus erschien uns riesig und ziemlich düster. Beides stellte sich als Illusion heraus! Ich weißte Wände, soweit vorhanden – das Haus besteht zum weitaus größten Teil sowohl innen als auch nach außen aus Türen! Außen aus leichten Glastüren in Aluminium-Rahmen, Doppelverglasung gab's hier noch gar nicht, zu unserem Glück eben nach Auszug der vorigen Mieter eingebaut, und zwar je vier in einem Rahmen, von denen immer zwei gegeneinander laufen; bei Bedarf mit einem Griff herauszunehmen!

Innen gibt's Türen aus Papier zweierlei Art: „Shoji" sind über ein feines Gitterwerk aus Zedernholz, alles ist aus Zedernholz außer es ist was „Besseres", mit weißem lichtdurchlässigem Papier bespannt, während „Fusuma" etwas schwerer sind. Einen harten Kern aus unbekanntem Material haben, vielleicht Pappe oder Bambusgeflecht über den auf einen Rahmen mehrere Lagen Papier gespannt sind. Die äußerste Lage zeigt je nach Geschmack Motive wie Hügel im Nebel oder Kiefern oder auch Wellenmuster. Als wir vor Jahren mal die ganzen Fusuma des Hauses neu bespannten, fanden wir Zeitungen vom Anfang der dreißiger Jahre untergelegt. Das Haus ist also an die hundert Jahre alt. Es ist Teil einer ehemaligen Werkssiedlung; Sumitomo Cement hat gleich hinterm Bahnhof immer noch eine große Anlage zum Betonteile-Guss. Auf einer riesigen Freifläche im Werksgelände, Zeugnis vergangener Blüte, ist jetzt eine Behelfs-Siedlung für Evakuierte entstanden ...

Wie unsere guten Vermieter an diese ganze kleine Siedlung von anfangs an die zwanzig Häuschen kam, sehr einfach gebaut, aber solide wie sich jetzt herausstellte, weiß ich nicht.

Ob der Familie Aoki diese Grundstücke vielleicht schon seit Vor-Zementzeiten gehört hatten? Unser Haus war das eines Vizechefs, komplett mit Dienstmädchenzimmer. Es hat drei Räume von acht Matten, zwei von sechs Matten, eine Küche mit Holzfußboden, einem Bad im Haus (die andern Häuser der Siedlung haben Badehüttchen separat!), zwei bessere Plumpsklos, mit Wasserspülung ausgestattet, von Telefonzellengröße und jeder Menge Flure. Korridore an drei Außenwänden lang, einer davon breit genug, um das Kinderzimmer zu sein, genauer, Spielzimmer; geschlafen haben die Kinder selbstverständlich bis zum Schluss mit den Eltern in einem Raum,

auch der natürlich tagsüber Spielzimmer: die Futons verschwanden im Wandschrank und los ging's! Über Tische und Bänke und immer rund herum, rund herum mit viel Lärm.
Tatami sind einfach super – Kinder können fallen, ohne sich zu verletzten, man kann egal wo auf ihnen sitzen, sie sind sauber und halten ewig. Dazu noch schön! Zwischen Wohn- und Schlafzimmer ist ein lichtloser Flur von einer Tatamimatte-Größe. Dieser war der „Elevator", der „Aufzug": von welcher Welt in welche? Wüssten nur die Kinder zu sagen ... wir lebten hier auf jeden Fall in unser ganz besonderen Welt – soviel ist klar.

Es gibt auch noch einen ganz mysteriösen halb außen ans Haus geklatschten 90x90 cm „großen" Raum mit Türen von zwei Seiten zugänglich – keine Wände hier ... der ein Waschbecken aus Blech hat und aus einem Fenster den Eingang überblickt, durch den wir das Haus zuerst betraten. Ein Pförtnerhäuschen? Nichts ist unmöglich. Die Leute hatten früher nicht viel Bedarf an Platz – wer's nicht glaubt, sollte sich die Wohnung der Familie Schiller in Marbach ansehen – und in Japan erst recht nicht. Freier Raum ist Luxus! Auch das ist ein Grund für die Faszination „Amerika" hier.
Und gutes Essen ist Luxus, aber ein Luxus, den man sich gern gönnt, wenn man kann. Fast doppelt so viel des Einkommens, im Vergleich zu den schlecht genährten Deutschen, wird hier verspeist.
„Luxus", den man sich gönnt, ist auch Körperpflege, zum Beispiel Kosmetika. Als ich den Garten fertigmachte, in unserm ersten Frühling, fand ich außer einem wahnwitzigen Geflecht von Bambusgraswurzeln, das ich sauber wegkriegte (grub sechzig Zentimeter tief komplett um und siebte aus) auch Unmengen von Müll und Zeugs aus Keramik und Glas. Hauptsächlich Parfumfläschchen, Cremetiegel und ähnlichen Krimskrams des gehobenen Lebensstandards einer lange dahingegangenen Madame! Körperpflege in Massage, Bädern und Sport; auch nächtlichem ... die gute alte Zeit! Die schönsten der ausgegrabenen Fläschchen und Flakons schmücken unsere Regale: altes Glas!

Luxus, den WIR uns gönnen: zu leben, wie es uns gefällt. Nach dem

Wände-Weißen wusch und ölte ich die frei aus den Wänden hervortretenden Zedern-Ständer mit Leinölfirnis, montierte die ekelhaften Neonlampen ab, Mariko beklebte die Shoji neu – und das Haus war nicht wiederzuerkennen. „Taishtamon!" lobte uns der alte Herr Aoki immer, ohne dass ich verstanden hätte, was er sagte. Japaner machen nie was an ihren Häusern. Die sind entweder neu oder Bruchbuden, etwas dazwischen gibt es kaum. Außer den Modellen der letzten zwei Jahrzehnte, die neu und von Anfang an Bruchbuden sind. Die Amerikaner haben in den 90ern so lange gebohrt und gezerrt, bis die Japaner Weyerhaeuser und Co. Zugang zum riesigen japanischen Markt gewähren mussten und los ging's mit „2x4" und Spanplatten und dem grauenhaft schlechten Geschmack der Neuen Welt. Garantie auf dreißig Jahre! Und dann weg damit. Mindestens zweistöckig alle und so potthässlich, dass man unwillkürlich an Tucholsky denken muss.

Sie erschlagen die Bewohner in ihrer unmenschlichen Zweckmäßigkeit. Töten auch sozial: die Nachbarn in ihren neuen Häusern, auf hohe Sockel gesetzt, riegeln die Türen hinter sich ab – selbst wenn sie ins Haus hinein gehen!

Die niemals abgeschlossene Schiebetür – zwanzigmal pro Tag von Kindern, Nachbarinnen, Zeitungsträgern, Postboten, Gas-, Elektrizitäts-, Wassermenschen, Zeugen Jehovas, Versicherungsvertretern und zuletzt dem müde heimkehrenden Vater „rrratsch ... rrratsch ..." auf den zwei unten in der Tür angebrachten Rollen bewegte Eingangstür – gibt es fast nicht mehr. Was für ein anheimelndes Geräusch! Der Besucher öffnet die Tür und ruft „Sumimasen!" (Entschuldigung!), wenn nötig mehrmals mit stetig steigender Lautstärke, und erst wenn sich auch nach dem vierten oder fünften Rufen niemand meldet, wird die Tür „rrratsch ..." wieder zugezogen. Interessant ist, dass die jungen Postboten diese Gepflogenheiten schon nicht mehr kennen und unverrichteter Dinge abziehen, wenn sie dreimal auf den Klingelknopf gedrückt haben und keiner kommt: Jungs, in der blöden Schelle war noch nie 'ne Batterie, solange wir hier wohnen!

Bis vor einigen Jahren schlossen wir das Haus nie ab; wie denn auch ohne Schlüssel? Was in jenen Jahren auf dem Dorfe nicht ungewöhnlich war; auch über Wochen hindurch blieb das Haus offen ... bis zu guter Letzt dann jemand ausgerechnet kurz vor Weihnachten einmal, zweimal, heimlich reinkam und ein paar Kleinigkeiten mitgehen ließ. Ein bisschen Geld, Seife, eine Batterie – und Kuchen! Den schönen Weihnachtskuchen! Ein Geschenk von Herrn Mimori ... Jetzt haben wir für tagsüber ein Schloss mit einer ganz geheimen Kombination und nachts einen Knüppel, der in die Tür geklemmt wird. Hat man einmal das Vertrauen verloren, kann man nicht gut zurück.

Auf mannigfaltige Weise bringen diese neuen Häuser uns ins Elend, vom spirituellen Tod, dem Verlust der goldenen Proportion ganz zu schweigen. Die alten Häuser waren alle Vielfältige der Tatami-Matte, die als Grundmaß bestimmend für's Ganze war: was ihnen eine einzigartige Schönheit und Kraft verlieh. Einstöckig und in sich ruhend wie eine friedlich wiederkäuende Bergkuh, liegt ein altes japanisches Haus perfekt austariert auf seinem Stückchen Erde. Gemütlich ausgebreitet unter einem grauen, relativ schweren, wenig steil geneigtem Dach, passend zu sowohl blauem Winterhimmel als auch dem Grau der endlosen Regenzeit, gibt es Schutz und Heimat, ohne seine Bewohner zu versklaven. Man lebt leicht in so einem Haus. Hat die nötige Schwere – aber schwebt doch auch auf –zig Stelzen etwa vierzig Zentimeter über dem Grund! Unterm Haus durch muss die Luft zirkulieren können, sonst verschimmelt alles oder wird von Termiten gefressen.

Dahin – auch das.

Wieviele Bücher es nicht schon gibt zum Thema „Lost Japan", und ich könnte leicht noch eins dazu schreiben. Besonders jetzt, wo zwanzig Millionen Tonnen Schutt auf dem Pazifik in Richtung Hawaii treiben und die alten Häuser im Zweifelsfall – es ist kostenlos! – lieber abgerissen werden, um durch höchst dubiose neu ersetzt zu werden.

Es ist zum Weinen. Margarete als Anthroposophin vom Fach sagt mir zwar immer: Das Alte muss vergehen, Du sollst es nicht halten ... aber ich versuche es eben doch. Zu hässlich ist dies Neue! Wenn ich nur an das „Schicksal" des Hauses unserer Vermieter denke; obwohl es da noch sehr Versöhnliches gibt!

Herr Aoki starb einige Jahre, nachdem wir uns mit unserer kleinen Tochter in der Tragetasche präsentiert hatten. Seine Frau erinnerte mich vierzehn Jahre später mal daran; es war eins der letzten langen Gespräche, die wir hatten; auf Knien in ihrem Flur, wo ich, wie jeden Monat, die Miete in bar berappte und ihren Stempel in unser kleines Büchlein erhielt. An der Wand die rote Kalebasse ... Sie sang mir dabei mit schon brüchiger Stimme einige tausend Jahre alten Verse des ehrwürdigen Kobo Daishi vor: Das Leben sei schnell wie eine Ackerwinde – morning glory ist ein schönerer Name – verblüht: und schenkte mir eine Schale Tee ein, um mich in meiner Einsamkeit zu trösten; denn die Kinder gingen nun in Deutschland zur Schule, und die Mama war bei ihnen.

Die Kindheit aber unserer beiden inzwischen Großen war noch das Japan der kleinen Holzhäuser und der offenen Türen, der guten Nachbarschaften. Es war die Zeit der Bretterzäune! Jedes kleine Haus hier hat einen kleinen Garten, auch wenn er nur einen Meter oder zwei breit ist. So gut wie wir mit dem Haus mitten auf einem durchgehend umlaufenden Stück Grün – für die Kinder hieß das zu umlaufendes Grün! – hat es allerdings wohl niemand. Jedes Haus war nun aber von einem Bretterzaun umgeben; von dünnen Brettern aus Zedernholz, die im Lauf der Jahrzehnte eine wunderbare Patina von Wettergrau gewannen. Zirbel stelle ich mir so vor, obwohl ich es nicht kenne. Vom Wind, vom Regen wird im Lauf der Jahre die Maserung wunderbar akzentuiert, so dass man nur so ein Brett von 15 cm Breite und 180 cm Länge anschauen muss, um eine ganze spannende Geschichte in die Finger zu bekommen; denn natürlich kann man so ein Brett nicht ansehen, ohne die Finger drüberweg streichen zu lassen ... Ein Labyrinth von schmalen, lose geschotterten Gässchen durchzog die Siedlung und alle waren von grauen Wänden gesäumt. Die mir an Regentagen trist vorkamen und manchmal sogar elend: wie die Slums von Bogota musste ich dann denken, obwohl ich auch die nicht kenne.

Das machte sich auch Leon zu eigen und sagt von sich, er sei im

Slum aufgewachsen! Die bessere Sichtweise aber ist: wir hätten unter Denkmalsschutz gestellt werden müssen zur Erinnerung an das heroische Zeitalter des modernen Japans! Mit seinem geschlossenen Charakter in der grässlichen Zersiedlung, den architektonischen Monstrositäten der Nachkriegszeit, eine wahre Augenweide. Eine Oase der Ruhe und des guten Lebens hätte dies hier sein sollen – aber in Japan wird erbarmungslos nach vorn geschaut.

Von meinem Schwiegervater habe ich ein „altes" Buch abgestaubt, es sollte weggeworfen werden, das unsere Gegend im Jahr 1984 in Luftaufnahmen zeigt. Sie wurden aus einem erdnahen Orbit vom Satelliten „Landsat" gemacht und zeigen ein Iwaki, das noch völlig anders ist als das gegenwärtige. Nur ausnahmsweise gibt es „moderne" Gebäude, die Wohnhäuser sind fast alle vom Typ einstöckig, Holzbau mit grauem Dach. Schlicht. Aber schön. „Shibui" war hier bis vor ein paar Jahren das Wort mit dem man gediegene Eleganz und guten Geschmack bezeichnete; es bedeutet eigentlich „herb" und zeigt auf das Bescheidene, Zurückhaltende und gerade damit auf das Verfeinerte.

Kultivierte! Die große kulturelle Leistung der Japaner: etwas sehr Gewöhnliches, wie zum Beispiel Lehm und Kohle in Keramik und Tuschzeichnung so zu verfeinern, bis es das Höchste ausdrücken kann, ohne dabei aufdringlich zu werden. Die Zwischenräume werden respektiert. Es bleibt Luft zum Atmen.

Ich war 1984 in Peking bei einem Chinesen, der mich auf der Strasse angesprochen hatte, um etwas Englisch üben zu können, eingeladen: die Familie wohnte in einem Komplex von kleinen Häuschen, die einen Innenhof teilten: ich war in einem Hutong! Ohne es zu wissen, ich las erst viel später über „Hutongs". Und wie überrascht die Familie war! So in der Art sehe ich unser Viertelchen auch. Menschen verbindend. Sogar mich als Ausländer vom andern Ende der Welt konnte es ja integrieren! Einsam war hier nicht einmal unser Friedhof gleich nebenan – Spielplatz der Kinderschar. Ich sah sie immer gern da spielen ... Ein Netz, ich begriff übrigens erst bei meiner Bambusgrasaktion was „Netzwerk" heißt; die Wurzeln bilden unterirdisch nämlich einen regulären feingeknüpften Teppich, der

fast nicht zu zerreißen ist! Deshalb auch sagen die Japaner wohl, man sei bei einem Erdbeben, einem katastrophalen, in einem Bambuswäldchen am besten aufgehoben. Da fällt nichts um, da verschlingt einen kein Erdspalt. Und das andere tragende und sichernde Geflecht, der überirdische Teppich, auf dem unsere Kinder ihre ganzen jungen Jahre spielen durften ist das Labyrinth der Gässchen hier, die Kette, in die die kleinen Füße der „Blagen", der „Botten", der „Wänste" und ihrer Mütter den Schuss legten so wie Mariko an ihrem Webstuhl in der deutschen Zeit.
Um dies lebendig zu halten? Um wenigstens die Erinnerung an das feine Muster des sozialen Lebens unserer alten Nachbarschaft nicht vergehen zu lassen?

Sie webte wunderbare Sachen; mit selbstgefärbter, selbstgesponnener Wolle, mit Seide, aber auch mit Leinengarn und Brennnesselstengeln. Seit sie wieder hier ist, steht der Webstuhl unausgepackt im ehemaligen Kinderzimmer – dem „Atelier" in spe, wo sich jetzt unsere Notfallkoffer stapeln. Sie webt einstweilen nicht mehr – und auch das Netz ist zerrissen. Zu Viele sind weg. Die Gebliebenen sitzen zu Haus und lecken ihre Wunden.
Nach einem der jährlichen Frühlingsstürme, die fauchend über die Hügel von Westen kommen, oder nach einem der doch gar nicht so selten bis zu uns vordringenden Taifuns gab es immer Arbeit für den alten „Daiksan", mit dem ich mich angefreundet hatte: die Liebe zum Holz! Er hatte hier Arbeit so viel er wollte mit Ausbessern und Ausflicken. Ich war möglichst in der Nähe, wenn es sich unauffällig machen ließ, und zog mir von den weggeworfenen Zaunbrettern an Land was noch halbwegs brauchbar war. So begann mein Holzlager zu wachsen ... Schätze habe ich, richtige Schätze!

Bei uns war immer was los, wir hatten nie TV, schon damals eine furchtbare Pest, und dafür einen guten Sandkasten und eine Schaukel und ein Spielhaus, alles selbstgebaut. Für kurze Zeit hielten wir Hühner, ohne ein einziges Ei zu gewinnen: von unbekannten wilden Tieren, streunenden Katzen vermutete Mariko, wurden sie alle fünf eins nach dem andern weggeholt, so gut ich sie zu schützen suchte.

Es gab ein paar Fische im winzigen Teich und dann die gute Katze Happy mit ihrem Kätzchen Hippy.

Die Kinder spielten noch wirklich! Tobten über die Strassen, durch den Garten, durch das Haus – es war eine Freude, und auch die Aokis hatten ihre Freude dran. Brachten uns ihre Enkel nah, wenn sie in den Ferien zu den Großeltern aufs Land kamen; so gewann Leon seinen besten Freund Tatsuya Aoki, den zukünftigen Bergsteiger. Der am 1. August 2006 um 16.50 Uhr als jüngster Mensch je mit seiner nur wenig älteren Partnerin auf dem Gipfel des K2 stand und mit mehr Glück als Verstand, würde ich sagen, unversehrt auch wieder runterkam. Mit „Biwak" im Schnee in der Todeszone über 8000 Meter. Der erfahrenere dritte Mann für den letzten Anstieg hatte wegen Krankheit mit dem Hubschrauber vom Berg geflogen werden müssen, andere Gruppen hatten wegen des schlechten Wetters aufgegeben – aber nicht Tatchan und Yuka Komatsu. Gipfelstürmer? Oder eher zwei verirrte Kinder, die unversehens an Petrus Tür klopfen und wieder weggehen, als ihnen nicht aufgemacht wurde? Knockin' on Heaven's Door ...

Eine E-Mail aus dem „Base Camp" ging leider mit dem damaligen PC in den Weiten des Cyberspace verloren ... auch vom Vater kam gleich Nachricht, alles war gut und das Mädel später der größere Held. Klar, so ein Püppchen wie sie: lässt schon die Augen groß werden. Aber ohne die beschützende Kraft, ohne den Mut Tatsuyas, ohne sein GLÜCK: („Glück" als die Eigenschaft verstanden, die Napoleon von seinen Generälen verlangte) wäre alles vielleicht nicht so gut verlaufen. Auch die Ostsee vor Travemünde konnte ihn schließlich nicht bremsen ... Damals spielte er noch begeistert Fußball; konnte den Ball hunderte Male in der Luft halten, unter Einsatz aller möglichen Körperteile, aber schwimmen konnte er nicht. Was ich nicht ahnte. Er war immer mit seinem zwei Köpfe kleineren Freund zusammen draußen vor der Kulisse der ein- und auslaufenden Fähren, ohne dass wir Erwachsenen uns kümmerten. Das Wasser ist nicht tief, der Meeresboden fällt sanft, und auch als die beiden Jungs einmal aufgeregt zurückkamen: Tatchan hätte auf einmal keinen Boden mehr unter den Füssen gehabt! beunruhigte uns das nicht weiter. Erst nach Monaten, als sein Vater mir im Flur unserer Frau Aoki, seiner Mutter, genau da, wo sie mir den Kobo Daishi rezitiert hatte, auf den Knien für den schönen Urlaub seines Sohns in Deutschland dankte, bloße fünf Jahre vor dem K2, wurde ich nachdenklich. „Es sei doch gut, dass er nicht bei der Gelegenheit im Meer ertrunken sei, nicht wahr?" ... Ich schluckte. Tatsuya! Ein wunderbarer Kerl, der.

Es wurde alles langsam anders nach dem Tod des alten Herrn, eines echten Gentleman! Der im Besitz eines elegant geschriebenen Dankbriefes, den Empfang leckerer Äpfel aus dem Norden quittierend, war; Absender: der Lehrer oder Mentor, der „Sensei" (einem manchmal stark mit „Guru" verwandten Wort) Yasunari Kawabatas! Ein Hauch von sympathisch verstaubter, alter Kultur umgab ihn. Leider passten mir seine guten maßgeschneiderten Anzüge, die mir seine Witwe nach seinem Tode vererben wollte, ganz und gar nicht ... Er lachte gern und nahm die Unbilden des Alters humorvoll; einmal musste ich ihn nach einem Schwächeanfall aus der Badewanne heben, seine Frau war in höchster Not gelaufen kommen: gut, dass Sie zu Haus sind! Aber auch das focht ihn nicht wirklich an. Er bedankte sich und lachte die Schwäche seines Körpers weg ... Seine Frau reiste gern, besuchte auch Deutschland und freundete sich mit meiner Mutter an, als die ihre Enkelkinder besuchen kam. Wir feierten hier den Fall der Berliner Mauer zusammen! Die beiden waren also von etwas anderem Kaliber als ihre Mieter.

Trotzdem waren die beiden einfache, herzliche Leute ohne Falsch noch Tadel. Ihr Haus ähnlich wie unseres, nur in allem einen kleinen Tacken besser: statt Zeder hier – da Hinoki, statt einer Beton-Stufe vor den großen Glastüren aus dem Wohnzimmer in den Garten – eine solche aus Marmor, und statt eines irgendwie mehr oder weniger wild entstandenen Gartens einen solchen, der mit Geschmack und Geschick angelegt worden war. Mit einem schöneren Teich, mit einem etwas höheren und geschwungenerem Hügelchen dahinter, mit älteren und besser beschnittenen Bäumen daneben ... und doch überdauerte das alles den Tod der allein, aber ungebrochen lebenden Frau Aoki nicht lange.

Die Gute ... zufällig kam ich dazu wie sie sich eines Frühlingstages verabschiedete; ein Grüppchen Frauen umgab die verloren Stehende auf dem Parkplatz vor ihrem Gärtchen. Sie ginge in ein entferntes Krankenhaus zur vorübergehenden Pflege – hatte Krebs – und sah sehr traurig in unsere Gesichter, als ahne sie, dass sie nie wiederkommen sollte. Ihr Haus überlebte in gewisser Weise aber doch! Das begab sich folgendermaßen. Die Oma Fujii war schon lange ihre Vertraute gewesen, hatte ihr den Garten gemacht, Besorgungen erledigt und sich auch um die Belange in punkto vermietete Häuser gekümmert. Als „Chefin der Nachbarschaft", mit einem Titel, der viel Arbeit und Missliebigkeiten mit sich bringen kann, war sie in Amt und Würden. Ist sie auch jetzt noch faktisch, wenn auch pro forma das Amt in der doch arg geschrumpften Gruppe der Mieter rotiert. Das Schrumpfen hatte ja schon kurz nach unserem Einzug begonnen, typisch, zu Anfang unbemerkt. Die ganze Werkssiedlung umfasste ursprünglich über 25 Wohnungen, zum großen Teil in einfachen Reihenhäusern, oft zwei Wohnungen pro Haus: einige von denen ziemlich versteckt im Hintergrund. Und wie es immer ist bei so schleichenden Übeln, verschwindet erst eins ohne dass man's wirklich merkt, und dann noch ein baufällig gewordenes nächstes ... und so weiter. Bis schließlich östlich von uns, zum Meer hin, ein neuer Platz entstanden war: ein Parkplatz natürlich. Ein größerer als der auf dem Leon mit dem von der Schwester geerbten „PUKI" seine ersten Kurven zog: rechts rum ging's, immer rechts rum ... bis schließlich auch die andere Richtung gelang, zur Belustigung Kyokochans und der Miharas, deren Häuschen noch nicht gefallen war, genauso wenig die ganze Häuserzeile östlich der ihren.

Jetzt, wo halb Yotsukura ab hier nach Osten, zur Seeseite hin mehr aus Löchern besteht als sonst was, voller Löcher steht, sozusagen, fällt das ja auch gar nicht mehr sehr auf. Neues ist an Stelle der bescheidenen Hütten in den letzten zehn Jahren Einiges entstanden!

Ein einzelnes Haus in gutem Geschmack. Ein Rückkehrer aus der Großstadt ließ sich direkt unter der bei Gelegenheit mächtig losheulenden Feuersirene nieder – unsere Kinder weinten immer schon, wenn das Relais auf dreißig Meter deutlich hörbar einrastete; klack! und das Ding langsam in Fahrt kam, bis es heulte und röhrte wie der Zorn Gottes selber! Aber er hat richtig kalkuliert: die paar Male pro Jahr ... und seit die Holzhäuser mit ihren wegen Brandgefahr inzwischen verbotenen Bretterzäunen fast alle weg sind, heult sie nur noch so selten, dass man glauben könnte die Sirene, vier knallrote Hörner in sechs, sieben Meter Höhe, sei kaputt!

Direkt vor der winterlichen Morgensonne und dem aufgehenden Sommervollmond entstand ein grässlicher gelber Kasten. Über den kein Wort weiter zu verlieren ist. Obwohl auch der von ganz liebenswerten Leuten bewohnt wird.
Und daneben, mein Tagebuch vom zehnten März sagt es in der letzten Zeile des Tages: „Das weiße Haus ist fertig ..." ein riesiger Kasten, für mehr als eine Familie gedacht – in dem nun aber ein älterer Mann auf die Jungen wartet, die wegen der radioaktiven Gefahr nicht mehr kommen wollen. Furchtbar leid muss einem so was tun! Was für einen bösen Streich spielte das Schicksal dem unglücklichen Bauherrn und seinem großen Haus. Geplant, gebaut voller Vorfreude – exakt am Tag, nachdem's fertig gestellt ist, übersteht es ein furchtbares Erdbeben und wird vom Tsunami knapp verschont; alles scheint gut zu sein – bis dann die Nachrichten plötzlich immer schlechter und schlechter werden und das neue Traumhaus ein Geisterhaus wird.

Vom weißen Haus seit Baubeginn im letztem Herbst ganz brutal in den Schatten gedrängt ist ein sehr liebes, bescheidenes Heim, das schon vor acht Jahren entstand; hier führt die Familie Matsumoto eine wundersame menage a trois: zwei Brüder und eine Schwester leben einträchtig beieinander und haben der Versuchung widerstanden, hohl in die Höhe zu gehen; ihr Häuschen mit einem Bonsai-Gärtchen und den ausgesuchten Steinen davor passt in das Viertel – aber leider nicht mehr in die Zeit. Quod erat demonstrandum, der Kasten nimmt ihnen die Sonne weg. Hätten sie auch hoch gebaut, brauchten sie sich jetzt nicht zu grämen. Oder? Dies babylonische

Bauen zur Himmelsnähe ist doch eigentlich ein „Döppkenspiel", es gibt keine Gewinner. Jeder sitzt heutzutage im Dunklen, außer denen ganz oben, wo doch früher Sonne genug für alle da war! Man braucht ja auch die Sonne kaum noch; sieht sowieso alles auf TV viel besser aus! Wie zum Beispiel den Sonnenaufgang zum Jahresanfang, live im ganzen Land; und die Wäsche trocknet inzwischen auch hier im elektrischen Trockner. Es muss doch konsumiert werden: das ist die erste Bürgerpflicht. Nach dem elften März genau wie nach dem elften September muss die Wirtschaft wachsen, egal wie hirnrissig das ist.

Noch ein Haus steht da, ein ganz „schlichtes". Beton pur, konzipiert von einem Architekten der Ando-Schule – vom Meister selber doch wohl nicht? – dessen Besitzer stinkreiche Ärzte sind, in Tokyo leben, und nur alle Jubeljahre mal mit diversen knallroten Vehikeln oder auch mit einem weißen Lamborghini hier auflaufen. Hätten sie doch ihr Geld verschenkt und dafür das schöne, ausnahmsweise zweistöckige Holzgebäude der Vorfahren stehengelassen! Nein.

Zur anderen Seite hin, nach Westen zu, ist gleich ein ganzer Wirrwarr von sechs mehr oder weniger gesichtslosen Häusern entstanden, das uns am nächsten liegende noch zu Lebzeiten von Frau Aoki; für die meisten aber machte erst der Tod unserer Vermieterin und das Fehlen eines heimatliebenden Erben den Weg frei. Das schöne alte Haus der Vermieter mit dem jeden Frühling herrlich blühenden Pflaumenbaum am Eingang und den dunklen Koniferen zur Strasse hin stand eine ganze Weile leer; Frau Aoki lebte weit weg im Altersheim. War noch nicht tot, sage ich wohl besser, denn ohne ihre vertrauten vier Wände, ohne das Gemüse aus ihrem Garten, ohne die Pläuschchen mit ihren Freundinnen, ohne das Gefühl noch etwas halbwegs Wichtiges zu tun zu haben: lebt eine alte Frau vom Dorfe – zwar in Tokyo geboren! – nicht mehr wirklich. Wie nun ihr Haus weiterlebt, in gewisser Weise fortlebt, ist eine ganz märchenhafte Geschichte. Als feststand, dass es abgerissen werden sollte, begann Oma Fujii in mühevoller Kleinarbeit ein großes Werk. Sie räumte auf. Sie warf Müll weg. Stellte einige Sachen, die die drei Kinder mit ihren Familien haben wollten, zur Seite; beschämend wenig. So ist es denn wohl. Alle die Fotoalben wanderten auf den Müll, die einstmals so lieb und wert gehaltenen Reise – Erinnerungen, die persönlichen Dinge. Schiebkarrenweise Bücher ... außer einigen achtzig Bänden einer dunkelgrünen Sammlung Weltliteratur, die ich rettete und die jetzt hier Staub fangen ... Dazu flog noch ein zentnerschwerer Tresor auf den Müll: in abgeschlossenem Zustand! Keiner hatte einen Schlüssel, aber auch keiner Lust auf Abenteuer. Ich dagegen hätte den schon geknackt! Doch den alten Säbel, eine verbotene Waffe, die da aus ihrem Schlaf hinter dem Panzerschrank kam, hätte ich kaum genommen. Ein Ehrensäbel, na ja, wie cool wäre aber ein richtiges Schwert gewesen! Oder?

Die Aokis waren eben keine Samurai. Wir sind hier zu weit nördlich, zu weit ab vom Schuss für viele solcher düsterer Kinkerlitzchen. Samurai: es sollte einen gruseln bei alten Schwertern. Wirklich „gute" wurden an unglücklichen Menschen, wie verurteilten Verbrechern, getestet. Nichts für mich.

Und dann begann das Märchen richtig: alle Mieter wurden eingeladen zum Ausschlachten des Hauses; jeder nach seinem Verdienst bzw. seiner Seniorität. Da stand ich denn ziemlich oben an, und auch in Punkto Gier war ich unschlagbar, muss ich sagen. Habe aber niemandem etwas weggenommen! Die ollen Plünnen wollte keiner haben, auf Antiquitäten steht niemand, und so ergänzten wir uns gut. „Kantoku" kannte ihre Pappenheimer und verteilte alles so, dass jeder zufrieden war – eine psychologische wie organisatorische Glanzleistung! Wie das aus der Vogelperspektive ausgesehen haben muss! Leute, die Sachen wegtragen in alle Himmelsrichtungen, angefangen von den Fliegengittern außen über ganze Fenster samt Rahmen, dann die Möbel, die Küchengeräte, die gesamte Einrichtung! Bis hin zu Lampen, Lichtleitungsdosen aus Porzellan, bis zu den Tatamis und sogar den Fußbodenbrettern darunter noch. Bis hin zur Regentonne und -zig Gartensteinen; der roten Kalebasse aus dem Eingangsflur und der Marmorstufe zum Ausstieg in den Garten ... auf der wir so manches Mal zum Tee gesessen hatten.

Das war alles kein blindes Grapschen, denn obwohl ich hier nur von mir rede, haben auch die andern alles bekommen, was sie wollten und – ehrlich gesagt – waren nach zwanzig Jahren in diesem Haus hier ein paar Verschönerungen a la „neue" Tatamis auf Kosten der Vermieter schon in der Ordnung! Ich schleppte an die vierzig Stück aus dem immer leerer werdenden Haus über die Strasse in ein damals freies Haus zum Zwischenlagern. Man sagt immer Matten: aber Tatami guter Qualität wie diese wiegen über dreißig Kilogramm pro Stück – da kriegt man beim Tragen lange Arme! Das Haus bestand da schon nur noch aus Tragständern und Dach! Richtiges Fachwerk war das – nur ohne die „Fächer".

Die Schwalben hätten durchweg sausen können, ohne dass es aufgefallen wäre; alles war offengelegt. Aber war noch ein Haus – bis dann vom Dach her sorgfältig abgebaut wurde und zuletzt der Bagger zerren und ziehen musste, bis ein Segment des gut verzahnten Trägerwerks nach dem andern ächzte und schließlich aufstöhnend dumpf zusammenbrach. Es wurde sauber gearbeitet bis zum abschließenden Sieben des feinkrümeligen Bodens, nachdem aller Müll verschiedenster Provenienz herausgeklaubt worden war.

Szenen, die man im letzten Jahr auf sechshundert Kilometer Küstenlänge wohl bis zum Überdruss sehen konnte!

Ich war in einem Arbeitsrausch, wie es mir in Deutschland auch immer passiert. Bis hin zu vier kupferbeschlagenen Vordächern, die ich vorsichtig und allein ablöste, vorsichtig heruntergleiten ließ und zu uns schleppte, bis zum Gartenzaun, in zwei-Meter-langen Enden komplett, bis hin zum Gartentor konnte ich alles gebrauchen – und brauchte es tatsächlich! Baute fast alles hier am Haus ein, bis auf zwei Vordächer, die noch keinen Platz haben, weil Mariko meinen Ideen nicht zustimmen wollte. Die Marmorstufe rollerten Leon und ich auf Betonrundstücken hierher ... wie auch noch eine Stufe aus Granit ...

Mari und Leon kamen nämlich rechtzeitig in Urlaub, um Aokis Haus noch einmal zu sehen: als Dach auf Ständern, zwischen denen die Vögel ein und aus flogen! Noch rechtzeitig, um zwei schöne Tische zu retten, die ich nicht „gesehen" hatte! Wunderbare alte

Werktische, zweifellos. Dunkles Holz! Einer ist nun unser Esstisch, der andere unser Packtisch im Spielwarenlager. Echt sind beide, aus einfachen, harten Brettern roh zusammengenagelt. Mit einem Muster von Schnittkerben, die wir nicht deuten können. Die uralt sind, so gerundet, so eingeschliffen. Das Essen schmeckt gut von so einem Tisch! Schmeckt nach ehrlicher Arbeit. Und auch das Spielzeug geht gut drüber ... Sogar das Namensschild „Aoki" nahm ich mit; vielleicht will das ja irgendwann noch eins der Enkel haben! Tatsächlich hat ja Masako-san als einzige Tochter noch einige der elterlichen Erbstücke zurückgeholt – wie gut, dass wir die gerettet hatten. Wir haben ja außer der Hardware wie Marmor, Stein und Fliegengitter nicht nur Mittelsolides wie Holz und Tatamis, sondern auch ganz Weiches wie gute Papiertüren zum Ersatz für unsere alten, schäbig gewordenen, eine grauselige Fuchsstola, jede Menge Kunstblumen, die Frau Aoki als Hobby sehr schön machte und was weiß ich nicht noch alles vor dem Untergang gerettet.

Teeschalen. Zwei Messer. Einen Souvenir-Teller mit einem Foto der alten Dame – den ich tatsächlich zur Erinnerung auf dem Tisch stehen hatte, bis die Tochter Masako-san ihn zum Glück mitnahm.

Eine Räucherbox mit Asche drin, unter der Mariko beim Saubermachen auf einem zusammengerollten Zettelchen eine schockierende Botschaft fand: „Mariko no baka!" (Diese ?@#!&!! Mariko!) „Fuin" (Für immer weggeschlossen). Meine liebe Frau war so verdattert, dass sie das Papierchen auf der Stelle verbrannte und sich den Kopf zerbrach, was sie der Verstorbenen denn wohl Gravierendes zu Leide getan hätte! Des Rätsels Lösung ist aber vielleicht ganz einfach ein Lesefehler; statt der mittleren Silbe „ri" hatte die erboste Mutter sicher „sa" geschrieben, die beiden Silbenzeichen ähneln sich sehr, und sich so irgendeinen Frust über die eigenwillige Tochter Masako, nicht die friedliche Mieterin Mariko vom Leib geschrieben. Für immer.

Und meine Frau rätselte, was sie nur getan habe könnte, so einen Ausbruch verdient zu haben ...

„Baka!" Das Allerweltsschimpfwort – eins von den ganz wenigen. Die Japaner wissen es nicht, so wenig wie ein Kind seine Unschuld kennt, aber ihre Sprache ist so verdammt arm an bösen Worten, dass einem als Europäer doch etwas Pfeffer fehlt! Es gibt keine Flüche – mangels eines strafenden Gottes. Auch keine sexuellen Beschimpfungen – die Leute waren nie prüde, es gibt nicht mal anale Fixierungen!

Die Japaner sind wirklich langweilig. Und auch von der Tierwelt sehen sie sich weiter getrennt als wir; wüssten sie, wie gern wir Träger der globalen Leitkultur uns gegenseitig als Hund, Katze, Ochse, Kuh, Rindvieh, Schwein, Kamel, Schaf, Ziege, Huhn, Schlange, Drache, Wurm, Kröte, Frosch, Gans, Jodelschnepfe! Winselstute!! Ratte!!! und was nicht noch alles bezeichnen – von Mäuschen und Bärchen und Häschen ganz abgesehen – kämen ihnen eventuell Zweifel an der Hackordnung von Gottes Gnaden, wie sie ja nun dank Butter und Kanonen besteht.

„Baka" ist jedenfalls das eine Wort, das sowohl kleine Kinder als auch Ausländer schnell beherrschen. Was es bedeutet? „Ba" zeigt auf's Pferd und „Ka" auf Reh oder Hirsch – womit ausgerechnet die zwei Tiere angesprochen werden, die, wenn überhaupt, bei uns doch nur positive Konnotationen haben! Ein toller Hengst! Ein schneller Hirsch!

Ob das eine Grenze angibt, unter die man sich nicht bücken mag? – Rehlein?

Nicht, dass die Japaner Engel wären. Ihnen fehlt einfach sowohl die „Furcht Gottes" wie auch unsere sexuelle Verklemmtheit. Was nur die Psychoanalytiker hier den ganzen Tag treiben? Es wird allerdings anders. Und abgesehen vom Meeresgetier hatten die Leute eben sehr wenig Berührung zu Tieren: Eine nennenswerte Viehzucht gab's nicht. Der Buddhismus ist vegetarisch, man kann bei älteren Schriftstellern zu Anfang der Meiji-Zeit, also zu Bismarcks Zeiten, hier und da Berichte über das erste (un)heimliche Fleischgericht aus der häuslichen Küche finden. Fleisch zu essen, um so stark zu werden wie die siegreichen Barbaren, war patriotische Pflicht geworden! Statt Milch und Käse etc. gab es bis dahin nur Sojamilch und Tofu ... Bismarck hätte sich schön bedankt. Stellt sich auch die Frage, wie die Politik denn hier gemacht wurde, ohne seine sprichwörtlichen

Würste? Allerdings gibt es „Kamabuko", eine delikate, leicht verdächtige Fischpastete: nehmen wir die.

Iwaki ist – war in Japan einer der führenden Fabrikanten dieser Delikatesse ... was einen fast wehmütig machen möchte und mich endlich wieder auf den Parkplatz hinter die Schienen bringt zu Oma Fujii am elften März. Zur ersten Stunde nach dem Tsunami: WIRKLICH? Ist er vorbei – oder kommt noch was? Wir waren natürlich misstrauisch. Waren ziemlich ratlos. Ohne das kleinste bisschen vom Ausmaß der Katastrophe zu ahnen, trauten wir dem Frieden doch noch nicht.

Uns beiden liegt aber allzu langes Abwarten nicht; also sahen wir uns an einem gewissen Punkt an und machten uns auf den Weg zurück über die Geleise, auf denen Monate lang kein Zug mehr fahren sollte, und auch dann anfangs nur bis zum nächsten Bahnhof, Hisanohama, und erst seit Oktober zwei Stationen weiter über Suetsugi, unserer geheimen Liebe am kleinen Fluss, die nicht mehr wieder zu erkennen ist, zur Endstation Hirono.

Dies war mal eine wichtige Verbindung nach Sendai, der Metropole des Nordens: not any more, wie Inspector Cluseau sagte, nachdem er den Steinway kurz auf seine Weise bearbeitet hatte. Inzwischen hört man also vom Bahnhof Yotsukura sowohl die blechernen Durchsagen als auch das „ton ton, ton ..." des Warnsignals am schrankenlosen Übergangs wieder. Schubert's „Forelle" für die abfahrenden Schnellzüge, die „Super-Hitachi", gibt es dann in Taira eben nur noch in eine Richtung. Nicht in unsere.

Wir gingen in Richtung nach Hause am Friedhof entlang, auf dem es aussah wie Kraut und Rüben: viele der Grabsteine und Male, relativ hohe, mehrteilige Stelen mit tibetischen Schriftzeichen auf dem obersten Teil, aufgebaut wie Lama Anagarika Govinda es erklärt: also habe ich doch ein Fetzchen Tibet hier gefunden! lagen gefällt. Das war nach den umgekippten Mauern am ...

10 Ein kleines Beben am Rande

Jetzt rappelte's grad wieder kräftig genug um Mariko aus der Küche und mich vom PC weg in den Garten zu scheuchen. Es wackelte alles einige zehn, zwanzig Sekunden lang ZIEMLICH intensiv, 12:20 Uhr mittags. Das Radio gab schnell Entwarnung; das Beben hatte nur eine Stärke von M. 5,8! Es war aber ganz in der Nähe, das spürte man schon am explosionsartigen Charakter der Erschütterung, und zwar unter dem Meer in zwanzig Kilometer Entfernung vor unserer Küste, und die Angst nach dem ersten Augenblick des gedankenlosen Aufschreckens ist natürlich das AKW. Shindo vier bis fünf. Genug um zu laufen.

Zum Glück war die Webcam nicht ausgefallen oder abgeschaltet worden, ich hatte sie im Hintergrund auf dem Schirm und sah noch die Kräne und Schornsteine an der Ruine schwanken, als ich das Bild hochholte. So ein Schlag aus heiterem Himmel dreht einem schon den Magen um. Nachbeben wie dies jetzt sind so selten geworden, dass man die Gewöhnung wieder verloren hat ... in den ersten Tagen nach dem elften März rumpelte es praktisch pausenlos, und man fand nicht viel dabei.

Dies ist jetzt das größte Beben der letzten sieben, acht Tage. Von den dreizehn aufgeführten größeren Beben auf der Hitliste der JMA (Japanese Meteorological Agency) sind neun in unserem Bereich. Küste Fukushima. Die andern drei weit weg in Hokkaido, Wakayama, Iwate. Wie ich die detailliertere Auflistung anschaue, mit Beben ab M. 2,5 kriege ich einen leichten Schreck: fast alle Beben der letzten Zeit ereigneten sich hier.

Gott, wenn das jetzt nur nicht wieder Vor-Beben sind. 61 von 74 Beben der letzten sieben Tage waren hier in unserem Bereich. Die Sorge vor einem „Ereignis" im AKW ist groß ... Im Block vier hängen 1535 Brennstäbe im Abklingbecken in prekärer Position irgendwo in zehn Meter Höhe über dem verseuchten Grund der Halle und zwanzig Meter über dem richtigen Boden; alles ist tief unterkellert. Bei einem wirklich starken Stoss gibt es da mit Sicherheit Probleme ... Die Explosion in Block drei vom fünfzehnten März war nach Ansicht mancher Beobachter schon keine reine Knallgasexplosion mehr, sondern eine mit nuklearer Komponente, wie auch immer man das verstehen soll. Die Brennstäbe des Abklingbeckens seien „involviert" gewesen ... Die graue Rauchwolke mit ihrem dem fatalen A-Bombenpilz ähnlichen Profil sieht jedenfalls ganz anders aus als die Explosion vom Block eins. Wir haben großes Glück gehabt in allem Unglück.

Ich wusste vor dem März auch überhaupt nicht, dass es Vor-Beben gibt; habe einiges lernen müssen! „Shindo vier" war dieses jetzt maximal sagt das Radio. Fühlte sich an wie fünf. Bis nach Tokyo hat man's wahrscheinlich leicht gespürt, wenn man zufällig aufgepasst hat. Von Leon kam kein Anruf; Mariko war sofort am Telefon; ich dachte, sie spräche mit ihrer Mutter, aber es war Aichans Mama, ihre Freundin, die Erdbeben-Connection vom Vorjahr, mit der sie sich jetzt austauschte.

Das geht jetzt wieder sehr unangenehm unter die Haut. Nur M. 5,8 und so ein Schreck. Man sieht ja die Zahlen und täuscht sich über die Natur der Skala! M. 5,9 ist doppelt so stark wie M. 5,8 ... das ist etwas wie die Geschichte des indischen Weisen, der von seinem König die Gnade erbat, sein Schachbrett mit Weizenkörnern, na, ja, Reis wohl eher, füllen zu dürfen. Erst eins, dann auf das zweite Feld zwei, auf das dritte dann vier ... und so weiter jeweils die doppelte Anzahl des vorherigen ... Dem der König zugestimmt haben soll; eine teure Mathematikstunde.

Logarithmisch ist die Richter-Skala, aus welchen Gründen auch immer, und es ist vielleicht besser für die Nerven. M. 9,0 – wenn das unter einer Stadt gewesen wäre: kein Stein wäre auf dem anderen geblieben. In Deutschland mit Sicherheit nicht, außer vielleicht ein paar westfälischen Fachwerkhäusern. Und in Japan? Etwas mehr. Der Meeresboden hob sich um zehn bis fünfzehn Meter, las ich, wie sollte so etwas abzufedern sein? Obwohl beeindruckend ist wie zum Beispiel die neueste Wahnsinnstat auf dem Gebiet der Architektur, der „Sky Tree" in Tokyo mit seiner Höhe von 634 Metern das Beben super überstanden hat. Geschwankt hat er. Die Basis solle sich fünf Meter hin und fünf Meter her bewegt haben, sagte ein Ingenieur –

das heißt also wohl ganz Tokyo? Die ganze Insel hat sich ja einige Meter in Richtung Osten verschoben, das dann also in einer Schaukelbewegung. Abgesackt ist die Küste auch, mit über einem Meter im Norden. Auch bei uns sind die Strände sichtbar schmaler geworden! Das Wasser im Hafen mit seinen paar verlorenen Schifflein steht deutlich höher als vorher: einen guten halben Meter! Ich wollte meinen Augen nicht trauen, als ich das sah.

Wie groß der Unterschied von „normalen" Beben zu so einem Monster ist, demonstrierte uns eine Animation, die Gesa mir neulich zuschickte. Die Stöße werden da akustisch dargestellt. Im ganzen Jahr 2011 gab es rund 600 Beben über Stärke M. 5,0 und an die 10.000 über M. 3,0, und die Animation geht los im Januar mit einem Geprassel wie es die Teppichknaller damals von sich gaben, die Zieselmännchen aus der Drogerie Plückhahn neben dem Büli. Ein munteres Knattern, bis plötzlich etwas aufflackert und unmittelbar darauf ein Kanonenschlag fällt, ein Kracher – absolut schmerzhaft für das Ohr, ein furchtbarer Schock! DAS ist das Beben vom elften März. Er wird gefolgt von einem endlosen, langsam verklingendem, langsam ausklingenden Stakkato von prasselnden Stößen: den Nachbeben.
http://www.youtube.com/watch?v=QGH08OyQXg4&feature=share

Aber: hoffen wir das Beste. Schneeketten habe ich gestern endlich gekauft. Da könnten wir auch an schlechten Tagen in Richtung Westen starten, sollte es nötig sein. Richtung Niigata – Kurs auf Osaka. Hoffen wir es nicht. Gut; das Beben war gestern, der Schreck ist vorüber, die Sonne scheint: wunderbare Sterne sind nachts am Himmel zu sehen, die Venus in der Abenddämmerung: so lange die so beruhigend scheint, kann nichts Schlimmes passieren, möchte man glauben! Jupiter steht hoch am Abendhimmel, beherrscht die Szenerie, der Mond kommt auch noch, schon etwas lädiert, und später der nach über acht Jahren wieder tatkräftig rot leuchtende Mars! Seit der einen Woche auf Naxos im Sommer 2003, wo wir ihn aus unseren Schlafsäcken lugend jeden Abend vor dem Einschlafen noch über den Hügel steigen sahen ... endlich einmal wieder! Nicht, dass ich besonders scharf wäre auf Mars: aber er ist nun mal einer der Großen und steht noch dazu an meinem Aszendenten.

Wunderbare Sterne! Saturn kommt erst gegen Morgen hoch, den sehe ich noch gar nicht, worüber ich auch nicht böse bin. Wie ich damals am Ende der Gartestrasse durch mein wackliges Teleskop peilte, wie ich mich freute die Ringe des Saturn zu sehen! Heute bin ich klüger – oder dümmer? Leon freute sich neulich: „Sah ihn!" Ich bin mir aber nicht so sicher; vermute, dass er ihn mit dem hell leuchtenden Mars verwechselte!

Zurück also auf den Friedhof mit seinen umgestürzten Grabsteinen, von denen einige noch heute liegen wie sie fielen, mit ihren tibetischen Zeichen, die keiner als solche erkennt außer mir, und ich kann sie nicht deuten. „Tibetische Umgangssprache" habe ich in einem optimistischen Semester mal belegt, die Welt war jung, in einem anderen Leben ... aber leider keine einzige Veranstaltung dazu besucht. Hatte Anderes zu tun, Wichtigeres.

11 Nach dem Tsunami

Wir, die Oma Fujii und ich, schauten unterwegs kurz in die Häuser der Freunde rein; Neuchis, Miharas, Oma Ishikawa: niemand war da. Kein Wunder, klare Sache eigentlich. Die Häuser standen alle, da hatten wir keine Befürchtungen – sie waren geflohen wie es vernünftig gewesen war. Trennten uns an der Straßenecke so einfach wie wir zusammengekommen waren und sahen uns monatelang nicht wieder. Ich ging durch die Hintertür, die Küchentür ins Haus, alles war wie ich's verlassen hatte. Eine halbe Stunde, eine Stunde? und einen Tsunami später ... Die Haustür war von der Schiene gesprungen, und da der hölzerne Sturz sich zwar minimal, aber doch gesenkt hatte, hing sie verklemmt und nicht zu bewegen. Zum Glück war die Küchentür offen und sogar beweglich. Was machte ich nun als Erstes? Wasser in alle möglichen Behälter füllen! Kessel, Töpfe, alles was greifbar war. Was clever war, wenn es auch nicht weit gereicht hätte. Wochenlang gab's in der Folge kein Wasser! Ich merkte auch während des Zapfens schon, wie der Druck abfiel ... Wasser!!! Ohne Wasser ist man gar nichts.

Natürlich versuchte ich, meine Frau zu erreichen. Dachte, sie sei zu ihren Eltern gefahren! Obwohl wir verabredet hatten, wie sie mir später ins Gedächtnis zu rufen versuchte, dass wir bei einer Katastrophe in das „Haus der Natur" gehen wollten. Das war mir vollkommen entfallen. Ich stieg vorsichtig über den ganzen Bruch zum Schreibtisch: Das Telefon funktionierte zwar, aber tütete besetzt. Was mich nicht überraschte, die Leitungen mussten hoffnungslos überlastet sein, das war klar, wenn nicht sogar kaputt. Der nächste Gedanke waren die Kinder in Deutschland! Die konnte ich also auch nicht benachrichtigen. Beides waren in dem Moment aber nicht so schwerwiegende Sorgen. Um Sorgen haben zu können, hätte ich klar denken müssen: es gab aber keine Gedanken, gab einfach keinen Boden unter den Füssen. Ich ging hin und her, lief, wenn es bebte, schnell nach draußen, dann wieder rein. Planlos: wo soll man nach so etwas anfangen? Was wäre möglich zu tun? Auch die Angst vor einem erneut auflaufenden Tsunami war da, von Zeit zu Zeit ging ich trotzdem nach draußen, um wie Bauer Harms zu gucken, ob die Flut schon kommt ... wie dumm, aber was will man machen?

Ich nahm meine gute alte Leica und ging die zweiundsiebzig Schritte – ich habe sie jetzt abgezählt – in Richtung „Meer", die zu tun waren, um an den „Strand" zu gelangen. Vom Parkplatz aus erst das gelbe Haus, dann das Haus unter der Mordssirene (die in der Not geschwiegen hatte) und dann als Nächstes die kleine Feuerwache auf der Ecke: die schon halb im Wasser. Der Sirenen-Nachbar stand vor der Tür, wir wechselten ein paar Worte, die Solidarität der Davongekommenen verband uns, und ich drückte ein paar Mal ohne viel Überzeugung auf den Auslöser meiner Kamera. Ein Mann wrang wiederholt das Handtuch aus, mit dem er sein kleines Auto „entwässert" hatte, eine junge Frau ging in Gummistiefeln aus dem tieferen Wasser mir und der Kamera entgegen; andere Leute wateten hier und da durch die knietiefe Brühe. Alles war planlos, sinnlos: man fragte sich – was würde noch kommen?

Wurde gesprochen? Ich ging und stand in einer Glasglocke und die andern wohl auch. Kein Gedanke kam auf an Verletzte oder Tote. Das Wasser stand. Da war keine Dynamik, kein Drama, nichts. Einfach Hochwasser, etwas mehr als bei einem Taifun ja, aber meine Vorstellungskraft reichte in keiner Weise aus, um mir eine Katastrophe vorstellen zu können! Weggeschwemmte Autos: das hätte ich noch annehmen können, aber mehr nicht. Konnte ungefähr abschätzen wie hoch der Tsunami gewesen sein musste, um bis hierher gekommen zu sein: Drei Meter? Vier? hätte ich wohl gesagt, wäre ich gefragt worden. Bis zu sieben Metern ist die korrekte Zahl nach den neuesten Informationen, und ich hätte die furchtbare Wucht der Welle auch nicht annähernd angemessen geschätzt. Die alles: Menschen, Tiere, Autos, Gebäude, alles wegfegte. Dass es oben im Norden die Sanriku-Küste schlimm erwischt haben müsste, war mir sofort klar; aber, dass ausgerechnet wir in Yotsukura so großes Glück gehabt hatten, während sowohl in der Nachbargemeinden im Norden als auch die Orte südlich so grauenhaft zerstört waren, hätte ich nie gedacht. Mit eigenen Augen gesehen, haben Mariko und ich die Verwüstungen erst eine ganze Zeit später, erst Ende Mai. Wir waren Anfang Mai zurück – wollten das aber gar nicht sehen. Wozu? Alles war traurig genug. Erst nach drei Wochen konnten wir es nicht mehr aufschieben und gingen an den Strand. Drei Wochen waren wir hier und gingen einfach nicht aus dem Haus.

Ich wäre auch nicht auf die Idee gekommen, herumzugehen, um Fotos zu machen; da gibt es eine Grenze, die nur Profis übertreten. Ich wollte aber was tun; nahm Handfeger und Kehrblech und klaubte Schutt und Scherben in Küche und Klavierzimmer auf, so dass da ein Gang frei wurde. Da hätte sonst einiges Zerbrochenes im Weg gelegen. Viel war es zwar gar nicht! Die Bücher und den ganzen Summs von den Bücherregalen des Arbeitszimmers ließ ich als hoffnungslos liegen, und das Lager sowieso. Die Eingangstür! Ich hole einen Wagenheber aus dem Auto, suchte Säge, Zollstock und einen einigermaßen passenden Ständer aus meinem Holzlager ... und setzte an. Das Problem dabei: ich konnte nur versetzt drücken, es war also schwierig, aber es gelang! Ich pumpte den Türsturz ein paar Zentimeter hoch, es ist erstaunlich wozu ein Wagenheber alles gut ist, und konnte dann tatsächlich die nicht mehr unter Spannung stehende Tür zurückdrücken auf die Laufschiene. Ist eben eine ganz simple Konstruktion! Die Tür von Holz so dünn wie Zigarrenkisten. Mit kaum stärkerem Rahmen. – Ich war froh, etwas, irgendetwas geschafft zu haben!

Da klingelte plötzlich das Telefon! Ich stürzte drauf: „Moshi moshi – ja, bitte?" aber es war nicht Mariko, wie ich sicher gedacht hatte. Es war Aichan's Mama! „Ist alles in Ordnung?" „Ja ..." Ich war so durcheinander, dass ich wohl nicht viel Vernünftiges gesagt habe. Sie aber! Sie gab mir den Tipp des Tages: „Die öffentlichen Telefone funktionieren!!" Sofort ging's los, mit dem Fahrrad zum Bahnhof, keine drei Minuten. Vor der Telefonzelle kurz gestutzt, weil da keine Schlange war; rein, die Nummer der Schwiegereltern gewählt: der Ruf ging durch! Ich konnte es fast nicht glauben. Marikos Mutter meldete sich. „Ist alles in Ordnung in Yotsukura? Der Tsunami?!" Sie hatte ferngesehen, ich hatte keine Ahnung. „Ja! Und bei euch? – Ist Mariko da?" „Alles soweit einigermaßen. Das Haus steht, aber Mari ist nicht hier!!" „??" Wo kann sie nur sein? „In einem Evakuierungszentrum sicher." Das leuchtete mir ein. „Ich rufe wieder an ..." Rief ich sonst noch wen an? Ruth! Unsere Freundin in Tokyo, die einzige Freundin aus Deutschland. In den ganzen langen Jahren hier die einzige wirkliche Freundin. Für sie hatte das Jahr schon ganz, ganz schlecht angefangen: mit Krankheit und Tod ihres Mannes, eines Konzertpianisten und Musikprofessors, so wie sie selbst Musikerin ist, und nebenbei Alleskönnerin und Zauberin! Sie fand mir eine alte Reuter-Ausgabe, betitelt „Sämtliche Werke von Fritz Reuter („Übersetzung – auch ins Hochdeutsche – vorbehalten") aus dem Jahre 1878; mitten in Tokyo ... und was nicht noch; ich müsste dazu extra ein Buch schreiben. – Sie war sehr besorgt um uns, und auch bei ihr am Stadtrand von Tokyo hatte alles furchtbar gebebt!
Ich sehe mich mehrere Male hin und her pendeln, mit der Mütze auf dem Kopf und den alten Motorradhandschuhen im Fahrradkorb. Es war dunkel geworden, ich weiß nicht wie die Zeit verging. Mit Radiohören, wie hypnotisiert saß ich vor dem Gerät und hörte von

einem Grossbrand in Chiba, in einem chemischen „Kombinat" und auch von Verwüstungen in Kessenuma. Worauf ich natürlich wartete, waren Nachrichten vom AKW. Es gab dann auch von da Meldungen, schließlich wurden die Leute innerhalb eines Umkreises von drei Kilometern schon am gleichen Abend noch evakuiert, aber die Größe des Problems war auf keinen Fall schon jemandem bewusst, außer vielleicht den Leuten im Dai-ichi. Die Nachrichten drehten sich sehr im Kreis, es war einfach kein Überblick zu gewinnen. Die Dimensionen des Ganzen waren auch für die Profis zu gewaltig. Sicher sind die von Tokyo sofort mit Hubschraubern los, die TV-Sender haben ja alles außer Mut zu kritischer Berichterstattung, aber das Radio braucht als bedeutend besser informierendes Medium doch handfesteres Material als ein paar erschreckende Bilder, die endlos wiederholt werden. Wann ich endlich auf die Idee kam, die deutsche Botschaft anzurufen, weiß ich nicht mehr, es war jedenfalls schon dunkel.

Ich hatte nicht viel Hoffnung auf was auch immer, zu meiner Überraschung ging der Ruf aber durch ohne an einem AB hängen zu bleiben, und es meldete sich tatsächlich jemand! Eine sehr nette junge Frauenstimme. Ich sei im Katastrophengebiet und würde gern meine Angehörigen in Deutschland benachrichtigen, sagte ich, ob sie vielleicht für uns drüben anrufen würde? – Das Telefon funktioniere leider nicht, antwortete sie bedauernd, sie könne aber eine E-Mail für mich senden! – E-Mail? Wieso geht das? Läuft doch auch über Telefon?! Ja, schon, ginge aber! Was sie denn schreiben sollte, und an welche Adresse? Adresse ... mir fiel zum Glück Mays „Mischlingsadresse" ein, die gab ich an. Text? – Es geht uns gut? Mama ist zwar nicht da ... nein. Was aber?? Was sollte ich nur Prägnantes sagen?
Ich muss May noch mal um die Original-Mail bitten! Meine etwas wie: „Das Haus steht, macht euch keine Sorgen, Papa, Mama." diktiert zu haben. Schwierig auf „jetzt!" eine gute kurze Message zu geben! „Vielen, vielen Dank!!!!" Ich war so froh, die Kinder beruhigen zu können, obwohl ich überhaupt nicht ahnte wie die gelitten hatten in der Informationsflut im deutschen Fernsehen und den Online-Medien. Es war grauenvoll für sie.

12 Kinder, Atomangst

Es ist der vierzehnte Januar, und ich träume so oft von Deutschland, das heißt eigentlich nur von Bieren! Sah vorletzte Nacht zwei große Flugzeuge, B 747, Pakistan Air, oben an der „Ruhebank". Dann Onkel Karl, der eine alte Inschrift an der „Neuen Scheune" freilegte, von wildem Efeu fast völlig zugewuchert. Heute nun die Kirche in Bieren: ein gewaltiger Kran stand daneben, mehr Bagger als Kran allerdings – und riss die Kirche ab. Sie war schon so gut wie weg! Bis auf ein paar Mauerreste weg – und ich war sehr traurig.

Gestern auch, „in den frühen Morgenstunden ...", nach einem Blick auf die ins All gestreuten Sterne und Planeten fand ich unverhofft noch ein paar sehr schöne Gedichtzeilen! Richtig schöne. Vom Nachthimmel, und den Inseln darin ... Ich hatte eine „Bonen-kai-" oder besser „Shinnen-kai-" Party gehabt, Party zum neuen Jahr, mit Studenten, und trotzdem ich mich sehr zurückgehalten hatte, keine drei Bier trank, kehrte ich doch etwas angeheitert heim. Kämpfte um mein Gleichgewicht, und das ergab nach dem Blick auf die Inseln im Meer des Okeanos über mir dann im Bett plötzlich noch andere Zeilen, einen Kreis sah ich, und zwar den Anfang vom Ende aus verstehend. Das Ganze vom Ende aus verstehend, so wie das Leben eines geliebten Menschen. Versuchte die Zeilen in den Schlaf mitzunehmen ... wachte früh am Morgen auf, da waren sie halb da und halb nicht ... kamen etwas anders wieder und wurden ein Ganzes! Schlossen sich zu einem Kreis.

Ich war sehr glücklich ... und weiß dann auch immer, warum ich hier bleibe, scheiß auf Strahlung und was weiß ich nicht noch! Wo ich Gedichte finde, ist meine Heimat. Wo sonst?

Ganz abgesehen von Marikos Gefühlen. Sie will nicht weg von Iwaki, von ihren Eltern ... So sind wir hier, und jetzt ist die Katze aus dem Sack! Gedichte sind das, was mein Leben ist. Und dieser Bericht – der ja sowieso ein verspätetes Tagebuch ist – wird ehrlich und spricht sich aus: geht in die Gegenwart.

Gegenwart – was gäbe es für eine andere als „Geistes-"gegenwart? Die Gegenwart des Geistes, sie ist nur so schwer zu realisieren.

Pfingsten, das liebste Fest meines Vaters – er nahm mich an die Hand um Maiengrün aus dem „Hullerdeil" zu holen, ich hatte mein Taschenmesser dabei wie immer und war glücklich, ihm helfen zu dürfen. Wie lange ist das alles her. „In the Presence of the Lord ..." höre ich jetzt auf „YouTube" nebenbei, höre den alten Stevie Winwood und seine Kumpel, „Blind Faith": wie lange ist das alles her und wie gegenwärtig trotz der Jahrzehnte und der Weite Sibiriens! Alles ist nah, was stark ist.

Mariko schläft schon, sie hat in Taira einen Film gesehen, den sie liebt: „Alexeijs Brunnen", einen Film über ein Dorf in der Umgebung von Tschernobyl. Die Leute eines Dörfchens sind einfach dageblieben und leben vergessen von allen ein sehr, sehr einfaches Leben. Sie ackern mit Pferden und sind bettelarm: aber haben sich nicht vertreiben lassen. Russen. Das sind unsere Helden? – Vielleicht. Ich habe den Film nicht mitgesehen, ich musste arbeiten. Mariko liebt ihn und hat heute sogar den Regisseur getroffen. Ihn auf der Treppe angesprochen – da hat sie keine Hemmungen – und ihn ermuntert, weiter zu kämpfen! Und ich musste für sie dann umrechnen, wie viel eine Strahlenbelastung des Bodens von sechs Curie pro Quadratmeter in Becquerel ausgedrückt ist! Soviel betrage die Belastung da auf dem Schulplatz. Ich kam auf 224.000 Becquerel – das doppelte von dem, was wir hier haben. Laut Karte des Ministeriums für Erziehung und Wissenschaft, ausgerechnet von den gleichen Torfköppen, die unser Spielzeug aus Deutschland nicht mehr ohne halsabschneiderische Auflagen ins Land lassen wollen! Aber lassen wir das. Es sind eben Patrioten, die die Labors hier in Arbeit setzen wollen, und hey, wer braucht schon deutsches Qualitätsspielzeug und dann auch noch von so einem kleinen Outfit wie wir es sind! Der Zug der Zeit ist Gigantomanie, also verschwinde, Kleiner! Wachsen oder weichen, nannte Hans Jürgen das einmal sorgenvoll: auch ihn als Bauern trifft's hart.

Das Ministerium hat also recht detaillierte Karten ins Netz gestellt. In Yotsukura am Meer sind's zwischen 50.000 und 100.000 bcq/m^2. Längs einer Linie zwischen Strand und unserem Haus ist eine Grenze markiert und eine andere Farbe zeigt 100.000 bis 200.000

bcq/m² an so, dass ich zu dem Ergebnis gekommen bin: 120.000 bcq/m² sind's hier im Garten und keins mehr. Also halb so viel wie bei denen auf dem dörflichen Schulplatz. Auf dem Kartoffelacker da bei Tschernobyl sind es noch zehnmal so viel; und „sind" heißt jetzt natürlich – wann? Von wann ist der Film? Die Kartoffeln da können aber nicht gesund sein, es graust mir. Wir – sind vielleicht noch im „grünen Bereich". Hoffe ich. Obwohl wir vorsichtshalber auch dieses Jahr nichts anbauen wollen.
http://ramap.jäa.go.jp/map/mapdf/pdf/air/v01/cstot/5540-C.pdf
Ich weiß jedenfalls, sah auf „YouTube" einen Zusammenschnitt von Tagesschauen von Anfang Mai 1986, dass damals sogar in Düsseldorf 50.000 bcq/m² gemessen wurden.
http://www.youtube.com/watch?v=9n977DCuNF0&feature=related

In Bayern seien es maximal 273.000 bcq/m² gewesen, sagt eine offizielle Quelle aus dem Freistaat; durchschnittlich 24.000 bcq/m². Das sind Vergleichswerte. Erlauben eine grobe Orientierung, wenn auch nicht mehr. Korrekt scheinen die offiziellen Werte zu sein, jedenfalls maß Andreas im November Ähnliches bei uns im Garten. Ich war zu sehr mit Johannes B. beschäftigt oder besser gesagt, er mit Mariko und mir, als, dass ich bei Andreas, dem Experten und uneigennützigen Helfer, hätte zuschauen können.
Und jetzt ist es schon wieder zu spät, um weiter schreiben zu können, Leon ist online, ich habe ihm ein „hey!" geschickt, und gute Nacht. Wir hatten heute ein kleines Missverständnis, der Mond steht in Konjunktion zu Mars: da kommt so was schon mal vor.
Er schrieb zurück: gute Nacht ... und dann: „Sorry ...", worauf ich ihm ein „Thumbs Up"-Zeichen schickte und ins Bett ging. Wie gut, dass er in der Nähe ist, wenigstens einer. Wenn ich auch mit gemischten Gefühlen an Tokyo denke. Da ist er, seit fast fünf Monaten schon, wie die Zeit vergeht! Ich hätte ihn lieber irgendwo in good old Europe, diese Jahre werden für Japan noch viel Schweres bringen, sagen die Sterne: „Fukushima" war noch lange nicht das Ganze. Uranus im auflaufenden Quadrat zu Pluto: eine besonders Japan betreffende, schwierige Konstellation sagen die Astrologen. Aber er wollte unbedingt hierhin, und May will ja auch im Februar mit mir

von Deutschland aus nach Yotsukura zurückkommen; will sich selbst überzeugen, dass das Haus noch steht, ohne, dass ich sie stoppen könnte: sie hat sich ihr Ticket hart erarbeitet. Ich dagegen – ich fliege schon morgen in zwei Wochen für einen kurzen Besuch zu meiner Mutter nach Deutschland!

Die Kinder also am elften März. Leon, bei Paderborn, war von einem ehemaligen Klassenkameraden der japanischen Schule in Düsseldorf per SMS alarmiert worden, als er bei seinem Freund Malte zu Besuch war: Erdbeben und Tsunami in Japan! Er weckte May in Trier, und das Hangen und Bangen ging los. May versuchte, leider ohne viel Erfolg, durch das Auswärtige Amt etwas in Erfahrung zu bringen, beide sprachen mit meiner Mutter, mit Freunden: wurden angerufen, alle sorgten sich natürlich um uns und versuchten bei den Kindern etwas über uns zu erfahren. Unsere gute Freundin Heike war sofort zu meiner Mutter gefahren; wie unglaublich fürsorglich sie ist! Alte Kolleginnen aus dem Krankenhaus sind die beiden, über zwei Generationen von Schwestern hinweg Kolleginnen.

Von Mutter aus rief sie May an und gab ihr den Tipp mit dem Auswärtigen Amt. Auch andere Freunde versuchten, sich über das AA zu erkundigen, aber in den ersten Stunden war alles zwecklos, und in den folgenden Tagen nicht mehr nötig. Die deutsche Botschaft in Tokyo wurde im Folgenden viel kritisiert – ich kann nichts Negatives sagen, ich bin Sandra Hutkai dankbar, habe nachgeschaut wegen ihrer „Mitteilung von Mama und Papa": „Papa hat gerade in der deutschen Botschaft Tokyo angerufen. Ihnen geht es gut. Weitere Mitteilungen kann ich leider nicht machen." Gesendet: Elfter März 2011. Uhrzeit: 18:45:08. Vier Stunden nach dem Beben.

Die Kinder saßen also fast vier Stunden lang voller Verzweiflung vor Fernsehen oder PC und sahen immer nur noch schrecklichere Bilder. Wasser, Feuer. Immer mehr Wasser. Aus irgendeinem Grund war eins der ersten im TV immer und immer wieder gebrachten Bilder eins aus unserer nächsten Nähe, nur ein paar Kilometer den Strand runter, dem in der Kindheit meiner Frau noch herrlich weißen, unendlich langen Sandstrand. Da gibt es ein Hallenbad mit einer Außenrutsche, „Shinmaiko Heights", das nun in -zig Wiederholungen überschwemmt gezeigt wurde. Da war den Kindern klar: unser Haus ist weg. Die Heimat verloren. Da konnte es gar keinen Zweifel geben ...

Die Frage nur, die angstvolle Frage: „Wo sind die Eltern?" Genau kann ich sie nicht fragen, wie sie diese vier Stunden der Ungewissheit und der Angst erlebt und überstanden haben. Möchte das auch nicht, das verbietet der Anstand, sogar zwischen Eltern und Kindern gibt es klare Grenzen.
Leon hatte Halt bei Malte und dessen Eltern, Brigitte und Achim. May hatte Markus: die würden einiges dazu sagen können. Im Nachhinein verstehe ich auch nicht, dass ich nicht schon eher den PC versucht habe in Gang zu setzen. Ein funktionierendes Internet erschien mir aber so unglaublich unwahrscheinlich, dass ich nicht auf die Idee kam; und auch heute verstehe ich nicht, wie einfach es war online zu gehen, als ich vom Bahnhof zurückkam. Strom gab's ja, wir in Iwaki hatten keinen Moment Stromausfall. Die E-Werke – unser Versorger ist nicht Tepco, deren Produkt geht geradewegs nach Tokyo, sondern die kleinere Firma Tohoku Denryoku – versorgten das Gebiet nahe der AKWS Dai-ichi und Dai-ni bevorzugt, und obwohl die Strommasten überall auf halb acht hingen, hatten wir erstaunlicherweise Strom! Kaum flimmerte also die Kiste vor mir auf mit Tsunami-Bildern, als auch schon Skype losging, May und Leon waren beide gleichzeitig dran, ob sie vorher schon in Konferenz waren? Muss wohl. „PAPPA!!!!!" schrieen sie beide erleichtert, weinten, lachten und waren erleichtert wie wohl noch nie im Leben, aber dann natürlich auch sofort: „Wo ist Mama?" und „Wo bist Du?" Sie konnten nicht glauben, dass das Haus noch stand! Waren zwar zufrieden mit meiner Erklärung von Mamas Verschwunden-Sein, aber dann ging es los. Sie setzten mir zu, ich solle sofort weg und in Sicherheit gehen: „Der Tsunami kann jederzeit zurückkommen, und noch höher! Noch schlimmer!!! Du darfst da nicht länger bleiben!! Lauf weg!!!"
In der Tat wurde die offizielle Tsunami-Warnung höchster Stufe zwanzig Stunden lang aufrecht erhalten, dann auf eine niedrigere

Stufe zurückgefahren und erst nach sechsundzwanzig Stunden ganz aufgehoben. Warum ist mir ein Rätsel. Ich debattierte also in Hut und Mantel im kalten Zimmer sitzend, die Tür stand weit auf, und zwischendurch musste ich immer mal schnell nach draußen rennen, weil es bebte ..., dass ein Tsunami nicht wiederkommen KANN, wenn er ein paar Stunden vorbei ist. „Wie stellt ihr euch das vor?" Wenn man einen Stein ins Wasser wirft, etwas anderes ist das ja nicht, außer, dass der „Stein" von unten nach oben geschleudert wurde und die Größe Irlands hatte ... dann entsteht ein Muster von Ringen – und wenn das weggelaufen ist, kommt es doch nicht zurück, oder? Versteht das doch! Beruhigt euch bitte!
So sehe ich das immer noch, liege ich falsch? Die erste Welle des Tsunami war nicht die höchste, das ist wohl richtig: die zweite war's, und dann kamen noch zwei, drei kleinere nach; das war's dann aber. Innerhalb von einigen Minuten spielte sich das ab, und die Behörden waren wieder einmal so supervorsichtig, waren einfach so schockiert!, dass sie die Warnungen nicht aufhoben.

Und unsere Kinder? Aus der Entfernung muss man ja so sicher wie möglich gehen. Und gegen die Macht von Bildern kommt man mit Worten, mit Logik nicht an. Ich konnte sie deshalb auch nicht völlig beruhigen, aber hätte ich den Platz in der Küche, am Öfchen, räumen sollen? Ich wartete auf Marikos Anruf! Aus Tokyo riefen Verwandte an, ich weiß gar nicht mehr wer, und ich pendelte noch mehrmals zum Bahnhof. Inzwischen gab es ein paar wenige Leute, die wie ich das Geheimnis des öffentlichen Telefonnetzes erkannt hatten: Priorität! Aber erstaunlich wenige wussten's. Man konnte sogar umsonst sprechen, es war sofort ein Notprogramm angelaufen, gut organisiert – „Lifelines" –, und eine von den lebenswichtigen Einrichtungen ist natürlich Kommunikation.
Es gibt für den Katastrophenfall auch bestimmte Nummern, die jeder anwählen kann, um sich für Angehörige erreichbar zu machen, allerdings war, in den -zig ersten Stunden zumindest, hier alles hoffnungslos überlastet. Fünfzigfach überlastet. Das heißt dann ja auch zu normaler Zeit telephonieren maximal bis zu zwei Prozent der Telephonbesitzer gleichzeitig! Denn direkt nach dem Beben ver-

suchte garantiert JEDER Telephonbesitzer, seine Angehörigen zu erreichen.

Genauso ist es ja mit dem Straßennetz; suchen nur mal doppelt so viel Fahrer wie normal ihr Glück am Steuer: staut sich's schon, steht schon alles. Siehe Ferienbeginn in NRW. Atomkatastrophe in Fukushima? Alles steht still, garantiert. Alles. Nicht auszudenken.

Ich höre jetzt im „Live Feed" der TBS-Kamera zum ersten Mal andere Geräusche als den Wind: Eine Krähe! Was sagt sie? Ich habe heute nacht von Krähen geträumt; wohl angeregt durch das Video der auf dem Dach Schlitten fahrenden russischen Nebelkrähe! Das Viehchen hatte einen Dosendeckel, legte ihn sich in den Schnee zurecht, stellte sich darauf und rutschte mehrmals nacheinander flügelschlagend ein Dach runter. Wahnsinn! Ich träumte von Krähen an einem Apfelbaum. Ich warf ihnen Äpfel zu ...

Zurück zur Telefonzelle am Bahnhof. Eine Frau erzählte ihrer Familie in Tokyo, wie alles im Haus vom Wasser kaputtgemacht worden sei; ein alter Mann, schwerhörig, schrie sich Nachrichten mit seiner Schwester oder seinem Bruder zu ... Ich hatte keine Eile, hatte gar keine Eile. Sprach ein paar Mal mit den Eltern, sprach auch mit Rick in Taira, glaube ich mich zu erinnern. Radelte zurück nach Haus – die Nacht wurde lang! Ob ich was aß?

Irgendwann gegen Mitternacht kam ich auf die Idee, Mariko in der Schule suchen zu gehen; ihre Mutter hatte mich wohl darauf gebracht. Fuhr mit dem Auto los, Richtung Grundschule, parallel zum Strand; da war alles dunkel und leer. Ein Stückchen weiter, die Kreuzung mit dem „Lawson" war schlammbedeckt, aber durchfahrbar – dann links in Richtung Berge die Oberschule mit dem großen Schulhof voller Autos. Ich parkte seitlich unter einer Reihe von Kirschbäumen und ging auf den Platz, ganz vorsichtig, irgendwie wie auf ein vermintes Gelände. Da herrschte eine gespenstische Atmosphäre, alle Autos standen schön in Reih und Glied, aber man hatte einfach das Gefühl, die dürften da eigentlich nicht sein, mitten in der Nacht. Große Scheinwerfer warfen von oben kaltes Licht. Hier und da lief ruhig und gespenstisch in der frostigen Stille ein Automotor, sah man ein weißes Abgasfähnchen. Ich ging die Autos ab, erst einmal und dann noch einmal systematisch: der Ado-Go war nicht da. Trotzdem ging ich die Treppen hoch in die Schule rein, ging Pappschildern nach, schaute in die Turnhalle und wurde angesprochen: „Sensei!" War verwirrt; dachte irgendwie es sei Mays ehemalige Klassenkameradin Rie-chan, aber es war jemand anders, es war Lisa, eine frühere Klassenkameradin von Leon, die Decken zu ihrer Familie trug. „Nagassareta ..." sagte sie, weggespült.

Ein Wort, das man so oft hörte in diesen Tagen. Sie war aber ganz gefasst dabei, so gefasst wie alle Opfer es hier sind, zum großen Erstaunen der Welt. Keine Panik, keine Plünderungen, keine Ellenbogen. Geduldig stundenlang Schlange zu stehen für eine Flasche Wasser ... Das war schon stark! Obwohl es auch das andere gab, die Leute hier sollen sich aus dem kaputten Baumarkt, dem „Komeri", ganz gut versorgt haben ... und es gab geknackte Bankautomaten und Ähnliches genug in der evakuierten Zone, und die Polizei war in den zerstörten Gegenden ziemlich schnell massiv vertreten – um vorzubeugen. Es ist eine Mischung aus dem ungeheuer starken Anstandsgefühl der Japaner und den blitzenden roten Lichtern der Streifenwagen, die das Leben hier auch in der Katastrophe in zivilen Bahnen hält. Viel „natürlicher" Anstand, die Japaner können denken und sind darüber hinaus sehr gut erzogen – mit einer Messerspitze Korsett.

Dazu dann immer auch die Prise drohender Knüppel. Die Homogenität der Gesellschaft hat Vorteile in so einer Situation: „WIR" sind alle betroffen, wir müssen zusammenhalten. Zusammen sind wir stark! Außenseiter werden als verdächtig angesehen, nach dem Kanto-Beben 1923 mehr als das: Ausländer, hauptsächlich Koreaner, wurden in der Hysterie der Katastrophe zu Tausenden gejagt und als Brandstifter und Brunnenvergifter umgebracht. Bei uns wären das wohl Türken gewesen. Heute ist zum Glück vieles anders, und so etwas gäbe es hoffentlich nicht mehr, aber in einer echten Panik SIND plötzlich alle Regeln null. Das IST Panik, und gut, wie gut, dass es nicht dazu kam. Auch in den Folgetagen nicht. Unter dem

Gesichtspunkt „Angst vor Panik" muss man auch die abwiegelnden Berichte über Dai-ichi in einem anderen Licht sehen, als es normalerweise geschieht: wäre Tokyo in Bewegung geraten, oh no. Kurz davor war es, und Pläne für eine Evakuierung gab's. Die Regierung erwog ernsthaft die Evakuierung von dreißig Millionen Menschen. Was das heißt, ist unvorstellbar.

Und ich: hatte jedenfalls das sichere Gefühl, dass ich ein, zwei Mal etwas komisch angeguckt wurde an diesem Tag des Zorns; eben als das, was ich bin: „Nicht-wir". Ist klar! Ist total verständlich. Jeder ist am Rande seines gesunden Menschenverstands; ein Geschehen wie dies hier kegelt jeden fast um: wenn man so gestresst ist, braucht man eins garantiert nicht – zusätzliche Ungewissheit. Wer ist das? Was will der? Ist der gefährlich? sind die elementaren Fragen, die auftauchen; nicht im Neokortex, sondern weiter hinten, weiter unten, und die zum Beispiel den Leuten im Haus der Oma Mihara im Gesicht geschrieben standen, als ich da später noch mal anklopfte. Erst als sie merkten, dass ich „gut Freund" war, entspannten sich die Mienen! „Ach, ein Nachbar, ja – die Oma und ihre Tochter seien aber schon evakuiert, vielen Dank der Nachfrage! Sie selbst seien die Familie des Sohns." So war's auch anderswo in ähnlicher Form. Einbildung? Wie noch niemals vorher hatte ich das bestimmte Gefühl, scheel angesehen zu werden! Nehme das keinem übel, wäre wohl selber nicht anders gewesen. Sagte also der evakuierten Lisa in der Schule tschüss und „viel Glück!", und fuhr zurück nach Haus. Vor meinen warmen Ofen.

Irgendwann raschelte es unter der Sauna ... unserer zusammenklappbaren Rollsauna aus dem Trödelladen. Zu zweit kann man darin sitzen und schwitzen und unter der Plexiglashaube zum Aufklappen nach vorn oben, wie bei einer BMW Isetta, hat man etwas das Gefühl, in einem Flugzeug zu sitzen ... Mariko benutzt sie im Winter fast täglich, die Kinder hatten früher eins ihrer geheimen Spielhäuser darin, und irgenwann die Nacht kam der kleine „Tiger" nun raschelnd aus dem Winkel gekrochen, in den er geflohen war! Vorher war schon „Bärchen" aufgetaucht; beide waren ganz verstört! Während des Bebens waren alle in irgendwelche Winkel verschwunden, so scheint's: Mariko sah den strammen „Yoshiko" aka „Pierre", wegen seiner Wayne Rooney-Statur aber besser bekannt als „Gorri" – man ergänze die fehlenden Buchstaben – wie eine Kanonenkugel mit einem einzigen riesigen Satz im Gebüsch verschwinden, während sie da nachbebend mit den Nachbarinnen auf der Strasse stand; von „Momo" und „Coo" sahen wir nichts mehr bis Mai.

Als wir zurück waren, kamen sie aber eine nach der Anderen auch zurück, und die Freude war groß. Die Eltern hatten sie mit Futter versorgt kaum, dass man im April wieder wagen konnte nach Yotsukura zu fahren. Bis dahin hatte Marikos Futtertüte zum Glück ausgereicht.

Es dämmerte mir dann schließlich, ich müsse auch im „Haus der Natur" nach Mariko schauen und fuhr in den frühen Morgenstunden noch mal los. Tatsächlich: fast auf der Stelle sah ich da oben unser Wägelchen stehen! Eine große Erleichterung war das. Ich war sehr froh. Ging rein in das weiße Ekel, überhaupt erst zum zweiten Mal wohl; das erste Mal vor Jahren, um eine Gruppe Deutscher zu begrüßen, deren offizielle Betreuer mich kalt abfahren ließen: Locals waren da nicht willkommen! Nun aber war alles offen und hell erleuchtet, Menschen waren wenige zu sehen, aber überall, wo ich eine Tür aufschob, zur großen Halle wie auch zu zwei, drei Räumen für je sechs bis acht Leute, sah ich und hörte ich sie schlafen. Gab nach diesen vier, fünf Versuchen auf, Mariko finden zu wollen – obwohl ich nah dran war, sie zu entdecken! Sie hätte in einem dieser kleineren Räume geschlafen, was man so schlafen nennt, sagte sie später, mit einer der alten Frauen, um die sie sich gekümmert hatte. Ich schrieb einen kleinen Zettel: „Komm nach Haus!" und klemmte ihn unter den Scheibenwischer der Fahrerseite, fuhr vorsichtig den Berg runter und wartete auf den Morgen. Der näherte sich mit schlechter werdenden Nachrichten. Sobald es hell wurde, sah ich Hubschrauber nach Norden fliegen, erst kleine und dann auch die alten „Bananen", Chinooks, in Formationen von zweien und dreien. Das Geräusch von Hubschraubern geht seitdem sowohl Mariko als auch mir dermaßen unter die Haut, dass wir nach fast einem Jahr noch nicht sitzen bleiben können, wenn einer vorüberfliegt. Wir laufen raus und sehen, was da fliegt; wohin? Nach Norden? Oder von Norden? WARUM? In einem der frühen, kleinen Helikopter saß Premierminister Naoto Kan, einer der Helden dieser Tage. Der einzige, den ich mit Namen nennen könnte.

Die anderen aus TV und anderen Medien bekannten Masken und Gesänge sind ja allesamt Gestalten aus der Klamottenkiste. Von erschreckend inkompetent über peinlich, peinlich, peinlich bis hin zu der Regierung nach Kan: erschreckend grotesk im Bemühen das Rad zurückdrehen zu wollen. Kan hatte die Zeichen der Zeit erkannt, wollte alternative Energien ausbauen, fuhr das Energieziel von fünfzig Prozent Atomstrom für das Jahr 2030 drastisch zurück und musste dafür gehen. Erntete den Dank des Hauses Österreich.

Die Neuen jetzt, die Regierung Noda, sind bemüht, AKWs von Toshiba unter anderem nach Vietnam und Syrien zu verkaufen, „Salespoint": Erfahrung gerade auch in der Krise ... Wenn es nicht so unglaublich wäre, müsste man lachen. Bitter. Sehr bitter lachen!

Kan war am zwölften März morgens um sieben Uhr selbst in Daiichi – was keiner der Tepco-Bosse fertig brachte, die saßen alle auf ihren fetten Ärschen in Tokyo und schwitzten Angst aus sicherer Entfernung: um ihre Bilanzen! Ihre Konkurrenzfähigkeit! Der Oberzwerg, Shimizu heißt er, ließ sich nach einiger Zeit mit allerlei Beschwerdchen ins Krankenhaus einliefern, ach, wie hart ist das Leben doch für die Mächtigen!

Naoto Kan aber hatte „Shouting Matches" mit den Herren der Atomgesellschaft. Er war vor Ort und verlangte vom Werkschef Yoshida die manuelle Öffnung der Ventile, um Druck aus den Reaktorbehältern abzulassen. Wie alles genau lief, ist zum Teil noch gar nicht klar, es sollen Entlüftungsventile sogar elektrisch geöffnet worden sein, als es noch Strom gab, dann wieder geschlossen worden sein und nicht mehr von Hand aufzukriegen, als der Herr Yoshida es schließlich auf Kans Druck hin anordnete. (Die Regierung hatte übrigens bis jetzt, Anfang Januar, wo eine dahingehende Bestimmung geändert wurde, keine Befugnis, Tepco oder anderen AKW-

Betreibern irgendwelche bindende Anweisungen für den Krisenfall zu geben, selbst nicht in einem Ausnahmezustand wie diesem!) Als es endlich gelang, im Dunklen, mit Taschenlampen, inmitten eines absoluten Trümmerhaufens schon vor den Explosionen, ohne genaue Kenntnisse der über vierzig Jahre alten Systeme, die Ventile zu öffnen, war es zu spät; zuviel explosives Gas hatte sich angesammelt. Zwanzig Minuten später knallte es in Block eins.

Nachmittags um halb vier war das, als Mariko und ich wie viele Andere längst auf der Flucht waren. Der Herr Yoshida war sehr, sehr mutig, hat beherzt ausgeharrt ohne sich je ablösen zu lassen. Er sei mehrere Male fast gestorben, sagte er; kämpfte tapfer, konnte sich leider nur nicht gegen die Konzernleitung in Tokyo durchsetzen. Hat jetzt Speiseröhrenkrebs.
Die Leitung in Tokyo versuchte zu retten, was zu retten war, verständlich. Aber leider realitätsfern, und da sie in keiner Weise versuchte, ein korrektes Bild der verzweifelten Situation vor Ort zu gewinnen sage ich: mörderisch.

Die gehören alle vor Gericht.

Vernachlässigung der Aufsichtspflicht kriegt jeder LKW-Fahrer vorgeworfen, dem ein Rad abspringt: die Leute von Tepco hatten nicht nur ein Rad ab, sondern ein Werkzeug zur potentiellen Vernichtung halb Japans außer Kontrolle: Amoklauf der Technik mit allen Technikern, die doch nur zermalmt werden können, wenn dies Rad von Juggernaut zu rollen beginnt – es sei denn, sie springen rechtzeitig ab! Was bei Atomkraft aber leider keine Option ist, außer man spränge bis zum Mond, im Grunde. Es hätte nämlich alles noch viel, viel schlimmer werden können. Mit alles in allem 7850 Brennstäben in Reaktoren und Abklingbecken plus weiteren 6375 in einem weiteren zentralen Becken auf dem Gelände. Total also gleich 14225 Brennstäben in Dai-ichi allein. Davon sind vermutlich 1496 inzwischen zu drei weißglühenden Massen verschmolzen – bravo –, die über 350 Tonnen wiegen dürften, mit einem Anteil von über 200 Tonnen Uranoxid. Alles nachzulesen bei Wikipedia. (Plutonium ist dank Block drei auch dabei.) Es bleiben also 12729 Brennstäbe in

Abklingbecken am Ort des Unglücks übrig. Genug für ein mächtiges, mächtiges Feuerwerk – sollte es noch ein starkes Beben geben.

Und Fukushima Dai-ni mit nicht viel weniger Zeugs ist keine zehn Kilometer davon entfernt. Kann auch immer noch mit hochgehen in einer gigantischen „Eins – Zwei!" Explosion. Nirgends auf dem Planeten Erde gibt es eine gefährlichere Sammlung von Höllenmaterial als diese. Die Angst ist immer da, die „Webcam" läuft den ganzen Tag.http://www.tepco.co.jp/nu/f1-np/camera/index-j.html

Der Konflikt zwischen dem Werksleiter und seinen Vorgesetzten in Tokyo ging damals so weit, dass Yoshida seinen Leuten öffentlich Anweisungen gab, for the record, die er sie vorher aufgefordert hatte zu ignorieren. Off the record. Das muss man sich mal vorstellen!
Tokyo! Wie ich die Tokyoter Arroganz hasse. Nicht ohne Grund, nicht ohne Grund.
In diesem Fall ging es um das Einbringen von Meerwasser zur Notkühlung; er konnte sich zu lange nicht durchsetzen – die Leitung wollte die kostbaren Reaktoren, soeben noch mal für zehn Jahre neu genehmigt – es hatte Manna geregnet! – doch nicht einfach aufgeben! Seewasser verdirbt augenblicklich alle Technik. Man weiß ja aus Deutschland, wie weh es den Energieerzeugern tut, abzuschalten, pro Tag eine Million Euro–mässig weh tut: nirgends schmerzt es die Herren aus der freien Wirtschaft mehr als am Portemonnaie, und sie tun eben alles zur Schmerzvermeidung. Tepco wollte Dai-ichi keinesfalls aufgeben, solange noch ein Fünkchen Hoffnung bestand. So wurde erst gekühlt, wie dilettantisch auch immer, als es zu spät und die Kernschmelze fortgeschritten war. Mit Hubschraubern versuchten sie – vergeblich – Wasser abzuwerfen, erst die Feuerwehr aus Tokyo konnte mit großen Wasserwerfern dann etwas ausrichten. Fuhr aus, jeder Mann wurde mit Handschlag verabschiedet wie auf Nimmerwiedersehen. Sammelte sich hier bei uns am „Palmenstrand" in Yotsukura; die Bilder der im Fischgrätmuster aufgestellten roten Wagen gingen um die Welt und bewirkte wirklich etwas: aber erst nachdem es Explosion auf Explosion gegeben hatte.

Die Fukushima Fünfzig! Ob es sie in dieser Zahl gegeben hat oder nicht ist gleichgültig. Es waren Männer da, die ihr Leben zu opfern bereit waren, ob Feuerwehr oder Arbeiter im Werk. Es gab Helden. Leute, die für uns Hansel sterben wollten. „Waren Fukushima Fünfzig/ Feuerwehrleute und gaben/ alles damit Menschen künftig/ hier noch eine Wohnung haben". „Ihre Namen kennt man nicht." –

Sie sind anonym; und wie die Retter, die Liquidatoren von Tschernobyl, vergessen wurden (Ich muss zu meiner Schande gestehen, dass auch ich bis vor Kurzem fast nichts über Tschernobyl wusste, und eigentlich auch nichts wissen wollte!), werden auch diese schnell vergessen werden. Die Japaner sind gut im Vergessen, wenn es ihnen in den Kram passt, aber wer diese Feuerwehrleute in dem Bewusstsein ausrücken sah, dass dies die letzte Reserve, der letzte verzweifelte Wurf war: wird sie nicht vergessen.

Wenn sie nicht gegangen wären, wenn sie keinen Erfolg gehabt hätten mit ihren lächerlichen roten Wasserspritzen: was dann? Wer hätte noch etwas ausrichten können, wenn sie erfolglos abgezogen wären? Wer?

ES WAR GANZ KNAPP. Wie knapp wusste damals niemand außer den Tepco-Leuten in Tokyo, die wie unser ach so schneidiger Ludendorff 1918 auf einmal kalte Füße kriegten: „Tettai!" verlangten sie nach Kans Erinnerungen am fünfzehnten März, nach der Explosion in Block drei von ihm. Tettai heißt Abzug, Aufgabe. In diesem Fall verhieß es ein unvorstellbares Elend. Das wollten die feinen Herren der Tokyo Electric Power Corporation über die Welt bringen. Vor zehn Monaten. Und sind heute schon wieder ganz obenauf.

Naoto Kan, der Leise, schrie sie zusammen, wie er schreibt; man kann das nachlesen. Deshalb auch ist er für mich ein Held. Die Leute von Tepco dagegen müssten sich schämen, bis nichts mehr von ihnen übrig ist. Hat denn aber einer von denen wirklich „Verantwortung übernommen"? Auf die japanische Art? Aufgehängt haben sich andere; die Opfer haben sich aufgehängt. Ein Bauer in seinem Kuhstall, alte Leute in ihren Behelfsunterkünften. Der Chef der Tepco, Shimizu, ging ins Krankenhaus, als es ihm alles zu stressig wurde. Schande über ihn und alle die anderen verlogenen, feigen Säcke.

„Verantwortung übernehmen" heißt auch für mich nicht Selbstmord, wie es die traditionelle japanische Art ist, und wie es bei jeder Firmenpleite auch heute noch immer wieder praktiziert wird: sondern ein echtes Eingestehen von Schuld. Tatkräftige Reue nennt es Luther doch – wie wäre es damit? Bessere Sicherheitsvorkehrungen, in diesem konkreten Fall:
ABSCHALTEN. Alles.
Aber die Tepco will bis heute nicht einmal Dai-ni aufgeben ... wo sie doch nach langem Hin und Her schon die heil gebliebenen Blöcke fünf und sechs von Dai-ichi geopfert hat! (Die haben den elften März abgeschaltet überlebt.) UND die Planungen für die neueste Erweiterung, Blöcke sieben und acht, ziemlich schnell kippte. Ebenso für ein ganz neues Werk „Fukushima Drei" in Soma, ein paar Kilometer nördlich von Dai-ichi. Sollte man danken?

Von „Kernschmelze" als Faktum war übrigens in den offiziellen Verlautbarungen bis Juli oder August nie die Rede. Es wurde beschwichtigt, gelogen und schön geredet ohne Ende. Am Anfang verstand ich es schon; um eine Panik zu vermeiden, in der sich dreißig Millionen Menschen aus dem Großraum Kanto zum Ausgang drängen – sind einige Halbwahrheiten nicht zu verwerfen. Aber dann begannen sich doch die Nebel zu lichten; Wissenschaftler überall auf der Welt wussten was los war; nur der einheimischen Bevölkerung wurde die Wahrheit vorenthalten. Das ist schwer zu verzeihen.

Und der „Cold Shutdown" vom Dezember? Wo niemand weiß wie tief sich die Schmelze, mit einer Temperatur von 3000 Grad Celsius, wirklich gefressen hat? Solange die Gefahr einer gigantischen Explosion besteht, falls die Schmelze tief unter den Kellern der Ruinen von Dai-ichi auf Grundwasser stoßen sollte ohne, dass der entstehende Dampf abziehen könnte? Was sagen denn eure Simulationen dazu, möchte ich wohl wissen? Simulationen! Die Gefahr ist nicht gebannt, und leider habe ich auch nicht das Gefühl, dass die Arbeiten überhaupt mit ganzer Kraft vorangetrieben werden. Die Sowjetunion mobilisierte alle Kräfte; 500.000 Menschen arbeiteten monatelang pausenlos in Tschernobyl, um das Schlimmste an Folgeschäden zu verhindern. Und was wird hier in Japan getan? Die Sowjetunion ging zugrunde über Afghanistan und Tschernobyl, sagte Gorbatschow: und Japan? Quo vadis? Man müsste den Daumendrehern in Regierung, Presse und Konzernleitung so auf die Finger hauen, dass es WIRKLICH schmerzte. Doch wer sollte das? Nur die Amerikaner könnten es, und die haben andere Prioritäten.

Ich schaue die Webcam an. Block eins hat eine niedliche Hülle gekriegt, sieht echt viel besser aus als vorher! Und fünf große Kräne stehen seit Wochen ziemlich still. Na, die gute Nachricht ist eben: sie stehen noch. Wenn ich nicht im Grunde meines Herzens viel zu gutmütig wäre, zu trottelig und literarisch nicht so unbedarft: die Hasstirade wäre das einzige euch angemessene Stilelement. Ich denke an Bob Dylan, „Masters of War": „For threat'ning the babies, unborn and unnamed/ you ain't worth the blood that flows in your veins ..." So aber rette ich mich mit manchem schiefen Lächeln in den Galgenhumor. Humor habt ihr ja auch, nicht? „Die Pressekonferenz" auf „YouTube" ist einfach köstlich! „TEPCO!!!"
http://www.youtube.com/watch?v=i4RqW0RsSGY&feature=related

Das Problem der Atomkraft, der Atomindustrie ist ja: sie geht nicht weg. Kann nicht weggehen! Wohin? Außer jetzt in Schweden, im Granit, gibt es nirgends auch nur die kleinste Aussicht auf ein „Endlager". Was für ein Wort überhaupt!! Ob noch nie jemand gestutzt hat, aufgehorcht? Die Sprache will uns etwas sagen, hört das keiner? Sind seit der Wannseekonferenz wirklich schon genug Jahre vergangen, um bei so einem gottlosen Wort weghören zu können? Mir verbrennt es die Ohren.

Es gibt nur ein endloses Lager: Tausende, Millionen Jahre im Grund werden leicht dahin geredet, der Magen dreht sich einem um. SEID IHR TOTAL BEKLOPPT??? Millionen Jahre? Nur Techniker, Wissenschaftler von allen Teufeln besessen, können so etwas denken ohne schamrot zu werden. Keine Frau, kein Kind, kein MENSCH würde wagen, so vermessen sein zu wollen. In der Praxis: Asse wird schon jetzt geräumt, kaum vierzig Jahre nur, war aber 'ne geile Zeit

oder was? Millionen Jahre. So was muss man sich erst mal ausdenken! Was speziell unsere wortgewandten Freunde bei Tepco angeht – die haben ja noch einige Pfeile im Köcher und kämpfen um jedes erdbebengefährdete dreckige Werk. Auch die anderen Betreiber sind nicht besser. Lügen, betrügen, üben Druck aus. Selbst wenn ihre Arbeiter zu unausgebildet sind um zu wissen, was denn nun eine Kettenreaktion sei ... Oder haben sie's inzwischen im Ausbildungsplan? 1999 schütteten einige unglückselige Vögel in der größten Forschungsanlage Japans, Tokai, wie üblich Uranhaltiges aus Eimern, Edelstahl, immerhin, in andere Behälter. Als sie aus Unwissenheit zu viel zusammengossen, machte es denn: „BUMM" und eine vorhersehbare Reaktion setzte ein. Es starben Menschen. Die Umgebung, einige tausend Menschen, wurde kurz evakuiert. Ich schlief den Schlaf des Gerechten. Den dreißigsten September 1999 kriegte ich mitten in der Nacht einen aufgeregten Anruf von Leon, elfjährig, dem Mann in der kleinen Familie in Borchen: „Papa?! Daijoobu?? Alles OK?" Ich wusste von nix über den Vorfall; es wurde weder sofort noch später gebührend ausführlich berichtet. Da muss ein elfjähriges Kind kommen ...
Und die Arbeiter mit ihren Eimern wussten angeblich wirklich nicht, was eine „Kettenreaktion" wäre. Nach dem elften März jetzt kann ich's fast glauben.

Ob es da an der Strasse, in einer Art Bucht des endlosen doppelten Zauns, immer noch den surrealistischen Spielplatz zum Infostand „Das freundliche Atom" gibt? Wie es auch bei uns hier oben einen gibt? Der allerdings ziemlich verwahrlost sein soll in letzter Zeit! Es gibt auch nicht mehr so viel spielende Kinder da, genau gesagt, gar keine! Wächst halt Gras drüber. Wie über vieles. Fragt Carl Sandburg. Oder die Ärzte.
Kinder – werden DA so schnell nicht mehr hinkommen! Das große Beben forderte nun auch in der Atomstadt Tokai zwei Todesopfer. Zwei Männer wurden bei Instandsetzungsarbeiten von einem hohen Schornstein herabgeschleudert. Sonst gab es angeblich keine Erdbebenschäden. Dies ist nämlich ein äußerst wichtiger Punkt. Tepco versucht, alle Schuld auf den Tsunami zu schieben; dabei war aber

schon vor der Welle, durch das Beben allerhand kaputt wie einwandfrei feststeht. Kühlwasserleitungen waren schon gebrochen. Die Kühlung funktionierte schon vor dem Tsunami nicht mehr! Tsunamis sind selten, Erdbeben alltäglich. Man muss um jeden Fußbreit kämpfen; Tepco versucht, alle Schuld am Desaster auf den Tsunami zu schieben, und damit darf man sie nicht durchlassen! Allzu sehr hat sich das Phantom der sicheren Kraftwerke in den Köpfen festgesetzt, und die Welt wird noch ein weit furchtbareres Unglück erleben müssen, in nicht ferner Zukunft, bevor man beginnen wird, wach zu werden!
Wenn doch die Vorhersage des Wetters am Sonntag nächster Woche so einfach wäre wie diese düstere Prophezeiung. Aber solange „es" nicht in den USA passiert oder noch mal hier wird es nicht viel nutzen.

13 Flucht die Erste

Mariko kam also am Morgen des zwölften März nach Haus – ein Samstag war's – und brachte gleich Schreckensnachrichten mit; da oben hatten sie TV gehabt – die Macht der Bilder! Sie war auch fleißig gewesen, hatte für Hunderte von Leuten Reisbällchen gemacht und verteilt, bevor sie schließlich für ein paar Stunden schlafen ging. Fünfhundert Flüchtlinge waren da und die kriegten alle der Reihe nach, Kinder und alte Leute zuerst, was zu essen. Das „Haus der Natur" war als designiertes Evakuierungszentrum, überall gibt es solche Zentren, gut ausgerüstet mit eisernen Rationen von Reis und Wasser, ebenso wie mit Decken. Keiner fror, keiner hungerte. Sie hatte sich übrigens auch eingetragen auf einer Namensliste, und einige unserer Bekannten, die sich um unser Verbleiben sorgten, fanden ihren Namen da; meinen dagegen nicht. Meinen Namen fanden aber erstaunlich viele Freunde, weltweit, in einem Artikel der Neuen Westfälischen Online: May war telefonisch interviewt worden, und so kam die Information über unser Wohlergehen auch auf deutsch ins Netz!
Mariko kam nach einem Katastrophenfrühstück (pro Person ein Zwieback) mit schlechten Nachrichten zurück. Das Fernsehen – und es gab auch ergänzende Gerüchte, gespeist von Insider-Informatio-

nen, ausgehend von der Hausleitung – sagte, dass es in Dai-ichi gar nicht alles zum Besten stehe.

Mariko – kam also schon in einem sehr angespannten, fast panischen Zustand angebraust, um nur möglichst schnell die nötigsten Sachen zu packen: warme Klamotten, Wertsachen und was zu essen wie für ein Picknick; Wasser soviel wir in Flaschen hatten und Bettzeug bis obenhin, und los ging's ohne viel Federlesen. Als erstes sollte es zu ihren Eltern gehen. Ich war einverstanden. Nicht panisch – aber weg wollte ich auch. Wir starteten, ohne noch jemanden hier zu sprechen. Doch sie brachte noch schnell die Tochter der alten Frau von gegenüber ins „Haus der Natur" zurück, während ich packte, und dann starteten wir, ohne zu zögern. Flucht in zwei Autos die erste.

Ich ließ sie vorfahren im schwarzen Ado-Go. Keine Tränen liefen, es war so unwirklich, mein Verstand wollte irgendwie nicht begreifen, was passierte, was der Körper tat. Bei ihr sicher genauso. Wir nahmen die Strasse durch die Hügel, nicht die Hauptstrasse. An der weiten Kurve hinter der ersten Hügelkette signalisierte ich Mariko „stop" und öffnete ihre Wagentür. Was ich wollte – irgendwie schauen, ob sie überhaupt in der Lage war, zu fahren vermutlich ... Wir wechselten einen Blick und ein paar Worte. Sie war eher ungehalten und wollte nichts reden, war innerlich weit weg, betäubt vor Schmerz: „nur weiter ...". Was gab es denn auch schon zu sagen. Die Strasse war entgegen aller Befürchtungen problemlos befahrbar, fast alle Strassen eigentlich; man hätte es nicht gedacht, sogar die Autobahn wurde schnell wieder freigegeben. Als wir in Yoshima ankamen, nach dreißig Minuten, fiel mir eine Tankstelle ins Auge, und wir tankten beide Autos voll, was eine sehr gute Idee war. Fünf Minuten später waren wir bei den Eltern. Da lag ein rechter Schutthaufen mitten vor der Haustür! Allerdings schon auf dem Weg zur Ordnung, der Vater war zugange, und ich half gleich mit mehr aus Reflex als aus Überzeugung, die runtergefallenen Ziegel zusammenzutragen. Es gibt eine bestimmte Art von Dächern oder besser Dachziegeln, die großen Schaden genommen haben und zwar ausgerechnet die schönen, traditionellen Dächer mit guten Pfannen und dreifach oder sogar fünffach getürmten Firsten: die purzelten runter wie Kegel von der Bahn. Sehr lange hielten wir uns damit nicht auf, Mariko wollte schnell weg aus der Gefahrenzone.

Am Abend vorher schon waren drei Kilometer ums Dai-ichi die Leute evakuiert worden, dann wurde auf zehn Kilometer alles gesperrt, und sie wollte nichts wie weg. Ich war nicht so ängstlich, im Nachhinein ist mir's schleierhaft! Ich hatte Wochen zuvor für den einundzwanzigsten März, zum 90. Geburtstag meiner Mutter einen Flug gekauft, aber war innerlich völlig davon abgerückt zu fliegen. Bei so einem Desaster wegzugehen und Mariko allein zu lassen? Nein, das war nicht drin. Das war einfach nicht drin. Trotzdem musste etwas passieren, Mariko wollte nicht in Iwaki bleiben. Wohin aber? war die Frage. Narita kam zwar an diesem ersten Morgen ins Gespräch, mehr aber auch nicht. Mariko sprach davon. Ich wollte aber auf keinen Fall in die Nähe von Tokyo und auch nicht zum Flugplatz. Zu den alten Freunden Toshi-Kazu und Humiko-san zog es mich dagegen irgendwie, also starteten wir in Richtung Süden, um uns auch die Option Narita offen zu halten. Los ging's mit zwei Autos, unserem R2 und einem Prius, denn Marikos Schwägerin Kanae mit zwei der Kinder wollte auch weg. Der Älteste, Shoma, dagegen wollte nicht: er blieb bei Opa und Oma. Der Vater war natürlich schon im Geschäft, um nach Schäden dort zu sehen. Stark von Shoma! Dachte er vielleicht mit der Überheblichkeit des stolzen Sechzehnjährigen, wir wären blöd, so eine Überreaktion zu zeigen? Wären hysterisch?
Ich selber war auch nicht so ganz sicher, ob wir das Richtige taten: so reagiert man denn zu spät, besonders wohl Männer. Die sich keine Blöße geben wollen. Der treue alte Ado-Go blieb vollgetankt bei den Großeltern und hat ihnen die langen benzinlosen Wochen über sehr gute Dienste erwiesen! Wir bewegten uns vorsichtig über die Umgehungsstrasse und sahen hinter Onahama, wo die Strasse den Hügel runtergeht und links das große E-Werk steht (Die LKWs fahren sonst den ganzen Tag australische Kohle aus dem Hafen ran) zum ersten Mal richtig schlimme Bilder von Verwüstung. Die ganze ebene Fläche links unterhalb der Strasse war ein einziges von Wasserlachen blinkendes Schlammfeld, übersät mit allem möglichen Unrat.

Kreuz und quer liegende Autos überall! Wir glotzten, keinesfalls aber verließen wir unsere Spur, denn der Verkehr staute sich – ah, die lange Brücke über den Fluss Samegawa also doch kaputt! Wir wurden runter gewunken wie alle andern, es gab eine ziemliche Schlange und blieben in der Reihe; es ging auf eine alte Brücke zu, die nicht gesperrt war; und obwohl es eine Stunde dauerte – bei gutem Wetter war es angenehm warm im Auto – fuhren wir schließlich erleichtert über den breiten Fluss und weiter in Meernähe nach Süden, durch Nakoso; bei Otsu raus aus der Präfektur Fukushima und rein in die Präfektur Ibaraki.

„Welcome!" steht da ein Schild und noch eins von den alten, von denen es früher viele gab, und die mich immer noch seltsam anrühren: „May Peace Prevail on Earth" steht da geschrieben, ich weiß nicht, von wem. Durch die Stadt Kita Ibaraki nach Isohara, wo unsere Freunde einige Kilometer entfernt vom Meer hoch über dem Flachland wohnen; es geht richtig in die Hügel und immer weiter in die Wallucken Richtung Westen, wenn man zu ihnen will.

Einen schönen alten Tempel mit gigantischen Kryptomeren und immer kühler Luft, Hanazono-Jinja, gibt es; dann weiter landeinwärts den Ort, wo der bulgarische Herr Christo mit seiner Frau einmal mit -zig großen Schirmen die Landschaft bereichern wollten; ein Taifun kam dazwischen, auch ihm – jemand wurde leider von einem umstürzenden Schirm erschlagen – und das ganze Projekt deshalb abgeblasen. Dort lebt Saburo-san in seinem einsamen Tempelchen, nicht alle Äbte sind geldgierig, „Hikita-san!" korrigiert Maki-san, der kauzige Töpfermeister, mich immer nachsichtig, denn das ist dessen Mönchsname.

Ein Land, von dem es Märchen zu erzählen gibt. Isohara! Dahin zieht es uns irgendwie. Wenn überhaupt irgendwohin – dann dahin. Wir kamen nun aber an jenem Morgen mit vier Verwandten im Schlepp und konnten zu so Vielen unmöglich bei unseren Freunden auflaufen – Explosionen hin oder her –, und ich hatte auch schon ein andere Idee.

In Isohara wird die N 6 ganz nah ans Meer geführt, eigentlich ist es halb Flussmündung und halb Meer, was da direkt links an die Strasse schwappt und nun mächtig über die Ufer gekommen war. Die Strasse war voll Lehm wie ein Acker, die Häuser waren zum großen Teil vollkommen zerstört; kaputte Autos lagen rechts und links – schon von der Fahrbahn geräumt –, hingen auch auf Leitplanken und allem möglichen Schrott in Meterhöhe irgendwo in der Luft. Auch ausgebrannt Wagen sahen wir; bis heute verstehe ich nicht richtig wie das läuft. Es sind ja Hunderte von Autos abgebrannt, allein im Hafen von Hitachi. Die standen in Reih und Glied auf dem Parkplatz, mistneu, und waren dann nur noch ausgeglühte Gerippe. Wie nur? In all dem Wasser? In Isohara sah es schlimm aus.

Wir fuhren durch den Ort, ohne zu halten und kamen ein paar Minuten später zur Ortseinfahrt Takahagi. Da gibt es in der letzten Kurve vor dem Ort das „Business Hotel Aoyama", ein kleines zweistöckiges „Hotel" aus den sechziger, siebziger Jahren, das mir immer schon aufgefallen war wie ich noch regelmäßig nach Takahagi fuhr: an die zwanzig Jahre lang jede Woche einmal oder sogar zweimal. Zwei Kindergärten „machte", einen vor Mittag, einen am Nachmittag. Der Chef – vor dem jede seiner Angestellten zitterte. (Er brachte sie all zu gern zum Weinen, wenn sie vor seinem Schreibtisch standen, um Fehler aufgezeigt zu bekommen ...) All das ist jetzt schon Jahre vorbei; ich wurde gefeuert, nein eigentlich nicht, es war vielmehr so: ich wurde zu gut bezahlt, hatte einen Stundenlohn aus der wilden Zeit, den der Chef dann nicht gut runtersetzen konnte. Das ging nicht. Der Versuch, über Nachmittagsstunden zahlende Gäste sprich Schüler ins Haus zu bekommen, lief über Jahre aber nicht sehr erfolgreich at all, aus verschiedenen Gründen, bis es ihm dann zu teuer wurde, und er einen Verein aus Tokyo engagierte. Die liefen da zu dritt auf, beobachteten eine Stunde, die ich gab, hielten selber eine Stunde, die ich im Gegenzug beobachten durfte ... und boten mir ziemlich zudringlich an, ich dürfe für sie arbeiten, falls ich das wolle. Als eine Art Lehrroboter, als lebender Plattenspieler? Nein, danke. Ich lehnte ab, und das war das Ende einer langen Beziehung. Am Anfang habe ich da sehr gern unterrichtet; dank – oder trotz? – des strengen Chefs waren die Kindergärtnerinnen sehr motiviert, und die Kinder hatten viel Spaß. Sie lernten enorm viel. Ein sehr hohes Niveau hatten wir in den ersten drei, vier Jahren! Dann aber ging's bergab, Mickey Mouse had a dog and his name was Pluto ... aber ohne eine tägliche Dosis des seligmachenden Stoffs ENGLISH geht zuerst der Spaß bei den Kindern, dann bei den Lehrern weg und zu guter Letzt eben auch bei den Chefs, ob nun da oder woanders.

Was mir jetzt aber noch sehr im Ohr dröhnt, ist das infernalische Trommeln im Nebenzimmer, der „Hall", gerade wenn ich unterrichtete. Ein zartes Lied wie „Twinkle Twinkle Little Star" zur Begleitung von einem Schock „Taiko" aller Größen einzuüben – ist nicht leicht. Oder „Edelweiß"? Kabumm. Tumm tumm. „Mary Had a Little Lamb ..."

Ich liebe Trommeln vieler Art: Taiko und verwandtes Elend kann ich aber nicht ausstehen. Man muss mit den bloßen Händen arbeiten, mit Stöcken hat man doch kein Gefühl! Die ganze Art, wie die Japaner trommeln, ist nichts für mich. Erst recht nicht, wenn Kinder damit Disziplin und Ausdauer lernen sollen, „spielerisch" mit ganz grober Feder gepinselt.

Trommelfelle – das waren doch auch mal lebendige Wesen! „Softly, Brother, Pray ..."

Wir erreichten das Hotelchen und fanden dort Leute mit Aufräumen beschäftigt; ein junges Paar mit dem Schwiegervater. Sie waren sehr nett, berieten kurz und erlaubten uns, für den halben Preis zu bleiben: ohne Strom, ohne Wasser. Auf eigene Gefahr. Betten kriegten wir ausgerollt, in zwei benachbarten Räumen, und das war's. Wir waren glücklich, einen Platz gefunden zu haben. Aßen alle zusammen Mitgebrachtes, jeder kriegte, was von Marikos gutem Brot, und dann wurde es auch schon allmählich dunkel. Richtig dunkel. So ganz ohne Lichter war es zuletzt in Ägypten gewesen, in Fayum. Vor sehr langer Zeit.

Nur ab und zu huschten die Scheinwerfer eines vorbeifahrenden Autos über die Wand hinter uns; auf der Strasse war es ziemlich ruhig, man möchte sagen totenstill.

Keine LKWs und überhaupt gar kein Verkehr nach Norden. Wir achteten vor allem auf die Fliehenden: es fuhren die ganze Nacht hindurch welche, wenn auch nicht sehr viele. Ich fühlte mich etwas beruhigt: die Schwarmintelligenz war auf meiner Seite. Stellte meinen Rucksack auf alle Fälle in die Nähe des Ausgangs, sollten wir plötzlich rennen müssen – aber abgesehen vom ständigen Rucken und Knarren der Balken gab es die Nacht durch nichts Außergewöhnliches. Das Gebäude ist zweistöckig und war zu dem Zeitpunkt garantiert noch nicht auf Erdbebenschäden untersucht worden, aber wir dachten uns: wird schon halten, und es hielt. Was nicht funktionierte, war Takumas Notfallradio zum Kurbeln ... wir hörten halt zwischendurch Nachrichten im Auto – die uns nicht viel sagten – und verbrachten die Nacht trotz ständigem Krachen im Gebälk friedlich; ich war einfach sehr müde ... alle waren das. Wir schliefen fest.

14 Der 13. März

Morgens früh hielten wir bei irgendwas Kaltem Kriegsrat und kamen in Ermangelung besserer Ideen zu dem Schluss: wir fahren zurück! Die Sonne schien, die Welt stand noch, wir hatten Abstand gewonnen von Angst und Schrecken, und es zog uns einfach wieder nach Haus. Die Nachrichten aus Dai-ichi waren unklar; auf jeden Fall nicht beängstigend genug, uns von der Rückfahrt abhalten zu können. Nach Haus ... Starteten am dreizehnten März also ganz früh zurück in Richtung Iwaki. Die Schwägerin mit den Kindern fuhr voraus und wir hinterher, bis wir uns bei einer Umleitung aus den Augen verloren. Machte aber nichts, wir hatten sowieso nicht das gleiche Ziel; Mari und ich wollten nach Yotsukura zurück. Über Nebenstrassen und durch wunderschöne Landschaften verfuhren wir uns ziemlich und gerieten schließlich wieder nach Nakoso, einen Ort am Meer. Das war ulkig: auf einmal sah ich links der Strasse einen Laden, den ich kannte! Wir hielten an und kauften ein ... der Laden war proppevoll und alle kauften bergeweise, vor allem Lebensmittel und Getränke natürlich. Es gab aber noch erstaunlich viel, und ich spürte mal wieder, wie viel besser es die Leute auf dem Land in schweren Zeiten haben. Auch wir füllten also die Taschen mit Essbarem, und weil unser Freund und Fotograf Ono gleich um die

Ecke wohnte, machten wir einen Abstecher und bezahlten die ausstehende Rechnung. Für eine Preisliste, die wir wohl kaum noch brauchen würden, dachte ich – täuschte mich da aber. Wir brauchten sie doch! Das Leben ging weiter, und das war auch so eine kleine Lektion: das Leben geht immer weiter. Und die Preise steigen. Obwohl ausgerechnet dies eine Preissenkung war! Der Euro fiel, der Yen stieg zugleich – wie schade, dass unser Geschäft so ramponiert worden ist. Als Importeure hätten wir jetzt eigentlich traumhafte Bedingungen!

Und weiter. Die Brücke über die Eisenbahnlinie konnten wir leider nicht fahren, sie war gesperrt wie andere. Die waren nicht richtig kaputt, waren nur aus den Fugen geraten, so dass es einen zu hohen Absatz zwischen festem Boden und den Anfangselementen der Brücken gab, um's mit einem PKW bewältigen zu können. Also fuhren wir noch einen Umweg, kamen aber trotzdem lange vor Mittag in Yotsukura an. Als wir von der Umgehungsstrasse in Kusano dann auf die N 6 wollten, staute sich der Verkehr da, und ich erlebte Mariko wieder mal von ihrer energischen Seite. Wir sahen nämlich zweierlei. Erstens wurde der Stau verursacht von Leuten, die auf der N 6 vor einer Tankstelle Schlange standen, und zweitens sahen wir, dass diese dumme Schlange uns nicht durchließ auf die Mittelspur der N 6, die ganz frei war. Mariko also stieg kurz entschlossen aus in ihrer grünen Jacke und dem ausgebeulten Baret – beides werde ich immer mit „Flucht aus Yotsukura" in Verbindung behalten – und regelte den Verkehr! Brava! Bravissima! Keine große Sache, klar, aber doch. Ein Mädchen mit „guts". Meine Frau!

Zu Haus angekommen, waren die Nachrichten sehr schlecht. Alle waren ja besser informiert als wir: ohne PC, ohne TV verstand ich nicht genug, und auch Mariko nicht, um zu verstehen, wie die Lage wirklich war. Mariko ging also auf Erkundungstour in die Nachbarschaft: die Frau vom neuen Haus nebenan sagte, es ständen schon dreißig Busse am „Haus der Natur", um Kinder und Mütter weg zu bringen – die Radioaktivität käme näher! Sie ging zu Neuchis rüber und hörte, dass die Frauen Mihara weg und bei Verwandten untergekommen seien. Auch die Oma Ishikawa war weg, ihre Tochter hatte sie abgeholt. Viele Verwandte kamen in diesen Tagen aus entfernteren Teilen Japans in unsere Gegend, um ihre Lieben zu retten! Mariko riet dann Frau Neuchi, es sei besser, auch irgendwohin zu fliehen und wurde im nächsten Moment selber von der Tochter der Oma Fujii, die dabei war ihr Auto zu packen, energisch zurechtgewiesen: was sie überhaupt noch hier mache? Es sei hier viel zu gefährlich! Alle seien auf dem Weg weg von hier! Sie selbst führen zu den Eltern ihres Mannes nach Inawashiro, sechzig Kilometer in die Berge. Am gleichnamigen See, am Fuss des Bandai: eines Vulkans der zum letzten Mal 1850 ausbrach und hausgroße Felsen durch die Gegend schleuderte und bei der Gelegenheit das wunderschöne „Fünfseenmoor" mit seinen schillernden Blautönen schuf. Ob von unserer Katastrophe in hundertfünfzig Jahren auch so ein nettes Andenken bleiben wird? So kam Mariko also ganz aufgeregt zurück zu mir und wurde fast böse, dass ich so ruhig blieb und nichts von den Gerüchten der Weiber aus der Nachbarschaft hören wollte. Ich hielt das wirklich alles für sehr quatschverdächtig: Dreißig Busse, radioaktive Wolken ... etc. etc. War beschäftigt, den Küchenschrank mit schlecht gesetzten Haken und Ösen an die Wand fest zu laschen: dass der überhaupt noch stand! Kopflastig wie er ist mit seinem Inhalt aus lauter schweren zerbrechlichen Gefäßen und Gläsern, überraschte mich das komplett. Noch nicht einmal verrutscht oder im Schrank umgefallen waren Sachen! Und die vier einfachen Schiebefenster, simple Rahmenkonstruktionen, die – und jetzt kommt's – vorindustrielle Glasscheiben mit Blasen und Unebenheiten einfassen: waren unversehrt! Überhaupt verstand ich lange nicht, warum bei uns so wenig umgefallen ist, bis ich einen Geistesblitz hatte: zufällig stehen unsere vielen Schränke ganz überwiegend in Ost-West Richtung. Das Beben kam von Osten – also neigte sich nichts so leicht über seinen Schwerpunkt hinaus! Nur der kaputte Schrank im Lager stand Richtung Nord-Süd und fiel um.

Zum Glück war Mari aber so wild, dass ich zustimmte, wieder zu starten. Zwanzig Minuten um zu packen, forderte ich von ihr! Hatte schon eine Liste im Kopf, eine Liste von Dingen, die wir brauchen würden, besser gesagt, würden transportieren können, falls wir nun wirklich das Haus aufgeben müssten. Das hatte ich schon überlegt – andererseits wollte ich anscheinend nicht wahrhaben, dass der Fall der Fälle JETZT war. Dank Mariko also wurde auch ich aktiv, nahm dies und das Vorbedachte bis hin zu meinem Bootsmesser und der Konfirmationsbibel, einigen Fotoalben und den schönsten Webereien von Mariko von Regalen und Wänden ... packte meinen alten grünen Tramperrucksack noch einmal: das gute Stück! Wie treue Dienste der mir geleistet hat! DAS wäre jetzt ein richtiges Buch! Einen kleinen Rucksack vor die Brust dazu, einen größeren violetten Rucksack für Mariko und noch zwei Taschen für uns beide. Es war mir klar, dass wir möglicherweise auf eine Fahrt ohne Wiederkehr, in jedem Fall auf eine Irrfahrt, gingen, und ich versuchte, so viel wie möglich an Wichtigem einzupacken ... dieses Mal natürlich auch die „Hanko"-Stempel, die „das Leben" sind. Es wird hier alles statt mit Unterschrift mit diesen Stempeln gesiegelt und zwar bindend: deshalb sind sie so wichtig. Die Betten waren noch im Auto, ob sie ihn da rein gelockt hatten? Unser Kater „Gorri", der zwei Tage zuvor mit einem Riesensatz im Gebüsch verschwunden war, saß weich darin und schaute uns groß an: was geht nur vor? Er tat mir so leid, aber ich scheuchte ihn schweren Herzens raus: „Wir können Dich nicht mitnehmen!" Wo wir doch selbst nicht wussten, was aus uns werden würde. Und das Haus hat ja einen Katzeneingang – da konnten sie wenigstens jederzeit ins Haus. Ein Trost wie man sich so tröstet, wenn man keine Wahl hat. Mit fünf Katzen.

Was ich leider liegen ließ, war Maris selbstgebackenes Brot! Das hatte ich nach dem Zurückkommen sofort an seinen Platz auf dem Brett über der Küchentür gelegt – wo wir es im Mai angeschimmelt wiederfanden. Abgesehen davon war meine mentale Liste gar nicht so furchtbar schlecht gewesen, wie sich später herausstellte! Mariko riss alles vorhandene Katzenfutter los und schüttete so viel auf Teller und in Töpfe wie nur da war, Wasser stellten wir ihnen hin, die Sicherungen wurden rausgeklickt, die Gashähne zugedreht, das Haus wurde diesmal abgeschlossen und – als Mari einsteigen wollte, saß „Gorri" wieder im Auto. Mari setzte ihn raus. „Du kannst nicht mit!! Futter ist erst mal da, machs gut, es geht nicht anders ..." Wir fuhren los. Viel trauriger als am Vortag, viel endgültiger.

Wie schwer es Mariko wohl war, ihre Viecher allein zurückzulassen; dass sie es überhaupt konnte – das allein zeigt mir jetzt im Nachhinein deutlicher als alle Erinnerungsfetzen wie verzweifelt wir waren. Ohne Gefühle. Wir taten, was zu tun war und machten uns keinen einzigen Gedanken über das, was außerhalb unserer Möglichkeiten war. So reagieren Menschen auf Ausnahmezustände: wir haben das am eigenen Leibe erfahren. Es ist nicht schön.

Weil wir immer noch nicht wussten wohin, wandten wir uns wieder nach Süden, Ziel Business Hotel Aoyama noch einmal ... Unterwegs machten wir Halt an einer „Conbini"-Station, einem Conveniance Store, so wie es sie alle paar Kilometer am Straßenrand gibt: in gewisser Weise die Tante Emma Läden der neuen Zeit, außer, dass sie ohne auch nur eine einzige Minute Pause durchgehend geöffnet haben vom Tag der Geschäftseröffnung bis zum Abriss ... und dass die Gewinne dieser Lädchen eben keiner Tante Emma zukommen, sondern den Aktionären der „Seven and I-Holdings" und wie sie alle heißen. Mit anderen Worten: die Stadt saugt uns das Lebenselixier „Geld" ab. Dank unserer ländlichsittlich dummen Teenager, die allen möglichen Schund da kaufen, den Arbeitern, die ihr ungesundes Mittagessen da im Auto auf dem Parkplatz „genießen" und den diversen Hohlköpfen, die „Sammazamma" erwerben, alles Mögliche, und in ebensolchen Plastiktüten nach Haus tragen. Die „Conbinis" zerstörten im Verein mit den Supermärkten die herrlich usseligen Lädchen der alten Nachbarsfrauen, die zum Teil noch ohne festen Fußboden waren, Beton bestenfalls, ganz wie die Obst-, Gemüseund anderen Fachgeschäfte in Städten wie in Dörfern: ganz wie überall eben. International eben.

Obwohl die alte Welt sich in Japan länger hält als anderswo; die Japaner ticken wirklich, man muss es ihnen zugestehen, oft anders als der Rest. Und wissen's selber nicht. Vielleicht gerade eben weil sie – an der falschen Stelle – denken, sie seien so anders! An den „Conbinis" gibt es nun aber eins: öffentliche Telefone! Die fast ganz ver-

schwunden sind aus der Landschaft. Da gibt es sie noch! Muss eine Vorschrift sein: „An den Conveniance Stores sind öffentliche Fernsprecher zu halten". Hoffentlich auch in Zukunft noch; wie die Japaner noch tausend Jahre nach den Chinesen den zwölffach gelegten Kimono für die elegante Damengesellschaft in Ehren hielten ...! Und die Schulmädchen bis heute schicke Matrosenanzüge tragen.
Während Mariko telefonierte – wir müssen ziemlich die einzigen in ganz Japan sein, die kein Handy haben, diese Seuche! (Die mit dem Blick aufs Handy durch die Gegend laufen, erinnern mich immer so an den Mr. Pief mit seinem Perspektiv von Wilhelm Busch: „schön ist es auch anderswo – und hier bin ich sowieso!" sagt er und liegt platsch im Teich ...) – ging ich rein und sah das, was man auf vielen Fotos später auch sehen konnte: nichts. Leere. Keine Ware. Meterweise leere Regale. Alles was irgendwie Lebensmitteln ähnlich war, Kaugummi inklusive, ebenso Zeitschriften und alle möglichen Kleinigkeiten, die man im täglichen Leben braucht, wie Tempos, war ausverkauft. Was noch da war, zu meiner Überraschung: Bier! Ich kaufte ein paar Dosen und dazu eine kleine Flasche Whisky, die jetzt in unserem deutschen Luxusappartement, im Halbkeller, auf dem Regal steht: für schlechte Zeiten.

Weiter ging es. Diesmal hatte ich die Kamera dabei und machte ein paar Fotos; das Gelände rund ums Kraftwerk in Ueda und Isohara. Szenen einer Unterwelt.

In Isohara sah ich auch etwas, das ich nicht vergessen werde; es ist ein Foto ohne Kamera und existiert nur in meinem Kopf. Ich sah eine ziemlich dicke Frau mit etwas wirrem Haar auf einem Stuhl zur Strasse hin sitzen und eine weit aufgeschlagene Zeitung lesen. Was besonders war? Sie saß in völliger Seelenruhe auf einem wackeligen Stuhl in einem dermassen demolierten Hausflur, dass er eigentlich schon gar nicht mehr existierte. Saß in einem viereckigen kleinen Räumchen so ruhig, als ob dieses das Zentrum der Welt sei und sie die Göttin der Fruchtbarkeit, der Zerstörung und der unendlichen Geschichte der leidenden und überdauernden Menschheit, alles in einer Person. Kali? Ich denke erst jetzt dran, aber das trifft vielleicht.

Nein. Trifft doch nicht. Etwas wie die FRAU aus dem „Bahnwärter Thiel" von Gerhard Hauptmann? Eher. Jedenfalls hätte ich sie gern fotografiert wie wir ueber die kaum vom Schlamm befreite Strasse an ihr vorbeirollten! Für mich ist sie die „Ikone" des Bebens und der kaputten Welt, so wie für Mariko die unbekannte dünne Frau mit dem langen Haar und der Armbanduhr die Gestalt gewordene Verwirrung der Minuten nach dem Beben war. Enigmatische Figuren! Die eine dünn und irgendwie elegant: über den Dingen schwebend wie ein einheimischer Geist ohne Füße. Die andere dick und unordentlich in Haar und Kleidung, breit sitzend – mit ausgelatschten Holzpantinen vorzustellen – was haben die gemeinsam?

Was ich an jenem Tag als unser hauptsächliches Problem anzusehen begann war: Langeweile. Wie würden wir die Stunden oder Tage rumbringen, bis sich ein Weg irgendwohin zeigen würde? Wir hatten das ja schon erlebt. Am Morgen waren wir wieder nach Yotsukura zurückgefahren – im Grunde, weil wir einfach nichts Besseres zu tun hatten, analysierte ich für mich. Wir waren ja in einer ganz anderen Welt als noch am Vortag – waren Flüchtlinge mit unbekannter Bestimmung! Ziellos. Eile – gab es für uns nicht. Wir warteten. Auf was? Auf eine Entscheidung? Die Nachrichten im Autoradio waren so widersprüchlich! Alles war völlig konfus. Da kam dann eine Autoschlange vor einer kleinen Tankstelle in Nakoso ganz genau richtig: sie schien kurz zu sein – vielleicht eine Chance etwas Benzin zu ergattern? Das Angenehme mit dem Nützlichen zu verbinden? Wir bogen rechts ab, um das Ende der Schlange zu suchen; merkten, als wir immer höher und höher den Berg hinauf kamen, dass wir uns sehr in den Dimensionen des Tiers verschätzt hatten – na, egal. Stellten uns an, grad oben auf dem Scheitelpunkt des Hügels. Hinter uns kam ein roter Sportwagen zu stehen, der Fahrer wechselte ein paar Worte mit uns und kam zu dem Schluss: hat doch keinen Sinn! Und rauschte ab. Er hatte ganz recht, wie wir vier Stunden später feststellten! Vor uns, wir waren bis auf fünf Autos etwa an die kleine Tanke herangekommen, wo der Tankwart und seine Kollegen abwechselnd per Hand aus dem unterirdischen Tank pumpten, da es keinen Strom gab! wurde es auf einmal laut – „Das ist doch wohl nicht wahr?! Das Benzin soll ausverkauft sein ausgerechnet jetzt, wo wir fast dran sind? Nach so vielen Stunden?!" regten sich die Leute auf, die uns schon vorher unangenehm aufgefallen waren, ein junges, volle Lunge Zigaretten rauchendes Paar mit kleinen Kindern im Auto. Als eine andere Frau schlichten wollte, keifte „unsere" Frau dann die unsterblichen Worte „An'ta ni iwaretakunai!!" (frei zu übersetzen mit: „Halt bloß die Klappe! Von dir doofen Trulle lass' ich mir gar nix sagen!")

Das war dann also der zweite Tag nach dem Tsunami. Wir kamen, schon im Dunklen, bei unserem Hotel an und trafen zum Glück noch die Inhaber draußen mit Vorbereitungen zur Heimfahrt beschäftigt: wurden wieder in den gleichen Raum gebeten und lagen diesmal doch länger wach, unseren Gedanken nachhängend. Wie schlimm würde es werden? Was würde aus den Katzen? Den Eltern, den Kindern in Yoshima? Aus uns? Mit unseren eigenen Kindern kommunizierten wir indirekt; sie konnten in Yoshima anrufen (Nur konnte man nicht raus telefonieren!) und hörten so von ihrer Oma die neuesten Entwicklungen: „Mama und Papa sind nach Süden zu geflohen ...", während wieder vereinzelte Scheinwerfer über die Wände huschten wie in der Nacht zuvor. Wieder fühlte ich mich beruhigt ...

Monate später sah ich auf Google Maps etwas zum Thema, dass mich erschütterte.

Zufällig hat Google seine Karte – die „Foto"-Variante von unserer Gegend – gerade in den Tagen nach der Katastrophe „upgedated". Die Reaktoren sind schon Ruinen, am Strand von Yotsukura kann man an die zwanzig zur Abfahrt nach Dai-ichi, ins Ungewisse, bereitstehenden Feuerwehrautos aufgereiht stehen sehen. Man gebe dazu ein „Yotsukura" und findet sie problemlos auf dem Parkplatz längs der stinkenden Kloake von Fluss, eine unglaubliche Schande übrigens. Man sieht Fischerboote kreuz und quer herumliegen und ahnt die Zerstörung überall. Die Strassen sind völlig leer. Keine Autos weit und breit fand ich, auch auf dem Parkplatz hinter unserem Haus ist nur ein vergessenes Auto übrig, sieht aus wie das von Mihara-san, Tochter und Oma Mihara flohen anscheinend mit einem anderen Auto..

Ich verfolgte dann aus Langeweile – ich hatte entsetzlich viel Langeweile – unseren Fluchtweg am Morgen des Zwölften, die Präfekturstrasse Nr. 41 in Richtung Westen, in Richtung Autobahnauffahrt. Auch die Autobahn selbst ist wie leergefegt. Aber – auf der Strasse Nr. 35, die dort von Norden kommend auf die 41 trifft – da zieht sich über zwanzig Kilometer hin eine Autoschlange über die gewundene Strasse. Fahrtrichtung Süden! Weg von Dai-ichi! Nur weg! Alle weg! Es ist furchtbar beklemmend, diese Schlange zu sehen. Von Hirono bis Taira. Wie dieses Bild zustande kam, weiß ich nicht, Satellitenaufnahme sicherlich, weiß auch nicht genau wann. Es muss aber eine organisierte Flucht gewesen sein, zu eindeutig ist das zu sehen. Der Evakuierungsbefehl: „Alles raus aus der 20-Kilometer-Zone!" ist hier aus dem Weltall dokumentiert. Wann? Müsste man recherchieren. Wir waren jedenfalls schon weg.

15 Der 14. März

Am nächsten Morgen, dem vierzehnten März, waren wir wieder früh auf, aßen ein bisschen Mitgebrachtes und erkundeten zu Fuß die Nachbarschaft. Ein paar hundert Meter weiter gab's eine große Shell-Tankstelle, die aber keine Anstalten machte aufzumachen und gleich daneben eine Polizeiwache mit emsig arbeitenden Beamten: die schoben aber nur Papier hin und her hatte ich das Gefühl! Sagten, es gäbe in Hitachi bereits wieder Strom, und es gäbe Aussichten auch für die Gebiete nördlich von Hitachi, für uns also. Wir machten uns auf die Socken in Richtung Hitachi. Schon am Stadteingang, im Vorort Juo Machi sahen wir Autos vor der kleinen Cygnus-Tankstelle stehen, an der ich auch oft tanke: es waren nicht zu viele und nicht zu wenige ... das „Goldilocks"-Ding. Wir stellten uns an. Warum nicht? Es war ein schöner Tag, die Sonne schien, wir hatten frei! Was sollten wir sonst auch schon tun? Wir standen da also; nach einiger Zeit brachte das Radio eine Meldung: eine aufmerksame Polizeihubschrauberbesatzung habe bei Sendai eine verdächtige Welle im Meer gesehen – wieder ein Tsunami? Eher eine Ente, dachte ich, als auch schon die Sirenen losgingen, Polizeiwagen vorbeirasten, und

wir aufgefordert wurden, schnellstens die gefährdete Strasse zu verlassen! Alle Wartenden verließen also ihre Positionen und fuhren den Berg rauf. Wir fuhren einen engen, krummen Feldweg rein und ziemlich weit durch ein Gehölz, bis wir weit genug von den Augen der Welt entfernt auf einen großen freien Acker kamen, an dessen buschbestandenen Rand wir erst mal kacken gingen. Es gab ja nirgendwo Toiletten zu benutzen ... Wie das erleichterte!
Wir drehten um und stellten uns wieder auf die Strasse bergab, in die Startlöcher sozusagen, und waren tatsächlich die ersten, als die Entwarnung kam. Hah! An erster Stelle! Das Problem war nur, dass nichts passierte, dass sich das Warten als ziemlich unsinnig herauszustellen begann. Na, es war ein warmer Tag! Wir hielten ein kleines Picknick. Saßen auf am Wegrand gelagerten, frisch geschlagenen Baumstämmen, die mir sehr sympathisch waren – sie rochen so gut, rochen, als ob nichts geschehen wäre! Wenn sie auch ständig zu ruckeln schienen – MOMENT! Sie ruckelten wirklich von den fast ständigen Nachbeben! – und aßen Erdnüsse, deren Schalen wir zwischen die Stämme fallen ließen, ab und an fiel auch eine Nuss dazu. Für die Mäuse, für die Götter.

Wir ahnten nicht, dass zu dieser Zeit am Dai-ichi schon Strahlung in großer Menge austrat; zum Glück für uns – und zum Unglück für die armen Menschen in Windrichtung nördlich Dai-ichi hatten wir Südwind, deshalb eben war es auch so warm. Wir saßen da mitten in der Katastrophe und aßen Erdnüsse, als ob nichts wäre! Jetzt kann ich das kaum mehr glauben – damals war es das Logischste, was wir tun konnten. Gerade zu der Zeit, kurz vor Mittag am vierzehnten März, explodierte Block drei: genau wie schon Block eins am zwölften März um halb vier Uhr nachmittags. Knallgas hatte sich auch in Block drei gebildet und fetzte die Gebäude weg, als es hochging. Die Druckbehälter mit den Brennstäben waren davon nicht betroffen – die hatten unabhängig davon ihre eigenen Problemchen; die Temperatur stieg und stieg – wir wussten nichts davon!

Einen kleinen Spaziergang weiter gab es einen dieser kleinen Läden aus der alten Zeit am Wegesrand. Vergessen von der Bubble-Zeit wie

auch den zwei verlorenen Dekaden, in deren Folge hat da ein Ömchen ihre Bretterbude von Geschäft erhalten; Getränke, Konserven, immer ein Schwätzchen, auch frisches Gemüse: mit einem Telefon dabei! Das war nun genau das, was ich gesucht hatte. Ich sprach mit der Oma in Yoshima; es gab da wie hier nichts Neues und wechselte ein paar freundliche Worte mit der gebückt stehenden Alten. „Ja, die Zeiten sind schlecht"; schickte Mariko auch dahin und war soweit mit mir zufrieden.
DACHTE ich was? Nein. Ich war immer noch im Schockzustand und unfähig, mit der Situation zurechtzukommen. Das war einfach zu groß für mich, mein Gehirn streikte. Irgendwann dann hatten wir die Nase voll vom Warten und fuhren weiter Richtung Süden nach Hitachi hinein. Genau vor dem Abzweig der kleinen Küstenstrasse, kurz nachdem man am schön benannten Kap Kormoran – das ein Freund, aus Westaustralien kommend, einmal sehr unvorteilhaft mit Cape Leeuwin verglich – vorbei gekommen ist, eben wo die N 6 in einer eleganten Linkskurve den Berg runtergeführt wird, standen wieder Autos am Straßenrand. Nicht zu viele und nicht zu wenige: reflexhaft standen wir sofort in der Reihe und bemerkten voll Genugtuung wie sich hinter uns Fahrzeuge sammelten. Das gehört also zu einem erfolgreichen Schlangestehen unbedingt dazu: das Gefühl des Vorwärtskommens, und wenn es auch so relativ ist, wie's hier war. Stellt sich niemand hinter einem an – fühlt man sich enorm schnell am falschen Platz! So aber fühlten wir uns sofort richtig; goldrichtig sogar, als wir erkundeten und Folgendes herausfanden. Wir standen an, wie in Ost-Zeiten, in Hoffnung! In der Hoffnung, die Re-Elektrisierung möge nur schnell diesen einen kleinen Schritt tun, nur den Katzen-Sprung über diese eine Straßenkreuzung! Jenseits der Kreuzung leuchtete es hell, diesseits lag eine wunderschöne Shell-Tankstelle im Dunkel der ausgefallenen Verkehrsbeleuchtung. Hier waren wir richtig! Die unterirdischen Tanks würden voll sein, keine Frage, und wenn nur Strom käme, schlüge unsere Stunde! So dachten wir und Andere. Ich zählte die Wagen vor uns, etwa sechzig wohl. Nach hinten schaute ich nicht. Wusste, dass da angestanden wurde und, dass wir schon und immer heftiger um unseren Platz so

weit vorn beneidet wurden! Plötzlich, wir hatten eben in einem Schlenker die Einmündung der abzweigenden Küstenstrasse überrollt als die Schlange sich kurz bewegte, sprach uns eine Frau so schräg von der Seite an: ob wir uns nicht etwa vorgedrängelt hätten in die Schlange? „Nein," konnten wir sie beruhigen und ahnten noch nicht wie sehr uns diese Frau in den nächsten Stunden auf die Nerven gehen würde. Sie muss irgendwie neurotisch gewesen sein, ganz sicher zwangskrank, aber hatte sich soweit im Griff, dass sie ihre selbstgewählte Aufgabe „perfekt" erledigte: das ordentliche Anstehen akribisch zu beobachten und in pausenlosen Telefongesprächen zu kommentieren. Ich wundere mich erst jetzt, dass sie Verbindung hatte ... stand das Netz am vierzehnten März schon wieder? Oder ob sie so weit „weg" war, scheinbar zu telefonieren, an imaginäre Stellen Reports zu liefern? Sie ging jedenfalls stundenlang am Straßenrand auf und ab. Erst las sie zwischendurch noch Zeitung im Stehen, danach aber war sie hundertprozentig auf ihre Arbeit konzentriert. Ich hätte ihr den Hals umdrehen können, in aller buddhistischen Gewaltlosigkeit ...

Auch ich machte einige Gänge; zuerst ein paar Meter die Küstenstrasse rein, die ich ja gut kenne, weil ich sie gern fahre, wenn ich zu meinem Job an der Universität Ibaraki, der IbaDai muss. Auch ist mir auf eben dieser Strasse mal frühmorgens ein DING passiert ... Wie leicht man aus der Realität geworfen werden kann, wie brüchig doch unsere Konstruktion der Wirklichkeit ist, während wir sie für das allerstabilste der Welt halten! Castanedas Don Juan hätte das Stückchen extra aufführen können, um mich zu belehren – wenn ich's nicht selber für mich getan hätte. Ich brachte meinen Freund Country damals nach Hitachi, zum Flughafenbus nach Narita. Es war noch vor Sonnenaufgang, wir genossen die letzten Stunden miteinander und unterhielten uns lebhaft. Ich fuhr an genau diesem Abzweig also links ab, fuhr links der N 6 an der Küste entlang, wie so oft. Geriet auf mir unbekannte Wege, na, kein Problem: links von uns war ganz nah die Küste, rechts von uns die große N 6. Dazwischen bewegten wir uns irgendwo vorwärts und würden zwangsläufig irgendwann auf entweder Hitachi, Meer oder Hauptstrasse stoßen ... im letzteren Fall würde es links nach Hitachi gehen und rechts nach Iwaki. Wenn man auf einem Fußballfeld in der linken Hälfte nach vorn geht, hat man eben seitlich die Außenlinie und rechts von sich, mitten, die – gedachte – Linie von Tor zu Tor, in meinem Fall eben die große Strasse mit dem Wegweiser auf das „Tor". Klar, dass das Tor links sein wird, wenn ich von der Außenlinie irgendwie abdrifte und auf dem Weg nach vorn auf die imaginäre Linie mit dem Wegweiser stoße! Was passierte aber? Wir kamen an die große Strasse, und ich sah den blauen Wegweiser verblüfft vor mir auftauchen wie eine Vision in dem amerikanischen Spruch: „Ich sah Gott ... und sie war schwarz!" Links ging's nach Iwaki, rechts nach Hitachi. Ich war völlig perplex. Das konnte doch nicht sein? War aber. Was tun? Nach Hitachi, wir hatten auch durch die Rumgurkerei nicht unbedingt Zeit gewonnen, möglichst schnell bitte ... Also dem Schild nach, mal so als Arbeitshypothese! Schilder umzudrehen ist hier eigentlich nicht Landessitte; also los! Und tatsächlich waren wir nach ein paar Minuten schon da, wo wir hinwollten. Was war passiert? Ich konnte es in dem Moment der Verblüffung nicht fassen, es war früh morgens, und meine Gedanken waren nicht richtig auf der Strasse, aber die Lösung des Rätsels ist natürlich einfach! Wir hatten die „Mittellinie", die N 6, unbemerkt überquert und waren dann in einem Schlenker wieder auf sie zurückgekehrt: mit dem Ergebnis eines momentanen Bruchs des dünn aufgepappten „Verstehens der Wirklichkeit", während doch die Wirklichkeit um einen kocht und brodelt mit elf Dimensionen und der Energie des Vakuums und allen Göttern und Teufeln, die Menschen sich jemals ausgedacht haben und was nicht noch.

Ein paar Schritte in die Küstenstrasse rein und dann ein paar Schritte abseits brachten mich an eine Müllhalde. Hier lagen nun die ersten Berge von Abfall an der Strasse. Aus den Häusern an der kleinen Strasse herausgeworfenes Zeugs. Sauber aufgestapelt in seinem hässlichen Durcheinander. Plastik ist so hässlich, wenn es weggeworfen wird, genauso wie das ganze billige Zeugs von Furniermöbeln. Dazu Bettzeug, dazu Tatami. Dazwischen alles, was man sich vorstellen kann an Dreck. Noch hundert Schritte weiter und ich konnte links

vom Weg ab gehen auf eine Art Strand zu. Auch hier war schon Müll deponiert, ich bewunderte die Energie der Menschen! Ich selber war zu gar nichts fähig gewesen, bin es im Grund bis heute nicht. Aufräumen und weitermachen – das kann ich bis soweit noch nicht. Die Leute da hatten es schon nach drei Tagen im Griff. Die Gemeinschaft hilft in solchen Fällen sehr – das gegenseitige Helfen. Seinen eigenen Unrat kann man doch schlecht wegwerfen, man hängt an jeder angenagten Wurstpelle; ich jedenfalls. Mit dem Zeugs Anderer ist dagegen niemand besonders zimperlich, und so geht in einer Gruppe eben vieles leichter. Ich ging auf Sand – sah das Meer vor mir, eine schöne kleine Bucht ... und ging bis ans Wasser. Das erste Mal, seitdem das Meer zu Raub und Mord an Land gestiegen war. Mit sehr gemischten Gefühlen saß ich da in der Hocke vor den sanft anschlagenden Wellen. Saß da eine Weile, hörte, sah, dachte nichts.
Pisste auf einen Stein am Wasser – gut, dass ich nicht US-Marine in Afghanistan und voller Rachegelüste war. Oder musste ich einfach so dringend? Kann auch sein, sicherlich, es gab ja keine funktionierenden Toiletten. Ja, ich erinnere mich – das „menschliche Bedürfnis" hatte mich überhaupt erst von den belebteren Gegenden der N 6 in die abseitige Intimität des Strands gezogen. Vom Strand weg führte mich eine Querstrasse direkt an die große Kreuzung mit der Tankstelle; hie dunkel, da hell, und eine Ampel, die von einem Notstromaggregat versorgt wurde. Der Kasten brummte ... die Kontrolleurin ging immer noch fleißig berichtend auf und ab. Ob sie auch anderen Wartenden auf die Nerven ging?

Auf einmal dann, es war längst dunkel geworden, flackerte ein Neon auf, eine Bushaltestelle begann zu leuchten – eine Ampel! Noch nie habe ich mich so gefreut, eine rote Ampel zu sehen wie in dem Moment. Elektrizität! Der Saft des Lebens? Des Todes auch, muss man in Fukushima feststellen. Auf jeden Fall freuten wir uns sehr ... rückten schnell die sechzig Plätze vor, der Betrieb lief wie am Schnürchen, und dann waren wir schon dran. Für zweitausend Yen, knapp zwanzig Euro, durfte man tanken, so viel würde gar nicht in den Tank passen! Wir hatten ja aus reinem Luxus angestanden und tankten jetzt in style: „Super, voll bitte!" Wurden effektiv bedient und drehten die Kurve: zu den Schwiegereltern nach Yoshima sollte's zurück gehen. Wir hatten eben keinen Plan. Ich wollte nicht weg aus Japan, wollte mein Ticket nicht nutzen, aber wusste auch nicht WAS ich wollte, und Mariko wusste es noch weniger. Wir kamen gegen neun Uhr an und wurden sehr freundlich empfangen. Hätten sie ein Kalb gehabt, wäre es bestimmt für uns geschlachtet worden, so freuten sich Marikos Eltern. Ein Wiedersehen wie nach langer Trennung! Obwohl wir uns doch erst am Vortag noch gesehen hatten. Wir mussten essen, es gab leckeren Fisch. Es gab zwar kein fließendes Wasser im Haus, aber an der Schule konnte man was zapfen, wie ich es denn am nächsten Morgen mit dem Opa tat. Es fehlte eigentlich an nichts! Außer gutem Rat. An dem fehlte es! Niemand wusste, was zu tun sein, man spürte nur, dass alles am seidenen Faden hing. In so einer Situation bewegt man sich sehr vorsichtig. Wir sahen abends zum ersten Mal seit Tagen kurz fern, Daiichi war das beherrschende Thema geworden, schlimmer und schlimmer die Nachrichten. „Details" weiß ich nicht mehr, es gab am späten Abend noch schlechte Nachrichten, die wir nicht mehr sahen, weil wir schon schliefen. Oben im kleinen Extrazimmer in warme Decken gehüllt schliefen wir wie in Abrahams Schoss, während es nicht weit entfernt sehr gefährlich wurde. Die Brennstäbe in Block drei fielen vollständig geschmolzen zu einem glühenden Haufen auf den Boden des Druckbehälters und begannen ihr Werk da. Dort in Block drei wurde „Mox-Fuel", ein Uran-Plutonium-Gemisch verbrannt; gegen den Widerstand des 2006 unsauber, ganz unsauber aus dem Amt gehebelten kritischen Gouverneurs Eisaku Sato setzte Tepco das durch. Eine Riesensauerei. Seine Gegner, die Vereinigten Freunde der Atomkraft, jubelten Herrn Satos Bruder ein schmutziges Geschäft unter und zwangen ihn selber damit aus dem Amt. Er trat zurück und wurde von einem willigen Mann ersetzt, der ebenfalls Sato heißt und jetzt öffentlich die Hände ringt. Nicht vor Reue, nein, das nicht. Dass die Guten immer so zart besaitet sind und die Bösen immer so dreist und erfolgreich? Das ist so, per definitionem? Aha.

16 Nach Fukushima!

Wir wachten auf in eine Stimmung von Angst und Sorge hinein – es hatte auch morgens wieder neue Probleme in Dai-ichi gegeben, berichtete das Fernsehen. Die Mutter war schon lange auf, beschäftigt mit Reisbällchen für ein Frühstück zwischen Tür und Angel. Marikos Vater nahm mich mit zum Wasserholen; wir hatten Glück und brauchten nicht lange anzustehen. In der Folgezeit wurde dann ja alles sehr knapp, auch hier in Iwaki. Wasserleitungen sind wohl sehr schwer zu reparieren: die letzten Leitungen kamen erst im Mai wieder in Ordnung. Lebensmittel? Reis war überall da, und alles andere wurde in Rationen verkauft. Schlange stehen um ein bisschen Wasser, um Nudelsuppen, um Benzin: das war der Alltag für die Menschen in Iwaki für die nächsten Wochen. Für die Gebliebenen. Viele, sehr viele flohen ja wie wir. Das Versorgungsproblem war ein anderes wie das im Norden ... viele LKW Fahrer fuhren nämlich nicht nach Iwaki; sie weigerten sich einfach, aus Angst vor Verstrahlung, hierher zu kommen! Es gab wochenlang keine Post, keine Paketdienste ... Auch das bisschen Geld, das wir später von Osaka aus schickten, konnte nicht zugestellt werden und landete bei Marikos Bruder Nobuaki in der Nähe von Tokyo, den wir als zweiten Adressaten vorsichtshalber angegeben hatten. Obwohl wir es nicht wollten, bekamen wir alles auf Heller und Pfennig zurück. Wo sie's so gebraucht hätten.

Nach dem Wasserholen ging's auf's Dach! Es war der Vater. Er wollte dort Planen auslegen. So schnell wie möglich; und dermassen ungeduldig war er, dass er gleich loslegte. Stellte die Leiter an, das machte er alles ganz eiskalt mit seinen inzwischen 84 Jahren und wollte hoch. Das konnte ich abfangen, indem ich selber ging und alle gefährlich liegenden Pfannen erst vom Vordach runterwarf und mich dann langsam nach oben hin vorarbeitete, während er schon blaue Planen ausbreitete und die Mutter Sandsäcke füllte, um die Planen damit in Position zu halten. Er ging in Puschen durch ein Fenster auf das Dach ... und ich so schnell wie möglich hinterher. Marikos Bruder Kazuma war schon oben. Shoma spannte ein Halteseil aus dem Fenster im zweiten Stock, und wir verdonnerten den Opa dazu, das Seil fest in die Hände zu nehmen und sich vorsichtig zurückzuziehen: Schwager Kazuma und ich legten die Planen aus, soweit wir konnten und beschwerten sie auch halbwegs richtig, das alles ausgerechnet genau zu der Zeit, wo „die Wolke" über Iwaki hinweg zog. Als wir runterkamen, hatte schon Cousine Yoshiko angerufen, sie war ohne Benzin in Onahama stehen geblieben, und Mariko fuhr hin, um sie zu holen. Sie wollte weg und redete auch uns allen zur Flucht zu. In diese nervöse Stimmung hinein kam dann ein Anruf von Leon – es muss ja bei ihm nachts gewesen sein – und DER war nun für uns das Zünglein an der Waage und hat uns mit Sicherheit viel Ärger und vielleicht die Gesundheit gerettet. May und Leon hatten uns schon lange weit weg geglaubt und waren konsterniert, uns noch in Yoshima zu finden. Dann ausser sich vor Schrecken. „Seid ihr verrückt? Was macht ihr noch da? Wisst ihr nicht was da los ist? Haut sofort ab!!!" schrie Leon mich wütend an. Auch Mariko, und die versprach ihm dann in den Telefonhörer, dass wir aufbrechen würden, jetzt sofort aufbrechen würden nach Osaka. Um von da aus nach Deutschland zu fliegen. „Wir kommen." Danke, Leon ... und May.

Unsere Sachen waren ja sowieso gepackt, auch Kanae war vorbereitet, und so waren wir in kürzester Zeit reisefertig: Kanae mit den drei Kindern und Yoshiko im Prius, Mariko und ich mit unserem Gepäck und noch etwas von ihren Sachen im R2. Kazuma war nicht mehr da, er hatte sich entschieden zu bleiben. Er war – „die Arbeit!" – in seinen wichtigsten Laden gefahren und auch die Großeltern blieben. „Wir gehen nirgendwo hin!" sagte der Großvater trotzig, und so sehe ich die beiden guten Alten wie Philemon und Baucis vor ihrem Haus stehen, vor den Trümmern des Daches, wie wir wegfahren in einer traurigen kleinen Prozession.
Nie werde ich die beiden vergessen, wie sie dastehen und uns verloren nachschauen. Wir bogen nach rechts um die Ecke, fuhren am Gärtchen entlang bis zum Frisiersalon, da ging's links bis zur Kreuzung: an Nakajimaya, dem Lädchen, in dem die Oma früher immer was Leckeres für die kleinen Enkel kaufte wieder nach rechts, den Hang hoch: und auf die Nationalstrasse, nach rechts ab in Richtung

Flughafen Fukushima. Die N 49 ist normalerweise ziemlich stark befahren, LKWs quälen sich den Berg hoch in Richtung Westen auf Koriyama und Fukushima City zu, aber an dem Tag hatten wir die Strasse fast für uns allein. Es hätte richtig Spass gemacht zu fahren ... immer geradeaus, in weiten Kurven weg von der Küste, weg vom Meer. Freie Fahrt! Man hätte die entgegenkommenden Autos an einer Hand abzählen können; die fliehenden, so wie wir, waren etwas zahlreicher.

Der Flugplatz ist nicht weit, knapp eine Stunde Fahrt nur. Dummerweise stoppte ich kurz vor dem Zubringer, dem Abzweig von der Hauptstrasse und ging zu Kanae zurück – alles ok? Ja. Ihr Navigator zeige eine Abkürzung an, sagte sie ... und so fuhren wir eine weitere knappe Stunde durch waldige Landschaften, die an diesem Morgen absolut keinen Charme für mich besaßen. Fragten letztendlich freundliche Leute in einem kleinen Restaurant nach dem Weg, bekamen eine Karte gezeichnet wie üblich hierzulande: das „Fax" ist eine Entwicklung von Philips, aber erst in Japan erkannte man das Potential: es gibt hier keine Straßennamen!

Ewigkeiten fuhren wir durch schweigende Wälder und abgelegene Badeorte mit unvermutet großen Hotels, die aus dem Fog of War auftauchten wie Fata Morganas und genauso unvermutet verschwanden, bis endlich die Hinweisschilder unmissverständlich wurden. „Fukushima Airport 75 km" steht eins von der anderen Sorte gleich hier um die Ecke an einer unbedeutenden Nebenstrasse: wie wer mit so was zum Ziel geführt werden soll, verstehe ich nicht. Da könnte man gleich schreiben: Immer das Nase nach. Und käme sicher schneller hin.

Erleichtert sahen wir das langgestreckt daliegende Terminal mit seinen Parkplätzen vor uns erscheinen. Erstaunt über die Zahl der parkenden Autos steuerten wir die nächste beste Einfahrt an, fanden am Rand des Platzes glücklicherweise noch zwei freie Buchten – und waren angekommen. Bei den vielen Autos ahnte ich natürlich, was los war und sprintete sofort zum Terminal rüber. Öffnete die Tür, sah eine lange Schlange und stellte mich an. Ohne einmal zu überlegen! Soviel hatten wir schon gelernt in drei Tagen. Kaum stand ich zwei Minuten, als plötzlich jemand rief: „Jürgen-san!" und Frau Kuwano, eine Teilnehmerin meiner Deutsch-Klasse, mir fröhlich zuwinkte! Sie stand ein paar Plätze vor mir. Wollte nach Osaka, wo Mann und Tochter bereits bei den Großeltern angekommen waren. Mariko und die andern fünf ließen natürlich auch nicht all zu lange auf sich warten, stellten sich zu mir, die in der Zwischenzeit schon Dazugekommenen ließen uns durchgehen, und erst dann konnte einer von uns mal die Sache erkunden gehen: wir standen an für eventuell frei werdende Plätze in Maschinen nach Osaka sowohl wie Haneda. Andere Ziele gibt es nicht mehr, unser kleiner Flughafen hat seine wöchentlichen Flüge nach Korea genauso wie die nach Okinawa schon längst verloren. Eine totale Pleite ist der Platz! Für uns jetzt aber, wie für alles, was da in der Halle geduldig anstand, sich schon in den oberen Stockwerken auf Bänke und den Fußboden ausgebreitet hatte und noch immer dazukam – war's das Licht am Ende des Tunnels. Ein Traum! Wegzufliegen aus Angst und Gefahr! Wer wollte das nicht ... abheben und die verwüstete Erde unter sich zurücklassen? Wir alle da im Terminal waren diesem magischen Gedanken verfallen, denke ich, jenseits aller Logik. Wie hätten wir sonst geduldig gestanden, etwas später sogar mit Nummern versehen: wir hatten 152, 153 ... usw. als Berechtigungsschein auf eine sehr vage Hoffnung.

Eine Hoffnung?! Glaubte tatsächlich irgendwer, dass über 150 Passagiere ihre gebuchten und bestätigten Flüge nicht antreten würden? Wo es doch nur ein paar mickrige Flüge pro Tag gab? Ich rechnete für mich mit zwei oder drei „no shows" pro Flug und war zufrieden die nächsten Tage hier zu verbringen! Wir machten es uns bequem auf einer der oberen Etagen; hatten ja jetzt unsere Wartenummer, und einer von uns blieb zur Sicherheit noch in der Schlange stehen. Von der Galerie da oben – wir hatten eine Fläche am Geländer ergattert – konnten wir auf den Hallenboden herabschauen und fühlten uns erhaben über den immer noch neu anströmenden Pöbel da unten, wenn wir auch mit heimlichem Neid auf diejenigen schauten, die schon Bordpässe hatten oder wenigstens Flugtickets! Was wir lediglich hatten, allerdings schon bezahlt, war eine „Berechtigungskarte". Da sie bezahlt war, war sie also auch etwas wert, dachte man und war zufrieden. Und im Hinterkopf gab's die Überlegung: All Nippon Airways wird uns hier schon nicht verschimmeln lassen, oder die Regierung, wer auch immer, wird sicher Maßnahmen treffen, die Leute vom immer voller werdenden Flugplatz weg zu kriegen! Unsere Wartenummern also vielleicht doch mehr als reine Augenwischerei?

Wir trafen Bekannte und alte Freunde, es war der reinste Familienausflug! Nach Frau Kuwano, die wir unter unsere Fittiche nahmen, sahen wir plötzlich die alte Mutter von Seiko-sensei leicht verunsichert durch das Gewühl steuern, dann auch sie selber: mit Tochter, Schwiegertochter, dem eben geborenem Enkelchen und zwei Wauwaus auf dem Weg nach Tokyo ... fanden unverhofft Suko-san mit ihren Kindern und schließlich ein Grüppchen von AETs, Assistant English Teachers, jungen Leute aus englischsprachigen Ländern, die sich hier ein oder zwei Jahre lang anderen Wind als zu Haus in Peoria um die Nase wehen lassen wollen. Viele von denen sind gut ausgebildet und hochmotiviert; in Australien zum Beispiel ist an ganz normalen Schulen japanisch die erste Fremdsprache! Im Gegensatz zu Deutschland, wo nur „Hochbegabte" und Schüler des „Engelbert Kämpfer Gymnasiums" in Lemgo solche exotische Genüsse erlangen. Ist eben alles eine Frage der Notwendigkeit. Sicher lernen sie auch inzwischen nicht mehr japanisch. Sondern chinesisch. Ich kannte ein paar von denen flüchtig, nicht näher; es liegen eben doch dreißig Jahre zwischen meiner Jugend und mir. War aber cool: ein Typ aus Taira, den ich noch nicht mal kannte, Cameron, bot mir eine ganze große Tasche mit allem möglichen, interessantem bunten Zeugs an, hauptsächlich Süßigkeiten und „Supplements", Nahrungsmittelergänzungen die Pest: sie flögen jetzt und hätten zu viel Gepäck! Ich nahm's gern an, brachte es hoch zu unserer Decke: die Kinder freuten sich! Das viele Zeugs unbekannter Hersteller, alles in Englisch beschriftet, sorgte für eine angenehme Abwechslung in der Monotonie der langen Stunden. Meinerseits konnte ich mich später revanchieren mit ein paar Dosen Bier: die waren noch im Auto gewesen, der Einkauf im Lawson's mit den leeren Regalen lag erst zwei

Tage zurück ... wenn er auch ungeheuer fern schien. Wir sortierten unsere Sachen draußen auf dem Parkplatz, gerade zu der Zeit, als es in Block drei eine weitere schwere Explosion gab, ließen Unnötiges im Auto und waren mit dem Rest reisefertig. Hatten bereits alles hinter uns gelassen.

Dieser Morgen brachte mit Winden aus nördlicher Richtung für unsere Gegend die Stunden der höchsten Radioaktivität. Ich denke ungern an uns drei Männer auf dem morgendlichen Dach und bin froh, dass wir die meiste Zeit doch im gut abgeschirmten Terminal verbrachten. Es ist was dran an der Anweisung: „Sollte eine radioaktive Wolke vorüberziehen, bleiben Sie im Haus und schließen die Fenster" wie der österreichische Zivilschutz empfiehlt. Bei gut isolierten, soliden Häusern in der Innenstadt sei Belastung bis auf ein Achtzigstel reduzierbar, bei freistehenden Gebäuden weit weniger, und bei Hütten, so wie unserer Bude hier, ist es ziemlich gleich, ob die Fenster geschlossen oder sperrangelweit offen stehen. Zum Glück für uns wehte der Wind die entscheidenden Tage von uns weg ... und erreichte uns dann im gut isolierten Terminal auch nicht direkt. Noch zwei Begegnungen sind mir in Erinnerung. Ein Reporter mit einem Schildchen von CBS benutzte neben mir einen der Münzcomputer; ich fragte ihn: „So, what do you guys think about this?", er war mit einer Kollegin da, worauf er mir einen etwas schrägen Blick zuwarf und nur sagte „It's crazy." Den Rest konnte ich mir denken; er war sicher besser informiert als ich. Außerdem hatten die beiden, anders als ich, mit Sicherheit Plätze in einer der nächsten Maschinen raus aus Fukushima!

Die andere war bedrückend; etwas abseits stand in Arbeitskleidung eine Gruppe von einem Dutzend Männern in einer Art Kreis. Sie waren offensichtlich Ausländer, ich schätzte sie als Russen oder Osteuropäer ein. Sie sprachen nicht. Standen nur da in einer Aura von Härte und Düsternis, dass ich kaum hinsehen mochte. Auch den anderen „Flüchtlingen" ging es ähnlich: alle sahen scheu weg von denen. In Anführungszeichen, denn erst als ich diese Männer sah, begriff ich plötzlich wie privilegiert wir alle waren, die da warteten!

Diese Truppe hatte Dinge gesehen, die keiner von uns sich vorstellen konnte. Es stand ihnen ins Gesicht geschrieben; da waren große Müdigkeit und wenig Hoffnung. Es schauderte einem.

Ganz anders eine quicklebendige, gut mit knallig roter Rettungsausrüstung versehene Gruppe Neuseeländer ... die eben durch die Sicherheitsschleuse verschwand. Denen schien es gut zu gehen, alles sehr relaxed ... Wer waren nur die Russen? Wo waren sie gewesen, vielmehr? Ich weiß es bis heute nicht. Helfer kamen relativ schnell aus vielen Ländern, aus Taiwan und Korea und eben auch aus Russland zahlreich. Aus Deutschland nur ein paar Mann von THW, die schnell wieder verschwanden: Strahlengefahr. Und Andreas, ganz privat: ein besonderer Held! Er reiste auf eigene Kosten und half wo er konnte. Bekam dafür eine Ehrenurkunde der Berufsfeuerwehren Tokyo und ist mit einigen Freunden immer noch sehr aktiv. Ihm wünsche ich viel Erfolg: fände er doch mehr Unterstützung! Statt die großen Vereine zu unterstützen, sollte man viel mehr Idealisten wie ihn fördern. Wer sonst legte sich denn in den Dreck der überfluteten Felder und zöge Leichen unter stinkenden Häusern hervor? Sicher nur ein Tropfen auf den heißen Stein; aber es war etwas! Er tat etwas.

Die Amerikaner waren natürlich auch da; haben in Japan alles an Infrastruktur, sicher zum Teil bessere Informationsquellen als die Japaner selber, haben Gerät von LKWs bis zu Hubschraubern und Schiffen. Haben zigtausend Soldaten im Land. Wollten auch mehr tun als die japanische Regierung ihnen zugestand, heißt es. Besonders am Dai-ichi, wo aber auch den Amis die Sache schnell zu kitzlig wurde und sie den Träger „Ronald Reagan" aus den Gewässern unserer Küste wieder abzogen. Was hätte der überhaupt machen sollen? Bombardieren? „Reaktor eins: Feuer frei!" das wär's ja gewesen. Auch zivile Hilfsangebote soll die Regierung abgelehnt haben, die Koreaner hätten superschnell Borsäure liefern wollen etc. etc, bis dann Sarkozy mit seiner Atomministerin kam und ein Riesengeschäft für Areva an Land zog: ein Entkontaminierungssystem für das Kühlwasser in Dai-ichi im Wert von 1.5 Milliarden Euro. Ausgerechnet die Franzosen mit ihren H-Bomben Tests in Bikini noch kurz vor der Jahrtausendwende, ausgerechnet Areva.

Dieses dreckige Dutzend vom Flugplatz Fukushima aber geht mir nicht aus dem Sinn.

Die größte Überraschung im Terminal war fließendes Wasser! Toiletten mit Spülung, als ob nichts gewesen wäre. Was für ein gutes Gefühl! Man ist doch sehr an die Annehmlichkeiten der Zivilisation gewöhnt. Merkt aber auch in solchen Situationen auf wie wackligen Beinen wir eigentlich stehen! Diese Katastrophe war ja in Wirklichkeit „nur" ein lokales Ereignis. Das nur einen ziemlich unwichtigen Teil eines wirtschaftlich starken Landes getroffen hat, so dass von anderen Landesteilen aus schnell Hilfe kommen konnte. Wären Osaka oder Tokyo derartig verwüstet worden, au weia. Eine unangenehme Überraschung war die Auskunft, dass unsere ach so kostbaren Wartenummern nur für diesen Tag, den fünfzehnten März gültig sein sollten! Das schockte. Am nächsten Morgen wieder von „Los" starten? Und das – wie oft? Es wurde nachgedacht; Suko-san entschloss sich ein Taxi zu nehmen, um einen hundert Kilometer entfernten Bahnhof an der Westküste zu erreichen, Kanae und Yoshiko ihrerseits kamen zum Ergebnis, es sei besser für die nächsten Tage zumindest in einen Badeort, ein Onsen eben, in den Bergen zu fahren, den Yoshiko kannte. Was Sinn machte. Was hätten die auch alle fünf in Osaka gemacht? So weit entfernt? – Wir würden uns trennen. Für Mariko und mich war's etwas anderes; wir wollten jetzt weg, nach Deutschland. Ich ging also deren „Berechtigungsscheine" zurückzugeben und hatte das Glück des Tages! Ein netter Schaltertyp von ANA fragte mich, ob ich eventuell Interesse hätte, nach Haneda zu fliegen statt nach Osaka? „Jaa!" antwortete ich schneller, als er den Mund noch zumachen konnte und bekam – eine neue Nummer. Eine, mit der wir eine 50/50 Chance auf Mitflug hätten! sagte er. Auch für Frau Kuwano kriegte ich eine Nummer direkt hinter unseren beiden und dann also: eine neue Fahrt ein neues Glück! Auch Seiko-sensei mit ihrer Karawane war dabei ... und tatsächlich wurde uns allen gesagt, wie wir uns zu einer neuen Schlange der Hoffnungsvollen formierten, dass unsere Zahlen niedrig genug seien und wir nun bereits anständen für Bordkarten. Welche Erleichterung! Wir würden fliegen, würden abheben, die Startbahn unter uns verschwinden sehen und in Sicherheit sein ... und genauso

kam es auch zwei Stunden später. Ich habe die Tickets und die Bordkarten noch hier in der Schublade, genau unter der Tastatur, auf der ich dies alles mit drei bis vier Fingern schreibe. ANA Flug 1516 von Fukushima nach Haneda. Start 21:25. Sitzplätze 18H für Jürgen und 18K für Mariko.
Wie schön es war, durch die Sicherheitskontrolle zu gehen und gefilzt zu werden, als ob nichts sei! Noch ein Bekannter, aus Hisanohama, dem Nachbarort, sprach uns an: er habe sein Haus und alles verloren: ausgerechnet das ermögliche ihm aber jetzt einen ganz neuen Start! So muss man denken, dachte ich. Und: könnte ich das auch? Nach Tokyo also – und längst vergessen, dass ich da auf keinen Fall hinwollte.
Mariko hatte einen Fensterplatz; ich hielt ihre Hand wie wir starteten und es genauso war, wie ich es mir vorgestellt hatte: es war aber keine schweigende Landschaft, es waren nur Lichter, die rechts unten zurückblieben ... bis nach Momenten schon alles weg war bis auf das surrende Rauschen der Motoren. Sonderflug! Es gab einen Snack, es gab etwas zu trinken, wir waren auf dem Weg zurück in die Normalität. Was für eine Erleichterung, was für ein Glück. Wir flogen ... und ließen einfach alles unter uns zurück.
Der kürzeste Flug unseres Lebens war es: nach Haneda, kaum 200 Kilometer, und gleichzeitig ein sehr, sehr weiter. In Sicherheit. Weg von den explodierenden Reaktoren, weg vom brennenden Schiff, weg von Angst und Enge. So erleichtert Mariko und ich waren, ihr Köpfchen an meine Schulter gelehnt, kamen doch jetzt die Gedanken an die zurückgebliebenen Großeltern mächtig hoch und die Tränen. Die Auswegslosigkeit der ganzen schrecklichen Situation. Wohin wir auch jetzt flögen – unser ganzes Leben blieb ja da unten unter der radioaktiven Wolke zurück. Was sollte nur werden?

Landung! Ankunft in Haneda. Wir trafen Seiko-sensei und Familie an der Gepäckausgabe, umarmten uns kurz; und dann gingen sie los in Richtung Stadt; keiner hat an der Gepäckausgabe Zeit zu verlieren ... und auch Frau Kuwano verließ uns: sie wollte noch versuchen, einen Zug nach Osaka zu erreichen. Gelang ihr nicht wie sie später erzählte: sie verbrachte die Nacht ziemlich unangenehm in einem

Manga Café in der Nähe des Bahnhofs. Wir waren also wieder zu zweit. Was war zu tun? Wir gingen etwas planlos herum. Gab es von hier aus Maschinen nach Europa? Haneda hatte bis vor Kurzem, abgesehen von Taiwan-Flügen, nur Inlandreisen angeboten! Eigentlich mussten wir ja nach Narita, für mich hätte ich da Chancen umzubuchen gesehen, aber Mari hatte doch gar kein Ticket. Was tun? Für ein Reisebüro hätten wir in die Stadt müssen, nicht raus in die Pampa nach Narita: eine Stunde Bahnfahrt mindestens von Tokyo. Nachts geschlossen. Das gibt es! Alle späten Gäste werden rausgescheucht – seht zu, wo ihr bleibt. Hier nicht!! Um elf Uhr ist Zapfenstreich in Narita Airport, wie ich selber schon erleben musste.

Wer's nicht glaubt: sogar ein ganzes LAND habe ich mal abgeschlossen erlebt: Portugal, Anno 1979. In Europa. Damals allerdings noch sehr am Rand, fast noch „Grandola Vila Morena"-Zeit. Was für eine Zeit. Voller Erinnerungen, so stark, dass ich sie energisch abwehren muss, um nicht weggefegt zu werden.

Also gingen wir in die Abflughalle. Ich telefonierte. Hatte irgendwoher eine Service-Nummer von Lufthansa. Uhrzeit in Deutschland – zivil, nachmittags. Geschäftszeit! Die Dame am andern Ende nicht unhöflich – aber viel mehr war's nicht. „Clueless" würde man's nennen. Ahnungslos. Unser Reisebüro, Fujii-Tours in Köln, besser informiert: Fliegt Lufthansa überhaupt noch von Narita? aber auch nicht in der Lage, was Konkretes zu tun. Inzwischen war auch der letzte ANA-Schalter zu. Mist. Das hatte ich verpennt über meinen Ferngesprächen. Zum Glück funktionierte hier alles, und ich hatte noch Sprechzeit auf meiner vorausbezahlten Brastel-Karte. Nutzte nur leider nichts. Es gab bis zum Morgen drei oder vier Flüge nach Europa; wir waren fast soweit, irgendwohin zu fliegen, ganz egal, zu IATA – Preisen ... Air France bot uns Plätze an für über 6000 Euro pro Person, soviel Geld hatten wir kaum dabei, obwohl wir natürlich alles zusammengekratzt hatten, was noch an Bargeld da war; den Schubladen sei Dank. Ein paar Tage später erzählte mir dann in Deutschland jeder Zweite wie die Fluglinien die Not von Flüchtlingen mit Wucherpreistickets ausgenutzt hätten: ein modernes Märchen. Die IATA-Preise sind eben so hoch. Wir fliegen alle viel zu billig, sowieso. Für 20.000 Kilometer normalerweise etwa tausend Euro zu bezahlen? Ist das teuer? Einen Euro auf zwanzig Kilometer? Die Bundesbahn nimmt das Mehrfache. Ohne zwei Essen, Wein und Bier, Filme und nette Stewardessen. Die Billigfluglinien erst – kompletter Wahnsinn. Das Fliegen in dreizehn Kilometer Höhe verursacht so große Schäden, ich habe immer ein schlechtes Gewissen. Und fliege doch. Ich hätte nicht so weit weg heiraten dürfen!

Als ich da am Schalter stand, kam ein Zerzauster an die Theke neben mir: „Nach Ostasien, irgendwohin. Sofort. Und zwar Business Class!" „ ...Nach Peking vielleicht?" – „Ja, gut."
Reiche Leute erkennt man nicht immer am Aussehen, liebes Lieschen ... dachte ich, und: „Nimm uns doch mit!" guckte aber angestrengt möglichst nicht rüber zu ihm. Na, wenn die Airlines sich ausnahmsweise wohltätig verhalten hätten: wäre's kein Fehler gewesen, bestimmt nicht!

17 Nach Osaka

Wir verbrachten die Nacht auf Sofas nicht allzu unbequem; aber warum nur müssen die allgegenwärtigen Rolltreppen unbedingt sprechen? Die ganze Nacht durch in so einer quälend bemühten Aussprache sagen: „Please watch your step ... the end is near" oder so etwas Ähnliches? Um fünf Uhr dreißig sollte der Schalter für den Bus nach Narita aufmachen. Eine Stunde vorher – ich war so genervt von den Rolltreppen und auch von den jungen Chinesen, die die Nacht beherrscht hatten, sich selbst leider nicht – stand ich an der gelben Linie und hatte die Befriedigung, tatsächlich als Erster Karten zu kriegen: Langeweile ist aber immer noch besser als zu viel Aufregung. Wir schleppten uns runter in den grauen Morgen und saßen im Bus. Fuhren auf der Rainbow Bridge halb über's Meer, dann unter's Meer, das ist so eine eigenartige Konstruktion, dann über Land in Richtung Narita. Mariko fand die dunklen, niedrig und langsam zu uns ziehenden Wolken, die wir aus dem Busfenster sahen, unheimlich, fand sie sogar giftig! Ich wehrte ab; Blödsinn! Radioaktivität sieht man nicht! Muss aber zugeben, dass Mari faktisch recht hatte. Genau an diesem Morgen brachten die nördlichen Winde tatsächlich den Grossteil der auf Tokyo gekommenen Strahlung ... woher wusste sie das nur? Sie ist einfach sehr feinfühlig, hat die tropfenförmigen Fingerbeeren, die sie für so was prädestinieren: ganz im Gegensatz zu mir. Sie hat Intuition; ist im Zeichen der Fische geboren.

Das Terminal eins, die Abflughalle, war ein einziges Gewühl. Hier irgendwas erreichen zu wollen, war auf den ersten Blick aussichtslos und ebenso auf den zweiten. Lufthansa flog tatsächlich „bis auf Weiteres" nicht mehr. Also suchte ich ein ruhiges Telefon, far from the maddening crowd, fand eins und versuchte mein Glück. Die Reisebüros in Tokyo antworteten gar nicht erst. Zum Glück hatte ich auch eine Nummer aus Osaka – und wider alles Erwarten konnte ich nach ein paar bangen Minuten tatsächlich zwei Plätze für den Dreiundzwanzigsten auf einem ANA-Flug von Osaka nach Frankfurt reservieren! Ich war so glücklich ... konnte unser gutes Glück kaum fassen, fragte immer und immer wieder nach, ob das wirklich fest sei? „Ja." Ohne Anzahlung? „Ja!" „Bis morgen, wir sind in Narita und kommen so schnell wie möglich nach Osaka!" Mit dem üblichen Abschiedsgruss: „Seien Sie vorsichtig!" des Herrn Hirayama (ich habe den Namen in großen Buchstaben in meinem Kalender stehen, hatte ihn erst auf einem der tausend Zettel, die ich in jenen Tagen in meine Hose stopfte: das Informationszeitalter im Taschenformat) endete das Gespräch. Ich war so erleichtert, ich schwebte richtig! Aus dem Zoo von Abflughalle rausgelassen zu werden, eine „Austrittskarte" bekommen zu haben – wie wundervoll.

Auf unserer gesamten einwöchigen Odyssee erlebte ich mehrere Male Erleichterung über alle Massen: aus diesem Terminal erhobenen Hauptes rausgehen zu können, ist ganz oben auf der Liste. Wie das in der Halle brodelte und kochte von vor Angst schwitzenden Menschen; die Angst war mit Händen zu greifen. Und in alle dem machten die japanischen Angestellten ihre Arbeit effektiv und freundlich wie immer. Was die wohl dabei dachten? Sie taten ihre Pflicht – auch das mit Heldenmut. Inmitten der verängstigten Masse! Von schreienden Kindern, verzweifelten Frauen,

Verunsicherten allesamt ließen sie sich nicht aus dem Rhythmus bringen.
Triumphierend kehrte ich zu Mariko zurück: wir hatten's geschafft! Wir waren schon so gut wie in Deutschland! Bei den Kindern! Meiner Mutter. Wie erleichtert meine Frau war ... obwohl sie mir unbedingt zugetraut hatte, das Ding irgendwie zu schaukeln wie sie später sagte. Irgendeine Lösung gibt es ja immer; wo Leben ist – ist Hoffnung, und wir waren eigentlich die ganze Flucht über nie in wirklicher Gefahr; es spielte sich im Grunde alles im Kopf ab. Hätte ... ernst werden können. Wäre ... furchtbar gewesen. War es zu unserem unverschämten, unverdienten Glück nicht.

Die anderen, die Toten des Tsunami – waren tot. So ist das hier, man blickt nicht zurück, es geht weiter, das Rad dreht sich. Für die Obdachlosen würde gesorgt werden, die Japaner sind solidarisch, jeder weiß, dass Hilfe kommt; wenn auch nicht genug, das weiß jeder ebenso. Damit muss man sich abfinden. Was passiert ist, kann niemand ändern, und niemand ist weinerlich. Die Leute sind stark! Bewundernswert! Wir riefen schnell bei den Eltern in Yoshima an: Wir haben Flugtickets! Und hörten ihre Stimmen schon wie aus weiter Ferne. Wir waren schon weit fort! Teilten ihre Sorgen schon nicht mehr. Brutal ist der Mensch, wenn er ehrlich ist.

Im kaum besetzten Zug nach Tokyo rein saß uns ein Mann gegenüber und las Zeitung. Wir sahen das explodierte AKW groß auf der ersten Seite, die Presse war ja auch nicht faul! Der Titel sah total unwirklich aus in diesem friedlichen Zug unterwegs in die große Stadt. Draußen hatte nicht ein einziges Haus Schäden, es gab keine sichtbaren Probleme: aber diese Zeitung war krass. Die ganze Seite ein einziges Riesenfoto. Es hätte überschrieben sein sollen: „Das Ende des Atomzeitalters" wie der Spiegel die Katastrophe interpretierte, aber die pragmatischen Japaner lieben ihre seriöse Presse kreuzbrav berichtend und nicht die Zukunft gestaltend. Keine Fehler zu machen: „ist aber der größte Fehler von allen!" sage ich meinen Englischschülern gern. Die wenigsten begreifen es. Wie traurig ist die Rolle der Medien in diesem ganzen Komplex! Gekauft sind sie allesamt, die etablierten Zeitungen, unter anderem mit dem Druckmittel der privilegierten Information. Wer nicht spurt, wird nicht eingeladen zu den Pressekonferenzen, so einfach ist das.

Der damalige Besitzer der Yomiuri Shinbun, einer der großen Zeitungen Japans, ein Mann äußerst suspekter Vergangenheit, war mit dem alten „Call me Yasu" Nakasone zusammen, der immer noch im Geschäft ist mit seinen neunzig Jahren! die treibende Kraft in der Atomisierung Japans; Atoms for Peace, ja, friedlich wollten alle sein. Die Bevölkerung sowieso, Japaner privat sind die friedliebensten Menschen der Welt, aber gewisse Kräfte wollten mehr, wollten einen Platz am Tisch der Mächtigen, und den gab es nicht ohne Atomkraft. Die Energie der Zukunft! Klar, ich habe selber als Kind noch auf dem fast leeren Dachboden meines Elternhauses, verlorenes Paradies, in alten Zeitschriften geschmökert, („Sternen" mit Julio und dem Gummipferd, ich war sehr jung und verstand nichts von ihren Abenteuern) in denen atomgetriebene Rasenmäher als der Alltag von morgen beschrieben wurden ... Wie gern würde ich jetzt auf den Dachboden steigen, mein heimliches Reich mit Dingen wie einer Truhe voll alter Zeitschriften, einem eisernen Gerät mit Kurbel um Zichorien als Ersatzkaffee zu rösten, einem alten Bajonett; einer siebenschwänzigen Katze und was nicht noch alles: halbblinden Fenstern, auf denen das Licht noch dicker als der Staub liegt ... und dort hinten der Eingang zur Räucherkammer! aber ich sehe weiter aus der Bahn heraus, sehe die noch frühlingskahlen Reisfelder vorbeiziehen, Zedern hier und da, Bambushaine, und den Typen gegenüber hinter seiner Zeitung. Er hatte die Zeitung so raffiniert gefaltet wie ich's noch nie gesehen habe. U-Bahn Technik; die Riesenblätter nerven ja in vollbesetzten Zügen furchtbar, und so hatte er sie exakt auf ein Viertelformat gebracht und wendete das alles mit großer japanischer Sorgfalt. Mit der Sorgfalt auch, die mich verrückt macht, jedes Kanji muss auf eine bestimmte Weise gezogen werden, es gibt nur eine korrekte Strichfolge, jedes Mädel muss auf die gleiche Art hübsch sein, jeder Angestellte trägt die Firmenuniform, für jeden Unfall hat man ein Regelbuch, und Gnade Gott der Unfall steht nicht im Buch.

Wieviel Seiten hatte noch das Notfall-Manual der Tepco? Waren es 23 oder 32?

'Ey, Kalle, hassema dat Notfallheftken? Wir hammenen Stöafall.' 'Watten, wat willsten wissen?' 'Kuckma bei „K" wie in Kernschmelze!' „K?" Hammagaanich. Nach „J": mit <Jubelnd kommen wir gezogen> kommt glaich „L" mit <Lauft ohne euch umzudrehen> oder anners gesacht <Lauft so schnell ihr könnt, Idioten>, dat Japanische kansse ja immer verschieden lesen, woll?'

„Fly, you fools ..." waren Gandalfs letzte Worte an den Ringträger und die Company in Moria ... bevor er in der brennenden Tiefe verschwand. DER kam allerdings wieder.
Unfälle waren nicht vorgesehen, ich werde nie den äußerst intelligenten und auch noch eloquenten Tepco-Mann vergessen, der neben mir im Fernbus Tokyo-Iwaki saß, vor mehr als fünfzehn langen Jahren. Wie überzeugt der von seiner Sache war! Wie er einfach nicht verstand, dass ich seinen Lobreden auf die Atomkraft gegenüber reserviert blieb. Er verstand das wirklich nicht, beim besten Willen nicht!

Ich fotografierte den Mann im Zug nach Tokyo sogar, es waren nur seine Hände zu sehen und die rauchenden Ruinen, dann wurden die Häuser schnell zahlreicher, stehen sich in neuen Siedlungen gegenseitig auf den Füssen genau wie deren Besitzer beim täglichen Hin ins Büro und zurück nach Haus, es ist ein hartes Leben. Dann war schon alles grau-bunt, eine seltsame Mischung von Exzentrizitäten, die sich in der Summe, für das Auge, gegen null hin bewegt. So vieles sticht hervor, aber nichts bildet Stil. Traufenhöhe zweiundzwanzig Meter in Berlin? Keine schlechte Idee, irgendwie. Die Dachfarben in deutschen Städten vorgeschrieben? Jede Farbe geht solange sie ziegelrot ist? WOW! Aufregend! Wie cool die Skyline von Regensburg oder Augsburg doch ist!

Nach einigen solcher Gedanken, die sich nicht wirklich bis ins Bewusstsein heben, sondern nur bemerkbar machen als eine leichte Müdigkeit, eine Betäubung oder vielleicht sogar als Wunsch, aus dieser Hypnose zu erwachen, diesem bösen Traum von Räderrattern und metallischem Quietschen, ist man plötzlich angekommen im Bahnhof Tokyo. Begegneten einem schon lange Züge, deren gepresste Fahrgäste hilflos aus den beschlagenen Fenstern schauen wie Fische aus einem überfüllten Aquarium, ist der Eindruck auf dem Bahnhof Tokyo überwältigend. Die Menschen haben plötzlich alle Beine zum Gehen und benutzen sie in alle Richtungen, und wehe man kommt dazwischen und weiß nicht, wohin es gehen soll.

In Osaka am Abend kamen wir später in ein unterirdisches Rondell, eine sehr schöne Halle, uhrdeckelrund mit weißen Säulen statt der Ziffern und noch welchen für die halben Stunden, sagen wir mal, und aus allen den Zwischenräumen zwischen diesen Säulen strömten pausenlos Menschen, Menschen, Menschen. Alle wussten, wohin sie wollten und das noch mehr als die pure Zahl, nein, es war dies Zielgerichtete, das Mariko und mich zermalmte. Wir irrten zwischen den Beinen von Riesen umher ohne Hoffnung, den Ausgang aus diesem Labyrinth des Wollens zu finden: da wir keinen eigenen Willen aufbringen konnten. Wer sich treiben lässt, ist verloren ... und nur mit äußerster Anstrengung kamen wir frei aus dieser Hypnose, rappelten uns auf und sprachen Leute an: und wie hilfreich die in Osaka waren! Wir baten so viele Menschen um Direktionen, und ALLE halfen gern.
Das ist in Tokyo anders. Die Leute sind ZU, laufen herum wie in Trance, man muss sie regelrecht aufwecken, wenn man was von ihnen will. Meistens wissen sie auch außer ihrem eigenen erprobten Weg durch die Irrgärten der Metropolis auch keinen anderen. Es ist einfach aussichtslos, einen Überblick gewinnen zu wollen, allein unterirdisch ist das Netz so dicht, dass jeder darin hängen bliebe, der nicht zügig den klebrigen Gängen und Linien den Rücken kehrt. Also stellt sich jeder tot, irgendwie, Mimikry vom Feinsten, entweder mit einem Buch vor der Nase oder einem Stöpsel im Ohr; viele pennen auch tatsächlich richtig fest und wachen genau zu ihrem Bahnhof auf, jahrelange Übung, wo sie dann geschwinden Schritts die Unterwelt verlassen, froh wieder einmal davongekommen zu sein. Die metallkreischenden Würmer im Zweiminutentakt, immer pünktlich, außer es gab wieder einen „menschlichen Zwischenfall"

auf den Geleisen, den man sich nicht vorstellen möchte, das Grelldunkel der Bahnsteige, die Lautsprecher, die Hupen, die zischend schließenden Türen: es ist die Hölle der Normalität. Oder andersherum; jedenfalls nichts für schwache Nerven. Natürlich sind wir alle so abgestumpft, dass wir's für normal halten ohne die geringste Ahnung, wo wir uns befinden, durch dunkle Tunnel geschleudert zu werden, eingesaugt an einem bekannten Punkt, entlassen an einem anderen, und dazwischen? Ein Fegefeuer. In den Tunneln zu den Ausgangstreppen, der Verheißung von Licht und Himmel wehen seltsame Winde, halb Ventilator, halb Zugluft, und Heimatlose sitzen auf ihren Planen wie Siddharta am Fluss: „ ... dass er immer der Gleiche ist!" Für sie bewegt sich der Strom der Menschen nicht mehr, schon lange nicht mehr. Vielleicht zu gewissen Zeiten in einem anderen Tempo, in einer anderen Dimension: die Matrix lässt auch grüßen. Neo trifft Siddharta in den Tunneln der Tokyoter U-Bahn. Nicht schlecht.

Tokyo ist eine kalte Stadt, ist eine harte Stadt. Für junge Leute faszinierend, für die mit ihren geschminkten Masken, Miniröckchen und gefärbten Haaren Schönen, für die starken Typen; für Erwachsene nicht. Für die Pendler ein Alptraum, drei, vier Stunden im Zug sind nicht ungewöhnlich bei furchtbar langen Arbeitszeiten.
Im Sommer bei brüllender Hitze mit hoher Luftfeuchtigkeit draußen und Eiseskühle drinnen, mir tun die Leute so leid! Wie halten die das aus, ohne krank zu werden? Und dann abends. Ein Erlebnis: Mariko und ich waren sehr spät in Chiba, einem großen End-Bahnhof für Pendler, die von da in ihre Betten fallen wollen. Es war um die Zeit der letzten Bahnen – ab kurz nach Mitternacht fährt in ganz Japan, warum war mir schon immer völlig unerklärlich, kein einziger Zug mehr. Wir hörten aus einem Seitentunnel plötzlich ein dumpfes Brausen, undefinierbar erst, das sich in ein Trampeln auflöste, als es näher kam: eine Stampede! Ohne uns, ohne irgendwas zu sehen, rannte eine ganze Büffelherde von Menschen mit voller Kraft auf den Ausgang zu: um eins der wartenden Taxis zu erwischen. Wer zu langsam ist, muss auf die zweite Welle warten, also mindestens zwanzig bis dreißig Minuten, wenn nicht noch viel länger. Grauenhaft.

Die Salary-men, die Angestellten, schlafen ein paar kurze Stunden „zu Hause" in ihren kleinen Appartements: und zurück geht's in die Büros!

Zum Glück waren Mariko und ich auf dem Bahnhof Tokyo in guter Form, wir wussten genau, was wir wollten und wohin wir wollten: an das Gleis elf des Shinkansens „Nozomi" nach Osaka. „Wunsch" hieß unser Zug, die Züge haben alle fetzige Namen wie „Blitz" oder „Echo", aber „Wunsch" passte wirklich gut. Um an das Gleis zu kommen, brauchten wir nur den Schildern zu folgen wie Zigtausende jeden Tag, aber für uns Landeier war es doch eine Konzentrationsaufgabe. Wir gingen mit Gepäck und stießen überall leicht an, Leute mit Gepäck sind verpönt auf japanischen Bahnhöfen: Szenen wie in Hannover oder Frankfurt, Berge von Koffern türmende viel zu schwache Frauen auf der Suche nach helfenden Händen, wird man hier nicht finden. Alles geht smooth, muss möglichst reibungslos gehen. Jedes kleinste Sandkörnchen im Uhrwerk dieses unglaublich fein abgestimmten Systems stört, und so versuchten wir uns klein zu machen, nicht zu stören mit unseren Habseligkeiten. Es war auch gut, als Einzige anders zu sein; den ganz normalen Alltag zu sehen, war so beruhigend.

„Anders zu sein" – „auf der Flucht zu sein" ... in Tokyo festzusitzen, inmitten panischer Millionen war mein Alptraum gewesen. Hier lief nun alles glatt, wenn auch vielleicht mit einer leichten zusätzlichen Härte, in einem etwas gesteigerten Tempo. Die Leute hatten Angst, auch wenn wir es nicht merkten, nicht wahrnehmen konnten, weil wir selber so viel mehr hatten. Wir versuchten mitzufließen, es ging im Tempo Treppen rauf, Treppen runter, schmale Gänge lang, überall schienen Baustellen zu sein, es gab Planen, abgesperrte Wege, angenehm federnd zu gehende Holzböden aus Schalbrettern an mehreren Stellen und immer go go go: wir marschierten wie Roboter. Ich hatte zwei Rucksäcke, einen vorn, einen hinten und was in der Hand, Mariko trug den großen aber relativ leichten Rucksack und ihre große Schultertasche, nicht viel Toleranz für Fehler! „Rechts", „Links", „Geradeaus" machten wir uns gegenseitig auf Wegweiser aufmerksam, so würde es auch in Osaka auf den großen

Bahnhöfen sein, und nur gut, dass wir schon so lange verheiratet waren. Kommunikation auf höchstem Niveau, nichts für Anfänger.
Auf dem Bahnsteig dann stand auch alles voll, wir hatten zum Glück eine Sitzplatzreservierung gemacht (man gönnt sich ja sonst nichts) und konnten nach ein paar Minuten Wartezeit, in der Mariko ein „Bento" kaufte – wir hatten seit Fukushima nichts gegessen und auch keinen Hunger gehabt, einem Telefongespräch und einem schnellen Münzwurf nach zwei Plastikflaschen Tee – endlich aufatmend in zwei schöne Sitzplätze fallen. Uff. Wir waren nicht vergeblich in vollem Lauf den Berg hinauf durch das Labyrinth des Bahnhofs „Tokyo Station" gerannt.

Heute ist nun der zwanzigste Januar, morgen werden's drei Wochen als kniender Sklave des am PC geschriebenen Wortes. Ich bin froh soweit gekommen zu sein! Habe auch gleich an drei Verlage eine Anfrage geschrieben – ob sie Interesse an einem Manuskript zum Thema Fukushima hätten? Von Suhrkamp eine Reaktion, sehr erfreulich, aber, ich solle ... drei bis sechs Monate dauere es in jedem Fall ... Ich schrieb zurück, ich „hätte gern mit schnelleren Pferden geackert; was denn das „digital" in der „edition suhrkamp digital" bedeute ...?" worauf ich gestern wieder ein nettes Schreiben kriegte. Sie, Frau Swasz, bedaure das Missverständnis und habe mein ursprüngliches Schreiben an den Lektor weitergeleitet! Nicht mehr als 96 Seiten bitte solle das Buch bekommen. Nun bin ich gespannt! Ein Buch aus der Serie, „Sperrzone Fukushima", hatte mich überhaupt auf den Suhrkamp Verlag gebracht, den ich von früher sehr schätze, alle die Brechts ... und machte mir Mut: so was Hingeklatschtes, das kann ich besser! Sicher, Schnelligkeit ist Trumpf – und ich bin mal wieder sehr langsam. Na, ich bin gespannt. Ob die wirklich fix sind? Bis zum elften März? An mir soll's nicht liegen! Ich bin schon auf dem Weg nach Osaka! Noch ein paar Tage, und ab geht's! Deutschland spare ich dann ganz aus – und die Monate von Mai bis Dezember werden ein Nachwort. „This is my plan."
Es ist schon eigenartig, wie mächtig Merkurius zur Zeit bei mir in Erscheinung tritt: habe ich ihn mit meinem Schreiben gerufen – oder ist auch das Schreiben ein Zeichen seiner Nähe, aus welchen Grün-

den auch immer? Seit ein paar Tagen habe ich plötzlich drei TV-Teams „am Hals": alle wollen mit mir drehen, und ich habe doch meine Deutschland-Reise schon fest gebucht! Es ist zu verrückt. Außerdem habe ich sowieso Stefan Klein von der SZ für Anfang März auf dem Zettel, von einer taz-Anfrage und noch anderen vagen Erkundigungen ganz zu schweigen. Der Jahrestag der Katastrophe bringt eben Interesse und das heißt Journalisten. Von den drei Fernsehteams kann ich eins voll bedienen, mit Hängen und Würgen, wenn ich meinen Rückflug vorverlege und den beiden anderen immerhin logistisch behilflich sein. Es liegt mir viel daran, dies ist eine Chance, denke ich, der Katastrophe etwas abzugewinnen. Und nicht nur Geld. Mari ist gar nicht so überzeugt, lehnt Geschäftemacherei mit dem Unglück anderer Leute ab. Hat sie recht? Ja: die Medien sind wie Geier. Nein: es ist besser zu reden als zu schweigen.

Fukushima darf nicht vergessen werden über all den anderen Katastrophen der Zeit! Wir brauchen die Aufmerksamkeit der Medien – hier in Japan genauso wie in Europa. Es laufen über vierhundert AKWs weltweit, und allein in China und Indien sind hundert neu in Planung. Was für ein Wahnsinn! Was aber hat Merkur, Bote mit den Flügelschuhen, Gott der Journalisten, der Händler und der Diebe jetzt mit mir vor? Mir geht eine alte Illustration mit zugehörigem, rätselhaften Sinnspruch aus der Alchemie nicht aus dem Kopf: „Wen er beisst ..." Wie war das nur noch? Es hatte auch was mit dem Uroboros zu tun, der ewigen Schlange, dem Symbol für Tod und Wiedergeburt, die den eigenen Schwanz im Maul hält und dadurch das Universum in Balance hält. Alles würde augenblicklich in seine Atome auseinander fliegen, ließe sie los ... Aber wie war das genau? Wer gebissen wurde, muss wieder beißen? Merkur stand als groteskes Vogelwesen da und – was tat er? Wüsste ich es nur noch! Der Planet Merkur stand am elften März 2011 Anfang Widder, in Konjunktion mit Uranus, dessen zweiter, endgültiger Eintritt in das feurigen Zeichen Aries innerhalb von Stunden fürchterlich krachend bestätigt wurde: von Poseidon dem Erderschütterer, dem unversöhnlichen Widersacher des Listenreichen, des Dulders Odysseus bestätigt ...

Jetzt ist eine Kamera in den Reaktordruckbehälter in Block zwei eingefahren worden, ohne viel zu zeigen. Vor allem auch kein Kühlwasser! Eine andere Untersuchung: Lebensmittel aus Fukushima, woher aber genau? Eine durchschnittliche Tagesdosis von vier Becquerel wird da ermittelt, was mir lächerlich niedrig erscheint! Kann man das ernst nehmen? Was soll man glauben – wem? Der Regierung sicher nicht, Tepco sowieso nicht, den Hysterikern („schon 20.000 zusätzliche Krebstote in den USA!") aber auch nicht. Lavieren muss man. Die Balance suchen. In der Schwemme der Informationen seinen Kurs suchen. Letzten Endes geht es darum, was man mit seinem Leben anfangen will, was wichtig ist. Warum kleben wir so an unserem alten Haus hier, wo es im Sommer so heiß ist, ohne Klimaanlage, dass man schon vom Zeitungslesen Schweißausbrüche kriegt, auch wenn nicht von Tepco die Rede ist, und jetzt im Winter so kalt, dass ich mit Wärmflasche und heißem Stein ins Bett gehe, gestiefelt und gespornt, will sagen mit Mütze und Halstuch? Und dazu seit Neuestem, Marikos Idee, mit einem „leichten" Tuch über Kopf und Schultern, damit man sich nicht erkältet, wo es so sehr kalt ist im Schlafzimmer, knapp über null Grad, genau wie das ganze Haus ein einziger Kühlschrank ist von Dezember bis März?

Weil WIR kein anderes haben. Weil dies eben unser Leben ist. Und das unserer Kinder. Sollten wir etwa nach Deutschland gehen?
Wo alle Menschen, die mir etwas bedeuten wegsterben, einer nach dem anderen?
Es gibt viele Wege zum Hades, Erina. Und irgendeinen muss man eben gehen. Daran ändert auch meine Sehnsucht nach dem Murmeln des kleinen Baches und dem Wind über dem Kornfeld nichts. Ich könnte wahnsinnig werden vor Sehnsucht – aber unser Leben ist nun einmal hier. Bis jetzt. Noch sind unsere Schäfchen nicht im Trockenen, doch ich hoffe auf den Sommer und das Meer: will wieder schwimmen! Eintauchen in das kühle Wasser. Wie ich mich auf den ersten Hechtsprung freue! Auf die Zeit, wenn ich nicht mehr jeden Tag stundenlang auf den Knien vor dem PC hocken werde, um meine Erinnerungen zu „Papier" zu bringen, sondern Erinnerungen endlich wieder neu schaffen werde. Man vergisst ja zum Glück so

schnell! Was ich nicht vergessen will, ist die tiefe, einfache Wahrheit Leo Tolstois wie ich sie von May in den fünf kleinen Geschichten des Großen Alten aus den Wäldern geschenkt bekam: „Wovon die Menschen leben" las ich jetzt tief bewegt als letztes. Was weiß man schon als Mensch über sein Schicksal? Danken soll man, viel danken.

Das sagt Mariko übrigens auch oft; hat auch die Kinder gelehrt, beim Essen von Lebewesen im Herzen einen Dank für das empfangene Leben auszusprechen. Das tat sie ganz am Rande, wie selbstverständlich, und die Kinder haben's bestimmt nicht vergessen, und ich habe es auch behalten. Wie kann man einfach aus so einer Schule fortgehen wollen? Mariko ist hier zu Haus für uns beide. Also schauen wir die Strahlenwerte nüchtern an. Natürlich ist es nicht gesund, Cäsium auf dem Frühstücksbrot zu haben – aber Cäsium ist schließlich nur eine von unzähligen krebserregenden Substanzen mit denen der Organismus täglich in Berührung ist. Willkommen im 21. Jahrhundert! Wie ist es zum Beispiel mit Dioxin? Das war hier in Japan auch bis vor zehn Jahren gar nicht giftig. Überall schwelten Plastikfeuerchen, die alten Leute lieben es auf der ganzen Welt ein kleines Feuer zu machen, und ich wollte oft den Mütterchen am Liebsten an die Gurgel fahren vor Verzweiflung über den Giftgestank, den sie verbreiteten. Na, inzwischen ist es besser geworden.

Erschöpft fielen Mariko und ich auf die Sitze, feuilles mortes, und genossen den Moment des lautlosen Anziehens, des rucklosen Abfahrens, mit tiefer Befriedigung. Wir hatten's geschafft! Weg von Tokyo! Mit Flugtickets so gut wie in der Tasche. Eine Fahrt im Shinkansen! Seltenster Luxus für uns. Sogar die normale Bahn nehmen wir meistens nicht, der Bus ist eben billiger ... Mit Mariko zusammen im Shinkansen! Das war, wir brauchten nicht lange zu überlegen, die zweite Fahrt im Express überhaupt! Die erste war noch vor unserer Hochzeit im Schnee. Von Koriyama nach Fukushima, ein Katzensprung: und jetzt eben weg von „Fukushima" – wie sich die Kreise manchmal seltsam schließen. Wir schauten uns an. Immer schneller ging's, die Fahrt führte durch ein Labyrinth von

Weichenstellungen mit traumhafter Sicherheit nach Südwesten, Japan ist nicht „krumm" wie Südamerika, Professor Galetti, sondern „knickt ab" und grad Tokyo ist sein Scharnier: von da geht's südwestlich. Am Fuji kamen wir vorbei, saßen zwar auf der falschen Seite, aber sahen doch den Berg in der Ferne liegen, mächtiges Symbol eines alten Volkes, „alte Seelen" sind's, die Freunde hier. Weise durch vielfältiges Leid und weise genug, immer jung zu bleiben trotz allem Schweren. Auch bereit zu plötzlichen Eruptionen, sei es in Liebe oder Hass, wenn sich etwas lange genug angestaut hat. Ich spreche aus Erfahrung; die beste aller Ehefrauen liegt nebenan und schläft, und obwohl ich keine Analogie schließen möchte, schläft auch der Fuji nur. Wann geht er wieder los? Dies Erdbeben hat anscheinend auch in den Magma-Kammern da unten Echo gefunden, ich muss schon wieder an Moria denken, die Trommeln im Dunkel der heißen Tiefe. „Flieht, ihr Narren ..." und wie an einer unsichtbaren Schnur gezogen, sausten wir durch bis Nagoya und nach einem kurzen Halt weiter Richtung Kyoto. Die Stimmung im Abteil war gut, auffällig aber, dass so viele der Passagiere junge Mütter mit ihren kleinen Kindern waren. Ganz furchtbar auffällig war das. Man brauchte sich nicht mal anzuschauen, um das zu verstehen.

Und vor Kyoto begann es zu schneien! Durch dichtes Schneetreiben glitten wir, unhörbar, wollte uns jetzt erst recht scheinen, in einem großen Bogen in den zweiten Stop und – ohne, dass einer ausgestiegen wäre – weiter nach Osaka, gut 500 Kilometer von Tokyo, unserem Reiseziel. Da standen wir dann! Am Bahnhof Shin-Osaka, Neu-Osaka, speziell für den Shinkansen gebaut. Als erstes die Suche nach einem Schließfach, nicht so weit weg möglichst. Check. Dann umpacken; was braucht man für die Nacht? Check. Dann Informationen, eine Touristen-Info. Check. Erkundigung nach Hotels! Ahhhhhh. Das war dann ein Satz mit „x" ... leider alles voll, leider alles voll. Aber wir sollten's am Besten auf eigene Faust versuchen, da, in die Richtung! OK. Los ging's in die kaltklare Luft des späten Nachmittags. Flugzeuge zogen ziemlich niedrig über uns hinweg, die Einflugschneise für den alten Flugplatz? In einer zyklopen Landschaft von Riesenkästen mit Ameisen, die dazwischen wimmelten, bewegten wir uns langsam vom Bahnhof weg. Margarete meinte mal, unsere Architektur spiegele sehr die monumentale des alten Ägypten wieder. Das leuchtete mir schon ein, wie wir da klein und vorsichtig losgingen, auf gut Glück vorwärts. Hier und da waren Hotels, sind ja immer in Bahnhofsnähe, aber wir fanden kein Zimmer. Halb Tokyo war schon vor uns da! Familien mit Kindern, viele Kinder tummelten sich in den Lobbies der billigen Hotels. Es war zum Verzweifeln – der Wettlauf des Hasen mit dem Igel. „Ick bünn oll do!" so oft wir auch den Feldrain erreichten.

Ein ganz kleines Nudel-Restaurant mit dem schönen Namen „Amigo" sah uns fußlahme Flüchtlinge ohne Aussicht auf Beherbergung dann unvermittelt sehr, sehr anheimelnd an! Wir traten ein, bestellten, aßen eine herrliche Nudelsuppe, „Soba", Buchweizennudeln und kamen mit der Köchin ins Gespräch. „Gibt es hier vielleicht Übernachtungsmöglichkeiten in der Nähe?" wagten wir zuletzt die Frage. Die Köchin stutzte kurz und verstand: Die Chefin käme gleich, die wisse mehr, erklärte sie uns mit Wärme. Sie kam! Und war sehr lieb. Empfahl ein Hotel gleich um die Ecke, dann noch eins in der Nähe, dann schließlich die Jugendherberge. Ich ging jeweils allein suchen, während Mari mit dem Handgepäck ein Weilchen im „Amigo" blieb und sich mit der Wirtin anfreundete. In der JH, zehnter Stock, hätte fast was geklappt! Aus Mitleid mit uns armen Wanderern, oder weil sie eben JH waren und stets hilfsbereit, rief das Mädel an der Rezeption dann ein ganz neu eröffnetes Hostel für uns an: „Guesthouse Ten" hieß es und hatte zwei Betten frei! In einem Schlafsaal, ob uns das recht sei? Und wie!!

Wir waren schon wieder überglücklich. Besonders Mariko, die müde geworden war. Sie kann alles ertragen, aber keine Ungewissheit, keine Absagen wie diese zwischen dem Riesenspielzeug der Stahl- und Betonkästen. Das ist keine Umgebung für sie! Wir kriegten Telefonnummer und Adresse, leider keine Lageskizze: was sich in Kürze schon als unangenehm fehlend bemerkbar machen würde! Über den separaten Shinkansen-Bahnhof ging's zum alten Hauptbahnhof – ob Stuttgart da was lernen könnte? Und weiter nach Minamimorimachi, das sage man dreimal nacheinander möglichst schnell, ist kein Problem, wenn man sich einigermaßen konzentriert, aber in der Rush-Hour unbeschadet an Leib und Seele durch die Gänge und Hallen des Hauptbahnhofs zu kommen – das war nicht so leicht! Es gibt da einen runden Mittelpunkt von zwanzig, dreißig Metern Durchmesser, der von falschen weißen Säulen umstanden ist. Zwischen diesen Säulen münden zahllose Gänge auf den Platz, und aus allen diesen Gängen strömten Menschen Menschen Menschen auf uns zu und an uns vorbei wie in einem bösen Traum. Wir fühlten uns nicht existent und doch herumgestoßen von Mächten, die wir nicht verstanden – die uns auch weiter nicht wahrnahmen, nur immerzu strömten.

Wir waren am Ende unserer mentalen Kraft und mussten uns wirklich sehr zusammenreißen, um uns nicht einfach irgendwo auf unsere Klamotten zu setzen und blöd aus der Wäsche guckend sitzen zu bleiben. Die Leute waren zum Glück unheimlich nett; alle, die wir anhielten und um Auskunft baten, waren hilfsbereit.

Das dicke Ende, Minamimorimachi, kam aber erst noch! So dicht am Ziel konnten und konnten wir das „Ten" einfach nicht finden. Wie verhext. Wir fanden uns verirrt in einer langen Passage von Läden aller Art, viele von ihnen kleine Essgeschäfte, „möchten Sie nicht mal probieren ...?" Wie verführerisch weibliche Stimmen klingen können! Die Japaner sind große Künstler, was Stimmmodulation angeht; man macht sich in Europa gar keinen Begriff davon, welche Möglichkeiten in der menschlichen Kehle stecken! Außer den Anthroposophen natürlich. Ein Organ mit großer Zukunft!

Und die Leute in Osaka haben überdies so eine graziös singende Art zu sprechen! Zauberhaft. Ganz anders als das Klischee der Bumskomödie aus Osaka im Fernsehen war das! Hatte wirkliche Anmut! Wir bewegten uns anfangs ganz forsch: hatten den Weg schließlich erklärt bekommen! Gingen los, und, na, ich will's kurz machen, fanden das „Ten" einfach nicht. Fragten zig Leute, alle hatten den besten Willen, aber keine Ahnung.

Bis zuletzt eine Frau unsere Sache zu der ihren machte und mit dem Handy in der Hand jemanden aus dem Hostel zu einem markanten

Punkt dirigierte, während sie neben uns herging bis wir an Ort und Stelle waren. Ein Auto, darin wohl ihr Begleiter, folgte uns unauffällig, Schritt-Tempo, bis die Übergabe tatsächlich gelang: „Vielen herzlichen Dank!" „Gern geschehen ... viel Glück!" Wir kamen an. Waren natürlich schon einige Male bis in unmittelbare Nähe des unscheinbaren Gasthauses gelangt, ohne die letzten zehn Meter zu gehen, das ist in solchen Fällen ja immer so! Als wir antrotteten, steckte grad ein Typ die Nase aus der Tür und machte irgendeinen launigen Spruch, den ich glücklich und einigermassen schlagfertig erwiderte.

„Steffen! – Wo steckst Du ...? Melde Dich ... zwei Tage und ein Flug nach Frankfurt ... Wir wollten doch in Kontakt bleiben!" Er hatte eine schwarze Mütze auf und erinnerte mich total an Frank, meinen fünfeckigen Lieblings-Cousin und ein bisschen auch an den „Don't call me stupid! Asshole ...!" aus „Ein Fisch namens Wanda", der Kens Goldfisch frisst, na wie heißt er, Otto! Ein guter Typ! Mit seiner lieben jungen Frau und dem noch jüngerem Söhnchen Zen auf Heimaturlaub in Yokohama: als es schepperte. Wir wurden gute Freunde für ein paar Gespräche, das einzige intensive später bei einem Bier aus dem Plastikbecher im Flugzeug hoch über Sibirien. Dieser Steffen hielt uns also die Tür auf, eine ziemlich wackelige übrigens, und ließ uns rein in eine Lobby wie sie nicht hätte schöner sein können. Alte Sofas mit Sesseln, die nicht dazu passten vor zu kleinen Tischen, allerhand Zeugs überall, zwei bullernde Öfen, eine Theke seitlich rechts und ein Front-Desk am Ende dieses seelenvollen Raums. Auch die Gäste auf Sesseln und Sofas waren ziemlich bunt gewürfelt: Nationalität, Alter, Status ganz egal – alles passte zwanglos zueinander. Es war wie 1976 in Amsterdam, in einem Wort. En una palabra, Ramiro! Natürlich ohne Drogen.

Unsere liebenswerte Fremdenführerin der letzten Meter stellte sich als eine der beiden Chefinnen des Etablissements heraus und hieß uns nun förmlich willkommen, indem sie uns einloggte, und wir gleich drei Tage im Voraus rappten: was bezahlt ist, gehört uns! Wir waren so froh. Ließen uns durch Gänge mit Höhlencharakter führen,

zwei Treppen hoch; mir ist das Gefühl präsent, als ob es gestern gewesen wäre: die Überraschung, in massivem Stein zu gehen! Sehr europäisch fühlte sich das an, spanisch vielleicht? Ein altes Gebäude neu überarbeitet, überall standen noch Leitern und fast noch feuchte Pinsel in Farbeimern rum, die Wände waren bunt bemalt, die Glühbirnen nackt, die Vorhänge, von denen es viele gab, aus braunem Rupfen, der Schlafsaal mit acht zweistöckigen Betten ein absoluter Hit: Amsterdam eben. Wir suchten uns freie Kojen, Mariko gleich links des Eingangs und ich hinten rechts am Fenster: so, dass ich meinen wertvollen Rucksack zwischen Bett und Wand versteckt einkeilen konnte. Es gab seltsame Duschen mit lauwarmem Wasser, es gab selbstgebaute Waschbecken davor, und wir genossen alles. Wie gut nach fast einer Woche endlich wieder Wasser über den Körper laufen zu lassen! Wie gut, alles abzuwaschen.
Hätten wir zu dem Zeitpunkt schon gewusst, dass man Radioaktivität tatsächlich zum Teil „abwaschen" kann, wären wir sicher viel länger unter der Dusche geblieben; ich wusch mir noch nicht einmal die Haare, weil es Abend und ich zu müde war. Am nächsten Morgen gab es dann kein warmes Wasser, und ich improvisierte ziemlich ... Mariko aber wusch und schrubbte sich sofort nach Herzenslust. Wie viel Radioaktivität wir tatsächlich aufgefangen haben in diesen ersten Tagen, wissen wir zwar nicht, sind aber nicht sehr beunruhigt. Die knappe Stunde auf dem Dach mit Opa und Schwager Kazuma war vielleicht ein Fehler: war vielleicht aber sogar noch vor Ankunft des großen Schubs. Und selbst wenn: mehr als fünfundzwanzig Mikrosievert pro Stunde hatten wir in Iwaki wohl gar nicht. Wir hatten das Glück, auf der windabgewandten Seite zu liegen; die Leute in der „Fahne" sind arm dran. Wir nicht. Es kann sein, dass Mariko und ich die größte Strahlenbelastung dieser Tage noch vor uns hatten: in Reisehöhe 13.000 Meter nimmt man pro Stunde fast zehn Mikrosievert auf. Ob das genau vergleichbar ist, weiß ich nicht, das Thema „Radioaktivität" ist unglaublich komplex, aber einen Anhaltspunkt hat man vielleicht doch. Die Länge der Bestrahlung macht's. Nach einem kurzen „Pflichtbesuch" in der Empfangshalle unten gingen wir todmüde schlafen. Endlich raus aus den Klamotten, endlich in

einem richtigen Bett, endlich in Sicherheit! Ohne Nachbeben, ohne Angst. Träumten wir?

18 Geburtstag im „Ten"

Ich wachte etwas früher auf als Mariko, es war ihr Geburtstag, der siebzehnte März, und schenkte ihr eine Kleinigkeit: war's ein Kuss und ein Dankeschön? Oder war's etwas Greifbareres? Ein Beulchen? Weder sie noch ich können uns erinnern ... später am Nachmittag lud ich sie aber in ein teures spanisches Restaurant ein: das eigentlich gar keins war, sondern eine vornehme Bar. Es wurde uns mit grandioser Herablassung ein Tellerchen Tintenfisch zu zwei Gläsern gutem Wein serviert: wir teilten und genossen die kalte Höflichkeit wie einen erfrischenden Guss. Wo soviel Arroganz ist – da ist die Welt noch in Ordnung! Ole!

Bis dahin hatten wir aber noch viel zu tun ... Wie genau die Reihenfolge war? Wir frühstückten erbärmlich schlecht im „Ten", ein kaltes gekochtes Ei mit einer trockenen Scheibe Toast und einer halben Banane: serviert vom Chef persönlich, nachdem er endlich zugange gekommen war. Gut war das aber doch; gab mir Zeit, kurz den PC des Hauses zu füttern und auf der Seite der deutschen Botschaft zu lesen, dass es ab sofort einen Krisenstab am Kansai Airport gäbe um deutschen Staatsangehörigen und ihren Familien bei der Ausreise behilflich zu sein! Das war bei uns in Osaka! Die anderen Bilder, die verloren wirkenden Feuerwehrleute in Fukushima, so weit weg, in einer anderen Welt waren zu schrecklich, um irgendetwas außer einer neuen Stumpfheit hervorzurufen. Ich sah mit Grausen, was da passierte – aber wir hatten zu tun. Zuerst mussten wir unsere Tickets klarmachen. Fuhren zum Reisebüro, HIS Osaka, ließen uns die Reservierung ausdrucken mit der Bitte um Zeit; wir wollten erst die Deutschen am Flugplatz treffen! „Storno kein Problem!" erfuhren wir ...

Eine Japanerin koreanischer Abstammung – bei uns hier im Norden gibt das keiner von denen gern offen zu, es ist ein Makel. Anders diese Frau! – hatte uns „berichtet", Italien flöge seine Staatsbürger umsonst aus und auch Frankreich (stimmte nicht ganz aber doch halb: Barbaras Tochter, Marie Endo mit Baby Kotaro kriegte den Hinflug geschenkt; nach der Devise „Eintritt frei – Austritt das Doppelte ..."), und wir sollten uns doch auch unbedingt bemühen" So oder so war klar, dass wir dahin mussten. Fuhren also raus zu der riesigen künstlichen Insel in der Bucht von Osaka, als ob gar nichts wäre, gingen und fuhren auf den coolsten Laufbändern durch nagelneue Anlagen, fanden den LH-Schalter und – unter einer deutschen Fahne sitzend Frau Dr. Prinz, die ich von der Zeremonie zur Plakettenenthüllung des Hoshi Hajime, des großen Sohnes unserer Stadt, das Jahr zuvor kannte. Hoshi Hajime – nicht unumstritten. Er unterstützte nach dem ersten Weltkrieg notleidende deutsche Wissenschaftler, auch die nicht alle unumstritten: gleich und gleich also. Wie ich mich freute! Sie kannte mich sogar auch noch, wir hatten damals eigentlich nur ein paar Worte gewechselt und kam tatkräftig zur Sache: „Wollen Sie sofort fliegen? In drei Stunden geht der nächste Flug!" Uns war ganz schwindlig! „Nein, wir können das nicht schaffen, das Gepäck ..." – „Dann morgen?" Es gäbe immer „No-Shows", sagte sie, sprach kurz mit der LH Crew am Schalter und hatte innerhalb zehn Minuten alles klargemacht. Heißt: mein Ticket wurde ohne Weiteres umgeschrieben auf den nächsten Tag, und Mariko kriegte einen einfachen Flug zum Reisebüro-Preis verkauft. Wir konnten es kaum fassen. „Zahlen Sie gleich?" „Ja, gern ..." So gern wie noch nie zückten wir das Portemonnaie. „Ja, das hat ja prima geklappt!" freute sich auch Frau Prinz und ließ sich mit uns fotografieren. Dann wurden wir interviewt: Tim Kröger vom ZDF, den wir danach als „unseren Korrespondenten in Osaka" noch öfters in den Nachrichten sahen, befragte mich zu unseren Abenteuern. Ich erzählte lang und breit, dreckig und zerfleddert wie ich war, ohne leider das zu sagen, was ich wirklich zu sagen gehabt hätte:

„Hört auf mit dem ganzen Wahnsinn! Nehmt Vernunft an, Leute. Es ist ja nicht nur die Atomkraft, nein, noch viel Gefährlicheres wird mit aller Kraft vorangetrieben: die Gentechnologie, Chimären werden schon geschaffen ohne, dass einer vor Entsetzen aufschreit, die

Nanotechnologie überschüttet den Planeten mit monströsen Teilchen einer Gegenschöpfung, die Computer übernehmen die Funktionen dessen, was früher einmal „Gehirn" war, Herzen werden sowieso schon lange am Fliessband hergestellt, von dem hässlichen Schmetterling, der Seele, ganz zu schweigen: DER wurde mit der Fliegenklatsche der experimentellen Psychologie der Garaus gemacht, ich kenne mich da etwas aus, und was noch übrig ist von der Krone der Schöpfung soll als Vorlage für die Generation des Golem dienen." Das hätte ich sagen wollen.

„Leute, werdet klug! Lasst euch nicht verarschen!
Ihr seid keine Konsumenten, ihr seid kein Mastvieh, seid keine Schlachtkälber: ihr seid Menschen!! Besinnt euch!! Das Leben ist kurz und kostbar. Kostbar auch für die so gedankenlos gequälten Tiere. Wir sind doch EINS! Die Erde schwebt frei im Raum, blau und schön, wie lange noch? Sie wird grau und hässlich, jeden Tag ein bisschen schneller. Wir können das ändern ... wenn wir nur wollen! Wenn jeder nur etwas mehr für saubere Elektrizität zahlte, bräuchten wir keine AKWs und auch keine Dreckschleudern mehr, wir könnten anfangen, VERZICHTEN zu lernen! Die wichtigste Lektion der nächsten Jahre."

Das alles sagte ich nicht – machte mir im Flugzeug später die bittersten Vorwürfe, die Geistesgegenwart nicht gehabt zu haben ... vielleicht wäre ja doch ein bisschen davon gesendet worden! Vielleicht hätten ein oder zwei Sätze doch das richtige Ohr gefunden! Wäre ... hätte ... wie so oft. „Hätte – hätte: Fahrradkette!"

Fakt ist, dass die junge, schwangere, blonde Frau aus Tokyo, die ich beim Weggehen noch aus den Augenwinkeln im Gespräch sah: interessanter für das ZDF war. Ein Wort gab Tim Kröger Mariko noch mit: „Cats always survive!" und das war sehr tröstend. Weiter ging's! Mit etwas Süssem zum Reiseburo, die Reservierung zu stornieren. Wie hilfsbereit der Herr Hirayama gewesen war! Er war freudig überrascht ... hatte aber die Kleinigkeit wirklich verdient! Auch an die Eltern in Yoshima dachten wir, und nach dem unvergesslichen Glas Wein mit dem „Prost" zum Geburtstag fuhren wir raus zum

„Amigo", um uns auch da zu bedanken. Nur kleine Gesten für große Hilfe: aber es ist doch gut, wenn man die Möglichkeit hat, zu zeigen, dass man nicht vergisst. Wir wären uns schäbig vorgekommen, Dankbarkeit zu zeigen und unsere Freude zu teilen. Die Chefin selbst war im Restaurant, und auch ihre Tochter war da: sie hatte ein Baby im Arm und bedauerte, uns nicht zwei Tage früher getroffen zu haben – hätte uns bei sich aufgenommen! Wir aßen noch mal und schieden als gute Freunde. Irgendwann fahren wir noch mal zu ihnen, das haben wir uns fest vorgenommen.
Mariko dachte dann voraus und fand, dass es allerhand einzukaufen gäbe an Souvenirs und Geschenkchen – so ging's zu guter Letzt noch mal ins Gewühl des Bahnhofs; ich wartete, während sie shoppte; Geburtstage standen an: Leon, Markus, dann der große meiner Mutter, auf den sie sich so freute, und auch für May brauchten wir doch was! Ich hätte das nicht gekonnt, na, Frauen erholen sich beim Einkaufen, scheint's! Nach diesem letzten langen Tag kehrten wir erschöpft, aber guter Laune ins „Ten" zurück. Mit komplettem Gepäck! Um dann morgens umso schneller starten zu können. Trafen Steffen mit Familie: es stellte sich heraus, dass wir am nächsten Tag zusammen fliegen würden! Die Familie seiner Frau war auch da und beschloss, nach Yokohama zurückzukehren; allen war etwas mulmig dabei zumute; kein Wunder, wo wir im TV und in den Internet-Nachrichten des Münzcomputers zum ersten Mal überhaupt seit dem Tag der Katastrophe Nachrichten in Bildern sahen. Wir konnten gar nicht richtig hinsehen, wie ein paar verloren wirkende Chinook-Hubschrauber, eben die „Bananen", die mir am Morgen des Zwölften schon das Herz hatten in die Magengrube fallen lassen wie sie in Formationen von zwei und drei nach Norden flogen, kurz über den Ruinen von Daiichi standen und versuchten, aus riesigen sackartigen Beuteln Kühlwasser in die Reaktoren zu schütten. Man sah sofort, dass nichts draus werden konnte, der Versuch wurde ja auch schnell beendet und die roten Spritzen kamen an die Reihe. Alles vergeblich ... dachten wir wohl alle. Und waren trotzdem froh, dass gekämpft wurde, dass irgendwas gemacht wurde. Ich für meinen Teil hoffte immer, dass die Regierung endlich massiver eingreifen

würde, auch aus dem Ausland angebotene Hilfe stärker in Anspruch nehmen würde. Wie sehr Tepco dagegen mauerte, war mir zwar da noch nicht klar, aber eine Ahnung, ein gewisses instinktives Verstehen der Zusammenhänge hatte ich, hatten wir, glaube ich, alle.
Die große Hoffnung – man zerrte direkt mit aus ganzer Kraft, spürte das Ziehen wie am eigenen Leibe – war die provisorische Starkstromleitung, die über einige hundert Meter Strecke quer durch den Wald zu den Reaktorblöcken gelegt wurde. Das war die große Anstrengung dieser Tage, davon wurde in den Nachrichten gesprochen: „Wieder Elektrizität!" wie von einer Verheißung, und darauf setzte auch ich für mich meine naive Zuversicht: vielleicht kriegen sie es doch noch unter Kontrolle! Wie man sich also an einen Strohhalm klammert! Obwohl es doch eine Woche zu spät war. Und auch noch tagelang nicht gelang. Erst in Deutschland dann sahen wir oder hörten: es gibt wieder Strom im Kraftwerk. Was für eine Ironie der Katastrophe zugrunde liegt! Das Kraftwerk, das für sich selbst keinen Strom hat. Das Auge, das sich selbst nicht sehen kann. So ist es doch.
Wir sprachen mit den Eltern in Yoshima. Sie waren allein mit ihrem Sohn. Frauen und Kinder waren von Bord gegangen, dazu auch ich: doch keiner machte mir irgendeinen Vorwurf. Die Zurückgebliebenen waren gefasst, ließen sich jedenfalls nichts anmerken. Was sie erwarteten, was sie fürchteten, sagten sie nicht. Wir telefonierten auch in den folgenden Wochen, die wir im schönsten Frühling verbrachten, den Deutschland seit langem hatte – meinem ersten deutschen Frühling seit 1984 überhaupt! – täglich mit ihnen und hörten vor allem von Nachbeben, Wassermangel und Knappheit bestimmter Güter wie Benzin oder frische Lebensmittel. Der Nachschub funktionierte lange Zeit schlecht, die Post kam nicht, die Zustelldienste bedienten Iwaki nicht. Viele LKW-Fahrer weigerten sich einfach, sich so nahe an die Gefahr zu begeben.
Wer konnte, war weg: Iwaki hätte wochenlang einer Geisterstadt geglichen, hörten wir auch von Jürgen, der mit Yoko wegen seines sterbenskranken Schwagers blieb. Ein mutiger Mann! Einer der ganz wenigen Ausländer, die blieben. Wie Hasen seien wir gelaufen, hörte ich mal halb spöttisch, mehr als halb verstehend. Er blieb und teilte

das Schicksal seiner japanischen Familie. Bravo! Ob ich das gemacht hätte ohne Leons Brandruf? Wie ich mich kenne – wäre ich unentschlossen hin und her geeiert.
Die Mutter war sehr tapfer am Telefon. Sie ist eine, die nie an sich denkt, nie, und freute sich vor allem, dass May und Leon bald von ihrer Angst erlöst sein würden. Freute sich auch, dass Kanae mit ihren drei Kindern und Yoshiko in Sicherheit in den Bergen waren. Freute sich auch für Mariko und mich. Für meine Mutter! Um sich selbst ängstigten sich weder sie noch Marikos Vater: ein echter Eisenbahner ist nicht so leicht aus den Geleisen zu bringen! Die feindlichen „Grummans" mit ihren Bordgeschützen setzten ihm Anfang 1945 mehr zu als dies jetzt, glaube ich, und auch denen entkam er ja. Er ist nicht so leicht zu entmutigen. Hielt die Stellung für den Sohn Kazuma, der schon am Morgen nach dem Beben begann, die Scherben zusammenzufegen und tatsächlich in Rekordzeit seinen Laden wieder öffnen konnte: die Leute brauchen gerade in schlechten Zeiten etwas Leckeres!
Die Mutter, Okasan, stand in ständigem Kontakt zu unseren Kindern in Deutschland: „Sie sind in Tokyo ... sind auf dem Weg nach Osaka ... haben jetzt Tickets und kommen am Freitag, dem achtzehnten März abends um sieben in Osnabrück an!"

19 Abflug

Und so geschah's. Wir verließen das gute Gasthaus früh am Morgen ohne Frühstück, wie man leicht verstehen dürfte, aber voller Dankbarkeit für die so freundlich dargebotene Heimat in der Fremde. „Sie kommen als Fremder und gehen als Freund" versprach mal ein Schild an der „Barbula-Bar" ... hier stimmte es. Wir hatten am Vorabend sogar unverlangt die zuviel gezahlte Nacht erstattet bekommen! Und bekamen die freundliche Erlaubnis, die Zeitungen der letzten Woche, die da rumlagen, mitzunehmen: als Dokument des Grauens, zur Erinnerung für unsere Kinder in Deutschland, zur Dokumentation eines Elends, an dem wir beteiligt waren und doch nicht mehr davon verstanden hatten wie die Motte das Licht, an dem sie verbrennt oder sich die Flügel wund schlägt und zuletzt erschöpft auf dem heißen Asphalt der Sommernacht krepiert. Bloß, dass wir mit viel Glück nicht verbrannt wurden; jemand den Schalter eben noch umlegte, bevor es zu heiß geworden war. Wir konnten davonfliegen – weg von Dai-ichi. „No more Hiroshima" sagen die Japaner anklagend – No more Fukushima! sagen alle, die wie wir mit knapper Not der großen Katastrophe entkamen. Schnaufend unter der Last unseres Gepäcks machten wir uns auf, noch einmal die Routine von „Links!" „Rechts!" „Geradeaus!" bis wir am inzwischen bekannten Hauptbahnhof ankamen und wenig später im Zug raus zum Internationalen Flughafen saßen. Das Wetter war gut und während im Norden die Tsunami-Opfer im Schnee zitterten und in Dai-ichi alles auf Messers Schneide stand, waren wir auf dem Weg in die Sonne. Wer hätte das je für möglich gehalten – nach Deutschland in die Sonne! Aber es war so. Wir waren unterwegs in den schönsten Frühling EVER. Wir arbeiteten und wirkten ganze herrliche sieben Wochen im Freien, es war traumhaftes Wetter. Arbeiteten, um nicht denken zu müssen ... in der Sonne, immer in der Sonne. Und feierten alle zusammen Geburtstag!

Wir checkten ein, trafen Steffen mit Frau und Söhnchen, saßen ein Weilchen auf einer Bank, baten eine der Nebensitzenden, uns zu fotografieren und stiegen ein. Die Boeing 777 rannte los, hob ab und flog unvermutet nach Seoul – die Lufthansa hatte sich, so weit es eben ging, aus Japan zurückgezogen – zu Crew-Wechsel und Auftanken. „Stay in your seats!" erbosten sich die Stewards dort, und schon ging's weiter. Schon waren wir in Frankfurt, verabschiedeten uns von Steffen und Frau, telefonierten mit unseren Kindern, hätten fast den Anschluss verpasst, mussten unser Handgepäck zur Belustigung der Mitreisenden auspacken: Mariko war in tausend Ängsten, ich war einfach müde, ein Anruf klärte die Lage, alle hatten Verständnis für unsere Situation, und gleich darauf saßen wir noch einmal für eine kurze Zeit im Flugzeug. Landeten, wurden von Pass- und Zollbeamten noch einmal aufmunternd – „aus Japan ... ?" durchgewinkt – sahen May und Leon schon auf der andern Seite der Glaswand, dann war die Wand weg, und wir hielten uns fest und weinten vor Freude.

Ein Haiku entstanden am 15. 3. 2011 im Auto unterwegs weg, nur weg aus Iwaki.

Fukushima eins:
Wir sind auf der Flucht – wohin?
Vier Blöcke brennen

Teil 2 – Ein schwach verstrahltes Jahr

1 Ein fernes Land

„Die Menschen drüben blicken uns nicht an …" ging mir heute in den frühen Morgenstunden nicht aus dem Kopf. Eine Zeile, die vorletzte. „Blind suchen sie nach ihrem bisschen Glück." Ein Gedicht über das „ferne Land", das die eigene Jugend ist: wie sie mir Mittwoch plötzlich vor Augen stand, während Mariko und ich im Führerschein-Zentrum der Stadt Koriyama auf May warteten. Sie genoss zwei Stunden obligatorischen Verkehrsunterricht und wir verbrachten eine angenehme Zeit auf bequemen Sesseln im dritten Stock, hoch über allem Trubel des mit offenem Mittelschiff sehr interessant konzipierten Gebäudes. Wie entspannend es doch ist, in aller Ruhe auf die kleinen emsigen Menschlein tief unter einem selbst herabzuschauen!
Erst viel später fiel mir das Offensichtliche auf: dass ich vielleicht nicht nur von der eigenen Jugend, der eigenen Vergangenheit als dem fremden Land gesprochen habe, sondern von etwas viel Näherliegenderem. Zeit des Erinnerns, Zeit des Vergessens. Ich träumte heute nacht von Aufzügen, die durch Hochhäuser rasten – auch horizontal liefen wie Achterbahnen: in der Nacht auf den elften März. Auf den ersten Jahrestag der Katastrophe. „Fukushima-Katastrophe: Japans dunkelster Tag", sagt Spiegel-Online dazu. Die deutschen Medien laufen auf Hochtouren. Wir sind ja auch dabei, fünffach in den letzten zwei, drei Wochen. Drei TV Programme und zwei Zeitungen haben wir ausgeholfen mit Ortskenntnissen und Pipapo. Werden auch selber heute Abend spät auf RTL zu sehen sein. Ein Jahr danach. Ein ganzes Jahr nach dem elften März 2011; einem langen, schweren, düsteren Jahr für uns alle hier.
Ich freue mich aber am meisten, dass Stefan Klein zufrieden mit meiner Hilfe hier in Iwaki ist und einen sehr guten Artikel für die „Süddeutsche Zeitung" geschrieben hat wie's scheint! Darüber freue ich mich sehr. Habe mich gern reingehängt für ihn. Ein kleiner Dank für seine stete Ermutigung und Förderung: ohne ihn schriebe ich dies alles vielleicht gar nicht auf! Und alles klappte wie am Schnürchen, die Interviews, das Wetter … wunderbar. Sogar ein, zwei kleine Erdbeben gab es für's Lokalkolorit: nicht dass sie Herrn Klein aus

der Ruhe gebracht hätten – der Mann ist schon viel in der Welt rumgekommen.

2 Gedenkfeiern

Hier in Japan finden heute überall Gedenkfeiern statt. Überall Totenklagen. Weiße Chrysanthemen, auf unsichtbar gewordenen Bühnen zu phantastischen Landschaften zwischen Meer und Wolken arrangiert, geben den Ton an: wunderschön anzusehen. Leise, getragene Musik ist im Hintergrund zu hören, dunkel Gekleidete treten vor, verbeugen sich einen Moment lang würdevoll und gehen wieder ab: Abschied und Erinnern zugleich. Es ist fast genau so wie das Ritual bei einem Begräbnis, nur dass die sonor intonierenden Priester mit ihren eigenartigen Trommeln zu heiliger Klage fehlen und nicht geräuchert und keine Glöckchenschale angeschlagen wird. Aber der Abschied ist genauso Ernst; jeder weiß, dass seine liebsten Angehörigen oder die eigene Person nur durch Zufall noch nicht zu beklagen sind: aber vielleicht morgen, oh, schon morgen ... Seele, denk es! Die Vergänglichkeit allen Seins, die Kostbarkeit des Moments aber auch, stehen Allen in diesen Minuten so klar vor Augen wie selten sonst. –
Schon grünt die Tanne ... schon klappert das Hufeisen des Rössels. Die Japaner zeigen dem Tod gegenüber diese einzigartige Souveränität, wie auch der Not gegenüber übrigens – niemand beklagt sich über Verluste und alle stehen zum Staunen der übrigen Menschheit in Kälte und Nässe geduldig an für Wasser und ein paar Lebensmittel. Wie können sie das nur?
Eine gute Freundin lachte, als sie uns am Telefon sagen musste, dass ihr Mann schwer an Krebs erkrankt sei und lachte kaum zwei Monate später wieder: er ist gestorben! Um dann für sich furchtbar zu trauern. Das Allerwichtigste im Zusammenleben ist eben genau dies: Niemandem zur Last fallen, niemandem Unannehmlichkeiten bereiten. Auch nicht, wenn es um die letzten Dinge geht. Man zeigt sich nicht vor. Verschiedenste Feiern werden gehalten, Tausende von Kerzen wurden in Taira, dem Hauptort unserer Stadt Iwaki schon

am Vorabend angezündet; so viele Menschen strömten da zusammen, dass man kaum in die Nähe der Lichter gelangen konnte wie ich hörte ... Gedränge! Ein Zeichen von Leben, ein Fest der Daseinsfreude, ein Sich-Wieder-Finden im Diesseits, wo alles noch wohl bekannt ist, die eigenen Füße tragen und gegessen wird und getrunken. Wie schön ist es unter der Sonne! Man muss das Leben feiern – das Überleben. Die Toten sind fortgegangen, sie werden ihre Gründe gehabt haben: wir sind geblieben und haben auch unsere Gründe. Wir wollen leben!

Auch bei uns in Yotsukura: seit dem Morgen hört man eine Musik aus der Entfernung herüberwehen, eine Live-Band am Hafen. Es geht um Tsunami, Erdbeben und Atomkatastrophe wie überall in der ganzen Welt heute; überall ist heute Tohoku mit seinen geschlagenen Präfekturen Iwate, Miyagi und Fukushima; überall ist heute Fukushima und in Deutschland mehr als in allen anderen Ländern; außer in der Ukraine, außer in Weißrussland vielleicht, außer in der Gegend um Tschernobyl. Der Unterschied ist aber der: „Fukushima" wird hier klein geschrieben, so klein wie eben nur möglich. Es gab eine Dokumentation des staatlichen Senders NHK, der japanischen ARD also, mit dem schönen Titel „Die ersten 100 Stunden", die es fertig brachte, nicht eine einzige Explosion in Dai-ichi im Bild zu zeigen. Das muss man sich vergegenwärtigen! Ungefähr so, als hätte das Fernsehen über den neunten November 1989 in Berlin berichtet, ohne die Mauer zu zeigen: man muss ja auch die Leute nicht unnötig aufregen. Die japanische Wirtschaft will doch die schönen neuen AKWs überall hin exportieren. Krisenerfahren sind die japanischen Hersteller doch jetzt; wissen wie man mit Störungen umzugehen hat. Das ist ihr heißester Wettbewerbsvorteil! Man zeigte also den Rauch – aber nicht das Feuer. Die Ruinen von Dai-ichi sind allgegenwärtig – aber es wird gar nicht gern gezeigt wie's dazu kam, dass die da so traurig stehen. Ob das den Weg weist für einen Komplex ähnlich „Hiroshima"? Wo man auch die Ruinen der Stadt relativ schnell gezeigt hat; das Leid der Opfer anfangs gar nicht, dann kalt nüchtern, weil man vergessen wollte; bis jetzt endlich nach über sechzig Jahren ihre Schmerzen sentimental überhöht im Englisch-Textbuch für Mittelschüler – „New Horizon" heißt es ziemlich irreführend – beschrieben werden – aber nicht einmal auf die Hintergründe eingegangen wird? Warum fielen Atombomben auf Hiroshima und Nagasaki? Darüber erfährt man nie sehr viel und in der Schule sowieso gar nichts Konkretes. Geschweige denn Selbstkritisches. Wird das bei „Fukushima" auch so sein? Vergessen, besonders das alles zu vergessen, was nicht zu ändern ist: gut! Gesund. Nichts dagegen. Aber ein dermaßen selektives Vergessen? Muss man Lüge nennen. Krankheit. Seelengift. Überhaupt wäre es sehr untersuchenswert wie die Japaner in den fünfziger und sechziger Jahren an das friedliche Atom herangeführt wurden: da waren Hiroshima und Nagasaki kaum zwanzig Jahre Vergangenheit. Wie konnte der Horror des atomaren Todes, der atomaren Verseuchung so total von der Atomkraft zur Stromerzeugung getrennt werden? Als ob dies zwei ganz verschiedene Dinge seien und nicht die zwei Seiten einer Münze? Die Menschen hier glaubten absolut an die Gefahrlosigkeit der Atomkraft. Sie wollten daran glauben; anders ist es trotz der Verdummungskampagnen der Medien – Yomiuri Shinbun, mit über vierzehn Millionen täglich verkauften Exemplaren größte Zeitung der Welt, mehr als die Prawda in ihrer besten Zeit, und ihres ausdrücklich zur Förderung der Atomkraft aufgebauten Senders NTV allen voran – kaum zu erklären. Der damalige Besitzer der Yomiuri Shinbun war ein nach 1945 verurteilter „Class A"-Kriegsverbrecher namens Matsutaro Shoriki, ein äußerst zweifelhafter Charakter, wenn nicht alles täuscht. Ein echter Meister seiner Kunst. Nach dem großen Erdbeben von 1923 war er der „Kopf" hinter den Verfolgungen der koreanischen Brandstifter und Brunnenvergifter, sagen die Koreaner und begann so, falls das stimmen sollte, seine lange ekelhafte Karriere. Als unglaublich guter Judoka mit dem Grad des zehnten Dan, alles aus Wikipedia, wusste er wie man fällt: und wieder aufsteht. Und zuletzt seine Gegner auf's Kreuz legt. Er arbeitete eng mit dem CIA zusammen, um die Atomkraft in Japan gegen alle Widerstände einzuführen – die Amerikaner versprachen sich nach dem Koreakrieg sehr viel davon – und wurde so zum „Vater der japanischen Nuklearindustrie". Natürlich auch Vorsitzender

der neuen Atomenergiebehörde JAEC. Vermutlich auch oberster Kontrolleur gleich dazu? Ein Wunder, dass ihm nicht an jeder Straßenecke Denkmäler gebaut wurden! Er ist seit gut vierzig Jahren tot, aber die Yomiuri Shinbun schreibt nach wie vor von Zweifeln unbeschwert im undurchsichtigen Geiste ihres langjährigen und wichtigsten Inhabers für die Atomkraft und gegen alle vorsichtigen Bestrebungen, dies Monster zu zähmen. Als erste Journalisten wendeten sich diese Leute im Frühsommer gegen den Beschluss der Regierung Kan das AKW Hamaoka abzuschalten und leiteten damit die Hatz auf die Reformer ein. Die nach drei Monaten schon ihr Wild zur Strecke brachte. Warum nur waren die Japaner bis vor Kurzem bereit, diese absolute Trennung zwischen militärischer und ziviler Atomkraft zu akzeptieren, die ihnen vorgegaukelt wurde? So dumm ist keiner! Gebranntes Kind scheut das Feuer – warum ließen sich die Menschen trotzdem überzeugen? Durch welche unter der Oberfläche liegenden Argumente?

Es muss Gründe dafür gegeben haben. Um durch das steigen zu können, durch das man fiel, um ihre Seite eines faustischen Pakts nibelungentreu einzuhalten? Getreu dem pacta sunt servanda, das die ganze Nachkriegspolitik Japans kennzeichnet? Die Bürger arbeiten mit aller Kraft und die Regierung honoriert's ehrlich; das eine wie das andere im höheren Interesse der „Nation". Der Aufstieg aus Isolation und Armut gab den Politikern und der Großindustrie hinter ihnen jahrzehntelang unschlagbare Argumente: die LDP regierte von 1955 bis 2009 (mit einer kurzen Panne von elf Monaten) ununterbrochen. Spezialisten können alles am Besten, einschließlich der Politik, war die Meinung und so ließ man den Schuften viel zu lange freies Feld.

Jeder wusste, dass die Atomisierung ihre Opfer fordern würde – aber man war bereit, diese Opfer zu bringen. Dem Moloch der modernen Technik von dessen Gunst das Wohlergehen des Ganzen eben abhängt. „Niemand kann sich leisten, außen vor zu bleiben, wenn große Schritte in die Zukunft gemacht werden, am wenigsten ein armes, besiegtes Land wie unseres!" glaubten alle hier. Und ist es nicht überall so gewesen – nur dass die Japaner wieder einmal Pech

hatten, weil es hier Erdbeben und Tsunami gibt und nicht in Frankreich oder England?
War es so, würde das auf jeden Fall den fehlenden Aufschrei erklären, die fehlende Wut darüber, so bodenlos dumm im Dunkel gehalten worden zu sein. Niemand schrie, weil jeder im tiefsten Innern gewusst hatte: das Ding ist heiß, vielleicht sogar zu heiß für uns – aber wir haben keine Wahl. Wir wollen es deshalb nicht besser wissen. Von den USA zu lernen, hieß Siegen zu lernen! Auch Deutschland schmiss sich den Siegern in die Arme, eine verständliche Reaktion nach dem verlorenem Krieg, wo die Amerikaner so großzügig waren, so frei: ganz offensichtlich den Zeitgeist verkörperten. Da musste man einfach dabei sein, ich wüsste auch weltweit kaum ein einziges Beispiel für den bewussten Verzicht auf Atomkraft. Außer Österreich, das sein fertiges AKW nicht anschaltete.
Sie war bis Tschernobyl einfach „cool". In Japan unverändert auch danach. Atomwaffen sind aber eine andere Nummer! Die offizielle Linie ist da ganz strikt. Es dürfen offiziell keine Atomwaffen nach Japan gebracht werden: die Amerikaner müssen immer tricksen, wenn sie ihre Flugzeugträger in ihren japanischen Stützpunkten festmachen lassen! Obwohl man generell, hinter jedem Atomprogramm die Militärs stehen sieht, wie auch hier, wenn man nur genau genug hinsieht. Für den Fall der Fälle braucht man ein As in Reserve; so ist es doch? Nach Tschernobyl KANN kein vernünftiger Mensch mehr vom wirtschaftlichen Nutzen der Atomenergie überzeugt gewesen sein. Die Fakten sind doch glasklar: es wurde bis vor kurzem in den USA kein einziges AKW mehr neu geplant, geschweige denn gebaut! Weltweit ähnlich. Es rechnet sich nicht. Die Wirtschaft zieht sich zurück; Siemens zum Beispiel macht gar nichts mehr mit Atomkraft.
Keine Versicherung der Welt versichert mehr ein AKW. Das Risiko ist unwägbar – und wenn der Staat es trotzdem trägt, weiß man, dass andere Interessen dahinterstecken als wirtschaftliche; „nationale" was heißt: militärische. Dass im Geheimen gearbeitet wird, dass mit falschen Karten gespielt wird. Hier wie anderswo.

Japans schneller Brüter, ein Kuckucksei, „Monju", zum Hohn benannt nach einem die transzendente Weisheit verkörpernden Buddha, soll nicht abgeschaltet werden. Soll auf Sparflamme weiterlaufen. Wozu? Ein schneller Brüter produziert Plutonium. Wozu? Es gibt nur eine Antwort.

3 *Genpatsu Hantai!*

Die Mittags-Sirene geht, May sitzt in der Küche und pellt sich eine Mandarine; sie hat sauber gemacht, geduscht und mich dann wieder zu überzeugen versucht, dass Mama doch einen gemütlichen Sessel brauche, wenn schon kein Sofa, und ich bin es müde, immer dagegen zu reden. Ja, ein gemütliches Plätzchen braucht Mariko! Aber wo wäre das hier in diesem Haus noch zu finden? Das ist die Frage, und nicht, welche Schränke wir umstellen könnten oder was weggeschmissen werden muss, damit irgendwo ein Eckchen Platz entsteht ... Marikos letzten Geburtstag feierten wir auf der Flucht, in Osaka, glücklich, weil wir eben das rettende Flugticket ausgestellt bekommen hatten ... und auf der Flucht sind wir eigentlich immer noch. Wovor? Ist jetzt die Frage. Der Gefahr? Der Angst? Dem Misstrauen? Fakt ist, dass wir den Boden unter den Füssen verloren haben und nicht wissen wie ihn wieder zu gewinnen. Mariko selber ist unterwegs im „Cakeland", muss dem Opa helfen und wird wohl bald wiederkommen. Hoffentlich rechtzeitig für unsere Demonstration: wir wollen zum J-Village fahren, uns um 14:46 da hinstellen mit Transparenten oder irgendwas: Atomkraft NEIN! „Genpatsu hantai"! Es gibt Demonstrationen in Tokyo, da soll eine Menschenkette gebildet werden und in Koriyama wird Kenzaburo Oe sprechen und wir wollten eigentlich dahin. Ist aber zu weit bei dem schlechten Wetter und so kamen Mariko oder ich – oder wir beide gemeinsam – gestern Abend auf die Idee zum J-Village zu fahren. DAS ist doch die Stelle. Näher kommt man nicht ran an die Drachensaat. Und wir sind doch diejenigen, vor deren Haustür DAS ist! Wir müssen dagegen kämpfen. Also gingen wir demonstrieren. Kamen an zehn Minuten vor DER Zeit, fürchteten schon in einen wie kleinen auch immer Stau zu kommen oder keinen Parkplatz für unser Auto zu finden, da doch sicher wenigstens einige Demonstranten da sein würden: die Befürchtungen waren überflüssig. Niemand war da außer der üblichen Horde Polizisten, die da einen vergitterten, fest geparkten, überall rot blinkenden grauen Bus mit ständig laufendem Motor stehen haben, sowie zwei Reihen von Blechhütten zum Aufwärmen und drei, vier Typen mit Kameras: das schon. Einer von denen hatte ein Treppchen dabei und gab sich somit gleich als Profi zu erkennen, bestätigte dies durch die Unzahl der Fotos, die er von der völlig belanglosen Szene: „Einfahrt in's Sperrgebiet" machte; auch uns hätte er von der Seite fotografiert, sagte May – aber als Erstes kamen gleich ein paar Polizisten an, kaum dass wir ausgestiegen waren mit unserem Plakat und wollten unsere Identität überprüfen, die Führerscheine bitte! Persos gibt es hier nicht. Sie waren freundlich, fragten, was wir da wollten etc. und waren zufrieden mit Marikos Antworten. Steckten auch ihr Notizbuch weg, als ich nachfragte, was sie über uns aufschreiben wollten. Da standen wir also und zeigten Flagge, die deutsche nämlich, mit der Sonne drauf und der bekannten, inzwischen offiziellen politisch korrekten deutschen Aussage zur Atomkraft, und hielten unser Plakat in den grauen Nachmittag. Mariko hatte in der Küche auf ein großes Blatt Papier mitten drauf die gute Sonne (Atomkraft Sayonara!) geklebt und oben und unten Parolen geschrieben: oben „Gegen Atomkraft!" und unten „Tepco – Großer Übeltäter" oder wie immer man „Tai Zai" übersetzen will. Großer Satan? Wäre vielleicht auch nicht falsch. Wenn ich an die verstrahlten Gegenden im Nordosten der Anlage denke, an die weit über hunderttausend vertriebenen Leute, die ungezählten verhungerten Tiere – gestern sah ich in einer Dokumentation einen sowieso ekelhaft schrottigen Hühnerstall mit vierzigtausend Hennen in Käfigen, erst verzweifelt in der leeren Futterrinne pickend: beim zweiten Besuch des Kamerateams dann herrschte Totenstille. Man sah große Kübel mit weiß befiederten Leibern drin und ab und zu ein ragendes Bein. Warum ließ der Besitzer sie nicht frei, frage ich mich, auf den Feldern ringsum hätten sie zu fressen gefunden ... denn er war ja händeringend anwesend! Im Gegensatz zu zahllosen Tierhaltern, die innerhalb Stunden wegmussten und keine Möglichkeit fanden ihre Tiere mitzunehmen. Da habe ich Fotos gesehen, die ich vergessen möchte und doch nicht kann. Was uns angeht, hatten wir das große Glück, unsere Katzen versorgt zu wissen; hätte der Wind anders gestanden in den entscheidenden Tagen, wären wir auch schuldig geworden an unseren Viechern. Aber – angekettet waren sie wenigstens nicht. Und die fünf alten oder hilflos kranken Leute, die verhungert in ihren Wohnungen gefunden wurden, in der Panik der Flucht vergessen; ganz zu schweigen von den Hunderten Alten, die das Exil und den Stress in den Behelfsunterkünften nicht lange überlebt haben: ob die wohl in Tepcos Zentrale spuken gehen? Grund dazu hätten sie, und Berichte von Geistern und Gespenstern gibt's inzwischen genug, klar. Eine gute Spukgeschichte lieben die Japaner allemal. Also, auf nach Tokyo! Die Toten reiten schnell ... Hauptsache, sie finden die richtigen Büros.

„Yomiuri Daily Online" vom 5.2.2012 berichtet, dass der Tod von 573 Personen – alles Evakuierte aus 13 Ortschaften innerhalb der Evakuierungszone – nun offiziell auf die „Katastrophe" zurückgeführt wird. Probleme in den Notunterkünften: Stress, Kälte, fehlende Medikamente, man kann sich das Chaos sicher gut genug vorstellen. Die japanische Bürokratie steht ja nun der deutschen in nichts nach. Also wurden 28 Anträge auf Anerkennung „Katastrophentod" abgelehnt, die Hinterbliebenen von vier Toten mussten Neuanträge stellen. Falls der Tote Ernährer einer Familie war, „breadwinner", wurden 50.000 Euro Kompensation ausbezahlt, von wem wird nicht berichtet. Tepco? Wohl eher von den Gemeinden, von denen schließlich auch zertifiziert wurde.

Was die anderen Hinterbliebenen bekamen? „Kondolenz", genaueres schreibt die Zeitung nicht. Ich hätte auch, aber vor Scham, geschwiegen!

Sowieso waren es eh alte Leute: wie Helmut Qualtingers Tante alt und schwach.

Obwohl Deutschland ja nun eigentlich in Tepcos Schuld steht ... ungewollt von beiden Seiten natürlich. Und es bei Tepco auch verantwortungsvolle Führungskräfte gibt, das soll nicht unterschlagen werden; ein älterer Herr entschuldigte sich jetzt bei den Opfern wie immer mit den üblichen Sätzen: „Grosse Unannehmlichkeiten haben wir Ihnen bereitet und entschuldigen uns dafür auf's Tiefste." Es war bei ihm aber im Gegensatz zu den Schema-F Verbeugungen (auch diesmal sah man die, der neue Chef war sogar extra zum J-Village rausgeflogen, näher traute er sich denn doch nicht ran an den Speck, zum allerersten Mal war überhaupt die Tepco-"Nummer eins" hier draußen) eine wirklich menschliche Anteilnahme und vielleicht sogar so etwas wie Reue zu sehen, und DAS war gut. Wie stark doch der Mensch auf ehrliche Reue, auf ehrlich ausgesprochene Gefühle reagiert ... Da standen wir also im kühlen Nachmittagswind und wurden von einem undefinierten schlanken Jungchen gebeten die Schweigeminute einzuhalten: „Gern". Erst später begriff ich die Bitte: der Mann war vom TV und wollte sichergehen, dass seine Aufnahmen nicht durch unliebsame Stimmen ruiniert würden. Im Hintergrund ein dreistimmiger Chor von: „Gegen die Atomkraft!! Gegen die Atomkraft!!"? Da hätte er alles wegschmeißen können, nie wäre das zur Sendung gekommen und die ganze Vorarbeit umsonst gewesen. Die Sirene ging an im J-Village, eine Lautsprecherdurchsage waberte herüber: Eine Minute Schweigen im ganzen Land, also auch hier! Die Polizisten und die anderen Stöckchenschwenker nahmen das gelassen auf. Niemand kümmerte sich drum außer uns, schien mir. Wir waren allein mit unseren Gedanken, May in der Mitte mit dem Plakat, Mariko links von ihr mit der Sonne aus Stoff, der Demo-Mütze vom September, und ich rechts mit der kleinen schwarzrotgoldenen Fahne, die Köpfe gesenkt. Ein Jahr, seit dies alles seinen Anfang nahm. Ein Jahr, seitdem die Erde bebte wie noch nie, was uns angeht, und die Welle ausgelöst wurde. Ein Jahr, dass dies beschissene AKW in Klump ging. Die offizielle Linie – der Tsunami zerstörte die Anlagen! – ist ja nicht haltbar; schon das Erdbeben mit Shindo sechs riss Kühlwasserleitungen ab wie man weiß und nicht zugeben will.

Ein kleines Zeichen zu geben, standen wir da und schwiegen. Blieben stehen in der Kälte bis viertel vor vier, bis auch die Tsunami-Zeit – die Welle erreichte Dai-ichi gegen halb vier Uhr – erreicht war und gingen wieder. Nicht ohne noch einmal von zwei Polizisten befragt worden zu sein, einem sympathischen jungen und seinem sehr kalt blickenden Vorgesetzten. Auch waren doch noch einige Leute kurz gekommen, um zu fotografieren oder sonst wie zu schauen, Touristen. Zwei von denen fragten freundlich, ob sie uns aufnehmen dürften und einer schüttelte mir sogar die Hand – was ich als Anerkennung auffasste und stolz entgegen nahm. Was uns im Nachhinein dann doch nicht wirklich verwunderte, während wir mit tief gesenkten Köpfen dastanden (wie Mariko und May aus den Augenwinkeln genau sahen, ich natürlich wieder mal nicht), war folgendes: Der Junge vom Lokalsender NHK-Fukushima – wir sahen's später in den Nachrichten – hatte zwei „Opfer" dahinbestellt gehabt – anders ist es nicht zu erklären, die Jungs überlassen nichts dem Zufall – und filmten die in der Schweigeminute. Ließen sie danach auch ein paar Sätze sagen ... dass sie gern wieder nach Haus möchten! Oder etwas Ähnliches; das Übliche jedenfalls; die gleiche Prozedur also, und wie es aussieht, hat auch diese exzellente Chancen ein Dauerbrenner zu werden: the same procedure as every year!

Es fällt schwer, nicht zynisch zu werden bei dieser Art der Berichterstattung. „Neuigkeiten" sind nicht das Thema der japanischen Mainstream-Medien! Sie haben eine andere Funktion: eine vermittelnde. Schaffen die Basis, auf der die Leute sich bewegen können, ohne Angst haben zu müssen abzustürzen in die Einsamkeit einer eigenen Meinung oder sonstwelchen Horrors ... autsch, ich werde schon wieder zynisch: wenn Mariko und ich jetzt in der Küche säßen, würden wir kurz das Foto des 14. Dalai Lama anschauen und die Hände zusammenlegen: Entschuldigung ... „Leit"-Kultur ist hier leider kein schmutziges Wort! TV und Zeitungen leiten, allen voran leitet unermüdlich die allergrößte, die Yumiuri Shinbun, deren damaliger Boss, Shoriki Masataro, übrigens ein „Class A"-Kriegsverbrecher, später vom CIA bezahlt, zusammen mit Reagans Kumpel „Call-me-Yasu" Nakasone das friedliche Atom nach Japan holte. Der alte Nakasone lebt noch; nicht dass er irgendeinen Kommentar zu „Fukushima" gehabt hätte ... Galgenstricke, im Dutzend billiger, sollte man meinen: die Spitzen der Gesellschaft.

Die Medien erklären dem Volk die unergründlichen Ratschlüsse der Regierung; so ist das hier. Wie sollte es anders sein? Es war schon immer so. Die Kamera schwenkte im „Establishing Shot" kurz über die Barrieren, fokussierte auf die beiden Opfer und dann gleich „Cut". Während das einzig Interessante für eigentlich jeden Journalisten doch das seltsame Häuflein der drei Aufrechten und ihr Plakat da auf der anderen Straßenseite gewesen wäre! Zumindest einen Streifer wert. Oder etwa nicht? Nun, alles ist eben anders hier.
Eine andere Truppe von dandyhaften Fotografen fragte uns noch um ein Kabel – die Autobatterie irgendwie leergenudelt – aber leider hatten wir keins dabei und so mussten sie die Hilfe Anderer in Anspruch nehmen. Fanden Hilfe ... und rauschten ab ohne Weiteres. Das war, abgesehen von einigen -zig Hälsen, die sich nach uns drehten – denn es fuhren wie immer im Halb-Minutentakt Autos und kaum besetzte umfunktionierte Reisebusse durch die Sperre – die ganze Ausbeute unserer Aktion. Und trotzdem war es gut, dass wir da standen: Vertreter der schweigenden Mehrheit von 56% der gegen Atomkraft eingestellten Japaner. „Gegen" heißt nun aber leider nicht wirklich „gegen" sondern eher „wir finden's nicht mehr so gut wie früher", was natürlich der Atomlobby Tür und Tore offen stehen lässt. Noch nicht einmal die Anlagen Blöcke fünf und sechs in Daiichi, geschweige denn das ganze schimmelige Dai-ni, will Tepco kampflos aufgeben! Will mit der Bevölkerung „reden". Seltsamerweise haben die Bewohner der unmittelbaren Umgebung – sollten sie wirklich entschlossen sein – die Möglichkeit, den Betrieb eines AKWs zu verhindern! May gegenüber habe ich Tepcos Abgebrühtheit mit den Pflichten einer Aktiengesellschaft ihren Aktionären gegenüber zu erklären versucht, um ihr mal einen Einblick in den Kapitalismus zu geben, aber im Grund ist es doch einfach eine bodenlose Frechheit. So eine Dreistigkeit! Vor allem da Tepco de facto schon verstaatlicht ist ... Eine lebende Leiche, ein Zombie. Obwohl die unzerstörten Blöcke von Tschernobyl ja auch noch jahrelang nach 1986 weitergefahren wurden – man darf's sich gar nicht vorstellen – und hier in Japan doch etwas in Bewegung geraten ist.

4 Etwas in Bewegung

Es hat sich etwas in Bewegung gesetzt. Kaum erst zu bemerken – aber dies war ein Wendepunkt: ich bin ganz sicher. Die großen Bewegungen fangen eben unmerklich an; ein Zug setzt sich in Bewegung, ohne dass man es spürt: erst wenn der Bahnsteig sich zu bewegen scheint, realisiert man, dass etwas geschehen ist und rast im nächsten Augenblick schon durch unbekannte Landschaften einem fernen Ziel entgegen. Die Menschen hier sind seit gut zwanzig Jahren orientierungslos; die Bubblezeit brachte Japan endlich die langersehnte Emanzipation: das verzweifelte Rennen – ausgelöst Juli 1853 von Commander Perry und seinen schwarzen Schiffen in der Bucht von Edo – um den Platz an der Sonne, den Platz am Tisch der Grossen, war endlich gewonnen! Japan schien 1990 die Welt zu gehören ... Von den zehn größten Banken der Welt waren acht aus Japan, die Grundstückspreise in Tokyo waren so unglaublich hoch, dass die verrücktesten Vergleiche angestellt wurden: der Kaiserpalast allein mehr wert als Los Angeles, ganz Tokyo mehr wert als Kalifornien, Deutschland kam gar nicht weiter vor. Zum Vergleich: die NTT ging an die Börse, die japanische Telecom, und war wenig später teurer als alle deutschen DAX-Unternehmen zusammen! (Uns wurden vor der IPO telefonisch Aktien angeboten, in einer Art Lotterie wohl, und die Dame am andern Ende der Leitung wollte einfach nicht glauben, dass wir „kein Interesse" hatten. Inzwischen kann's ich auch nicht mehr glauben ... da hatten wir einen Sechser im Lotto, innerhalb zwei Tagen war der Ausgabepreis auf's Dreifache gestiegen, und schmissen den Zettel in den Mülleimer ... na, wer weiß, wofür's gut war!) Auf der Höhe des Erfolgs, voll des schönen Gefühls: „Wir haben's erreicht!" lehnte sich Japan dann einen kurzen Moment zurück – Nakasone propagierte den zweiten freien Tag pro Woche und forderte zu mehr Konsum auf – und sah erstaunt das Kartenhaus in sich zusammenfallen. Den NIKKEI-Index von fast vierzigtausend damals auf unter zehntausend Punkte heute fallen. Sah wie alles rutschte und unhaltbar tiefer rutschte ... ohne aber wirklich krachend zu fallen! Slipsliding away ... immer weiter bergab, bergab, bergab. Ohne dass aber wirklich etwas pleite ging, ohne dass ein Knall laut und deutlich zu hören gewesen wäre! Was einerseits sicher eine unglaubliche, kollektive Leistung sowohl der Wirtschaft als auch der Politik ist – vom Otto Normal getragen wie immer – andererseits aber ein zwei jahrzehntelanges Verharren im Schockzustand bewirkte. In einer Schockstarre. Nur keine falsche Bewegung, nur keinen falschen Tritt auf unsicherem Pfad: ohne Führung! Die ganze Reisegruppe trat auf der Stelle ohne den fähnchenschwenkenden „Guide" (um ein missbrauchtes Wort zu vermeiden). Wohin gehen wir? Wohin wollen wir? Wer sind wir überhaupt? Artisten in der Zirkuskuppel.

Inzwischen sind über zwanzig Jahre vergangen, man wurstelte sich so durch, hielt bis vor kurzem sogar noch immer den zweiten Platz hinter der doch wieder zähneknirschend als „Nummer Eins" anerkannten USA in der Reihe der Wirtschaftsmächte – bis jetzt China seinen immer größer und düsterer werdenden Schatten auch nach Osten zu werfen begann – und wiegte sich im Glauben, dass alles schon irgendwann von selbst besser werden würde. Es fehlte die Vision, es fehlte der Hunger, es fehlte der Biss, und natürlich fehlt alles auch im Präsens noch. Die alten japanischen Handwerkstugenden gehen mit den alten Techniken zum Teufel; welcher junge Zimmermann kann überhaupt noch richtig hobeln mit den besten Hobeln der Welt oder zu zweit dünne Bretter aus dicken Baumstämmen sägen wie es die Holzwerker der vergangenen Jahrhunderte konnten?
Mit ihrem strengen Handwerksethos als Basis schafften und schaffen japanische Ingenieure meisterhafte Sachen ... Warum nur blieb die Handwerksehre der Alten draußen vor den Toren der Pfuschfabrik von Dai-ichi im Morast stecken? Geldgier, vornehmer ausgedrückt die Profitinteressen der Betreiber: in einem Wort „kriminelle Energie" als Ausgangsmaterie, prima materia, für „atomare Energie"? Fast so idiotisch wie der faule Traum der Wald-und-Wiesen-Alchemisten, die Scheiße in Marzipan bzw. Dreck in Gold umwandeln wollten. Es hat ja nun auch nicht geklappt.
Obwohl die fortgeschrittene Welt eifrig weiterträumt – besonders die Neuankömmlinge Indien und China – bis zum nächsten Knall

eben. Bis es einmal so gewaltig rummst, dass alle aus den Betten fliegen! Bei uns ist es ja BIS JETZT noch glimpflich abgegangen ... dank viel Glück und nicht zuletzt dank Naoto Kans Mut, die feigen Bosse zurechtzuweisen: „IHR BLEIBT!" als sie am fünfzehnten März das Werk aufgeben wollten.

Die Ratlosigkeit der Generation „Geplatzte Blase" (Geplatzter Gummi? wie war noch mal der Witz? Fragt der Lehrer seine Indianerschüler wie sie alle zu ihren schönen Namen gekommen seien ... wie „Eben Aufgehender Mond" oder ... oder ... hhmmm ... ja, das war Willi mit der Nullschen Nase aus einer anderen Zeit ...) zeigt sich eben, alles zeigt sich letzten Endes. Zeigte sich in der ungeheuren Wurstigkeit der Ingenieure und Kontrolleure, der Medien, der Politiker und der Bevölkerung. Niemand wollte der Eine sein, der „HALT!" schrie. Das ist immer noch so – aber es ändert sich. Aus der Not ändert man sich, nur aus der Not heraus, wenn ich von mir selbst ausgehe, kann ich ganz sicher sein und die moderne Geschichte Japans bestätigt es. 1854 mit dem (erzwungenen) Vertragsabschluss zwischen den beiden Mächten, 1945 mit der Kapitulation der einen vor der anderen, 2012 mit einer Wende weg von der zum Dinosaurier gewordenen USA hin zu grüneren Gefilden? Schön wär's ja, noch schöner, wenn diesmal Japan die USA wenigstens ein kleines bisschen mitnehmen könnten auf einem neuen Weg, wegbringen könnte vom verdammten Dollardenken: Fat Chance? Wer weiß. Von den „Fukushima"-Reaktoren laufen noch genug in ihrem Heimatland, denn natürlich wurden diese faulen Eier eigentlich von General Electric und Westinghouse ausgebrütet und auch in America gibt's reichlich Raum für Irrtümer. Einige von denen bekamen kürzlich zwanzig Jahre Laufzeitverlängerung; warum auch nicht? Und ein neues, wenig verbessertes Modell wird jetzt von Toshiba gebaut. Die sind inzwischen Besitzer von Westinghouse und haben große Pläne, aaahh ...!

Hier könnte „Fukushima" tatsächlich etwas in Bewegung setzen. Etwas ist in prekärer Balance, das ist sicher; was bloß wäre nun der Tropfen, der das Fass zum Überlaufen brächte? Und sogar ohne noch so einen Tropfen, vor dem wir behütet bleiben mögen – hat sich was in Bewegung gesetzt. Wissenschaftler wie der Professor Koide aus Kyoto, die jahrelang ignoriert wurden, sind plötzlich salonfähig: Warner und Mahner! Nobuto Hosaka, ein Anti-Atom-Politiker, ist seit 2011 Bürgermeister über fast eine Million Menschen im Stadtteil Setagaya, Tokyo! Die Vorsitzende der Sozialdemokratischen Partei Japans, Frau Mizuho Fukushima, arbeitet seit dreißig Jahren gegen die Atomlobby: schade, dass ihre Partei nur mehr sechs von den fast fünfhundert Abgeordneten des Unterhauses stellt.

Eigenverantwortung ist plötzlich gefragt – das „eigene Urteil" ist seit neulich plötzlich kein Irrsinn mehr. Was sich für „Westler" so ganz lächerlich selbstverständlich anhört, ist hier etwas ganz Grosses. Japan ist ein Land in dem niemand einsame Entschlüsse fällt; das ist historisch zu erklären; die Japaner selber führen gern den Unterschied zwischen dem europäischen Jäger und den heimischen Reisbauern an: allein funktioniert Reisanbau eben nicht; das ganze Dorf muss zusammen Wasser treten. Jetzt aber ist jeder auf seinen eigenen Verstand angewiesen. Sapere Aude auf fernöstlich – ob das nun immer besser ist als das gemeinsame Denken weiß ich nicht. Ich verstehe es auch erst ganz allmählich! Es heißt aber: das SYSTEM ist am Ende. Am Anfang vom Ende, aber immerhin. Es ist einfach. Es ist so: die Mütter – auch hier! – die Mütter sind diejenigen, die gezwungen werden Entscheidungen zu treffen. Von oft widersprüchlichen Informationen überschüttet, von Wissenschaftlern angesprochen, die nicht wissen, ob Strahlungsbelastung – wie sie in Koriyama oder Fukushima oder Tokyo gemessen wird – für kleine Kinder schädlich ist oder nicht, müssen die Mütter selbst entscheiden, ob sie Angst haben oder nicht, was sie ihren Kindern erlauben, was verbieten: ob sie bleiben oder gehen! Sie müssen selbst interpretieren und selbst entscheiden, niemand nimmt ihnen das mehr ab. Die Mütter sind's mehr als alle anderen, weil sie die Verantwortung für die Kinder haben.

Und KINDER: die werden hier von allen geliebt und heilig gehalten; ganz anders als bei uns in Deutschland. Und was für die Kinder richtig ist – wissen die Mütter. Da quatscht ihnen kein Sozialpolitiker rein! Und wenn jetzt die Mütter lernen, einsame Entscheidungen zu treffen, ist das für die ganze Gesellschaft eine große Veränderung. Bis dato wurde nämlich im Grunde doch alles vorgegeben und vorgekaut. Ab hier: nicht mehr. Die hochgelahrten Doktores und Professores müssen die Waffen strecken und zugeben, dass sie Popanze sind; wenn wir auch noch nicht ganz soweit sind. Wir sind auf dem Weg dahin. Die Mütter setzen sich in Bewegung, die Väter werden folgen. Es gibt kein zurück aus der eigenen Verantwortung: wie wir Europäer bereits mit Schrecken festgestellt haben. Das Korsett der japanischen Gesellschaft engte ein – aber es trug auch! und wird jetzt abgelegt. Die Zeit: das „Michaelzeitalter" würde Margarete sagen. Die Aufforderung an jeden einzelnen Menschen Farbe zu bekennen: „Was willst Du? Auf welche Seite stellst Du Dich? Sag! Mach!"

Die Postmoderne mit ihrer erbärmlichen Einsamkeit hat am zwölften März 2011 morgens mit der Frage „Sind wir hier noch sicher?" in Japan unwiderruflich begonnen.

5 Kleine Schicksale

Wir fuhren zurück. In Yotsukura war es dann doch zu verlockend in den Hafen abzubiegen, um zu sehen, was es da gab; von morgens an Musik nach dem Motto: „Wir lassen uns nicht unterkriegen!" May ist streng wie eine Oberlehrerin und sagt: Das gehört sich nicht! und: Warum sind die nur zu blöd um zu demonstrieren? Aber das Volk liebt eben die angenehme Unterhaltung und nicht die politische Bewusstseinserweiterung und sammelt sich zahlreicher vor der Bühne als vor der Barriere. Auch unser Hansel vom frühen Nachmittag stieg aus einem Auto und man schaute sich gegenseitig verwundert an ... „We love Fukushima" stand perfekt ausgearbeitet auf einem Zelt; Töpferei wurde verschenkt; ob nur an Vertriebene oder an das allgemeine Publikum fanden wir nicht heraus. Trafen eine alte Bekannte, Yoko, mit ihrem Mops (der uns sehr an unseren Kater Gorri erinnerte ...) und erfuhren, dass Federico und Yayoi, die ganze Zeit in Granada, zur Zeit in Iwaki sind. Wie lange schon? Warum haben sie sich nicht gemeldet? Opfer der großen Flaute in Spanien und der großen Flut hier – doppeltes Pech haben die beiden.

Kalt war uns und wir hatten alle drei kein Interesse an kollektiven Bewältigungen; hatten auch Hunger! Wären wir bis abends geblieben, hätten wir sogar ein kleines Feuerwerk erleben können. Das wir nun von der Tür zum Garten aus sahen, nur vier, fünf Schläge, während Hassegawa-sensei mit Enkel Hikaru zu Besuch saß. Der gute Doktor liebt die Sterne! Und den Mond; wir haben schön öfters den letzten neuen Mond nachträglich bewundernd durchgesprochen: er ist der einzige Mensch, der so was täte! Dabei ist er kein ausgesprochener Romantiker, er ist Zahnarzt, aber er liebt die Natur. Ist hier im Dorf aufgewachsen, am Hafen, mit den Fischern, von denen Rotzbengel wie er damals einfach über Bord geworfen wurden, bis sie schwimmen konnten. Und auch in der Nähe der Kneipen und kleinen Bordelle, so dass ihm keine Seite des Seemannslebens fremd ist. Um etwas anderes zu machen als sie vielleicht, fuhr er außer zwei, drei wenigen Malen nie raus – ist aber begeisterter Taucher. Einer von den sechs, sieben älteren Männern, die in archaischen schwarzen Gummianzügen Seeigel und Seeohren groß ziehen und ernten, wie auch Wakame und Konbu suchen. Und den gelegentlichen unglücklichen Oktopus aus einem Felsspalt zerren ... oder zum Spaß eine Möwe von unten greifen, so dass sie zu Tode erschrocken aufflattern will ... Ich müsste eigentlich in der Vergangenheitsform schreiben – aber das widerstrebt mir nun zu sehr. Ohne das Meer, ohne seine Kameraden auf ihrem alten Sofa vor der Bretterbude von Clubhouse kann ich ihn mir einfach nicht vorstellen. Er liebt das Meer und die Sterne – wie ich. Sah auf dem Gang durchs Dorf die Frau Venus und den Herrn Jupiter so sehr nah beieinander stehen, dass er seine Schritte und die des begleitenden Enkel in unseren dunklen Vorgarten lenkte, die Tür aufschob und „Oi" rief oder etwas Ähnliches, um mich zu befragen, was es mit den beiden Lichtern auf sich hätte. Leider waren die Schönen und Guten inzwischen hinter Wolken verschwunden, so dass ich das Nachsehen hatte, besser gesagt kein Sehen. Schade! Es war in den letzten Wochen so oft bewölkt, dass ich die Annäherung der beiden aus den Augen verloren habe! Am Fünfzehnten werden sie in Konjunktion stehen, ich bin gespannt darauf! DAS wird jedenfalls geschehen, egal was wir hier auf der Erde erleben oder anstellen. Vom Trost der Astronomie.

Hikaru ist zwölf, fast schon so alt wie Takashi, sein Vater, als ich den vor über zwanzig Jahren kennen lernte. Damals liebte der Rod Stewart! „Sailing", was sonst ... Heute ist er besorgter Vater, treusorgender und sorgenvoller Vater seines einzigen Kindes. Kam etwas später auch noch dazu, so dass wir eine seltene Konstellation von Großvater, Vater und Enkelsohn Hassegawa hier auf den Kissen hatten. Nicht zufällig dieses; ich begriff sofort: es war ein Abschiedsbesuch. Leider ohne dass wir dem Kleinen etwas mitzugeben hatten ... ein trauriger Besuch. Der Junge wird mit der Mutter nach Aomori ziehen, fünfhundert Kilometer weg von hier, raus aus der Gefahrenzone. Der Vater bleibt mit den zwei Hunden des Hauses hier und wird sich die Finger wund arbeiten; er ist Zahntechniker und hat durch die Evakuierten mehr als genug zu tun. Eine schöne Bräune hatte er schon im Gesicht, man sah sofort, dass er Surfer ist – reitet aber nicht mehr hier, sondern sechzig Kilometer südlich von hier, in Ibaraki. Besorgt. So besorgt, dass er die Trennung von Frau und Kind auf sich nehmen will und sagt „Hello Loneliness ..." wie es viele tun müssen. Viel zu viel junge Leute eben! Wir bluten aus. War schon gleich klar, die Gefahr war jedenfalls klar, und jetzt sieht man es konsterniert geschehen. Die Dörfer sowieso – die Landwirtschaft ist erledigt, so oder so, und auch die Städte im Umkreis, in der ganzen Präfektur eigentlich. Der Makel ...

Alte Leute bleiben und trauern ihren Enkeln nach, wie der Sensei, oder sogar den Kindern, wie sein Sohn. Hier kommen keine jungen Leute mehr hin. Und jetzt ein Donnerschlag! Und was für einer – ein prachtvoller, mächtig durchklingender, rollender Schlag der May (und mich auch für einen Moment) angstvoll zusammenfahren lässt: die erste Millisekunde denkt man bei solchen Geräuschen oder Erschütterungen natürlich sofort „Erdbeben" aber ab der zweiten begann schon der Zweifel ... ist das jetzt eine Explosion? Oder was? Allzu unerwartet kam der Donner. An einem kalten Märztag mit

Wolken und Wind fast den ganzen Tag über rechnet man doch eher mit explodierenden Atomkraftwerken als einem Gewitter!
Rechnet nicht mit Gewitter. May schaute mit so großen Augen, dass mir der blöde Witz auf der Zunge erstarb. Und – es blieb bei diesem einen Schlag. „Das war die Stimme der Katastrophe", sagte Mariko später, als sie das Telefongespräch beendet hatte. Frau Yuda, deren Sohn Daiske mit May im Kindergarten gewesen war – ohne dass wir besonders befreundet gewesen wären rief an; with a reason. Sie muss Hunderte von Leuten anrufen, stelle ich mir vor, denn wir können doch unmöglich sehr hoch auf ihrer Liste stehen oder aus irgendwelchen Gründen doch? Als Trostspenderin ist Mariko bekannt und Trost brauchte die gute Frau Yuda. Sie ruft also an, damit wir's nicht aus der Zeitung erfahren und schlecht über ihren Sohn denken sollen: er hatte mit Steinen auf Fenster des lokalen, temporären Tepco-Büros geworfen und war daraufhin in ein Handgemenge mit einem Angestellten geraten. Die Polizei kam und seitdem sitzt er in Untersuchungshaft und hat jetzt eine Anklage zu erwarten! Zum Glück wohl nicht wegen Körperverletzung, sondern wegen etwas Leichterem, Sachbeschädigung vielleicht. Wie auch immer: er ist dann vorbestraft, im besten Fall immer noch gebrandmarkt für den Rest seines Lebens. „Makel" war doch das Wort, das ich vorhin schrieb? Auch beim Kindergarten hätte sie schon angerufen, um sich zu entschuldigen für die Schande, die ihr Sohn dem Satogaoka-Kindergarten gemacht hatte. Seiko-sensei aber, ich sehe sie vor mir wie sie mit ihrer verrauchten Stimme mächtig ausholt, hätte ihr gesagt, sie solle stolz auf ihren Sohn sein! Bravo!! Das ist unsere Seiko Mayama.

Und der Junge hat Verlängerung der U-Haft bekommen, die zweiten zehn Tage. Wenn das nicht eine Sauerei ohnegleichen ist, weiß ich's nicht. Marikos Freundin, Aichans Mama, sucht einen guten Rechtsanwalt – ich riet ihr jemanden aus Tokyo zu suchen und die Sache möglichst groß werden zu lassen, dies an die ganz große Glocke zu hängen. Will die Polizei etwa untersuchen, ob der Junge zu Al Qaida gehört? Zwanzig Tage Untersuchungshaft wegen einer Fensterscheibe? Wo sind wir denn hier?!

Auch einmal angenommen, ich kenne die Fakten nicht richtig – stinkt das mächtig gewaltig, Egon.

Noch einen Anruf darf ich nicht unterschlagen, wenn ich einen vollständigen Bericht über diesen Tag ablegen soll: den meiner Mutter vom späten Nachmittag. „Wann kommt ihr denn im Fernsehen?" „Heute Abend!" wollte sie noch einmal hören ... ach, Mama, ich würde Dir gern besseren Grund zum Stolz auf Deinen nichtsnutzigen Sohn geben als ein verpatztes Interview auf RTL: aber Mütter sind ja unter Umständen mit wenig zufrieden. Nehmen zum Schluss das Wenige gern an, nachdem sich das früher so aussichtsreich erscheinende, fast sicher erscheinende Viele in Luft aufgelöst hat. Goldstaub auf Schmetterlingsflügeln: Anfassen verboten. Anscheinend hat's jemand nicht gewusst.
Wie gern würde ich Dir etwas Besseres zurückgeben für alle die Mühe, alle den Glauben.

Auch das ist also gesagt, die Grüße an ihren alten Freund, den Dottore bestellt: wir haben zwischendurch gegessen, Mariko stöhnt im Moment auf der Matte liegend ganz lustvoll wie May sie massiert; das Bad ist nicht mehr fern und der Tag fast vorüber. Ich hatte mich behauptet, den Platz hier am PC nur für eine gute Stunde freigemacht; Nachrichten aus einem trauernden Land waren zu sehen. Erst in Japanisch: das Kaiserpaar, grau in Grau: sehr ehrenwerte Menschen sind sie doch, sie, die Bürgerliche, noch schwerer tragend als ihr Mann. Sehr alt alle beide, dem Tode nicht fern, verneigten sie sich vor ungeheuren Bergen von weißen Chrysanthemen wie viele „Würdenträger" – diesmal gern in Anführungszeichen – nach ihnen. Der Tenno sprach ein paar Worte für eine „Sicherere Zukunft": ob das eine Andeutung gegen die Kernkraft war? Kam May und mir fast so vor, Mariko beim zweiten Sehen dann eher weniger. Die japanischen Kaiser sprechen sehr durch die Blume, heute nicht mehr ganz so abgehoben wie Hirohito am 15. August 1945, als er zum ersten Mal sein Volk ansprach und keiner verstand, was er zu sagen hatte: dass der Krieg verloren sei. Niemand verstand ihn ... obwohl er eindeutig sein wollte, so gut er es vermochte. Vielleicht in Kontrast zu

Kaiser Akihito heute? Der Kaiser steht über den Parteien – ja. Er ist aber doch nicht blöd!
Auch eine vom Schicksal hart geschlagene Mutter aus einem Tsunami-Gebiet kam zu Wort. Es war herzzerreißend zu hören wie sie über verlorene Angehörige sprechen musste. In ganz Tohoku waren Menschen am Strand und warfen weiße Chrysanthemen ins Wasser, auch in Namie wurden welche niedergelegt. Wir sahen traurige Menschen mit bewegenden Schicksalen die kurz vorgestellt wurden. Mutige Menschen! Von den jungen Müttern, den wenigen überlebenden Fischern oder Bauern, den alten Leuten: wer wäre zu nennen? Mir bleibt das alte, kleine Großmütterchen vor Augen, die Frau Abe, die „ein stattliches Gehöft ihr Eigen genannt hat und nun mit ihrem Sohn in diesem Kabuff lebt ..." wie der deutsche Reporter sagte, während die Kamera kurz in eine Behelfsunterkunft blickte. Die Frau Abe steht dann am Ende der kurzen Aufnahme hilflos an der Haustür ihrer 16 m² und schaut freundlich dem Kamerateam nach. Wie wird sie das überleben können?? Die alten Leute in den Containerdörfern, einmal beides etwas überspitzt gesagt, sterben wie die Fliegen vor Heimweh und Einsamkeit.
Gut, heute gedenkt man der Toten in Stille.

Von einer Demonstration in Tokyo mit 10.000 Marschierenden, laut Polizei 6800 Teilnehmern, berichtete das staatliche Fernsehen dann, von einer Demo in Koriyama unser Lokalsender. Etwa die gleiche Anzahl Menschen demonstrierte da. Unsere kleine Familienkundgebung? Nitschewo. Dennoch: Gut, dass wir sie gemacht haben!
Was für eine Schande für Japan sind die deutschen Anti-Atomkraft Demonstrationen zum elften März! 50.000 Leute waren dort auf der Strasse und wehrten sich, während wir hier alle immer noch nichts mehr als nur Opfer, Opfer, Opfer sind.

6 *Verluste*

Gegen elf Uhr nun ist dieser Tag also fast vorüber. Einen kleinen Blick durch eine ziemlich trübe Linse habe ich versucht zu tun: etwas Unfassbares versucht zu spiegeln im Tageslauf einer kleinen Familie, einer Familie deren eines Viertel weit weg in Cairns in Australien ist und sich nicht meldet, obwohl wir drauf warten. Leon macht da einen ökologischen Arbeitseinsatz von einer Woche Länge, um sich darauf noch eine Woche Ferien zu gönnen ... auch das typisch japanisch! Wieviel Schicksale wurden nicht in diesen paar Stunden unseren, Marikos und meinem, mit Mays als auf Zeit heimgekehrte Tochter in Draufgabe, nahegebracht! Mit unseren Leben in Berührung gebracht! Zuerst die Schwiegereltern und der Bruder mit Familie heute morgen, dann ein mittägliches Telefongespräch mit Imaisan über die „Freydis"; die Wilts wurden gestern in einem Spon-Artikel vorgestellt a la „Schiffbruch in Fukushima" mit Fotos die Imaisan mit mir zusammen da in Onahama machte. Er hat noch eine DVD für sie mit Aufnahmen vom Herrn Sakai, der uns mit seinem Paragleitflugzeug jahrelang genervt hat wie er rasenmäherhaft über die Küste jaulte: dabei aber wertvolle Dokumentationen machte wie sich jetzt herausstellt ... die Welt von gestern. Auch die „Freydis" sei dabei, on the rocks vor Onahama. Ein Modell des Boots von 90 cm Länge sei ebenfalls in Arbeit ... Nach dem Mittagessen dann die kurze Fahrt auf unsere kleine Demo, Nachrichten von Freddy und Yayoi, die Hassegawas, meine Mutter, Frau Yuda und Sohn, der Donnerschlag, die Fernsehnachrichten ...

Bleiben noch die Zeitungen von heute zu erwähnen; die Asahi Shinbun hat über die ganze Vorder- und Rückseite eine Karte Japans gedruckt mit Wassersäulen, die die betreffenden Tsunami-Höhen angeben: das geht bis 40,0 Meter. Unvorstellbar. Durch besondere, örtliche Gegebenheiten in solche atemberaubende Höhen aufgetürmt, sicher, aber sogar ganz nah am Dai-ichi waren es immerhin 21,5 Meter. In Tomioka, gute 15 Kilometer nördlich von Yotsukura das. In Onahama, 15 Kilometer südlich von uns wurden maximal 15,7 Meter gemessen. Dazwischen also wir mit knapp 7,5 Metern: oder etwa fünf Meter an „unserem Strand", wie ich ausrechne.
Die Strasse, die Nr. 6, die auf einer Art Damm den Scheitelpunkt des Geländes zwischen Meer und unserem Viertel bildet, hat nämlich neuerdings ein adrettes Schildchen hingepflanzt bekommen: „Höhe über dem Wasser 2,3 Meter – Vorsicht vor Tsunamis!" – und die

Häuser direkt an der Strasse sind nicht bis fünf Meter Höhe, was zwei komplette Etagen bedeutete, überflutet worden. Man kann ja die Wasserlinie bei stehen gebliebenen Gebäuden noch sehr gut sehen. Vom Strand sind wir fast einen halben Kilometer entfernt: so weit, minus fünfzig Meter, kam das Wasser. „Bis zur Augenklinik Nishiyama ..." höre ich den alten Mann noch sagen wie er sich das Radio ans Ohr hält.

Bei über acht Metern wären wir futsch gewesen. Kommentar erübrigt sich. Was wir für ein unglaubliches Glück hatten, wird mir immer nur stückchenweise klar und klarer: macht mir Angst im Nachherein. Obwohl nach den neuesten Tsunami-Kartierungen die Welle doch nicht so viel niedriger ist als in der unmittelbaren Umgebung, auch Hisanohama hatte kaum höheres Wasser als „Yotsukura". Warum sind da so viele Menschen ertrunken und hier nicht? Es scheint alles so willkürlich zu sein! Strandverlauf? Neigung des Meeresbodens? Vielleicht die Brände nach dem Beben? Wenn es zwei oder drei Häuser weiter brennt – ist das eine greifbarere Gefahr als ein angekündigter Tsunami und fesselt einen ans eigene Haus – zu retten, was doch in ein paar Minuten gar nicht mehr existieren würde. Eine Falle, der schwer zu entgehen ist. Der Ritt über den Bodensee; gut, dass ich nicht so schwache Nerven habe. Wenn dies nicht grad Yotsukura gewesen wäre, sondern jede x-beliebige Stelle etwas weiter die Küste rauf oder runter, wäre unser Haus futsch gewesen, und mit etwas schlechtem Glück wäre ich sogar von der Strasse gewaschen worden auf meinem Nachhauseweg oder im Haus überrascht worden wie so viele der Toten. Im Ganzen wurden gezählt als tot oder vermisst 19.131 Personen. Friede ihrer Asche!

Und die nicht gefundenen ... es ist so bitter zu hören wie dankbar Angehörige dann sind, wenn wenigstens der zerschundene Körper der kleinen Verlorenen gefunden wurde. Unerträglich die Bilder eines BBC Programms, auch von der ARD ausgestrahlt: Ein Vater gräbt mit einem Bagger nach seinem Kind, die Mütter von Klassenkameradinnen gehen weinend zur Hand, irgendwie: tagelang? Wo-

chenlang? Wie kann man das aushalten, ohne verrückt zu werden vor Schmerz?
Man kann es nicht, niemand kann das. Man gewöhnt sich aber. Gewöhnt sich – und eben das ist die Verrücktheit. Die man nicht bemerkt. Die nicht heilbar ist und dann Normalität genannt wird. Neu-Normalität. Die Welt des Schmerzes. Darüber möchte ich aber nicht weiter philosophieren, das würde nur den Betroffenen unrecht tun und steht mir nicht an, weil wir niemanden verloren haben an jenem Tag vor einem Jahr. Wir konnten auch die BBC-Doku nicht weiter ansehen. Schalteten aus. „Kennen Sie persönlich ein Opfer des Tsunamis?" fragte Maria Gresz mich neulich. Ich überlegte ... vergeblich. SIE fiel mir in dem Moment nicht einmal ein, wir sahen sie nur einmal: die alte Frau unseres Zwiebelbauern in Suetsugi konnte nicht fortlaufen und ertrank – ansonsten kannten wir niemanden von den 350 Opfern aus unserer Stadt Iwaki näher. Freunde von Freunden – ja.
Ob Eizo irgendwie verwickelt war: seine lange geschiedene Frau Pearl in Cincinnati wurde so von dem Gedanken gequält, er sei möglicherweise nicht mehr in Tokyo, alle Brücken abgebrochen, und kampiere auf seinem Stückchen Land bei Sendai? wissen wir nicht definitiv. Eizo aber ist nicht so leicht umzubringen ... „Chuck Norris flieht nicht vor dem Tsunami – er IST der Tsunami ..." beruhigten wir Pearl, weil wir keine Antwort des für seine alte Wohnung zuständigen Einwohnermeldeamts bekommen konnten, Auskünfte nur an Angehörige. Später kam dann von Verwandten die beruhigende Nachricht, er sei nach wie vor da gemeldet. Trotzdem bleibt Eizo für uns wie alle seine Freunde hier, einschließlich seine eigene Familie, verloren. Und ein Zweifel bleibt.

Was wiegt dagegen schon der Verlust eines Hauses? Über 130.000 zerstörte Häuser und über 200.000 schwer beschädigte sind auf der gleichen Titelseite angeführt, unter den schwer beschädigten auch unsere bescheidene Hütte. Hätte ich nicht gedacht! Die zwei Herren von der Stadt Iwaki, die es ja nun wissen mussten, weil sie monatelang tagein, tagaus nichts taten als sich kaputte Hauser anzuschauen und Schäden mit irgendwelchen Tabellen zu klassifizieren, waren aber, nachdem sie die Schiefe der Küchenwand und die Risse in tragenden Ständern begutachtet hatten (obwohl ich starrköpfig beteuert hatte „Die Risse waren schon vorher da! Holz reißt doch!") anderer Meinung: Sie gaben uns ein „Hankai", „Halbzerstört", was uns zu Freudesprüngen veranlasste ... denn das bedeutete einen kleinen warmen Regen vom Himmel der geneigten Geldgötter; prosaischer, aus dem Säckel des Stadtkämmerers! Heißt, im Grund aus unseren eigenen Taschen, aber sei's drum. Verteilt auf viele Schultern wird die Last leichter. Auch eröffnete uns das Zugang zu freier medizinischer Versorgung für ein Jahr: wie schade, dass wir nicht krank waren – oder doch nicht? Wir halten uns so fern wie möglich von den Ärzten, ich muss immer an den klugen Vers von Eugen Roth denken: „Zwei Dinge bringen den Arzt ums Brot ..." und verzichte im Zweifel gern. Auch wird uns erlaubt, für 5000,- Euro Reparaturen am Haus machen zu lassen! Kein Bargeld – dies Geld geht direkt an die Handwerker. Nach einem Jahr seit dem Punkt Null haben wir jetzt gute Aussichten noch in diesem Frühjahr den Meister Endo aus Opisa bald hier hämmern und sägen zu sehen! Alle Handwerker sind ja total überlastet, besonders die Dachdecker, die das Geschäft ihres Lebens machen: sowie die Hersteller von Dachpfannen ... denn bei uns gingen durch das Beben hauptsächlich Dächer kaputt, vor allem die schönen mit ihren geschwungenen Linien und der bis zu fünffachen Lage Firstfalzen, eine Tradition Dächer zu bauen wie wohl sonst nur in Thailand hat man hier! Prachtvolle Dächer – und ausgerechnet diese litten und fielen, während die plebejerhaften wie unseres ganz ungeniert obenauf blieben.

Auch durften wir die neue Mülldeponie kostenfrei benutzen – was für Müllberge hier entstanden sind, spottet jeder Beschreibung! Allein in unserem Ortsteil, in Yotsukura, wurden über 700 Häuser abgerissen. Natürlich vor allem die alten, teils sehr schönen Häuser. Es gibt verschiedene Klassen von Zerstörung; ab einer bestimmten Stufe ist der Abriss kostenlos: das nutzten und nutzen immer noch viele Besitzer um sich von Alten zu trennen. Schade! Das Ortsbild hat sich schon völlig gewandelt. Wie auf einem Stoppelfeld sieht's aus, alles ist kahl, nur Fundamente bleiben übrig und lassen ahnen wie winzig klein doch die Wohnzimmer und alles waren ... und zwischen diesen Grundmauern sieht man den Boden als das, was er wirklich ist: Sand.

Verwehte Vierecke von weißem Sand sehe ich überall, wenn ich durchs Dorf radle. Wobei das dann schon neue Häuser gewesen waren; die „echten" wie unseres haben keine Fundamente: haben Wackersteine zu Grunde liegen, auf die – mit dem großem Geschick jahrhundertealter Handwerkskunst – Ständer gestellt wurden und fertig! An die 65 sind es bei uns, ich hab sie mal gezählt, und fast ein Jahrhundert hält das nun problemlos ... ohne einen Mucks im großen Beben, außer dass sich's am Ende der Küche etwas abgesenkt hat, was uns das „Hankai!" einbrachte. Da kann man jetzt sehr schön Murmeln rollen lassen. Leider ist so ein Haus nicht mehr zeitgemäß. Ein japanisches Haus! Wie anders als die nordischen Bärenhöhlen – so kommen mir unsere deutschen Behausungen immer mehr vor, für das Überleben im Winter, für den Winterschlaf gebaut, komplett mit Zentralheizungen und Vorratskellern und Kammern – sind die Häuschen hier!

Nicht Kaninchenställe sind's, wie wohl jemand mal sagte und den Japanern damit eins auswischte, einen Tiefschlag versetzte, von dem sie sich jahrzehntelang nicht erholen konnten, bis sie jetzt endlich groß genug bauen, um diese Demütigung vergessen zu können ... sondern: Vogelnester sind's, fand ich immer! Auf Stelzen stehend, damit der kühlende Wind im entsetzlich feuchten Sommer unter die Matten gelangen kann, um den Schimmel im Zaum zu halten; mit eher symbolischen Wänden, die an jeder beliebigen Stelle zur Seite geschoben werden können zum freien Ausflug aus dem unter einem wuchtigen, schön geschwungenen Dach gut behütet ruhendem Innenraum – gab mir so ein Haus früher immer das Gefühl nicht richtig „drinnen" zu sein. Halb war man draußen, so oder so. Und auch das Leben in diesen Baum-Häusern – endlich verstehe ich Marikos Sehnsucht nach einem „Baumhaus" im kleinen Wäldchen meiner deutschen Heimat richtig – war sehr „luftig" mit leichten Schritten ohne Schuhen und vielen kleinen Gängen in Garten, außenliegendem Bad oder das Nachbarhaus auf ein Schwätzchen im Eingangsflur:

nicht im Wohnbereich, nein nur am Eingang fabulierten und schnabulierten die Hausfrauen nach Herzenslust, während die alten Mütterchen vielleicht den Garten oder die alten Männer ihre Bonsai pflegten, die Kinder in der Schule und der Mann am Arbeitsplatz war: diese Situation ist die archetypische für so ein Nestchen, in das dann zu gegebener Zeit alle wieder einflogen, um gefüttert zu werden, gebadet und zu Bett gebracht. Leicht und reich floss der Fluss des Daseins über die Schwelle so eines Hauses ... das so luftig für den Sommer gebaut wurde, eigentlich nur für den Sommer! Den kalten Winter erträgt man mit stoischer Ruhe; das heißt – man ignoriert ihn so gut es geht.

Es geht irgendwie – und „Geduld!" war das erste tiefergehende japanische Wort, das mir „Shacho", mein Chef, Restaurant „Mexico", in seinen heißgeliebten gelben Hosen damals nahe brachte ... Die Winter also übersteht man mit Geduld: die Sommer sind's, in denen man kämpfen muss, um nicht zu verrotten. Einen fast aussichtslosen Kampf. Bis dann der Herbst, der wunderbare Herbst, endlich kommt mit einigen zwei, drei Monaten Leichtigkeit und Frische – einem so blauen Himmel wie ihn nur jemand verstehen kann, der den Rest des Jahres leiden muss in Kälte und Hitze.
Die Japaner lieben das Neue, das Frische! Ist ja auch verständlich in einer Nation von Fischessern mit furchtbar schwülen Sommern: da hält sich halt nichts. Von da ausgehend müssen auch die Häuser im Grunde wie der Ise-Schrein jede Generation neu gebaut werden. Beim Ise-Schrein, der den „Heiligen Spiegel" – eins der drei Heiligtümer der Nation – aufbewahrt in seinem nur für den Kaiser selbst zu bestimmten Zeremonien zugänglichen Allerheiligsten, sind die Zimmerleute, ich sah gestern Fotos, in blauen traditionellen Gewändern dreißig Jahre lang dabei und kriegen das neue Ding seit vielen Jahrhunderten schon jeweils eben rechtzeitig zum Abriss des Alten fertig! Alte Baukunst überlebt, kein Hammerschlag wird je anders getan als all die Zehntausende vor ihm; take that, Dom zu Köllen! Sogar die Zedern, als Material für das Bauholz werden in genau festgelegter Weise immer neu herangezogen: das ist das alte Japan und wie schön wäre es, wenn ein Fetzchen davon dies finstere Zeitalter

überstände. Bei uns in Nordjapan werden die alten Häuser sinnlos abgebrochen und abgekarrt.

Penibelst sauber getrennt die Materialien, Holz, Dachpfannen, Metalle, Plastik. Ganz abgesehen von all dem andern Zeugs was wegzuschmeißen war, von Autos über Einrichtungen über Ton, Steine, Scherben bis hin zu diversem Grünzeug: jeder der so eine Berechtigung hat versucht so viel wie möglich Schrott loszuwerden. Hohe Radioaktivität in der Vegetation, in unserer Golden Crest zum Beispiel, sammelt sich jetzt auf diesen Bergen des Grauens. Irgendwann wird das vielleicht noch mal umgesetzt, von zwanzig Millionen Tonnen Tsunami-Müll seien fünf Prozent dauerhaft entsorgt, wie ich dies Wort hasse, las ich jetzt, und in der Nähe des AKWs Dai-ichi soll ein Gelände von fünf Quadratkilometern in einer Abteilung für kontaminierten Boden, in einer anderen Kuhle besonders gesichert, für AKW-Schrott und anderes Heavy Metal gekauft und anschließend für Jahrhunderte verseucht werden.
Ein Teil des Mülls wird auch weit über Land gefahren weil die betroffenen Präfekturen mit den Riesenmengen nicht fertig werden, und es gibt immer Geplänkel um die Quoten: denn keiner will den Schrott da er stets leicht radioaktiv ist was sich in der Menge der Asche spürbar summiert. Na, ein Teil ist unterwegs in Richtung Nordamerika – mitten im Pazifik gibt es ein riesiges schwimmendes Abfalllager, wie leid einem die Meerestiere tun müssen die darunter leiden ob sie nun Plastiktüten einfressen oder sich in irgendwelchem Dreck verfangen und verrecken. Zivilisation?

Wir fuhren im Herbst fünf kleine LKWs Gartenabfälle ab, hauptsächlich Baumschnitt, und müssen uns nun bald Gedanken machen, was wir mit den oberen Bodenschichten in Garten und Gemüsebeeten machen wollen ... Auch Spendengelder vom Roten Kreuz und anderen Organisationen flossen uns zu, wir kriegten pro Person einen bestimmten Betrag in bar und Leon seine Studiengebühren an der ICU in Tokyo zum Teil erlassen – und das alles nur, weil Mariko sich in der falschen Schlange angestellt hatte! Sogar die erste in der Schlange war!

Sie ist ja immer früh auf und ging an jenem gesegneten Tag eigentlich los um eine Bescheinigung zu holen, die alle Einwohner Iwakis wie auch der ganzen anderen Katastrophengebiete zu freier Fahrt auf den Autobahnen des Landes berechtigen sollte: Ein kompliziertes System: die einfachen Lösungen sind den Japanern immer suspekt, das uns erlaubte, in Tohoku völlig frei und darüber hinaus bis wer weiß wohin – schade dass es noch keine Brücke nach Korea gibt – ebenfalls umsonst zu fahren, solange man nur die Bahn nicht verließe ... und das gleiche in umgekehrter Richtung. Das war enorm wertvoll für die Vielen, deren Familien auseinandergerissen lebten und die sich am Wochenende über weite Entfernung besuchten! Wurde natürlich auch betrügerisch genutzt und dann abgeändert; schön und gut fand Mari sich vor einem netten Fensterchen oder Schreibtisch und wurde belehrt „Hier gibt es Anträge auf Haus-Schadens-Klassifizierung". Und weil sie nun schon mal angestanden hatte, wollte sie nicht ganz umsonst gestanden haben und sagte: „Ich bitte schön!", ging weiter zum kleinen Autobahn-Benutzungs-Freifahrtschalter-Schreibtisch-oder-Fensterchen, sagte noch einmal recht höflich ihren Spruch und kehrte rechtzeitig zum zweiten Frühstück mit guten Nachrichten heim: „Man kann auch bei Miethäusern so einen Antrag stellen!" und tat's stante pede. Einige Wochen lang lauerte sie dann ständig auf die Klassifizierer, traute sich kaum aus dem Haus zu gehen – wenn sie grad dann kämen? Und wurde dann zum Glück reich so belohnt wie wir's uns nicht erträumt hätten.

Egoistisch ist Mariko aber dabei nicht, regt sich oft auf, dass diese sämtlichen Entschädigungen mit zuviel Papierkrieg verbunden seien: Die alten Leute können das doch gar nicht! womit sie natürlich Recht hat. Es gibt zwar Hilfe auch dabei, viele Helfer gibt es; ganz unglaublich ist, was junge Leute aus dem ganzen Land tun, aber auch Organisationen aller Art! Aufräumen, Organisieren, Betreuen – das ist schon wunderbar, das ist Japan: zum Wort des Jahres 2012 wurde „Kizuna" gewählt, „Zusammenhalt". Viele helfen, alle fühlen sich angesprochen. Und trotzdem gibt es eben auch Leute ohne Advokaten, und wer Fristen verpasst, schaut in die Röhre. Die Bescheidenen, die Schüchternen, so welche wie die Verhungerten von Saitama – die keine Sozialhilfe in Anspruch nehmen wollten. Was schon Jahre her ist; ich kann's aber nicht vergessen. In irgendeiner Wohnung wurden Monate nach ihrem Tod die Körper von Mutter und Sohn gefunden. Den Nachbarn war nichts aufgefallen. – Andere allerdings waren sehr clever und nahmen Angebote auf freie Wohnung inklusive nagelneuer Einrichtung in Anspruch, verließen uns getreu der Devise „Ab in den sonnigen Süden", wobei ich denke, jeder muss eben wissen, was richtig ist. Die Alten und Schwachen sind überall die Benachteiligten; darum sagt man „schwach" und „alt", wenn man nicht von sich selber sprechen will. Die alte Blues-Wahrheit: „Nobody knows you when you're down and out.." ist so wahr als wie in Fels gemeißelt; ist das Leben. Man kann eben nur darauf hoffen, dass am Ende alles ausbalanciert ist, die Rechnung mit plus und minus stimmt und man durchgewunken wird. Karma nennt man's ja auch.

7 Die Stimme Japans

„Erinnerungen – fernes Blau ...." Miki Endo, die junge Frau – vierundzwanzig Jahre war sie alt und hatte im Januar zuvor geheiratet – war stolz auf ihre Arbeit in der Gemeindeverwaltung Minamisanriku. „Sie hätte ihren Posten nie verlassen!" sagte die weinende Mutter im Interview, und genau das hat die junge Frau vor einem Jahr bewiesen, am Tag als der Tsunami kam und hunderte Kilometer Küste verwüstete.

Sie ist in diesen Tagen die Stimme Japans; in der Kakophonie eine wunderbar klare, mutige und bis ins Mark gehende Stimme; geisterhaft schallend in den Aufzeichnungen, da die roten Hörner der öffentlichen Lautsprecher in Minamisanriku, genau wie auch bei uns früher, so gegen einander hallen mit Echos und Interferenzen, dass man kaum etwas versteht – außer der Sprecher oder die Sprecherin, hat ganz exzellentes Timing: „Tsunami-Warnung! Tsunami-Warnung! Begeben Sie sich sofort in Sicherheit! Bringen Sie sich sofort in ..." rief sie durchdringend deutlich. Pausenlos. Bis sie selbst davongerissen wurde, rief sie ihre Mitbürger, Freunde, Familienangehörige zur

Flucht auf – bis es zu spät für sie selber war. Sie dachte nicht an sich selbst. Dieses kleine Mädchen, jünger als unsere eigene Tochter, gab ihr Leben für die Anderen. Ob sie Angst hatte? Ob ihr nicht klar war, dass es um ihr eigenes Leben ging? Oder ob sie der Dunkelheit willig ergeben entgegenging? Wer kann wissen wie die letzten Minuten in so einem Leben von innen aussehen.

Das Gebäude der Gemeindeverwaltung steht als Skelett noch da; ein hohler, stählerner, rostiger Würfel dessen T-Träger allein standhielten: alles was einmal Wände oder Decken war, ist verschwunden. Einige ihrer Mitarbeiter retteten sich auf das Dach; von denen wiederum überlebten nur die wenigen, die sich an einen Antennenmast festklammern konnten und der Wucht der Welle irgendwie genug Körperkraft entgegenzusetzen hatten, auch Lungenvolumen – ich mag mir das nicht vorstellen – auszuhalten. Das Rauschen, die Anspannung – dann das Kalte, Zerrende, das einen anfasst und steigt und stärker wird bis es über Brust und Kopf hinweggeht: wie kann man da stark bleiben, wie kann man sich da noch festhalten wollen? Den Lebenswillen eines Wildtieres braucht man und vielleicht noch mehr. „Kein Tier, 'aucune bete' ... hätte das geschafft, was ich getan habe ..." lässt Saint Exupery seinen Freund von dessem Überlebenskampf in Eis und Schnee der südamerikanischen Anden erzählen. Ich kann's mir nicht vorstellen. Will es auch nicht. Schrecke davor zurück.

Noch viel weniger die letzten Momente der jungverheirateten, heldenhaften Miki Endo. Nicht die Einzige ist sie, nicht die einzige, die ihr Leben gab für die Anderen: aber stellvertretend für Viele wird sie jetzt zu Recht verehrt. Für alle die Warner, die Polizisten, die Gemeindeangestellten, die Feuerwehrleute, die überall an der Küste ihre Pflicht taten und mehr als das – MEHR als das. Für feige Hasen wie mich unvorstellbar wie diese Menschen einfach blieben, einfach weiter ihre Runden drehten und dabei riefen „Lauft! Lauft! Es geht um euer Leben", ohne selber dieser eindeutig klaren Aussage Folge leisten zu müssen! Einfach zu müssen, aus Reflex, aus Überlebensdrang – alle Lebewesen gehen Feuer und Wasser aus dem Weg, alle rennen doch weg, weg, weg, alle ... so schnell sie nur können.

Feuerwehrleute: von fünfzig Mann in Rikuzentakata überlebte ein einziger, heißt es. Sie wollten von Hand ein Fluttor schließen, da die Elektrik nicht mehr funktionierte. Es gelang ihnen nicht, sie schafften es nicht und wurden weggerissen bis auf den einen, den einzigen der übrigblieb, um wie Ishmael die Geschichte zu erzählen. Namenlos bleibt er aber, jedenfalls habe ich nichts Näheres gehört.

Genauso wie man von den „Fukushima Fifty" nie Namen oder Sonstiges erfahren hat.

Kamen Fukushima-Fünfzig Feuerwehrleute und gaben alles, damit Menschen künftig hier noch eine Heimat haben. Ihre Namen kennt man nicht. –

Stellvertretend für diese Stummen, die Namenlosen und Gesichtslosen hört man jetzt auf allen Kanälen die aus den Tiefen der anderen Welt weithin herüberhallende Stimme einer jungen Frau, sieht ein etwas unklares Farbfoto auf dem ein unbeschwert lachendes Gesicht zu sehen ist, eine Hand, die ein „Peace"- Zeichen macht: und schweigt betroffen, während man die Tränen zurückdrängt.

Man denkt vielleicht mit ein bisschen Dankbarkeit an alle die pflichtbewussten und selbstlosen Menschen die im Tsunami das Leben der Anderen höher schätzten als ihr eigenes und wünscht sich vielleicht selbst genug Kraft zu haben wenn man einmal gefragt wird: „und Du?" Wird vielleicht ein kleines bisschen besser. Weniger egoistisch ...Und nimmt sich vielleicht sogar vor auch im Alltag etwas dankbarer zu sein, dankbar für alles das was andere Menschen doch ständig für einen tun. „Ich habe das Brot doch bezahlt – also gehört es mir!" – WIRKLICH?

Ich ... ich ... ich. Was für ein schwieriges Wort. Die Japaner kommen jetzt auf das „ich" mehr und mehr, im Guten wie im Schlechten habe ich das Gefühl. Ob die junge Miki Endo auch an ihrem Mikrofon geblieben wäre, wenn es ihr vor ihrem eigenen Gewissen freigestanden hätte, ihre eigene, kleine Zukunft für wichtiger zu erachten als ihre Stadt, ihre Gesellschaft, ihre Tradition?

„Ich bin doch nicht blöd!!" höre ich eine Stimme aus der Hölle röhren ... Tja.

Da sind wir nun, wir Deutschen, und hier sind sie – die Japaner. Wer bewegt sich wohin? Ich möchte die kleine Miki nicht vergessen, ich bin so lange hier dass ich ihr Lächeln und ihr „Peace!"- Zeichen verstehe, und hoffe eine Winzigkeit von ihr lernen zu können.

8 Neue Tsunamiwarnungen...

Wirre Träume von Flucht und Vertreibung; Flugzeuge, Flughäfen, ein Vulkanausbruch noch obendrein ... May im Bett nebenan, fast wie in Kinderzeiten, hörte die ganze Nacht das Meer rauschen ... „Kein Wunder!" meinte sie, wo die Erde so unruhig ist. Erst bebte es spät nachmittags nördlich von uns mit M 6,8, ein paar Stunden später dann südlich mit M 6,1 und wie ich's jetzt auf der offiziellen Seite der Japanese Meteorological Agency nachsehe, gab's dazwischen noch jede Menge kleinere Beben, ist ja klar, die Erde schwingt nach wie eine Glocke, die vor einem Jahr mächtig angestoßen wurde, aber man fragt sich dann doch innerlich beunruhigt „wann sind wir wieder dran?" ohne es eigentlich zu wollen. Ist einfach so. Sich abends die Bettdecke über die Ohren ziehen zu können und an nichts Böses denken zu müssen: die Zeiten sind vorbei.

Man merkt immer erst wie gut man's hatte – wenn man's nicht mehr ganz so gut hat. Viele Menschen litten in der Nacht an Schlafstörungen, sagte das Radio heute morgen ... Besonders war dieses Mal: nach dem ersten Beben, das ein Seebeben war, wurde eine Tsunami-Warnung ausgesprochen und obwohl jedem denkenden Menschen sofort klar war, dass bei M 6,8 nicht viel passieren würde – WELTEN! liegen zwischen M 6,8 und M 9,0 – wurde man doch vom Radio ganz verrückt gemacht. Wie genau man die Stärke (in „M" auf der logarithmischen Richter-Skala) von Erdbeben vergleichen kann, ist mir nicht richtig klar, dachte bei jedem Zehntelpunkt verdoppelt sichs und las jetzt von einem Vergleich: „M 9,0 ist etwa 335 mal so stark wie M 7,3" stand in einer glaubwürdigen Veröffentlichung. Die SZ schreibt an anderer Stelle: „ein Beben von M 9,0 setzt 32.000 mal so viel Energie frei wie eins von M 6,0." So ein Beben von M 6,0 reicht aus, in Italien schlimme Zerstörungen auszulösen ...

Gigantisch. Ein Beben der Stärke wie wir's hatten: in hundert Jahren gibt's weltweit nur eine Handvoll von denen, zum Glück, aber was nützt das und noch so ein Klopper könnte theoretisch schon im nächsten Moment wieder losgehen: die Wahrscheinlichkeitsrechnung bietet keine Garantien, weder im Roulett noch unter dem Meer. Oder sind wir doch für eine Weile sicher? Die Spannung ist doch raus aus den sich reibenden Platten! Es gab eine Katastrophe vor etwa 500 Jahren und fast exakt die gleichen Überschwemmungen wie diesmal gab's im Jahre 1200 y pico. Ein Geologe wurde jetzt in der Japan Times mit seiner Karte, gewonnen aus Bodenuntersuchungen. vorgestellt: verblüffend wie genau die Flutlinien damals und heute übereinstimmen. Er habe am dreiundzwanzigsten März vergangenen Jahres reisen wollen. um gefährdete Gebiete zu warnen, sagte er: wäre er gehört worden? Sicherlich nicht ... Das ist ja eben das Tückische an so einem langen Zyklus; dass er außerhalb der menschlichen Kalkulationen liegt. Auch vor Lissabon ereignen sich möglicherweise alle tausend oder zweitausend Jahre solche extremen Beben wie dies hier; an die M 9,0 soll das große Beben 1755 gehabt haben! Ob unser Beben aber auch so große Auswirkungen haben wird wie die Katastrophe damals? Es hat die Portugiesen jedenfalls nicht von ihren Küsten vertrieben und auch Messina und San Francisco und Basel im 14. Jahrhundert wurden wiederaufgebaut.
Wer denkt schon an die nächste Eiszeit, wenn er Neu-Amsterdam gründet? Oder an eine Warmzeit mit einem Meeresspiegel von sechzig Meter über dem gegenwärtigen? Darauf KANN man sich einfach nicht vorbereiten, das KANN man nicht einkalkulieren.
Wer lebt denn schon jeden Tag so als ob er morgen sterben könne? Obwohl der Tod doch das sicherste Ereignis, weit vor Pubertät und Haarausfall, im Leben überhaupt ist!
Jetzt werden in einer schönen Geste Kirschbäume entlang der Gefahrenzone gepflanzt ... ob die länger im Bewusstsein bleiben werden als die nun überall wieder ausgegrabenen, in Jahrhunderten verwitterten, von Kraut und Bambus überwucherten Steine mit kaum noch lesbar eingemeißelten Einschriften wie „Meerseits dieses Steines möge niemand wohnen, wenn ihm sein Leben lieb ist"?

Viele Warnungen also; die erschütterndsten sind die vergeblichen, das Radio und das Fernsehen sind wenigstens zeitnah! Im Idealfall sogar schneller als ein Erdbeben, die harmlose P-Welle eines Bebens läuft fast doppelt so schnell wie die Zerstörungswelle und erlaubt z.B. die Schnellzüge anzuhalten, bevor die S-Welle sie entgleisen ließe. Vor Tsunamis kann eigentlich mit genug Zeitreserve gewarnt werden, Zeit zum Weglaufen. Wenn die Maschine einmal angeworfen ist ... wird gewarnt und gewarnt. „Verlassen Sie tiefliegende Gebiete, auch Flussufer ... der Tsunami hat eine voraussichtliche Höhe von fünfzig Zentimeter, kann aber auch örtlich höher ausfallen ... verlassen Sie gefährdete Gebiete!" immer und immer wieder. Das zehrt an den Nerven, der beste Beleg dafür ist die Unfähigkeit, das Radio einfach abzustellen! Was einem natürlich auch erst am nächsten Tag klar wird.

Eine halbe Stunde lang wurde alarmiert, von der vermuteten Ankunftszeit des Tsunami gesprochen – die zwar nun schon einige Minuten in der Vergangenheit läge – es sei aber eben nur eine geschätzte Ankunftszeit, hieß es dann; es wurde berichtet von einem Zementwerk, das seine Leute auf höhergelegenes Gebiet innerhalb des Werksgeländes zusammengerufen hatte; von Rikuzentakata, vor einem Jahr fast ausradiert, wo 23 Ängstliche sich in einem der vielen Evakuierungszentren trafen und anderen Orten, wo Ähnliches geschah; von Absperrungen der Polizei; bis die erste Messung der an Land gegangenen Welle durchgegeben wurde: Höhe ganze zehn Zentimeter.

Nicht überraschend ... aber die ganze Aktion? Was soll man davon halten? Es wurde mit Kanonen auf Spatzen geschossen, das ist klar, aber die Sprecher im Radio ließen keinen Zweifel daran, dass die Kanonen mit gutem Grund abgefeuert wurden, die Intensität ihrer Stimmen ließ keinen Zweifel daran. Eine gute Übung für den Ernstfall also – wie ich vor zwei Jahren empfand, als ich nach dem Sinn der monströsen Vorkehrungen gegen den Tsunami aus Chile suchte? Oder einfach Blödsinn; schädlich dazu, weil die Leute abgestumpft werden durch so ein Kasperletheater? Die Fabel von Äsop: der Junge, der zu seinem Vergnügen „Wolf!" schreit – bis dann der Wolf wirklich kommt und niemand mehr auf seine Hilferufe reagiert – kommt einem unwillkürlich in den Sinn. Diese Geschichte ist in Japan sehr bekannt: ob die Behörden einmal ihre alten Schulbücher rauskramen sollten?

Wer weiß. Bei aller Kritik darf man nicht vergessen wie viele Menschen sich retten konnten, weil vieles funktionierte trotz der enormen Schäden an Kommunikationsmitteln und allem. Die Sirenen heulten, wenn auch nicht in unserem Ort, die Polizei und die Feuerwehr fuhr und warnte unter Einsatz des eigenen Lebens und gaben Vielen die Chance zu entkommen. Außerdem weiß man eben was Tsunami ist und bleibt nicht staunend und fotografierend am Strand stehen, wenn sich das Meer zurückzieht – die japanischen Touristen in Südostasien Weihnachten 2004 liefen so schnell sie konnten.

Meine liebe schwerhörige Mutter neulich in ihrem Fernsehsessel: es wurde ein Film gezeigt mit Veronica Ferres, „Tsunami", alle kreischten und brüllten in voller Lautstärke durch das ganze Haus, so dass May und ich uns im Nebenzimmer mit offenstehenden Mündern ansahen: nur die gute Elisabeth schnarchte vor sich hin ... und ich musste denken, an ihr wäre sogar der Tsunami vorbeigegangen.

9 Das deutsche Gedächtnis

Jahrestag, Jahrestage: Beben, Flut, Explosionen, Flucht ... Angst hier, Heldenmut da.

Zeit einen Kreis zu schließen, Zeit sich an das vergangene Jahr zu erinnern. Plötzlich wurde mir vorgestern bewusst, dass ICH das Gedächtnis dieser Ereignisse in Fukushima, dieses einen Jahres bin, das „deutsche" Gedächtnis jedenfalls – ich, ausgerechnet ich dummer Junge. Ein großes Kind, wie mein Vater seinen Nachbarn Gottfried immer halb spottend halb sympathisierend nannte. Es gibt niemanden, der das alles so aus der Nähe, nicht nur physisch, sondern vor allem auch seelisch, erlebt hat wie ich. Es gibt niemanden sonst! Soweit ich weiß. Auf einer Ferienreise nach Matsushima unsanft vom Tsunami überrascht, mit leeren Taschen ohne irgendwas gerettet zu haben ... wurde ein anderer deutscher Jürgen von hilfreichen Mit-

menschen erst nach Sendai, dann nach Niigata und zuletzt nach Tokyo durchgereicht, hörte ich neulich ... und natürlich gibt es meinen bayrischen Nachbarn hier: der ausharrte, während wir flohen und zuletzt erleichtert flogen: aber der ist noch ein „Zug'roaster" mit seinen vier Jahren Iwaki; und wer wäre sonst da? Der Holger? Sein schönes deutsches Haustor bleibt zu, seit Monaten ist niemand da. Ob seine Frau und er die lange geplante Weltreise angetreten haben? Der Schuster Joachim in Sendai? Nie wieder was gehört seit ca. 1995. Wer wäre hier denn noch? In der Nähe des AKWs? In der Küstenregion um Fukushima garantiert kein deutsch Sprechender: das wüsste ich. Tokyo, ja klar. Aber hier – dies ist ja das Ostfriesland oder Mecklenburg-Vorpommern Japans, kalte Heimat, Arsch der Welt – und nicht einmal die Japaner kommen hierher außer sie sind hier geboren. Der Bahnhof Ueno, der Nordbahnhof Tokyos war früher so was wie der Ostbahnhof in Berlin stelle ich mir vor: Anlaufstelle für die verängstigten Landpommeranzen aus der Provinz, die schlecht gekleideten und unbeholfenen Flüchtlinge auf dem Weg ins Glück der Großstadt. Wird er das heute wieder? Die Bahnen sind voll in beide Richtungen, Ingenieure, Geschäftsleute kommen zu uns, angelockt vom Duft des Geldes, junge Mütter mit ihren Kindern fliehen: lieber wäre es mir andersrum.
Nördlich vom Großraum Tokyo beginnt die Barbarei, hier leben Tartaren: so was sagte noch vor Jahren ein großer Bierbrauer und bereute das dann öffentlich sehr; der Minister, der Ende letzten Jahres seinen örtlichen Gastgeber glaubte, überaus grob über gute Manieren aufklären zu müssen – weil dieser ihn zwei Minuten hatte warten lassen – verlor seinen Posten nach einem Aufschrei der Entrüstung sogar im nationalen Fernsehen. Aber Fakt ist, wir sind hier gewissermaßen noch Bürger zweiter Klasse, eigentlich nur Japaner auf Probe. Am südlichsten Zipfel der Stadt Iwaki gibt es die „Nakoso Barrier", eine alte Grenzbefestigung. Die Shogune des Mittelalters ritten von hier gegen die Barbaren des Nordens, die „haarigen" Emishi und deren Nachfahren: die Ainu, diese unglücklichen bärenliebenden und selber bärenhaften Besitzer des Nordens – ich sah sie in ihrem letzten Rückzugsgebiet, auf Hokkaido, als Touristenattr-

raktion mit stolzen, mürrisch verschlossenen Gesichtern Lachse und eben Bären schnitzen – und das ist noch nicht vergessen. Wie alle Eroberer misstrauen die Sieger auch hier den Unterlegenen. Die Ainu sind zwar seit letztes Jahr auf Druck der UN endlich als nationale Minderheit anerkannt – Ukaji-san, Emis Freundin, die ihr ganzes Leben ganz unermüdlich dafür gekämpft hatte, zur tiefen Befriedigung – aber unser Nordosten, „Tohoku", ist und bleibt ein Randgebiet des Landes. Gut genug, Atomkraftwerke für die Bedürfnisse der STADT zu beherbergen, und, Lüchow-Dannenberg ein paar Nummern größer, die seit vierzig Jahren im Bau befindliche Wiederaufbereitungsanlage zum Endlager Rokkashomura am äußersten Zipfel der Insel Honshu, auf der wir uns befinden, in Ultima Tohoku sozusagen. Am vierten Halswirbel des armen Drachenkopfes, als der sich dieses sturm-, nebel- und schneegeplagte Stück Insel auf der Landkarte darstellt. Präfektur Aomori, „jottweh.de": janz weit draußen, auch im Internetzeitalter.

Ich bin 1984 da auf meinem kleinen Motorrad, der guten Honda 125 CB vorübergefahren, ohne es zu ahnen: auf dem Weg zum nahe liegenden Osore-san, „Schreckensberg", dem Hades Japans. Der Ozore-san liegt im Drachenkopf, in der Gemeinde Mutsu, wo ebenfalls das friedliche Atom zu Gast ist. Dahin wollten die Japaner furchtbar gern das Projekt ITER haben, die internationale Kernfusionsanlage, die sich die Franzosen aber nach einigem Tauziehen sichern konnten: auch Wissenschaftler sind lieber in der französischen Provence als in der tiefsten japanischen Provinz. Eine unheimliche Gegend voller Pilger, die da im Sommer von medial veranlagten Frauen in Verbindung zu lieben Verstorbenen gebracht werden. Auf dem Weg dahin, Odysseus, kamst Du durch Rokkashomura, einem mit 10.000 verlassenen Seelen (ehemals) noch ärmeren Ort als unsere (ehemals) blühenden Nachbardörfer Tomioka, Futaba und Namie. Hoher Norden.

Das so etwas niemandem auffällt? Ist EIN Schreckensberg nicht genug für euch Unersättliche? Was wollt ihr noch?

Hic sunt leones und wir hätten auch gern einen William von Baskerville, um dieses Nest der Ewiggestrigen auszuräuchern; na, DAS nun grad auch wieder nicht! Das fehlte auch noch ... Rauch und Gestank haben wir schon genug. Und statt des William – nur eine Art Hund von Baskerville, der die Moore und Ödnisse des Nordens unsicher macht mit seinen glühenden Augen und seinem phosphorglänzenden Fell. Ein Gespenst geht um ... und ich wollte, es wäre der Kommunismus oder wenigstens die Angst davor: um den Herren des Hauses mal ein bisschen Pfeffer zu geben. Das „Atomdorf" – was für ein anheimelnder Name für ein Nest von Mördern und Räubern. Von Geiern. Von Vampiren. Ein Dorf mit Bürgermeistern wie dem Herr Endo aus Namie – gestern voller Sorgenfalten; ganz blutendes Herz, im Fernsehen: er sorgt sich sehr über die Zukunft „seiner" Gemeinde Namie. „Wenn nun auch noch das Werk Dai-ni permanent abgeschaltet wird – wo sollen unsere jungen Leute dann arbeiten?" Ja, was denn, was dann „ ...oh oysters dear, you've had a lovely trot ..." sagte tränenreich ein Gewisser zum Walross ... nachdem sie unter Anderem erörtert hatten, warum die See kochend heiß wäre und ob denn Schweine fliegen könnten? Zu beidem hätte der gute Bürgermeister sicherlich was sagen können: hätte der Reporter nur mal nachgefragt.

Dieser so sehr um das Wohl seiner jungen Leute besorgte Herr von Namie ist übrigens genau der mit den – gemunkelten – acht Millionen Euro in bar im Tresor. Sicher nichts als Verleumdung. Andererseits – ohne Feuer kein Rauch; so oder so ist jedenfalls haarsträubend, was da an Geld sowohl über sowohl als unter den Tischen verschoben wurde: das ist Tatsache und unbestritten. Die Japan Times hat das mal grob aufgelistet; man braucht sich aber auch nur die überdimensionierten öffentlichen Anlagen von Bibliothek über Konzertsaal, wie sie mit dem Bürgermeister zusammen gezeigt wurden, anzusehen und weiß Bescheid. Es gibt nichts geschenkt auf dieser Welt. Haben wir selber ja auch gesehen. Pro Monat kriegten wir drei Euro fünfzig als „Gefahrenzulage" auf die Stromrechnung gutgeschrieben – obwohl hier nicht Tepco den Strom liefert – und obwohl ich so oft dachte, man müsse das ablehnen, haben wir's immer so laufen lassen. Ich habe die letzten Stromrechnungen nicht angesehen: ob's das immer noch gibt? Tepco zahlt ja jetzt überall; die Leute kriegen aber zum Teil so lächerlich wenig, dass es zum Gotterbarmen ist. Ein alter Bauer berichtete Maria Gresz, was er bekommen hätte: dreimal an die tausend Euro ... der Rest sind Versprechungen. Wir können uns in der Beziehung nicht beklagen: unser Verdienstausfall, soweit wie durch den Umsatzrückgang unserer Firma LITTLE DOITS erklärbar, wurde uns fast so ersetzt wie Mariko es berechnet hatte: die Geschäftswelt wird vor den Privatleuten bedient.

Es werden hoffentlich zu guter Letzt halbwegs akzeptable Entschädigungen gezahlt werden; die Erfahrungen aus der Vergangenheit stimmen einen zwar nicht sehr optimistisch. Für die Geschädigten von Minamata – Quecksilbervergiftungen aus den Jahren 1932 bis 1968, erstmals offiziell festgestellt am ersten Mai 1956 – wurde vor kurzem, am neunundzwanzigsten März 2010 endlich der gerichtliche Schluss-Strich für die bis dato nicht anerkannten Opfer gezogen – nachdem die endgültige Entschädigung 1973 festgelegt worden war, nach siebzehn langen Jahren: beim Vergleich der Dimensionen dieser beiden Umweltkatastrophen könnte man leicht auf ein voraussichtlich jahrtausendelanges Tauziehen der Parteien kommen! Besonders, wo hier der Staat so eng verflochten im Filz ist und die hohen Gerichte so sehr staatstragend. Und selbst angenommen, es fließt angemessen schnell Geld in angemessener Summe – was ist das gegen eine verlorene Zukunft? Hunderttausend wurden aus der erweiterten 30km-Zone evakuiert, wie viele von denen haben Aussicht je zurückkehren zu können? In Behelfssiedlungen irgendwo auf freiem Feld untergebracht, oft am Rand der Ortschaften: bei uns in Yotsukura leben die Glücklichen auf dem Gelände der alten Zementfabrik unserer „Erbauer" direkt hinter dem Bahnhof; die Pechmarien und ihre Leute aber im Industriegebiet, einem riesigen fehlgeschlagenen Versuch, irgendwelche Gewerbesteuerzahler zu uns zu locken in den windigen Hügeln zehn Autominuten außerhalb des Ortes. Am äußersten Rand des Industriegebiets auch noch, da wo sich Fuchs und Hase gute Nacht sagen. Ohne Busverbindung, ohne Geschäfte, ohne Sinn. Abgeschoben.

So etwa leben also hunderttausend Menschen aus der Zone – ohne viel Aussicht auf schnelle Besserung: abgeschoben. In kleinsten Wohneinheiten, wahren Blechbüchsen oft. Neuerdings mit Hinweisschildern wie etwa: „Zu den Evakuierten aus Hirono". Das Dorf Futaba soll jetzt komplett hier in Iwaki wiederaufgebaut werden! OK, nichts dagegen – solange sie ihr AKW nicht mitbringen wollen, sagen wir mal ... Die Umsiedler sind sowieso nicht sehr beliebt: schmeißen ihr Tepco-Geld zum Fenster raus, sagt der Neid: vormittags mit Pachinko, der blödesten Art von Glücksspiel überhaupt und abends in den Bars der Stadt – ein Körnchen Wahrheit ist sicher daran. Als Entwurzelte haben sie noch mehr seelische Probleme als wir hier! Pachinko: riesige Hallen mit Hunderten von aufrecht stehenden massiv weiterentwickelten „Flippern", nur das Prinzip ist noch das Gleiche. Es werden zu ohrenbetäubender Beschallung – in Japan muss immer irgendeine Musik oder sonst was laufen und in den Pachinko-Hallen stets mit Vollgas – kleine Metallkugeln durch ein Labyrinth gejagt und wenn man Glück hat, rattert und scheppert und klingelt es noch mal extralaut. Gewonnen! Ein Berg von Kugeln rauscht einem entgegen. Gewonnen! – ach wie selten. Pro Tag muss man mit mindestens drei- bis fünfhundert Euro rechnen ... um sich mal richtig vollzudröhnen. Ein Spiel für Männer. Obwohl vor Jahren ein tragischer Kindstod durch die Medien ging: die Mutter hatte ihr schlafendes Kleines im Auto gelassen, während sie kurz spielen ging und die Zeit vergass. Es war Hochsommer und das Kind starb im kochend heißen Blechkasten. Alle entrüsteten sich sehr.

Eigentlich sind Glücksspiele jeder Art in Japan streng verboten ...

10 *Opfer und Täter*

Die Asahi Shibun druckte jetzt auf einer zweiten Doppelseite ein sehr schönes Foto der Gegend um Dai-ichi. Dies Luftbild, vom Meer aus in einer Höhe von tausend Metern gegen das winterliche Land fotografiert, zeigt im Vordergrund die das Bild dominierenden Ruinen des AKW und dann in einem wunderbaren Panorama die Siedlungen des Hinterlandes mit Futaba bis hin zur Oberschule von Namie in zehn Kilometern Entfernung ganz im Hintergrund. Eine versunkene Welt zeigt dies Foto, eine Welt, in der die Zeit stehen geblieben ist. Häuser, in denen das Essen noch auf dem Tisch steht, verschimmelt, und aufgeschlagene Bücher nur noch für Mäuse und Kakerlaken von Interesse sind. In einem Alptraum von Dornröschenschlaf gefangen.

Nur – dass die Menschen nicht da sind: kein Koch, der im Begriff, seinem Küchenjungen eine Ohrfeige zu geben, eingeschlafen ist; keine alte Frau, die überm Feuermachen nun hundert Jahre vor sich hin schnarchen muss. Und – dass da im Oberstübchen des Ganzen kein neugieriges schönes Mädchen ihrem ersten Kuss entgegenschläft, sondern tief im Keller drei lavaheisse Brände in geborstenen Kesseln brodeln, irgendwo tief unter den Trümmern, hundert Jahre lange Pestilenz verbreitend, und es hier statt der einen verfluchenden Fee eher zwölf böse gab und nur einen guten Geist mit dem unwahrscheinlichen Namen „Kan", der das kreischende „Verrecken sollt ihr alle!" umwandelte in „Es soll Gnade vor Recht ergehen".
Uns einen Aufschub gab – nutzen wir ihn, ist die Frage?

Noch ein Bild: die „Mary Celeste" vor Gibraltar, die Suppe warm auf den Tellern, und kein einziger Mensch an Bord; menschenlos, führungslos, treibend. Woher? Wohin? Das Schiff arbeitet leicht in der Dünung, vielleicht rollt irgendwo eine leere Flasche von backbord nach steuerbord und zurück ... Stille. So sind wir, so ist diese Gegend. Verlassen, aufgegeben trotz der Aktivität Tausender, die in weißen Schutzanzügen surrealistische Bewegungen vollführen. Absurdes Theater. Arbeit am Verdorbenen. Man kann sich weder vorstellen, dass da kein Mensch mehr lebt – noch, nach Einschaltung des Gehirns, dass da jemals wieder Menschen leben werden. Verlorene Zukunft. Wer kann den Verlust der Heimat ersetzen? Wer zahlt für eine vermurkste Gegenwart? Auch im besten Fall ohne Krankheiten ist dies für Millionen Menschen ein Stich ins Mark. Die Angst

der jungen Mütter um ihre Kinder ... ob wissenschaftlich begründet oder nicht – sie ist einfach da. Macht die Nervösen unter ihnen regelrecht verrückt; ich kenne viele, sogar hier in Iwaki, die nur eins: so weit wie möglich weg wollen. Was ist es denn auch für ein Kinderleben, wenn ständig das Dosimeter um den Hals hängen muss, wenn die Kleidung nach jedem der beiden halbstündigen Spielausflüge in den Garten ihres Kindergartens, zum Beispiel des Satogaoka-Kindergartens, morgens einer, nachmittags einer, gewechselt werden muss? Seit 1985 bis letztes Jahr liefen die Kinder da den ganzen Tag draußen rum; ein halbes Jahr lang lief ich mit ihnen auf meinem zweiten Arbeitsplatz in Japan und zwar Sommer und Winter überwiegend barfuss!
Drei Garnituren Klamotten müssen die Kleinen jetzt jeden Tag mitbringen und barfuss ist ein schmutziges Wort. Eine Kindheit, wo über allem ein dunkler Schatten hängt. Und ich spreche immer nur von uns hier, von Iwaki, vom sonnigen Süden des Schreckens. Der Nordwesten hat's ja hauptsächlich gekriegt, nicht wir. Wie sich die Leute da wohl fühlen, in den Städten Fukushima und Koriyama? In diesen Tagen vor einem Jahr hatten wir das große Glück südöstlicher Winde; heute wie in der ganzen Woche schon bläst ein kalter Nord und lässt einen gleich doppelt frieren. Gegenwart! Es macht keinen Spaß mehr vor die Tür zu gehen, kein Spaziergang lockt einen mehr, der Garten müsste schon längst angefangen sein: Mariko würde mit Schaufel und Harke und tausend kleinen Gängen beschäftigt sein statt dass wir jetzt überlegen, ob wir die Rasennarbe abtragen sollen und wie wir das Gemüsebeet dekontaminieren können. Statt zu pflanzen, werden wir den guten Humus, den wir in über fünfundzwanzig Jahren hier gewonnen haben, untergraben. So tief wie möglich. Was sollten wir anders machen? Wir können den Boden nicht abfahren. Bis auf dreißig Zentimeter Tiefe sei das Cäsium schon gewandert, las ich. Da heisst's, den Spaten ansetzen. Sand wird nach oben kommen, wir sitzen ja auf reinem Sand hier, unterm Garten liegt der Strand ... mit pro Quadratmeter 120.000 Becquerel wertem Sand.

Wie ich also diesen Sand durch mein Stundenglas rinnen sehe, muss ich wieder denken, dass ich Zeuge bin für die Geschehnisse hier: und frage mich, was ich erzählen kann, was ich erzählen könnte. Wenn mich einer auffordert was zu sagen – kriege ich den Mund nicht auf. Dreimal wurde ich im TV interviewt. Zweimal konnte ich hinterher kaum schlafen vor Reue nichts gesagt zu haben, nur mit Johannes Kerner ging's; da sah ich sowieso nicht die Chance Botschaften unter das Volk zu bringen und genoss die Sache; aber bei Tim Kröger vom ZDF auf dem Flughafen in Osaka vor einem Jahr und mit Maria Gresz hier in diesem Zimmer vor einem Monat: Wie ein Fisch auf dem Trockenen saß ich da. Redete an der Kamera vorbei und viel zu viel – in Osaka – oder zu wenig. Tröste mich mit dem Gedanken, dass sowieso nichts gesendet wird, was nicht im Drehbuch steht, „die haben ihre Sendungen schon vorher fertig!" meinte Gesa. Trotzdem!

Ich gehe also mit der Maria durch die Wüste, die früher Hisanohama hieß (NICHTS gegen das Ausmaß der Zerstörung weiter im Norden) und sage ganz dröge, während die Kamera über die Trümmer schwenkt: „Das hier war der Ortskern. Der ist jetzt weg." Andererseits – was soll man auch noch sagen bei so was? Die alte Frau Igari, die wir da trafen und ansprachen, drückte mit ihrem seltsamen Indianertanz – die Scherbe eines Tellers in der Hand, dem einzigen Rest ihres kleinen chinesischem Restaurants – alles perfekt aus. Wie die sich bewegte: der Adlertanz einer sterbenden Nation trat mir dabei vor Augen. Sie erzählte dann: selber wäre sie verschont geblieben, mit ihrem Mann unterwegs zum Krankenhaus in Taira; aber im Haus da nebenan starben sechs Personen und die Schwiegertochter des Hauses da drüben sei unglücklicherweise mit ihrem Kind im Arm ertrunken, ja das sei alles schlimm, und sie lebe jetzt in Tokyo bei ihrer Tochter. Der Mann – der sei vor Erschöpfung verstorben und sie sei heute das erste Mal wieder hier. Nur diese Tellerscherbe sei ihr geblieben. – Was soll man noch sagen, wenn man eine alte Frau so tanzen sieht und sprechen hört? Da bleiben mir die Worte im Hals stecken. Und das TV braucht ja sowieso Bilder, nicht Worte. „Authentisch" sei ich im November mit Johannes Kerner gewesen, hatte Maria Gresz empfunden und mich deshalb gebeten noch mal als „Protagonist" vor die Kamera zu treten. Authentisch? hatte ich gedacht, als ich das hörte, authentisch? ja, das bin ich! Und das ist vielleicht das Wichtigste. Die Woche im März 2011 steht mir im Gesicht geschrieben, alles steht einem natürlich im Gesicht geschrieben, und vielleicht konnten die Leute das sehen. Übersinnliche Wahrnehmung – das alltäglichste Phänomen, sagte Bergson. Man sieht alles, weiß eigentlich auch alles – nur ist die Frage, was für Schlüsse man daraus zieht. Ein Zeitzeuge ist, wer nicht gleich davonläuft. Laufen wollte ich auch vor einem Jahr nicht, wenn nur Mariko nicht und May und dann Leon so eindringlich gewesen wären. Zum Glück sicher.

Am seidenen Faden hing alles. Mehr und mehr Respekt kriege ich vor Naoto Kan: dem einzigen Menschen in der Maschine, und dazu einem mit Heldenmut. „Wir sind doch alle über sechzig ..." hat er den feigen Säcken von Tepco vorgehalten und ist am zwölften März früh morgens über unsere Köpfe weg – er saß in einem der Hubschrauber, die ich sah und nur dachte „ach du Scheiße"! nach Daiichi geflogen, obwohl er wusste wie gefährlich es war. Hat die Bosse zusammengeschrieen: es sind Videoaufzeichnungen der hauseigenen Überwachungsanlage aufgetaucht, wenn auch ohne Ton; oh, Tepco ... wen überraschte das auch. ER hat uns gerettet, hat Nordjapan bis nach Tokyo hin bewohnbar erhalten und unvorstellbares Leiden verhindert. „Tettai!": Abziehen wollte Tepco am fünfzehnten März. Weglaufen und an die 20.000 Brennstäbe in Dai-ichi und Dai-ni gleich nebenan einfach brennen lassen. Bloß weglaufen wollten sie ... und versuchen das jetzt auch noch schönzureden: es wäre gar nicht so gemeint gewesen! Sie hätten lediglich überzählige Arbeiter abziehen wollen – was für eine bodenlose Frechheit schon wieder so zu lügen! Wo doch alle Politiker aussagen, an die der Herr Shimizu in der Nacht zum fünfzehnten herantrat, er hätte gestottert und um ihr Einverständnis zum VOLLSTÄNDIGEN Rückzug gebettelt! Und die Presse lässt Tepco anscheinend mit dieser Version der Ereignisse durch. Wo sie die Lügner in der Luft zerreißen müsste! Es ist zum Wahnsinnigwerden!

Nur die Entschlossenheit und die Verzweiflung eines einfachen aber klugen Mannes, Patentanwalt, der in die Politik kam als Wahlhelfer für eine Frauenrechtlerin und mehr aus Versehen Premierminister geworden war, hat eine grauenhafte Katastrophe verhindert. Er wurde zum Dank dafür dann innerhalb weniger Wochen schon abgesägt; die Atomlobby versteht sich drauf und der Herr Noda jetzt versucht, die Dinge so weit wie möglich wieder ins Rechte zu bringen. Will AKWs nach Vietnam verkaufen; war nicht sogar Syrien als Interessent im Gespräch? Und hier im Land – sei es nicht die Zeit nach Schuld zu suchen. Es ist wirklich so: nicht ein Einziger des ganzen Vereins wird zur Verantwortung gezogen werden. Kann das wahr sein? Jeder LKW-Fahrer wird angeklagt, wenn seine Karre ein Rad verliert (da gab es einen tragischen Fall, wo genau das passierte und ein Fußgänger getötet wurde): Vernachlässigung der Aufsichtspflicht heißt das; und niemand von den tausenden Ochsen der AKW-Bewegung ist verdächtig, seine Aufsichtspflichten irgendwie verletzt zu haben? Wie kann das sein? Wo ist die Atomaufsichtsbehörde, möchte man fragen, aber: pardon, die sitzt ja mit im Boot! Super, wie das alles eins ins andere greift! Die gleichen Leute auf beiden Seiten der Balustrade, genau wie eine Zeitlang das China-Restaurant an der Strasse in Hiddenhausen zwei Eingänge hatte: rechts ging man ins „Tokyo", japanische Küche, links ins „Peking" zu chinesischen Genüssen.

Es gibt hier die schöne Tradition, sehr angenehm für in Ehren ergraute Beamte, des „Abstiegs aus dem Himmel", was nichts anderes heißt als den Bock zum Gärtner zu machen, wenn die Beamten der Kontrollbehörden am Ende ihrer Karriere noch auf ein lukratives Pöstchen bei der vorher wohl nicht allzu scharf kontrollierten „Familie" hoffen wollen. Spiegelfechterei also; eine Krähe hackt der andern die Augen nicht aus. Die wirklich lächerlich intime Zusammenarbeit zwischen den Gangstern und ihren Aufsehern soll in Zukunft gelockert werden, heißt es. Ich bin gespannt. Passiert ist noch nicht viel, soweit ich weiß!
Statt dessen versucht Tepco in dreistester, jeder Beschreibung spottenden Frechheit noch Naoto Kan selber verantwortlich zu machen

für die am Morgen nach dem Tsunami so schleppend langsam ergriffenen Maßnahmen in Dai-ichi: er hätte durch seine Anwesenheit die Leute bei der Arbeit behindert.
Sicher, das Kungeln macht schon Sinn: Einer für Alle, Alle für Einen ist das Motto. „Filz" würde man das auch nennen. „IHR seid das Volk!" sagen die oben zu uns. Und wir, das Volk, sagen nichts, denn wir sind sprachlos. Wir haben nichts zu sagen. Wo sollte man auch anfangen zu fragen, wo anfangen zu urteilen? Wie könnte dieser gordische Knoten von blinder Wissenschaftsgläubigkeit, dummfröhlichem Zweck-Optimismus und Patriotismus, um mit den heller leuchtenderen Fäden anzufangen und knallharten Profitinteressen, Bestechung, Lug und Trug in Planung, im Bau sowohl als auch im Betrieb nur aufgelöst werden? Alexander hieß einer, der auf solche Knoten spezialisiert war; leider ist er verstorben und kein Nachfolger in Sicht. Nicht gegen einen Einzigen wird ermittelt? Alle haben ihre Pflicht gewissenhaft getan? Der Tsunami: ach das böse, böse Erdbeben fünfzig Minuten vorher hat die Kühlleitungen brechen lassen! und die ganze Katastrophe war nichts als ein Naturereignis! Ja? So gut ... „Naturereignis" wie ein vom Dach auf eine alte Oma geworfene Palette Kantsteine: die Schwerkraft, ja, die war's?!

Die traurige Geschichte von Dai-ichi fängt an mit der grandiosen Entscheidung, die Küstenfelsen um fünfundzwanzig Meter abzutragen, um das Kraftwerk tiefer bauen zu können. Um näher am hochzupumpenden Seewasser für den sekundären Kühlkreislauf zu sein. Um Geld zu sparen, klar. Pennywise – Pound foolish heißt so was auf Englisch. Dumm. Saudumm.
Im Bau dann wurde gepfuscht, was das Zeug hielt: schon in der Planung fälschte Tepco Dokumente! Eine der hunderte Tonnen schweren Brennkammern war von Anfang an verzogen; es gab so viele Verletzungen der Vorschriften und Fälschungen der Inspektionsergebnisse, dass dies im Jahr 2002 einen richtigen Skandal auslöste und tatsächlich Köpfe bei Tepco rollten: bis alles vergessen war und weitergepfuscht wurde wie zuvor. Tsunami-Warnungen? Nach Sumatra 2004 wurden auch in Japan allerhand Berechnungen angestellt, wurden ignoriert: die Empfehlungen der diversen Aufsichtsbehörden

waren ja alle nicht bindend! Der „Aufsichtsbehörde" NISA, die dem Ministerium für Energie, Handel und Industrie untersteht (METI) – also ausgerechnet den Leuten, die sie beaufsichtigen soll!

Die furchtbarste Ironie ist aber, dass die vierzigjährige Laufzeit von Dai-ichi im Februar 2011 ausgelaufen war. Und dieser Schrotthaufen dann vier Monate vor der Katastrophe eine zehnjährige Laufzeitverlängerung genehmigt bekam.

Was ich im Nachhinein auch nicht mehr verstehe – wie diese sämtlichen Sauereien an uns vorübergingen, ohne dass wir aufmuckten, ohne das wir aufschrieen. Wir waren zu blöd. Nur unser „Eggman", Kazami-san, der Hühnerzüchter aus Kawauchimura war informiert und agitierte – erfolglos – gegen die AKWs an der Küste.

Wir wussten nicht einmal, dass Plutonium im MOX-Fuel für Block drei aus den Wiederaufbereitungsanlagen in La Hague und Sellafield reimportiert über Onahama, den Hafen von Iwaki, nach Dai-ichi gebracht wurde; an unserer Haustür vorbei gefahren wurde. Sahen mit Schrecken die CASTOR-Transporte im TV und hatten keine Ahnung, dass hier tausendmal Gefährlicheres in aller Dreistigkeit vor unserer Nase lang zog. Regulär wäre Dai-ichi am elften März abgeschaltet gewesen. Aber was heißt schon regulär.

Premierminister Noda, an dem es jetzt wäre aufzuräumen und alle seine Leute – was für eine Schande. Die Medien Japans – was für eine Schande für dies herrliche Land. „Schwamm drüber"?

Opfer sind wir, als Opfer werden wir endlos porträtiert in diesen Tagen ... gibt es denn gar keine unabhängige Berichterstattung hier? Sicher, die japanische Kultur ist anders, die ausländischen Medien gehen die Sache vom schlechten Ende aus an, während die japanischen es andersrum machen, sagte ein alter Freund eben, das entspricht der wunderbar positiven Denkart der Menschen.

Nichts nachtragen, alles verstehen, alles entschuldigen sind gute buddhistische Tugenden: aber leider keine journalistischen. Japanische Journalisten – werden die denn in Nikko von den drei Affen angelernt? Nichts Böses sehen, hören, sagen? Ist es das? Muss es das sein?

Es wirkt aber! Das ist das Erschreckende. Die ständigen Wiederholungen wirken sogar auf mich. Täglich muss ich mich neu wehren gegen das Wort „Unfall" und jeden Tag erfordert die Abwehr dieser Lüge mehr Kraft. Es ist aber eine Lüge und wird nicht in hundert Jahren, nicht in all den Millionen Schönfärbereien der Medien zur Wahrheit.

Die Leute sind geblendet, Einwohner werden befragt wie sie die Maßnahmen zur Bekämpfung der radioaktiven Verseuchung beurteilen, also zum Beispiel, ob die Waschungen mit den Produkten der Firma Kärcher – was für ein Geschäft die hier jetzt machen – rigoros genug durchgeführt werden: als ob nicht die einzige Frage wäre, wie man so einer Katastrophe auf den Grund kommen kann! Nicht den Ereignissen hinterher zu hecheln, sondern nur einmal „Vor-Sicht" zu üben. Bezahlt werden die Arbeitgeber der Journalisten von der Großindustrie; Werbung finanziert eben die Kommunikationsindustrie und gefangen sind die wenigen jungen, noch nicht fertigkonditionierten Reporter im Spinnengewebe des sozialen Systems mit seinem ehernen Gesetz des: „Es geht von oben nach unten." Über allem ist der Kaiser und verbeugt sich vor dem Leid seiner Kinder; oben aber sind die Gangster, wie in jeder Schulklasse die Rüpel und die Ganoven den Ton angeben, wenn die Strukturen nicht horizontal sind sondern vertikal und dazu unter Druck. Druck? Wo keiner wäre, müsste sich jederzeit welcher herstellen lassen.

Was Japan braucht, sind keine Opfer sondern Täter! Die in den Knast gehören.

Und Tu-er, Leute wie die Mütter von Fukushima. Die sich nicht einschüchtern lassen, die seit zehn Monaten im eiskalten Zelt vor dem Wirtschaftsministerium kampieren, Minusgrade im Winter, kochende Hitze letzten Sommer: Chiharu Shiina, 65 Jahre alt! Sie bleibt da. Sie tut was. Sie wird vielleicht einmal in die Geschichte eingehen als eine der Frauen, die Japan in seinen dunkelsten Jahren Licht spendeten. Die japanischen Medien schweigen sie tot, schweigen zu allem, was nicht konform und kompatibel ist: die Maschine versucht weiterzulaufen, als sei nichts geschehen und es ist das Versagen der Medien, nicht Sand ins Getriebe dieser Höllenmaschine zu werfen. Dieses Jahr 2011 hat das Versagen Japan gesehen. Nicht das der einfachen Menschen. Sondern das der Führenden. Niemand außer Naoto Kan hatte Mut, niemand außer ihm hatte den klaren Blick auf eine „sauberere" Zukunft – wie könnten Leute mit dreckigen Gedanken auch Visionen von reineren Gefilden als den verpesteten Gegenden hier entwickeln? „Dreckige Gedanken" meint den Schlag Politiker mit den versoffenen, verquarzten Stimmen und den berechnenden Augen hinter den Masken von Gesicht, die wir ja nur allzugut kennen. Ein lebendiges Gesicht! Ohne Maske! Welcher Politiker hätte das schon außer dem geschassten Herrn Kan? Mir fällt keiner ein. „Kaanada". Ja, wir sind Opfer.

Sehenswert dazu ist ein Film von Johannes Hano im ZDF: Die Fukushima-Lüge.
http://www.youtube.com/watch?v=kbTXjzCEop4

11 Kein Neuanfang

Es gab Aussicht, es gab ein paar Wochen Frühling, es gab die Hoffnung auf Freiheit, hätte ich fast gesagt: und das wäre schon das Richtige gewesen. Veränderung! Freiheit! Das ist es doch. Ein Aufbruch! Wie lange wollt ihr noch zögern, wie lange noch so tun, als ginge es ewig so weiter? „Politiker": es gibt kaum einen Schlag Menschen hier in Japan, kaum eine Berufsgruppe, wenn man so will außer Taschendieben und Kinderschändern, die vom Volk so verachtet wird wie die Politiker. Jeder Japaner verzieht schmerzlich den Mund und zieht zischend die Luft ein, es gibt hier so eine typische Geste, wenn auf Politik und Politiker die Rede kommt. Jeder! Mit dem Schmerz, dem Phantomschmerz der totalen Resignation. Nix zu machen, es wird nichts mehr besser; das Bein ist ab, der Arm amputiert: ein Politiker ist eben ein Schuft. Vielleicht hat MacArthur doch einen Fehler gemacht, als er dem Kaiser 1945 die Hand auf die Schulter legte: wie sollen Politiker letzten Endes auch Verantwortung tragen, wenn das System nicht demokratisch ist? Von oben nach unten geht alles in Japan, das ist anders als in den Ländern Europas, wo die alte Welt, die „Welt von gestern", in den Schützengräben des ersten, des großen Krieges ihr Leben ausröchelte: ausgerechnet in Belgien. Aber noch verachtet leider niemand die Presse – obwohl die es weidlich verdient hätte. Die Medien als Organ, der Bevölkerung die Entscheidungen „ihrer" Regierung mitzuteilen und im Bedarfsfall zu „erklären", einem typisch japanischen „Neusprach"-Wort: es bedeutet etwas Ätzendes durch schöne Verpackung schmackhaft zu machen. Es gab im letzten Mai die Chance zu einem neuen Start. Die Leute waren schockiert genug, im ganzen Land, nicht nur in Nordjapan, um etwas Neues wagen zu wollen, sich aus der Erstarrung der letzten zweiundzwanzig Jahre lösen zu wollen: erstickt wurde dies Pflänzchen. Ist die Zeit immer noch nicht reif dafür? Soll es immer noch weitergehen mit Beton und noch mehr Beton? Mit Verlust von Leben, von Natur, von sozialem Frieden, von Vertrauen? Von Zukunft? Schulden über Schulden hat Japan – 220% des Bruttoinlandprodukts und mehr: die Erbschaft der Betonköppe. Und so gar keine Impulse für etwas Neues. Was muss denn noch kommen, damit die Leute in Tokyo aufwachen? Bei denen liegt leider der Schlüssel verloren. Vielleicht bewirkt Frau Shiina in ihrem Zelt ja doch noch etwas – der Dampf ist aber raus. Das wäre letztes Frühjahr gewesen: der Premierminister Kan mit neuen Ideen – leider wurde ihm das Messer in den Rücken gestoßen. Er trat zwar nicht völlig kampflos ab: erreichte es unter Anderem noch, ein Gesetz zur Förderung erneuerbarer Energien auf den Weg zu bringen. Gut, er lebt noch und die Debatte um seine Führung beginnt in Wahrheit wohl erst, er hat doch einige Verteidiger, und wird sicher auch noch das eine oder andere Gute erreichen, aber der Schwung ist erst mal weg. Auch ein Friedensnobelpreis könnte ihn nicht zurück ins Amt bringen. Die Apparatschiks haben gesiegt, Kampai! „Prost." Und die Bauindustrie ist selig vor Besoffenheit ... Zehn, fünfzehn Meter hohe Tsunami-Schutzwälle ... Am AKW Hamaoka 200 Kilometer südlich von Tokyo – man bemerke die schöne Symmetrie zur Lage Dai-ichis, dem gefährdetsten von allen – würde das erwartete Tokai-Beben auf die Küste dort eine ebenso gigantische Flutwelle schicken wie der elfte März auf Tohoku – ist eine Tsunami-Mauer im Bau. Sie war auf achtzehn Meter Höhe geplant; wie die neuesten Projektionen aber einen Tsunami von zwanzig Metern nicht ausschließen, nun, wird sie eben auf einundzwanzig Meter erhöht! Kein Problem, dem Ingenieur ist nichts zu schwer: aber, einen Moment, Leute, kann so ein Scheusal wirklich standhalten? Wie soll eine Mauer dem Druck von Millionen Tonnen bewegten Wasser standhalten? Über eine Milliarde Euro sind da inzwischen schon in den Sand gesetzt worden ... und das Spiel geht weiter! Mauern zu bauen. Ausgerechnet Mauern! Stolz zeigen die Betonierer ihr Werk, und stolz auf die Errungenschaften seiner Heimat sagte mein zwanzigjähriger Student gestern, weit von zu Haus als Student der Elektrotechnik an der renommierten Ibaraki-Universität in Hitachi, auch auf wiederholte Nachfrage: „No problem." MAUERN? Der ganze Meeresboden vor Dai-ichi soll auf sieben Hektar großflächig betoniert werden, sechzig Zentimeter dick, um den hoch verstrahlten Schlick an Ort und Stelle zu halten: was für eine geniale Idee! Darauf muss man erst einmal kommen! Das ist wahrhaft innovativ. Wie froh ich bin, Deutscher zu sein in diesen Monaten; trotz allem hat Deutschland es immerhin geschafft sich zu entscheiden: und hat einen großen Schritt gemacht. „Das hat über vierzig Jahre gedauert!" versuche ich meine japanischen Freunde zu trösten; aber wie ich das sage, wird mir Angst und Bange: soll es hier auch vierzig Jahre dauern vom Beginn des Widerstandes bis zum Erfolg? Fünfzig, denn noch laufen die letzten Anlagen ja noch und weltweit sowieso. Es werden noch Pläne gemacht. Als ob dies jetzt nicht schlimm genug war. Jedenfalls bin ich jetzt Zeuge. Kämpfer nicht, das war ich zu meiner Schande nie, aber ich habe Augen, habe Ohren und ein Gehirn dazwischen und ich schreibe auf, was ich sehe. Wer's liest, nimmt an den Geschehnissen hier teil und wird vielleicht verstehen, dass dies nichts typisch Fernöstliches ist, sondern für jeden wichtig und hoffentlich ein kleines bisschen hilfreich. Kein Mensch ist eine Insel, wir alle leben und sterben zusammen auf diesem blauen Planeten mit seinen 441 bestehenden und 60 im Bau befindlichen Kernkraftwerken und ohne dass irgendjemand eine gute Idee hätte, was mit den radioaktiven Abfällen geschehen könnte: außer dem Steinzeitimpuls, sie ganz, ganz tief zu vergraben. Kein Land hat einen größeren Anteil, kein Land setzt

blinder auf Elektrizität aus Atomkraft als Frankreich. Direkt über den Rhein stehen die schlimmsten, die zwei alten Ekel in Fessenheim. Und sogar in Deutschland selber wäre ja ohne Fukushima die Welt nach wie vor in Ordnung für Vattenfall, e.on und Konsorten!
http://en.wikipedia.org/wiki/Nuclear_power_by_country

12 Ein Kind ist geboren!

Geboren am elften März 2011! Atsuto, der junge Held von Stefan Kleins großem Artikel zum ersten Jahrestag der Katastrophe ... einer von vier Kindern in Iwaki, drei zu eins für das männliche Geschlecht, eins von siebenunddreißig Babies aus der Präfektur Fukushima. Als er zur Welt kam, war noch alles im Lot, zwei Stunden später kauerte die Mutter in Lebensangst an ihr Bett geklammert auf dem Fußboden und ab dem nächsten Tag ging der Schreck dann erst richtig los. Geht weiter ... wie wird so ein Würmchen die Welt finden, wenn er alt genug sein wird darüber nachzudenken? Wenn die ersten Pickel kommen und allerlei seltsame Anwandlungen; wie wird er über uns denken? Die Generation der Eltern? Die Welt von gestern? Das ist sie ja für ihn; unsere Gegenwart – interessiert ihn jetzt nicht, wo er in der Geborgenheit seiner Familie vor Vergnügen kiekst, sabbert und die ersten Schrittchen machen will, und wird ihn auch später nur am Rande interessieren ... Mit was wird er sich auseinandersetzen müssen? Wofür kämpfen? Saubere Luft? Sauberes Wasser? Wärme im Winter? – Niemand weiß das heute. Auf jeden Fall werden die Trümmer von Dai-ichi fast noch genauso da stehen wie jetzt (hoffen wir!!) und die Umgebung wird unbewohnt sein. Das wird ihn aber kaum stören – das war schließlich schon immer so! Gut so! Leider wird er trotzdem dafür zahlen müssen; jeden Tag, mit jedem Handschlag in seinem Beruf, mit jedem Einkauf werden Steuergroschen klingeln: mit jedem Atemzug auch. Hoffentlich wird er nicht allergisch gegen Cäsium oder Strontium oder einen der anderen Strahler aus der Vergangenheit werden! Und das ist natürlich eine der besseren Projektionen; Fukushima kann ja nicht außerhalb der weltweiten Entwicklungen und Probleme gesehen werden. Unsere Zivilisation steht auf tönernen Füssen: das ist eine der unangenehmen Tatsachen, an die man sehr eindringlich erinnert wird, wenn plötzlich kein Strom, kein Wasser und kein Benzin mehr fließen, das Telefon nicht funktioniert und die Lebensmittel rationiert werden ... eine Erfahrung, die man erst gemacht haben muss, um etwas klarer sehen zu können; die Stärken und Schwächen der modernen Gesellschaft realisiert man nicht wirklich ohne den Kontrast von Feldrain und beheiztem Toilettensitz mit drei Arten Wasserspülung und künstlichem Rauschen zur Unterdrückung eventueller angelegentlicher Fürzchen der Damenwelt zu kennen. Man solle seine Kinder vielleicht was Solides lernen lassen, wie zum Beispiel Angeln, meinte Rick gestern. „How to decorate a cave ...?" fragte ich zurück. Galgenhumor ist immer richtig, wenn es um ernste Dinge geht, aber, Spaß beiseite: Ist es denn sicher, dass Dai-ichi -zig Jahre lang gewartet werden kann bei all den Unsicherheiten der Zeit? „Die japanischen Inseln werden zum großen Teil im Meer versinken ... nachdem die Erdachse aus dem Lot geraten ist ..." wird Edgar Cayce hier manchmal zitiert, und da die Erdachse jetzt wirklich minimal verschoben wurde, wie auch die Erdrotation, was allerdings bei jedem großen geologischen Ereignis der Fall ist, gibt es eine Art Katastrophenerwartung für die nahe Zukunft. Ob das eine temporäre Unsicherheit dem Leben gegenüber ist oder das kumulierte schlechte Gewissen, 150 Jahre „Fortschritt" auf Deubel komm raus gehen nicht spurlos vorüber, man schaue sich um, wer könnte das sagen? Das kollektive Gewissen ist sicher belastet: all die verschandelten Flussläufe, totbetoniert, die Küsten gleichermaßen, Dämme, Strassen, Städte: Horror wohin man sieht. Wo das Land so schön ist. Und die Japaner doch immer noch so überzeugt von sich sagen: „Wir leben mit den Jahreszeiten, mit der Natur!"; wenngleich man dies nicht mehr so häufig hört wie in den achtziger Jahren. Wie lange braucht es bis Realität eine verklärende Selbstauffassung oder auch ein von außen herangetragenes Stereotyp korrigiert? Eine Generation? Oder drei? Die deutsche Fußballnationalmannschaft als gut geölte Tormaschine? Japaner im Kimono? „Leben mit der Natur" – wo, bitte? Überholte wissenschaftliche Theorien, sagte doch Max

Planck, werden nicht durch bessere Einsichten zum Verschwinden gebracht, sondern durch den Tod ihrer Proponenten, und so ist's mit Stereotypen wohl auch. Ginge in Japan noch ein AKW hoch; träfen die für die nahe Zukunft erwarteten großen Beben, besonders das Nankai-Beben, dann das Kanto-Beben und vielleicht andere völlig unerwartete wie unseres jetzt – Japan liegt eben mitten drin im „Feuerring" – zeitnah oder besonders unglücklich ein, bräche der Fuji katastrophal aus nach 300 Jahren Pause (Sechzehn Eruptionen seit 781 zählt Wikipedia ...) oder ... oder ... oder? Was dann? Nach jedem der vier anderen M. 9,0 Beben seit Beginn der Aufzeichnungen im frühen 20. Jahrhundert – wie sich das anhört! – brachen in Nähe des jeweiligen Epizentrums Vulkane aus, sagen die Forscher, und auch am Fuji gab's schon vier Tage nach dem Klopper vom elften März ein Beben der Stärke M 6,2 das nach Ansicht der Geologen aber keine unmittelbar bevorstehende vulkanische Aktivität ankündigte. Zum Vergleich: das Beben von Assisi 1997, das die Basilika einstürzen ließ und 50.000 Menschen obdachlos machte, hatte eine Stärke von M 5,7, in Neapel starben 1980 fast dreitausend Menschen bei einem katastrophalen Beben der Stärke M 6,8 ... in einem Wort: in Europa sind Erschütterungen tödlich, nach denen sich hier kaum jemand umdreht. Es wird eben anders gebaut, wenn man weiß, was man zu erwarten hat. Die Vulkane aber sind weltweit ziemlich gleich konstruiert, nehme ich an: von unten beheizt und die Abzüge schwer in gutem Zustand zu halten; und wenn der Fuji auch nicht im Entferntesten so eine ungeheure Gefahr für Tokyo darstellt wie der Vesuv für Neapel wäre doch eine große Eruption sehr gefährlich. Jede Menge Vulkane abgesehen vom Fuji gibt's außerdem; uns am Nächsten der Bandai gleich hinter Koriyama, zum letzten Mal aktiv 1888 im ersten und bis heute verheerendsten „modernen" Vulkanausbruch Japans mit 500 Toten: über den mit dramatischen Holzschnitten im „Bild"-Stil, aber auch den ersten japanischen News-Fotos überhaupt in der Yomiuri Shinbun berichtet wurde. Er hinterließ weithin verwüstete Landschaften, genau wie der „Bild"-Stil, die sich später allerdings mauserten zum „Moor mit den fünf Seen" in schillernden Grüntönen, einer Touristenattraktion inklusive Hinweistafeln und Andenken-Verkauf, also, alles wird gut. Wenn man lange genug wartet. In der Natur jedenfalls. Ebenfalls in Fukushima schläft der „Kleine Fuji", ein total öder Haufen hässlicher Steine rings um ein rauchendes und stinkendes bizarres Loch im Fußboden – so empfand ich die Szene bei einem Ausflug dahin. Nichts Grosses ... aber das Potential, mein Freund, das Potential! Eine Liste der aktiven Vulkane in Japan, von A wie „Adatara", letzter Ausbruch 1996 in der Präfektur Fukushima, bis Z „Zao", letzter Ausbruch 1940, in der Nachbarprovinz Miyagi ist jedenfalls beeindruckend ... und nimmt man die ausgedienten dazu, stehen einem die Haare zu Berge. Hunderte sind es. Die Japaner und ihre Vulkane! In „Die Tochter des Samurai" zeigt die junge Setsuko Hara in einem faszinierenden Propagandafilm von 1937, einer deutsch-japanischen Koproduktion in der Regie Veit Harlans, wozu Vulkane alles gut sind! Dramatisch, sehr dramatisch – mit Rettung in letzter Minute dank männlicher Tugend, in Überlegenheit des Faschismus und neuem Anfang auf den Feldern Nordchinas, in der dem japanischen Großreich einverleibten Mandschurei: deutsch-japanische Koproduktion von 1937. Ja ... bis dann andere, unvorhergesehene Eruptionen zu guter Letzt den Maiskolbenpfeife rauchenden General MacArthur ausspuckten – der seine Hand kumpelhaft auf der rechten Schulter des schuljungenhaft vor ihm in die Kamera der amerikanischen Armee blinzelnden, ehemals göttlichen, Hirohito liegen hat. Nichts beschäftigt die Japaner aber mehr als das Schicksal des Fuji. Japan und der Fuji. Das ist eins; das ist, was die Irminsul als Sinnbild der Weltesche Yggdrasil für die armen Germanen meiner Heimat war: der Fixpunkt einer unsicheren Existenz. Wer daran rüttelt – allein der Gedanke ist unerträglich. Die Klarheit der Linien, die Schönheit der Form ... Japan müsste sich neu definieren. sollte dieses sichtbare Zeichen der Göttergunst einmal gefährlich, schlimmer, gewöhnlich werden. Es ist so schön, ihn bei klarem Wetter weit hinter den Hochhäusern Tokyos in der Ferne herrlich weiß schimmern zu sehen ... Ein Symbol des Friedens und der Dauer?

13 Zukunftsphantasien

Aber – Weltuntergangsphantasien ... nein, nicht schon wieder! Hatte ich vor einem Jahr zur Genüge und damals leider Gottes nicht zu Unrecht. Der Boden brennt mir aber unter den Füssen, es wäre schön, das anzuzapfen mit Geothermie, Daldrup und Söhnen ... aber ob das hier in Japan überhaupt ginge bei den vielen Erdbewegungen? Tausend Meter runter oder fünfzehnhundert – hier sicher nicht mal so tief? Gut, es soll jetzt ein Projekt in Angriff genommen werden, hier in Fukushima, dreitausend Meter tief soll's gehen und 2020 den ersten Strom liefern ... also geht es schon, wenn man nur will! Wenn man nur richtig will, denn schon geht es wieder los: die „Onsen" fürchten um das ungestörte Quellen ihres heißen Wassers und wer hätte das Geld um ihre Ängste zu zerstreuen? Tepco – leider nicht mehr. Andere Energieriesen schon. Ob die Politiker bereit sind, Geldströme in solche tiefen Löcher zu leiten, ist nun die Frage. Jeder Bohrer muss gekühlt und geschmiert werden! Wenn nur die vorhandenen Kanäle zur Schmierung nicht so wunderbar glatt ausgeschliffen und wie Bobbahnen auf einer Olympiade für die gut eintrainierten Mannschaften ein so herrlicher Spaß zu fahren wären! Und da will plötzlich das Team Jamaika mitfahren?! Deren Schlitten kann doch nur zu Bruch gehen ... „Cool Running" für die Anderen! Japan müsste DAS Land für die Energie aus der Tiefe sein: man braucht doch eigentlich nur mit dem Fingernagel die Kruste anzuritzen und schon sprudelt Lava oder wenigstens heißes Wasser raus! An zwei Stellen in Iwaki hat das Beben letzten März große Mengen heißes Wasser aufschießen lassen; das sprudelte einfach so raus wie die Rhumequelle oder der Blautopf: nur eben brühend heiß. So etwas anzuzapfen, wäre doch nicht schlecht. Oder Photovoltaik: wir haben hier 2035 Sonnenstunden im Jahr – „Sunshine Iwaki" ist unser offizielles Motto – jede Stadt, jeder Kindergarten hat hier ein Motto ... aber es gibt so erbärmlich wenige Anlagen, dass man sich schämen muss. Windkraft? Es gibt anscheinend Pläne hier, vor der Küste Räder aufzustellen. Ich habe auch schon Schiffe gesehen, die undefinierbare Aufbauten hatten: Explorationen? Ob das was bringt – ? Ganz egal, was es ist: wenn nur irgendetwas passiert, irgendein kleiner Schritt, es ist so paradox! Warum nur sind die Leute so rückständig. Wenn es ihnen einmal klar würde, den Bürokraten an den 'Schalthebeln der Macht', wenn es ihnen nur klar würde, dass sie Dinosaurier sind und ihre Zeit abgelaufen ist, dass die Welt sich weitergedreht hat seit der Bubblezeit: vielleicht rieben sie sich die Augen und hängten sich noch mal rein, um nicht ganz hinterherhinken zu müssen. Marathonlauf: ist doch so beliebt hier! Startschuss! Auf ein Neues, aufi! in Richtung grüne Wiese ... Die Richtung ist doch sonnenklar, ihr Papiertiger, ihr Wiederkäuer, ihr rückwärtsgekämmten Fabeltiere! Es geht in Richtung GRÜN – oder noch immer weiter bergab. Und auch euer Griff wird sich lösen, das Haar gescheitelt vor eurem Bauch werdet ihr krachend vom Baum fallen um den die weinende Jugend des Landes sitzt und sich fragt: was war das denn? „Your life, mate ...." Your Life. Euer Leben! Ach, Atsutokun! Ich wünsche Dir von Herzen eine bessere Zukunft und meinen eigenen Kindern natürlich auch. Schwelgen wir also in helleren Farben! Die Japaner können es ja! Wie die Amerikaner. Churchill: „die finden immer die richtige Lösung – nachdem alle Alternativen erschöpft sind ..." und bald SIND sie erschöpft. Sie brauchen aber anscheinend immer erst a) genug Schmerz und dann b) genug Druck von außen. „Wie stehen wir da vor den Augen der Welt?" fragen sich die Menschen mit der uns Kontinentaleuropäern unverständlichen Vereinsamung der Inselbewohner. Es sind Einzelkinder, leicht autistisch sind sie: haben niemanden um sich reiben und sich selbst einschätzen und verstehen lernen zu können. Diese Unfähigkeit zur Kommunikation, in der internationalen Politik ist ein Japaner immer noch der „odd man out" und kann seine Interessen heute so wenig wie bei der Flottenkonferenz von Washington 1922 weder durchsetzen noch eigentlich überhaupt selber erkennen, bringt Selbstzweifel mit sich, die wir Deutschen mit unseren neun Nachbarländern uns niemals vorstellen können: Reibung haben wir genug, die Japaner bewegen sich dagegen in einem Vakuum und werden erst erstaunt wach, wenn sie von außen mächtig angestupst werden. Das sagen sie selber! Dies ist nicht auf meinem Mist gewachsen, jeder sagt das und es wird wohl stimmen. Wo ist also das Senfkorn, wer oder was könnte den Anstoß zur Aufarbeitung von „Fukushima" geben? Amerika, Amerika. Japan schaut nach Osten genau wie wir nach Westen, und wenn wir in Europa nicht bald den von Nostradamus versprochenen Heinrich den Glücklichen finden – wird sich daran nie etwas ändern. So grün und fortschrittlich wir auch sind, was von den Japanern auch gewürdigt und ohne Neid anerkannt wird: solange aus Amerika nicht eindeutige Signale kommen – ist Europa ein Nebenschauplatz und nicht relevant genug, eine echte Richtungsänderung in der Energiepolitik, die Energiewende eben, zu initiieren. Die Ohnmacht der Alten gegenüber dem Blödsinn ihrer Kinder in der Neuen Welt erlebt man aus der Entfernung, aus der zweiten Reihe, sehr deutlich! Die Japaner schauen währenddessen ratlos in den Spiegel, zeichnen schnell noch ein paar wahnwitzige Mangas und machen noch einen hirnrissigen Anime dazu, gehen weiter schön ins Büro, ziehen sich chic an in ihrer kargen Freizeit und lassen kostbare Zeit verstreichen. „Chiren le grand Roy" müsste es gar nicht sein, nur irgendjemand mit genug Brechstange und Glück, irgendwo an der richtigen Stelle eine Lücke zu finden im Panzer dieses taumelnden Kolosses mit seiner Betonmentalität. Zwischen die Schuppen des Gürteltiers muss jemand fassen wie Michael Woodford, dem irgendwie auf den Chefsessel gelangten Engländer, der jetzt die jahrzehntelang vertuschten schmutzigen Geschäfte bei Olympus aufgedeckt hat. Natürlich wurde er sofort gefeuert. Und es wird mit Sicherheit so schnell kein neuer Ausländer gerufen werden. Den gleichen Fehler macht man nicht zweimal! Also, noch ein paar Jahre gebe ich dem Establishment noch: zwei oder drei – und dann wird eine neue Welle durch die Büros von Tokyo fauchen! Noch bevor unser junger Held und seine Kameraden in den Kindergarten kommen: die Zeit ist allmählich reif. Einen wunderschönen Artikel hat Stefan Klein in der Süddeutschen Zeitung geschrieben; er hat mir Kopien zugeschickt, von denen ich eine zu Atsutos Elten bringen werde. Ein schönes Foto in Sepia-Tönen groß in der Mitte der Seite, ein Gesamtkunstwerk ist diese Seite 3. Ono-san hatte sich auch mächtig Mühe gegeben mit den Fotos, machte -zig Aufnahmen in allen Posen. Gedruckt wurde das Schönste, ein ganz klassisches Motiv: die junge Mutter hat den Knaben auf dem Arm, ihr Gesicht ist halb weggedreht, der Kleine lacht in die Kamera. Eine mutige kleine Frau! waren wir uns einig gewesen nach unserem ersten Besuch. Sie beantwortete alle Fragen ohne mit der Wimper zu zucken, auch nicht als es kurz bebte („Stärke drei, Shindo san, sagte der Dolmetscher" ... steht im Artikel – und der Dolmetscher bin ich! DANKE! Wieder ein Beruf mehr; was ich nicht schon alles gemacht habe und mache ...) und war auch beim Fototermin mit Ehemann die Ruhe selber. Eine gute Familie, so eine Umgebung würde ich allen Kindern wünschen – Radioaktivität hin oder her. „Eine standhafte Familie" wird sie in der Überschrift genannt, und ich bin sicher, dass der Kleine den besseren Schutz vor allen schlechten Strahlungen hat als viele der „geflohen wordenen" Kinder in Tokyo oder sonst wo. Aber solch eine kleine Madonna – wie eine der tapferen Vietnamesinnen im Reisfeld, nach dem Bombenhagel, kam sie mir vor – als Mutter, mit dem ganzen Rest der Familie beschützend dabei, muss man wohl überall mit der Lupe suchen. Gut gemacht, Atsuto: die richtigen Eltern gewählt. Am Tag der Explosionen im Block Drei kamen sie aus der gynäkologischen Klinik nach Haus. Per SMS wurden sie von Freunden gefragt: was macht ihr? Flieht ihr auch? und entschieden sich zu bleiben. Kein Benzin im Tank ist ein starkes Argument, das Auto in der Garage zu lassen; die Nachbarn blieben auch alle: da fiel die Entscheidung nicht so furchtbar schwer. Ich musste an uns in Yotsukura denken – auch bei uns spielte die Umgebung eine entscheidende Rolle; Oma Fujii hatte brüsk mit der rechten Hand gefuchtelt „Hier ist's aus!!" und alle andern Nachbarn waren gleicher Meinung, so dass ich Mariko mit Mühe eine halbe Stunde zum Packen abringen konnte. Die Linie zwischen „Bleiben!" und „Nichts wie weg!" verlief südlich von Taira, wahrscheinlich war der Fluss, dessen Haupt-Brücke damals unbefahrbar war, der Samegawa, die Grenze. Und sie haben es offensichtlich richtig gemacht. Die Strahlenwerte blieben relativ niedrig in Nakoso, an der windabgewandten Seite, und der kleine Prinz wird keine Probleme haben. Die Nahrung, das Wasser – alles wird inzwischen sehr gut kontrolliert, nachdem in den ersten Wochen und Monaten doch alles sehr durcheinander ging. Es gab zuerst auch kaum Essen zu kaufen! Wir waren in Deutschland und sahen die Leute Schlange stehen ... aber heute ist Frühlingsanfang! Und alles ein Jahr lang her. Die Sonne scheint, aber es ist kühl; die Baumblüte von Pflaume und anderen ist einen vollen Monat später als sonst und der Nordwind weht böig, der gefährliche. Überall klappert's und rattert's, die alten Fenster unserer Hütte, Türen, die etwas Spiel haben. Wenn so ein plötzliches, scharrendes, rollendes Geräusch kommt, ist der erste Gedanke gleich: „Jisshin! Erdbeben" – egal ob es ein vorbeifahrender LKW ist, ein Windstoss, ein Katzensprung die Absperrung auf dem Korridor hoch – die von zweien unserer fünf mühelos überwunden wird – oder ein Schnarcher meiner Frau ist ... das geht nicht mehr raus aus der Birne. Das sitzt.

14 Frühlingsanfang

Frühlingsanfang ist hier ein Feiertag und ebenso wie Herbstanfang ein Tag, die Friedhöfe zu besuchen und die Gräber der Vorfahren zu schmücken. Im vorigen Jahr lagen überall Grabsteine kreuz und quer, die Steinmetze hatten ein hervorragendes Jahr ... eins der ersten Gebäude, dass ich hier jetzt neu erbaut sah, errichtete ein „Steiner" an der Nr. 6. Die Friedhöfe hier sind völlig aus Stein, quasi großstädtisch: eine Grabstätte, immer Familiengrab, ist eine polierte Grundfläche mit diversen Begrenzungen, über der sich ein zentraler Obelisk mit mehreren seitlich beigegeben Gedenksteinen erhebt. 30.000 Euro kostet so eine Anlage mindestens und zweimal im Jahr, zu den Äquinoxen, geht alles hin; die Oma, ganz wie bei unserer Familie auch, wäscht die Steine, es werden Blumen aufgestellt und jeder Familienangehörige nimmt ein paar der Räucherstäbchen, die mit viel Mühe und Hilfe alter Zeitungen in Brand gesetzt wurden, in Empfang, verteilt sie auf alle die kleinen Mulden vor den Steinen, legt die Hände zusammen und betet kurz. Dankt den Vorfahren, den Verstorbenen allen und bittet sie auch um Beistand und Hilfe weiterhin ... denn sie sind nicht vollkommen tot und verschwunden. Sie sind fern, entfernen sich im Lauf der Zeit, es gibt bestimmte Stufen von neunundvierzig Tagen – so lange braucht die Seele, um sich von den gröbsten Verstrickungen dieser Welt zu lösen – dann drei, sieben, dreizehn und schließlich dreiundvierzig Jahren: die bei einer Stunde im Tempel bedacht und mit Familien-Zusammenkünften gefeiert werden. Die verstorbenen Vorfahren sind nie ganz verschwunden und zum Obon-Fest Anfang August besuchen sie die Erde für einige besondere Tage. Sie werden mit einem Feuerchen am Eingang des Stammhauses empfangen; die Kinder kehren aus der großen Stadt für einen Tag oder auch nur ein paar Stunden ins Elternhaus zurück; es wird gut gegessen, es wird getrunken und erzählt: kleine Feuerwerke gibt es für die Kinder, um die Augusthitze zu mildern ... Feuer mit Feuer ... und am letzten Tag der Feiertage entzündet der Großvater wieder das Flämmchen aus ein paar Brettchen oder Schnitzen Holz: die Seelen fortzugeleiten. Dieses sind die festen Tage im japanischen Jahr; fehlt noch Neujahr: das nach Begleichen aller Schulden und Großreinemachen in den letzten Tagen des alten Jahres blitze blank ganz nach vorn gerichtet ist, und ebenfalls in der alten Heimat auf dem Land, nach einem wahren Exodus per Auto, Bahn und Flugzeug aus den Metropolen in der großen Familie begangen wird. Onkel, Tanten, Cousins, Cousinen – alle für ein paar Stunden zu Hause. In der verlorenen Mitte – die aber erstaunlicherweise noch in jedem Großstädter nachlebt, so begierig nach Stadtluft die Japaner sind – die Reisbauern in ihnen sind nicht völlig totzukriegen. Selbst in Tokyo gibt es noch hier und da Felder. Das Totengedenken aber wird sehr, sehr erst genommen und so klingt den ganzen Tag über die Tempelglocke von jenseits der Bahngeleise. Im vorigen Jahr waren alle hier weit verstreut, das Dorf wochenlang fast menschenleer ... dies ist aber zum Glück überstanden und nun kann ein vorläufiger Schlusspunkt gesetzt werden. Es häufte sich sehr in diesen Tagen ... der Jahrestag am elften, der Feiertag „Frühlingsanfang" jetzt. Es wird im Fernsehen viel gebracht über Gräberbesuche und im Lokalsender NHK-Fukushima natürlich besonders über die Menschen im Sperrgebiet. Manche bekommen Sondergenehmigungen, andere dürfen nicht einmal für diese halbe Stunde zurückkehren. Sie müssen improvisieren. Es gibt Ersatzfriedhöfe, es gibt auch Freiwillige die ganze Grabanlagen umsetzten in unverseuchtes Gebiet. Die Toten müssen geehrt werden: nach einer sauberen Bestattung. Die Angehörigen der vermisst gebliebenen Opfer leiden an diesem Tag doppelt. Ende und Neuanfang liegen in diesen Märztagen auch auf anderen Gebieten eng zusammen; das Geschäftsjahr endet und beginnt neu zum ersten April; wer also eine Arbeit sucht, fängt jetzt in der neuen Firma an. Die großen Firmen haben recht pompöse Aufnahmezeremonien mit hunderten neuer Angestellte – auch diese Tradition verblasst jedoch allmählich. Firmenangehöriger = Familienmitglied? Es war einmal ... Ungebrochen feierlich werden aber Schulabschlüsse und Aufnahmen begangen. Aufnahmen an der Universität Fukushima im Gegensatz zum Vorjahr leicht gestiegen! Eine gute Nachricht. Ein schlechteres Omen: von allen angebotenen Plätzen einer Haushaltsschule in Fukushima wurden lediglich fünf angenommen. Die jungen Frauen sind nicht interessiert; sie haben Angst. Die Universität hat es besser – als staatliche Einrichtung genießt sie genug Prestige, um im Zweifelsfall das sicherlich nagende Unbehagen der jungen Mädchen – es wurden vorwiegend jubelnde Mädchen vor der Anschlagstafel „Aufnahmeprüfung bestanden" gezeigt – übertünchen zu können. An dem miserablen Zulauf der Haushaltsschule zeigt sich die wahre Situation. Abschlussprüfungen, Abschlussfeiern ... wie eh und je in den Sporthallen der Schulen, wo alles kalt und feierlich ist wie eh und je. Der Boden ist mit schweren Planen belegt, auf denen genau abgezählte Reihen von exakt ausgerichteten Stühlen stehen: für die Absolventen mit ihren Eltern, die selbstverständlich dabei sind. Vorn eine Bühne mit den Flaggen Japans und dem Schulemblem im Hintergrund, an den Seiten rot und weiß gestreifte Behänge. Ein Chor, ein Flügel, Reden ausgewählter Schüler, des Direktors. Grosse Emotionen, Tränen die hier und da weggedrückt werden ... dann endlich werden die Absolventen einzeln feierlich aufgerufen, stehen auf und gehen mit getragenem Schritt nach vorn, wo der Schulleiter ihnen mit weit ausgestreckten Armen die Entlassungsurkunde entgegenhält. Für jede(n) die gleiche Ansage: „Moeka Hayashi! Zum Schulabschluss einen herzlichen Glückwunsch." Die Schülerin nimmt mit genauso weit ausgestreckten Armen die Urkunde entgegen: eine ganz steife Angelegenheit ist das, beide verbeugen sich, sie geht an ihren Platz zurück. Die nächste ... Nur dass in diesem Jahr Moeka Hayashi nicht dabei war. Sie kam um, nicht durch das Meer, sondern durch einen Dammbruch in Sukagawa, fünfzig Kilometer von hier. Das Beben ließ den Damm bersten und der ausströmende Stausee riss Menschen mit sich fort, unter anderen auch Moeka mit ihrer Mutter. Die Mutter überlebte – konnte aber ihre Tochter nicht retten. Wie oft sie sich wohl gewünscht hat in dem langen Jahr 2011 an der Stelle des hübschen jungen Mädchens, ihrer Tochter, untergegangen zu sein. Sie nahm nun statt ihrer Tochter die Urkunde entgegen ... trug das Totenfoto nach vorn, ging genauso steif wie die andern Mittelschüler; der Name der Tochter wurde aufgerufen, der Glückwunsch ausgesprochen, die Verbeugungen getan: Abschluss. Graduierungszeremonie! Das ist keine Travestie – das ist allen Beteiligten heiliger Ernst. Und hilft sicherlich heilen. Die Klassenkameradinnen wurden auch im Haus Hayashi gezeigt; sie waren regelmäßig da zu Gast, lachten, das Foto der Verstorbenen auf dem Ehrenplatz, und brachten der Mutter ein Album, in das sie Grüße und Wünsche geschrieben hatten; Moeka sei das ganze Jahr über bei ihnen im Klassenverband gewesen ... und auch in Zukunft würden sie sie nicht vergessen. Schicksale wie dies, Solidaritäten wie diese: das ist Japan an diesem dreifachen „Jahrestag" vor Allem. Man steht sich bei, man verspricht sich. Man wird sich erinnern! Und bald geht das Leben weiter; ab dem ersten April beginnt das neue Jahr, die Kirschbäume werden blühen! Radio, Fernsehen und Zeitungen berichten täglich wie sich die rosa Welle von Südwesten aus über die langgezogenen Inseln nach Norden voranbewegt; pro Tag zwanzig Kilometer. Vielleicht sogar schöner denn je: man hofft und freut sich darauf, unter den blühenden Bäumen auf blauen Planen sitzen zu können; meist ist es zwar eigentlich noch zu kalt – aber wen stört das? Man isst mit den Kindern leckeren „Bento", dejeuner sur l'herbe auf japanisch, und abends wird getrunken und gefeiert ... Millionen – in Tokyo habe ich im Park von Ueno bei herrlichstem Wetter hunderttausend erlebt, es war unglaublich – freuen sich auf diese Zeit. Auf das Ende des Winters. Auf die Kirschblüte ... das Sinnbild der Vergänglichkeit! Das ist die rosa Pracht nämlich für die Japaner. „Kaum erblüht – müssen die rosa Blättchen schon in der milden Frühlingsluft weitertanzen ..." Nichts geht so schnell vorbei wie der Moment. Ob sie ihn festhalten wollen? Nicht so sehr wie wir, fühle ich immer. Sie lassen eher gehen, bauen ihr Haus nicht für die Jahrhunderte, tragen ihre Kleidung leichter um den – geschmeidigeren – Körper als wir; und tragen auch das letzte Hemd leichter als wir, kommt mir vor. Nicht so endgültig bis zur letzten Trompete, wie wir! Einbildung? Ich für meine Person würde jedenfalls lieber als Japaner sterben – könnte ich es mir aussuchen. Fragt man einen Japaner nach Vorstellungen über das, was nach dem Tod kommt, kriegt man kaum eine kohärente Antwort, genauso wenig wie über Einstellung zu Religion (welcher Religion denn? muss man auch spezifizieren, drei haben ihren Platz: Shinto ist zuständig für Geburten, das Christentum für Hochzeiten wenn überhaupt für irgendetwas und Buddha für's Sterben). Trotzdem oder gerade deshalb – tiefer gelagert als das Bewußtsein – gibt es hier ein gewisses Übereinkommen, einen gewissen Rest Spiritualität, der trägt und Leben und Sterben über das rein Private hinaushebt. Man kommt aus einer andern Welt in diese, wird als Kind von allen verwöhnt, umhegt und behütet wie kaum ein Kind auf der ganzen Welt, geschweige denn in Europa außer vielleicht in Italien, arbeitet als erwachsenes Glied der Gesellschaft hart, um seine Schulden zu erstatten und geht in einem allmählichen Verklingen in Frieden ein zu seinen Vätern. Mit der Aussicht, wiederkehren zu dürfen. Zu müssen? Nicht viel gibt's darüber zu sprechen. Wer spricht schon bei uns über den Sündenfall oder die Auferstehung ohne ins Stottern zu kommen? Trotzdem sind beides Konstanten der westlichen Kultur. Grundgegebenheiten. „Buddha lächelt ... und Maria weint", las ich einmal und kann's nicht vergessen. Christus ist dabei ausgelassen: sein Gesicht, wie es auf Grünewalds „Auferstehung" über dem Waschbecken unserer Küche hängt – ja, wie könnte man das beschreiben? Beim auferstandenen Christus steht eben auch nicht das Gesicht im Vordergrund, so hoheitsvoll es ist, sondern der Gestus, die ausgebreiteten Arme: die Rettung. „Ich lebe – und ihr sollt auch leben!" So sehen wir auch seine Geste – Mariko sah's als

Erste und wenn man es einmal gefunden hat, lässt es einen nicht los
– sein schmerzerfülltes Gesicht und die ausgebreiteten Arme im
Stamm unseres Gartenbaums! Grau und kahl im Winter – jetzt von
frischem Laub umgrünt; das Kreuz wurde grün.

15 Intermezzo in Deutschland – zurück nach Japan

Ein Bogen ist jetzt zu schlagen – von einem Jahr mit Beginn am
siebten Mai gibt's zu erzählen. Vor dem siebten Mai, nach der Flucht
aus Japan, wurden uns aber einige Wochen Deutschland bei herrlichstem Wetter, im schönsten April seit langem geschenkt! Für
mich der erste heimatliche Frühling seit 1984 – der erste Frühling
seit siebenundzwanzig Jahren. Wie könnte ich das in Worte fassen?
Es ist einfach unmöglich und ich will's gar nicht erst versuchen.
Schrieb auch keine einzige Zeile zu den sieben Wochen, den neunundvierzig Tagen, Freitag zu Freitag im Paradies: „Fool's Paradise"
mag es gewesen sein, auch verklärt die Erinnerung sicherlich, aber es
WAREN wunderbare Wochen, es war eine lindernde Kompresse auf
die Fieberstirn, es war Manna vom Himmel. Ein kurzer Aufenthalt
in der Oase – „und führest mich zum frischen Wasser ..." – wo doch
rings um unser Haus in Yotsukura die Wüste sich ausdehnte. Es war
eine Zeit glühender Sonnenaufgänge – vor denen noch im Westen
majestätisch untergehende Vollmonde zu sehen waren, denn wir
gingen abends früh schlafen und standen sehr früh auf. Einige
Nächte lang schliefen wir zu viert gemeinsam in dem riesigen Bett,
das wie für diese Nächte gemacht war: schraken hoch, wenn die japanische Schiebetür zur Toilette rumpelnd bewegt wurde – „Erdbeben!" –, bevor die Erleichterung dann um so süßer war ... sahen
Eichhörnchen durch die Fenster zum Wald possierlich laufen, hörten
das Wasser der „Botterbirke" murmeln, hörten den Wind in den
Bäumen rauschen. Blauer Himmel! Blühender Flieder! Duft! Singende Vögel! Frisches Buchengrün! Brummende Maikrabatzen ... So
vieles. Eine Zeit voller Arbeit an der frischen Luft; was konnte es
Besseres geben, um uns abzulenken? Es gab so viel zu tun, alle fassten an und so erreichten wir mit vereinten Kräften viel! Machten

sauber, renovierten, malten, gruben, setzten Steine, legten einen kleinen Garten an ... und dachten nicht nach, nur das nicht. Die Kinder ... liebe Verwandte, einige wenige Freunde. Ein großer Geburtstag, ein halbes Jahr lang vorbereitet: meine Mutter hatte sich so lange darauf gefreut! Hundert Leute eingeladen, die Posaunen spielten vor dem Fenster, Blumen und Geschenke waren überall. Freunde aus Spanien zu Besuch, was für verrückte Tage. Und davor schon Leons Geburtstag; es war noch kalt ... wir feierten mit einem Spaziergang zu den berühmten Saurierspuren ... warum? denke ich jetzt. Monsterhafte Abdrücke – sechzig Zentimeter Durchmesser pro Fuß, auf einem Strand aus dem späten Oberjura, einer Zeit mit dem furchterregenden Namen „Malm", der im Lauf der Jahrmillionen zu einem Berghang hochgedrückt worden war – zu begaffen: gab uns das Befriedigung? Beruhigte es? „Schau mal, Godzillas Pratzen!" als Touristenattraktion! So was zu sehen, hinter Glas, mit netten Schildchen versehen, nimmt möglicherweise Einigem den Stachel. Objektiviert den Schrecken der unvergessenen stampfenden Gewalt auf Küsten einer zehntausend Kilometer weit entfernten, einer verlorenen Heimat. Oder suggerierte es Entwarnung, alles wird ja doch einmal zum Anschauungsmaterial für Schulkinder? Wir standen und kuckten und froren etwas. Fotografierten. Assen anschließend zusammen italienisch und bemühten uns fröhlich zu sein. Verwandte und Freunde, die uns Geld mitgaben für den Wiederaufbau in Tohoku ... Freunde, die mir für unsere eigenen Bedürfnisse Geld anboten ... obwohl doch alle nicht viel haben. Ramiro, der mir Arbeit in Spanien anbot, ein, zwei Jahre lang, in seiner kleinen Firma – wie kann ich das je vergessen. In der Not zeigen sich die wahren Freunde. Tränen, die vergossen wurden ... Eine alte, ehemalige Nachbarin, seit -zig Jahren im Nachbarort verheiratet, an die ich mich kaum erinnern konnte (war auch nicht nötig, sie kannte mich) – ihr Neffe Gerd, Vogelkenner und Meisterkletterer – er war früher in Wald und Steinbruch mein bester Freund gewesen – beschwor mich auf Platt, doch nur nicht zurückzugehen ... aber was will man machen? Vor dem eigenen Leben kann man nicht davonlaufen ... so schnell kann niemand laufen, dass es ihn nicht einholte. Lucky Luke

könnte's vielleicht – nicht wir! Versteht das doch. Meine Mutter war mit der Weisheit ihres Alters verständnisvoller als die Meisten. Obwohl sie uns gern behalten hätte ... und wir auch so gern geblieben wären! „Erkundige Dich doch mal auf dem Arbeitsamt!" sagte sie mehrmals – wie weh es mir tat, sie bitter auslachen zu müssen.
„Du kannst doch Sprachen!" Was nützt das aber. Tägliche Telefonate mit den Schwiegereltern ... die von Nachbeben geschüttelt furchtbare Wochen durchmachen. Am elften April gab es eins mit Epizentrum in Iwaki von Stärke M. 6,6, das die Gebliebenen fast genauso durchrüttelte wie das große Ding genau einen Monat zuvor mit Shindo „schwach sechs". Rick, der mit Frau und Kind gerade rechtzeitig hierzu von Kyushu zurückgekommen war, erzählte, es sei wie in einem Horrorfilm gewesen: Abends, während eines Gewitters, hätte alles furchtbar zu rappeln begonnen. Man war ja einiges gewöhnt in jenen Wochen, sogar wir wurden in den vier Tagen vor unserer Flucht abgehärtet, aber das war weit mehr ... Raus aus dem Haus also, um von Blitzen umzuckt im strömenden Regen zu stehen und sich zu fragen „Was noch!?" und wieder war der Strom weg, wieder war das Wasser weg. Allmählich wurden aber die Erschütterungen schwächer; Marikos gute Mutter brauchte am Telefon nicht mehr ganz so viel ungesagt lassen ... Sarkozy ging mit einer Ministerin nach Tokyo und schwatzte Tepco eine große Anlage zur Kühlwasser-Wiederaufbereitung für Dai-ichi auf, so dass endlich nicht mehr große Mengen radioaktives Wasser ins Meer geleitet wurden ... Bravo! Bis dahin hatten die Japaner die meiste ausländische Hilfe, wie die von Korea und den USA in den ersten Tagen angebotene Borsäure zur Bindung von radioaktivem Cäsium, erfolgreich abgewimmelt – aber der kleine Sarkozy schaffte es! Frechheit siegte mal wieder. Zum Glück, dieses eine Mal jedenfalls! Obwohl es damit dann drei verschiedene Anlagen von drei Kontinenten gab, deren Anschlüsse nicht zueinander passten. Egal. Die deutschen TV-Berichterstatter sprachen zwar nach wie vor ihre Neuigkeiten von Osaka aus in die Mikrophone, weit weg von der Aktion, aber die Lufthansa flog Tokyo wieder an und die deutsche Botschaft kehrte zurück in einen Sturm der Kritik; die ansässigen Deutschen in To-

kyo hatten sich arg im Stich gelassen gefühlt und äußerten ihren Unmut in vom Botschafter arrangierten Versammlungen. Die Berichterstattung malte nicht mehr ganz so apokalyptische Szenarien – ab wann verschwand denn noch gleich Fukushima von der Pole Position auf Seite eins, abgelöst von Libyen? Mitte April doch wohl? Herr Edano mit den Elefantenohren, ganz Mantaos Beschützer, und die Kollegen von der Regierungsbank standen zwar immer noch im Blaumann vor den Kameras und erzählten indische Märchen: aber wirkten nicht mehr ganz so gehetzt. Von der Opposition war nicht viel zu sehen, die alten Profis waren zu beschäftigt; schliffen schon eifrig ihre Messer gegen die „Neuen": es wäre doch gelacht, wenn man sich jetzt nicht die Palme zurückholen könnte? Wozu hätte man denn vierundfünfzig Jahre ununterbrochen regiert und sich in Grabenkämpfen perfektioniert, wenn man nicht so eine Chance versuchen würde wahrzunehmen? Erst drei Jahre lang ist die Partei Naoto Kans an der Regierung, in Koalition, aber es müsste doch mit dem Teufel zugehen, wenn man denen nicht allerhand ans Zeug flicken könnte. Die Sünden der eigenen Vergangenheit wurden zur Last auf Naoto Kans Schulter gemacht. Es bleibt immer etwas hängen, wenn man genug Schmutz wirft. Nein, von Kernschmelze war noch lange nicht die Rede. Von der „Möglichkeit eines Kernschmelze-ähnlichen Vorgangs", sozusagen eines Omeletts ohne zerbrochene Eier, redete man andeutungsweise. Nicht mehr. Wozu auch unangenehme Wahrheiten extra noch aussprechen? Wer's wissen wollte – wusste schon, und die andern brauchen's nicht zu wissen, war wohl die Logik. Wir waren im Grunde ja auch von der unwissenden Sorte. Von Tschernobyl unberührt – das war in Japan überhaupt kein Thema gewesen, jetzt versteht man besser warum nicht! – hatten wir keine blasse Ahnung von Radioaktivität gehabt. Als generell naturwissenschaftlich interessierter Mensch war mir Grundsätzliches zwar klar – aber ich merkte in den folgenden Monaten wie viel es da zu lernen gibt. Wir lernten. In Deutschland versorgte uns Freundin Chie rührend lieb mit Infos, schickte uns fast täglich dicke Ausdrucke aller möglichen Seiten aus dem Internet: wir lebten in unserer Datscha wie im Tal der Ahnungslosen 2.0. Die Telekom hält nix von schnellen Verbindungen außer wenn es GAR nicht anders geht ... zudem hatten wir eben auch keinen PC. („Das kommt freilich noch hinzu!" wie Herr Stinecker, Mathematiklehrer, in einem seiner Lieblingswitze gern einen imaginären, zerstreuten Professor zitierte. Es ging um räumliches Sehen; die Frage lautete, warum Polyphem, eines Auges beraubt, nicht die Schiffe der fliehenden Griechen treffen konnte so wutentbrannt er auch seine Felsbrocken warf ...) Trotzdem gewannen wir ein grob zutreffendes Bild der Lage; Zugang zu Millionen von Informationen erzeugt nicht zwingend Verständnis, und dank Chie war Mariko sowohl mit sämtlichen Blogger-Hysterien als auch mit den NHK-Beruhigungspillen dazu vertraut und mixte sich ihren eigenen Cocktail. Ich hielt mich an Jan van der Putte von Greenpeace – und meine eigenen Erfahrungen mit den Medien. Ich weiß, dass „Nachrichten" ein Geschäft sind: ich hörte hinter den Schlagzeilen und den besorgten Mienen die Kassen klingeln und versuchte also, so viele Faktoren wie möglich in meine Analyse der Lage einzubeziehen wie ich im schönsten April seit Menschengedenken im Garten rummachte. Das läuft ja im Hinterkopf oder wo auch immer: im Bauch wohl eher, bei Joseph Beuys lief's im Knie – in welchem aber nur? und man kommt zuletzt zu einem Ergebnis. Auch wenn die Antwort nicht „42" ist. Und es zum Glück nicht siebeneinhalb Millionen Jahre dauerte, bis wir uns klar wurden: „es geht wohl doch zurück"! Am Anfang unseres Aufenthalts war das sehr offen gewesen. Wir vermieden darüber zu sprechen. Machten uns beide jeder für sich, Mariko und ich, unser Bild – und nach so vielen Jahren der Ehe ist es dann manchmal erstaunlich: man kommt zum gleichen Ergebnis! Der Tsunami hatte uns verschont, unser Haus stand, die Katzen warteten, die Eltern waren da, die Freunde kehrten einer nach dem andern zurück ... wie hätten wir sagen können: Das geht uns nichts mehr an? Nein, das war nicht möglich. Wir MUSSTEN einfach zurück. Nach Haus. Wer will das nicht? Katzen oder Hunde laufen quer durch einen ganzen Kontinent, wenn's sein muss. Markus ersteigerte uns auf Ebay mit Mühe einen alten Geigerzähler, „mit Gebrauchsspuren", für über 200 Euro: damit wir unabhängig von den nicht vertrauenswürdigen offiziellen

Angaben sein konnten. Marke: Radion. Die Bedienungsanleitung hatte Illustrationen mit kyrillischen Buchstaben – Geigerzähler waren ein großer Hit in diesen Wochen und Monaten, jeder wollte einen und es gab nicht viele: wer kauft zu normalen Zeiten schon so was? Die Preise explodierten, man merkte sofort, dass Geschäftemacher am Werk waren; in Japan angekommen, fanden wir alle auf der Suche nach diesen Geräten vor; keiner hat's, jeder will's. Wir maßen Test: 0,2 Mikrosievert pro Stunde. Was bedeutete da? Keine Ahnung. Es gab heiße Diskussionen mit unseren Kindern, die Angst um uns hatten: „Sucht euch doch ein Haus weiter südlich!" Wir versprachen es, der Gedanke schien realistisch. In Isohara, südlich grad eben außerhalb der Präfektur Fukushima, wohnen gute Freunde und es wäre verlockend in ihrer Nähe zu wohnen ... von da könnte ich arbeiten wie bisher, wenn auch mit etwas weiteren Wegen. Nicht unmöglich. Realistisch, das. Ein schöner Gedanke, wenigstens etwas weiter weg von allem Elend ein neues Heim zu finden. Wenn auch die Lügen überall die gleichen sind. „OK. Wir schauen uns um!" – Dabei ist es aber bislang geblieben. Einmal drin im Leimtopf ist es schwer sich frei zu strampeln. Die Lethargie ist groß, die Situation zwar unübersichtlich, aber nicht akut gefährlich: ist das der Frosch, der langsam, langsam zu Tode gekocht wird? Weil er den Sprung nicht tut? Zu schnell – jedenfalls arbeiten, nur nicht nachdenken! – vergingen die Wochen; die Nachrichten aus Japan wurden allmählich besser und so wagten wir es. Warum der siebte Mai? Die „Golden Week", eine Reihe lose verknüpfter Feiertage Anfang Mai, von „Kaiser's Geburtstag" bis zum „Tag der Kinder", ging zu Ende und meine diversen Arbeitgeber warteten ... Also brachten uns die Kinder zum Flugplatz Münster-Osnabrück; es ereignete sich alles wie in einem rückwärts laufendem Film, nur dass die Tränen diesmal keine Freudentränen waren. Es war ein sehr, sehr schwerer Abschied. Im nächsten Augenblick schon standen wir in Narita, das fliegende Monster mit seinen endlosen Reihen zu enger Economy-Sitze hatte uns pünktlich abgeliefert – immer wieder eine unbegreifliche Sache trotz aller Strömungsdiagramme: wie kann so ein Trumm fliegen? – und fanden uns an der Bushaltestelle zum Rose Liner nach Hitachi

Seite an Seite mit einem älteren Nürnberger samt Ehefrau, der drei Kreuze schlagen wollte, als ich ihn fragte, ob er auch in unsere Gegend führe. Der Bus kam, wir ließen unsere Koffer und Taschen einpacken ...was hatten wir mitgenommen? Außer etwas neuer Kleidung und den üblichen süßen Geschenken diesmal vor allem Lebensmittel, haltbare Sachen mit hohem Nährwert. Käse, Honig, Körner in Reformhausqualität, mit Biosiegel wenn möglich. Was uns bevorstehen würde, wussten wir nicht – die Ernährung würde aber eine Quelle der Sorge sein, war uns klar und so weit als möglich, mit unseren paar Kilogramm Freigepäck, wollten wir garantiert unbelastete Lebensmittel mitnehmen. Obwohl man auch in Deutschland nicht sicher sein kann, Pilze und Blaubeeren aus Osteuropa oder den bayrischen Wäldern weisen auch heute, fünfundzwanzig Jahre nach Tschernobyl, horrende Becquerelwerte auf – was kaum bekannt ist! Lappländisches Ren isst zum Glück kaum jemand, aber wie wär's mit süddeutschem Wildschwein mit 55.000 Becquerel pro Kilogramm? (war im Herbst 2010 irgendwo in den Nachrichten unter der Rubrik „was uns neulich noch auffiel".) Was für ein Horror! Das deutsche Fernsehen regt sich über japanischen Fisch aus der Nähe von Fukushima mit 46 Becquerel pro Kilogramm auf – sollte vielleicht öfter mal zu Aldi oder auf den Münchner Viktualienmarkt gehen! Österreichischen Käse maßen wir später mit unserem Zähler auch leicht erhöht ein, genauso wie französischen Wein ... aber wurden uns im Lauf der Zeit auch über die Grenzen unseres Maschinchens klarer und wie wir da in Narita standen, waren wir erst mal nur froh, dass der Zoll uns keine Schwierigkeiten gemacht hatte. Von Becquerel wusste ich nicht viel mehr, als dass 55.000 pro Kilogramm verteufelt viel sind. Von zulässigen Grenzwerten hatten wir gehört: 1000 Bq pro Kilogramm für Erwachsene von Seiten der europäischen Regierungen – die Japaner hatten vor 2011 die gleichen Werte, setzten die Schwelle aber dann auf 500 Bq runter, die Europäer zogen nach. Nicht andersrum. Wir lernten dies alles und mehr im Lauf der nächsten Monate. Greenpeace und das Umweltinstitut München und viele besorgte Ärzte halten's für viel zu hoch, besonders für Kleinkinder. Man muss den Japanern nun zugestehen dass sie nicht faul sind; ab April 2012 gelten hier neue Werte: z.B. 100 Bq für feste Lebensmittel, 50 Bq für Milch und Babynahrung, 10 Bq für Wasser: davon könnte sich Deutschland eine dicke Scheibe abschneiden! Wird natürlich nicht sehr intensiv berichtet, denn es sind Schreckensmeldungen, die sich gut machen und Zuschauer bringen. Hut ab vor den japanischen Behörden also, es wird inzwischen überall streng gemessen und kontrolliert. – Der Bus kam, es ging los. Die lange Busfahrt, wie immer in einem Zustand zwischen Wachen und Dösen, übermüdet von sechsundzwanzig Stunden Reise Haustür zu Haustür durch acht Zeitzonen ohne Schlaf; die Augen sehen: es ist kurz vor Mittag! Aber der Körper sagt, es ist morgens halb drei. Wer hat recht? Es dauert immer länger, je älter ich werde, bis das Auge, die Welt vor mir, sich durchsetzt und der Rest meines Körpers sich murrend fügt: Zeit aufzustehen! Oder auch: Zeit zu schlafen. Über die Dörfer ging's nach Norden, alles sah aus wie immer, schäbig genug für die drittgrößte Wirtschaftsmacht der Erde bis wir an der gigantischen Anlage von Tokai vorbeifuhren ... den zwei ältesten Reaktoren Japans. Versuchsreaktoren ohne kommerziellen Nutzen, mit angehängtem blitzblanken Dorf samt edelbitterem Bahnhof cum geschmacklosen Statuen, die das Rondell verschönen, auch hier wird was für die Bürger getan! Zwar nicht viel für die Bildung der Werksangehörigen: drei davon mussten das 1999 mit dem Leben bezahlen, -zigtausende wurden aufgefordert die Fenster zu schließen und im Haus zu bleiben als versehentlich zuviel Uransuppe aus Eimern, per Hand, in einen Bottich geschüttet wurde und es „Bumm!" machte. Der bis vor Kurzem schlimmste nukleare Zwischenfall in Japan. Die Leute hatten nicht gewusst, was eine Kettenreaktion ist, las man später und so oft ich mir in die Backe kneife, bleibt es wahr. Zwischenfälle gibt es immer wieder, sie werden vertuscht oder heruntergespielt falls Plan A nicht funktioniert hat – dies aber war zu groß gewesen, um es zu verstecken. Etwas weiter noch, eine halbe Stunde Fahrt; Endstation. Hitachi. Heimatstadt des Weltkonzerns mit dem gleichen Namen. Am Bahnhof eine riesige Turbine als Denkmal. Es erwartete uns der wie ein dickbäuchiger Buddha gutmütig lachende Opa wie schon so oft am gleichen Ort, „ah, ein paar Minuten Verspätung also?" – kaum vorzustellen, dass ich ihn vor Wochen im Rückspiegel hatte zurückbleiben sehen, kleiner und kleiner werdend wie der sich in Rauch auflösende Dschinn aus einer traurigen Geschichte im uralten persischen Märchenbuch. Wir fuhren über die Autobahn heim; deutlich wie noch nie sah ich die vielen Hochspannungsleitungen auf den Bergen (die Landschaft ist total „verhügelt", so als ob ein Riese einen ganzen gigantischen Kipplastwagen von „Fang-den-Hut"-Kegeln ausgeschüttet hätte) rechts und links, kreuz und quer; in Richtung Tokyo, alle in Richtung Tokyo wie ich bitter dachte: „Warum bauen die ihre AKWs nicht bei sich?" Wir fuhren nach Norden, den Drähten aufwärts folgend. Es gibt vier große Kraftwerke ganz in unserer Nähe: Kohle bzw. Kohlevergasung in Ueda, Iwaki, Gas aus dem Meer schon innerhalb der 30-Kilometer Zone, in Hirono, und dann eben Dai-ni und Dai-ichi, Schande über sie. Mit einem sehr mulmigen Gefühl sahen wir Iwaki näher rücken. Wie würde es sein? Marikos Vater ließ sich nichts anmerken, freute sich, dass wir wieder da waren: es sind ja auch die und die und die alle zurück, die Schule fängt für die Enkel an, alles mit einem Monat Verspätung, aber endlich geht alles wieder los. Es gibt Wasser und Benzin. Die Nachbeben sind nicht mehr so häufig ... alles ist noch mal gut abgegangen. Die Strahlung? Die Situation im AKW? Na ja, alles einigermaßen in Ordnung. Sicher wird viel gelogen. Es ist auch sinnlos, viel darüber zu reden ... man hat genug zu tun mit den Forderungen des täglichen Lebens, „Cakeland" hat viel zu tun, die Leute verlangen was Süßes, das Haus ist hier und da beschädigt, das Dach überm Kopf ist Schutt, es hat seit zwei Monaten nur Stress gegeben: Angst, Arbeit, Arbeit. Aber man lebt. Man tut, was getan werden kann, was getan werden muss: und hat genug zu tun! Wie die alten Leute, beide achtzig und darüber, das überhaupt geschafft haben! An sich selbst dachten sie keine Sekunde, nur an die Kinder und die Enkelkinder, sogar unsere Katzen waren sie alle zehn Tage etwa einmal füttern gefahren als das wieder möglich war, und vielleicht ist das ihr Geheimnis! Die Mutter sah viel besser aus als ich sie in Erinnerung hatte. Sie war so grau und vor Schlaflosigkeit und Sorgen zerfurcht gewesen als wir sie zuletzt gesehen hatten, am fünfzehnten März.

„Schlechte Wochen waren das ..." sagte sie fürsorglich wie immer. „Ihr habt sicher Hunger?" „Macht euch nicht zuviel Sorgen, es geht alles wieder, es geht alles wieder. Daijoobu!" Alles in Ordnung ... alles in Ordnung. Daijoobu. Wir luden nach einem Tee also die Koffer um, bestiegen unsere zwei Autos – der Ado-go hatte ihnen die ganze Zeit gute Dienste geleistet, zum und mit Glück noch vollgetankt am zwölften März frühmorgens; den R2 hatte der Opa kurz vor unserer Rückkehr vom Parkplatz des Flughafens Fuku-shima abgeholt – und begannen die letzte Etappe heim. Über die Nebenstrecke durch die Hügel, genau die Fluchtroute vom Morgen nach dem Beben. Es war, als rollten wir den Faden sauber wieder ein. Wir kamen an in Yotsukura. Stiegen aus.

16 Zurück zu Haus

Mit sattem Schlag hier, mit blechernem da fielen die beiden Autotüren zu. Welcher von beiden der Startschuss für das lange Jahr unter der dunklen Wolke von Dai-ichi, das Jahr im Schatten der stinkenden Müllberge, der überall gegenwärtigen Zerstörung, der nie verstummenden Stimme, mal tiefer, mal höher modulierend: aaahhhh, aaahhhh ... aaahhhh ...? Das Jahr vor dem Basiliskenblick? Wie schützt man sich vor einer Gefahr die „nicht zu sehen, nicht zu riechen, nicht zu spüren ist", wie ein Mantra wird es immer wieder gesagt, es kommt einem aus den Ohren raus und ist eben doch wahr, wahr, wahr. Wie schützt man sich vor der Verzweiflung, vor der Resignation? Ich weiß es nicht. Schlimmer als alles, wenn auch nur mit Messgeräten Greifbare, ist die seelische Lähmung: ob das eine Nebenwirkung von Cäsium ist, die die Wissenschaft bis heute übersehen hat? – Das Wissen um den erlittenen totalen Verlust, die Ahnung, dass es nie wieder so sein wird wie es sein müsste, wie es richtig wäre? Die Welt ist in Unordnung geraten. Etwas stimmt fundamental nicht mehr, etwas ist passiert, wofür das menschliche Begriffsvermögen keine Kategorien hat. Zerstörungen durch Erdbeben, Tod durch Tsunami oder seien es Krieg, Pest und Cholera sind verständlich, vermute ich, obwohl ich keine wirkliche Erfahrung damit habe. Ich versuche mich an die späten 50er Jahre zu erinnern, an 1959 habe ich klare Erinnerungen, vierzehn Jahre nach Ende des furchtbaren Krieges lagen keine Schatten auf meiner Kindheit; die „Alten" hatten Schweres mitgemacht – waren aber damit fertig geworden. Es war – vorerst – abgeschlossen. DIES hier wird in vierzehn Jahren nicht abgeschlossen sein und nicht in 140 Jahren. Das weiß man irgendwie aus tiefster Tiefe. Man spürt das gerade eben so genau wie man die Strahlung nicht spürt: das zischende Gas nicht riecht, aber weiß, dass es nie aufhören wird zu vergiften. Etwas ist geschehen, was nicht in die Natur passt, weil es nicht aus der Natur kommt. Nicht für den Menschen gedacht ist. Vorgänge im Atomkern gehören einer Seinsebene an, die nicht menschlich ist. Im Inneren der Sonne und der Sterne haben sie ihren Platz – im Wirken der Götter. Nicht in den bombenbauenden Phantasien der Menschen. Dies ist die verbotene Frucht vom Baum der Erkenntnis ... dies ist das EINE Zimmer im Zauberschloss, dessen Tür nicht geöffnet werden darf ... und mit der Gewissheit des fallenden Herbstblattes eben doch geöffnet werden wird. So will es das Märchen jedenfalls; die darin lauernde Gefahr muss vom Helden befreit und überwunden werden. Das Märchen will es! Ist das also so? Auch DIE Frucht müsste denn gegessen werden? Die Bombe gebaut? Der genetische Code entschlüsselt, die Welt mit Nanopartikeln überschwemmt, der Seele die Flügel ausgerissen, das Denken mit seinen unendlich scheinenden Aussichten auf wunderbare, ferne Landschaften den Maschinen überlassen – die Schöpfung zur virtuellen Realität gemacht werden? MUSSTE das alles sein; müssen wir hier sitzen und resignieren vor Kräften und Auswirkungen, die über unseren Verstand gehen wie der Wind über die Weiten des winterlichen arktischen Kontinents pfeift? Verständnislos, hoffnungslos? Unfähig die Waffen zu ergreifen – es gibt keine Waffen. Es gibt lächerliche Hochdruckreiniger, es gibt allerlei lächerliche Versuche, die von denjenigen unternommen werden – die die schlechte Nachricht noch nicht bekommen haben. Es gibt heldenhaften Widerstand, sicher gibt es den. Wie in Tschernobyl. Und trotzdem überfällt wohl jeden ein kalter Schauer, zieht eine dunkle Wolke über das Gemüt bei der Erwähnung dieses Namens. Tschernobyl. Wie der Name des unnennbaren Bösen ist dieses Wort für jeden. „Das Völkchen spürt es eben doch!" Der Wind ging früher einmal befruchtend über sommerlich schwere Kornfelder ... wie lange ist das her. Nie wird er wieder so gehen. Das ist bitter. – Wir gingen die paar Schritte vom Parkplatz durch die Bretter-gezäunte Gasse bis an die Tür, hatten wir gleich Gepäck dabei? öffneten die Tür und betraten das Haus. Auf Zehenspitzen, sozusagen – die ersten Tage gingen wir sehr vorsichtig ... als sei alles zerbrechlich unter unseren Füssen. Wenn man nicht weiß, wohin man treten kann ohne eine Explosion auszulösen, geht man so ähnlich, glaube ich. Sehr unsicher. Ist dies wirklich unser Zuhause? Oder ist es eine Falle? Sind wir verrückt hier zu gehen, ist es nicht saudumm die Koffer reinzubringen? Ist dies eine Todesfalle? Man zögerte Dinge anzufassen, egal welche ... die Kleidung hing und lag noch wie vor sieben Wochen; es erforderte Überwindung, sie aufzuheben. Wir bewegten uns in einer Art Trance, waren uns bewusst in einer Zwielichtzone zu sein, in der eine tödliche Gefahr lauert. Wir fühlten uns als Zielscheibe, vielleicht schon angegriffen? Von Unsichtbaren, Geistern vielleicht, John Sinclair, oder bösartigen Viren, ohne dass man eine Chance hätte sie zu erkennen. „Resident Evil". Ein Spukhaus, a haunted house, heimgesucht, das Englische trifft es irgendwie besser, die Engländer verstehen mehr von bösen Geistern und Gespenstern. Das war unser Haus geworden, unseres wie zehntausende andere. Bedroht durch einen unsichtbaren Feind. Wie böse ist er? Will er unsere Gesundheit? Unser Leben? Oder werden wir ihn austreiben können mit unserem Lebenswillen, unserer Liebe zur Heimat – auch für mich „Heimat", und unserem Trotz? Wir sind wieder da! Wir geben uns nicht geschlagen – wir sind stärker! Und du, Radioaktivität, bist ein armseliges Nichts, ein Phantom, das bei Licht besehen nicht viel furchtbarer ist als viele andere Schrecken auch. Nicht wert vor dir die Segel zu streichen, einfach so, ohne Widerstand, ohne Kampf! Wir werden aber kämpfen und wir werden gewinnen – wir lassen uns nicht kleinkriegen. Wir wissen, dass die Strahlungsmenge nicht größer war als vertretbar. Das WISSEN schützt uns, gibt uns Argumente gegen die lauernde Furcht, die nagende Ungewissheit. Schützt aber nur in gewissem Masse, Wissen ist nicht immer Macht – die Angst hat auch starke Trümpfe. Sie ist die Herrscherin der Nachtseite, sie ist die böse, die dunkle Seite des Mondes: Lilith. Es fällt schwer gegenzusetzen, jeden Tag, jeden Tag neu! Und doch muss man es tun – muss es doch sowieso. Solange man lebt! Der Staub auf dem Fußboden ... es staubt doch so sehr hier; aus den Ritzen in der Decke – die Decke besteht aus schönen, aneinandergelegten Brettern – rieselt es bei Sturm wie aus einem Salzstreuer und bei ruhigerem Wetter doch immer etwas; die alten Fenster nach Norden zu, grad in die Richtung, aus der doch der schlechte Wind weht, schließen ungefähr so dicht wie die alten Luken im Kuhstall meines Elternhauses; die Eingangs- und die Küchentür kein bisschen dichter als die Stalltüren. Mit fast so großen Fugen. Von „Bleiben Sie im Haus und schließen Sie Türen und Fenster" können wir uns Teil zwei getrost sparen. Teil eins eigentlich auch. Also wie ist es, wie stehen wir? Was können wir ohne Handschuhe berühren an diesem ersten Nachmittag? Die Sitzkissen auszuschütteln – mit Maske selbstverständlich – kostet Überwindung. Die großen Glastüren – das Haus besteht fast nur aus Glastüren statt Wänden – aufzumachen, um Luft reinzulassen nach sieben Wochen Stagnation: kann man das guten Gewissens machen? Zu den kleinsten Aktionen musste man sich selber das O.K. geben und dann noch mal extra den Befehl: los jetzt! Wie furchtbar lähmend das ist, ich bin heute noch nach einem Jahr völlig erstarrt. Mariko ist von Natur aus energischer und dazu eine gute Hausfrau – sie kämpft sich eher durch diese drei Schichten der Hemmung als ich mit meinen trüben Gedanken. Auch an diesem ersten Tag natürlich! Und für sie ist eben das mütterliche Gefühl hilfreich, heute wie damals: sie hat die Katzenkinder. Wir wussten, dass einige von ihnen zurückgekommen bzw. in der Nähe geblieben waren – keine Katze lebt „richtig" in einem leeren Haus – und als wir ankamen, trafen wir als erstes einen unbekannten grauen Mopp an, eine Mopp-Katze, mit langem Fell wie ein Tanuki. Der sagenhafte Marderhund, in der Folklore ein Wesen, das menschliche Gestalt annimmt und allerhand Tricks auf Lager hat. Nicht so gefährlich wie ein Fuchs: aber auch mit Vorsicht zu genießen. Mariko schmiss ihn gleich raus: „Sshh ...". Vor ein paar Tagen sahen wir ihn im Dorf. Aber gleich darauf: „Coochan!!" und sofort zur Antwort: „Miau! Miau!!" Eine Katze mit großem Gesprächsbedürfnis ist sie, das Grauchen, und schrie sich erst mal die ganzen Wochen aus dem Leib: gar nicht abgemagert und gut im Fell! Zum Glück waren die Großeltern da gewesen. Das rotwollene Halsband hing ihr schräg über die Schulter; sie freute sich, davon befreit zu werden und verlangte erst mal was zu fressen. Jumpte auf ihren Lieblingsplatz wie immer, leckte sich noch etwas, rollte sich zufrieden ein und legte ein Pfötchen vor's Gesicht ... „Bärchen" kam als nächstes zurück, der Schwarze, Dichter und Sternenfreund ... dann sicher Momo die Verrückte: die normalerweise die erste ist, egal womit, seit sie als erste aus dem Wurf dieser ungleichen Geschwister das Näschen aus dem Geburtskarton streckte und bald darauf die Pappwand überkletterte, um die weite Welt kennen zu lernen. „Mengokunee!" nennt die Oma im breiten Dialekt unserer Gegend Momo und Coo, „hübsch hässlich", was auf Marikos Seite Entrüstung auslöst. Eine frappierende Fellmarkierung wie „Mr. Pringle" von den Kartoffelchips hat „Momo", was ihr ein Aussehen zwischen streng und lächerlich unentschieden verleiht ... Als letzter kehrte der dicke „Gorri" heim, Kater vieler Namen und eines einzigen Willens: sich nicht unterkriegen zu lassen. Die Kanonenkugel. (Er kam am elften Mai, dem Todestag von Aichans Vater, zurück ins Haus ... konnte das Zufall sein? versuchte Mariko mich zu mystifizieren.) Irgendwann davor noch der „Tiger", ein etwas neurotischer Bursche: Als Erstgeborener Mamas Liebling, immer an der besten Zitze: von daher sehr stattlich, aber seiner Stärke unsicher und oft im Clinch mit den andern; aber er übertrieb es mit der Mama und so war „Mimi" eines Tages verschwunden und blieb verschollen, bis Mariko sie eines Tages beim Einkaufen ein paar hundert Meter weiter bei einer alten Frau als „Tama" wiedertraf ... „Unsere Tama ist uns zugelaufen!" kriegte sie die Geschichte erzählt und sagte wohl nicht viel mehr als „ach ..." darauf. Und eine stattliche graugestreifte Katze – unser „Tiger" also!! – käme öfters zu Besuch! „Ach ..." sagte Mariko wohl noch einmal. Aber wer dem Getigerten das hübsche rote Lederhalsband mit Glöckchen umband, das er bei seinem Heimkommen stolz präsentierte, wusste die freundliche Oma auch nicht. Ein bis heute ungeklärtes Rätsel. Übrigens wäre ich nicht böse gewesen, wenn er und auch eine oder zwei der andern Katzen in unserer Abwesenheit ein neues Heim gefunden hätten; aber Katzen sind eben wohl da, wo sie gebraucht werden. Und so sind sie alle wieder vollzählig versammelt und nehmen die besten Plätze im Haus ein, im Winter wie im Sommer. Sind zufrieden und schnurren ihren Dank. Und Mariko ist glücklich. Und ich also auch ... Die umgekehrte Reihe wie das alte „Muin Vaa schleoch muin Moimen, muin Moimen schleoch mui, un ik gong hen un schleoch de schwatten Katten ..." An unserem ersten Tag jedenfalls war außer „Coo" noch niemand weiter da. Was war noch Wichtiges zu tun, nachdem sie versorgt war? Waschen, schnell noch so viel wie möglich durch die Waschmaschine laufen lassen! Die Bettbezüge; alles hatte die ganzen Wochen gelegen wie wir es bei unserer etwas überstürzten Abreise verlassen hatten; eigentlich rollt die gute japanische Hausfrau Unter- und Oberbett ein und verstaut alles im Wandschrank: rrrasch; Tür auf, ein gutgezielter Schwung, rrrasch: Tür zu. Das hatte Mariko in der Eile der Abreise leider versäumt! Also dann: Wasser marsch. Strom gibt's auch; als Erstes hatte ich den Hauptschalter wieder umgelegt; aber dann? Wohin mit dem frisch Gewaschenen? Etwa nach draußen auf die Wäscheleine hängen? Erst die Leine abwischen, wenn auch mit dem Gefühl „Das ist sowieso lächerlich, das ist Augenwischerei und Selbstbetrug – das bringt doch nichts! Die Strahlung ist doch auch drinnen in der Leine?" Man machts trotzdem, was soll man sonst machen? Und dann, wir kamen spätnachmittags an und waren müde: das Bett! Der sprichwörtliche sichere Ort, DER Platz, an den man sich zurückzieht, wenn es einem schlecht geht, wenn man Kummer hat, krank ist oder einfach nur müde. Wir legten uns also ins Bett, todmüde, alles war uns eigentlich egal, wir hatten uns eben entschieden zurückzukommen und nun, da waren wir nun, also was?! Und doch sanken wir mit einem Gefühl unter die Decke, ich jedenfalls, das gar nicht zu beschreiben ist. Ich weiß noch wie sehr vorsichtig ich den Kopf aufs Kissen legte, versuchte ihn nicht zu fest einzudrücken, möglichst wenig zu bewegen, eigentlich so zu tun als läge ich gar nicht wirklich da. Wie zögernd ich die Decke an mir hochzog ... war dies jetzt nicht der schiere Wahnsinn – war dies Bett nicht eine Art Nessus-Hemd? Und vor dem Einschlafen, in der ersten Nacht nach dem Flug schlafe ich sonst immer wie eine Ratze, noch der Gedanke: wir werden uns sicher daran gewöhnen. Sofort der Folgegedanke: gerade das ist das Tückische! Das dürfen wir nicht! Und als letztes der Gedanke: „es wird eben doch passieren, das weißt du doch genau ..." bevor dann endlich der lange Schlaf mich überfiel wie ein Räuber mit seinem finnischen Dolch.

17 Alltag

Am nächsten Tag ging der Alltag los: ich hatte noch einen Tag, bevor die Arbeit losging und konnte nur staunen wie zielstrebig Mari anfing, sich das Haus zurück zu erobern. Erst gab's Frühstück, wir hatten Brot mitgebracht: ein Rest von Maris letztem Selbstgebackenen lag angeschimmelt auf dem Regal; warum hatte ich das bei unserer zweiten Flucht nur liegen lassen? Also fort auf den Kompost damit und mit Genuss ein „sauberes" Brot. Die Butter kam aus dem toten Kühlschrank – nicht ranzig, o.k., aber war sie auch „clean"? Der Vorrat, ein Kanister bestes spanisches Olivenöl aus dem „La Olla" ... war der verstrahlt? Musste der weg? Konnte man das stehen gebliebene Wasser trinken, Maris spezielles H3O zu vier Euro die Flasche? Fragen über Fragen, wir wussten so wenig. Kochten uns also einen Kaffee – ist der Lavazzo in der Dose noch in Ordnung? alles so, als ob man eine aufgegebene Polarstation siebzig Jahre nach Shackletons Abzug wieder in Betrieb nähme, alles fremd und doch unverändert bis auf irgendetwas unheimlich Ungreifbares. Das Leitungswasser ließen wir weg, bis wir's messen konnten und im zu vergleichenden Mineralwasser aus Amerika höhere Werte fanden! Fünf Messungen führten wir pro Muster durch, um einen Mittelwert feststellen zu können – der Messfehler betrage bis vierzig Prozent oder mehr lasen wir in der Gebrauchsanleitung unseres „Radion" – und bekamen doch keine wirklich gescheiten Zahlen. Das Problem bestand darin: es musste ein „Grundwert" etabliert werden, was nicht einfach war: unsere „neutralen" Flüssigkeiten aus dem Ausland, sei es amerikanisches Wasser oder französischer Wein waren konsistent aktiver als unser Leitungswasser! Woraufhin ich für meinen Teil beruhigt war; auch wurde nicht (außer kurz im März) über belastetes Trinkwasser geschrieben. Meerwasser von unserem Lieblingsstrand in Hisanohama, ja, das war eine andere Geschichte! Über 3000 Bq/l maßen wir kurz nach unserer Rückkehr. Später im Sommer dann, nachdem der Shiokuro eingesetzt hatte, die warme Strömung von Süden, waren es etwa hundert oder zweihundert – ich habe die Aufzeichnungen irgendwo liegen – und zu dem Zeitpunkt maßen wir auch schon keine Lebensmittel mehr. Das ist mit so einem Taschengerät einfach nicht exakt genug möglich. Man macht sich in die eine oder andere Richtung was vor. Bis dahin maßen wir aber alles von Kartoffeln über Zwiebeln und rohen Eiern bis zu Erdbeermarmelade mit Sahne. Warnten die Nachbarn und Bekannten, die uns immer wieder Zeugs brachten. „Etwas erhöht!" und das war zweifellos richtig. Im Lauf der Monate war unser Gerät auch nicht mehr ganz so gefragt, am Anfang waren wir sehr beneidet worden! Die Geräte waren schwer zu kriegen, denn die Nachfrage war einfach zu plötzlich und zu groß; bis dann im Lauf des Spätsommers überall Messgeräte auftauchten: die Kinder haben alle eins um den Hals hängen, an jeder Straßenecke steht ein „monitoring post", solarbetrieben, und zeigt die Strahlungsbelastung in einem Meter Höhe auf vier Dezimalstellen an mit Maßeinheit Mikrosievert pro Stunde, außer an der Gemeindeverwaltung Yotsukura, wo in „Grey" angezeigt wird und eine Umrechnungstabelle beigegeben ist. In den Nachrichten werden mehrmals täglich die aktuellsten Werte für eine Anzahl ausgesuchter Orte durchgegeben ganz normal wie die Tagestemperaturen und man kann Lebensmittel in mehreren professionellen Anlagen für eine Gebühr untersuchen lassen. Alle „Kinder unter 18 Jahren" der Präfektur Fukushima werden im größten Experiment der Wissenschaft eins nach dem andern auf aufgenommene Strahlung untersucht; Versuchspersonen gibt's genug: nur für die Kontrollgruppe finden sich leider, leider nicht viele Teilnehmer aus der Region! Erste Ergebnisse waren zum Teil erschreckend. Hier, in unserem relativ sauberen Iwaki hatte als „Ausreißer" ein Kind an die fünfzig Millisievert aufgenommen, einige andere um die zwanzig, aber im Grossen und Ganzen um die relative beruhigenden ein bis zwei Millisievert. „Ein Millisievert" pro Jahr ist die Strahlenbelastung, die nach den gültigen Vorgaben nicht überschritten werden soll – nachdem in den ersten Wochen nach dem elften März zum Teil extreme Werte für „passabel" erklärt worden waren, was heißt: unter 0,15 Mikrosievert pro Stunde. Was wiederum heißt: „wie in Deutschland". Woher kommen nun diese Extremwerte, ist die Frage! Und – was bedeuten diese Werte für die Gesundheit? Man weiß es nicht wirklich: dies alles sind Zahlen, Zahlen, Zahlen – ohne direkten Bezug zu Krankheit oder Schlimmerem. Es drücken sich Wahrscheinlichkeiten aus. Für Kinder ist die Gefahr einer Erkrankung bei gleicher Belastung umso höher je jünger sie sind ... alte Knochen wie ich sind weit weniger gefährdet. Statistisch. Was nichts Zwingendes über einen Einzelfall sagt: deshalb können auch für Tschernobyl so wilde Schätzungen gemacht werden, je nach Bedarf, von 2000 Toten bis 200.000 Toten hört man alles. Durchschnittliche Lebenszeitverkürzung von zehn Minuten habe ich auch schon gehört; aber was nützt das alles, wenn's das eigene Kind trifft. Kehlkopfkrebs. Es wurde kein Jod verteilt, nirgendwo, in den ersten Tagen ... obwohl das doch so einfach gewesen wäre! Man war auch in direktester Umgebung von Dai-ichi überhaupt nicht, gar nicht, NICHT auf einen Unfall vorbereitet, geschweige denn eine Katastrophe wie diese. Alles war Chaos, es fuhren Soldaten mit Gasmasken in Schutzkleidung an den Flüchtlingen mit Kindern in den Evakuierungszentren vorbei, ohne einen Ton zu sagen und die Leute waren zu blöd aufzumerken, das muss man auch sagen. Die Regierung hatte dies hundertfünfzig Millionen Euro teure „SPEEDI"-System zur Vorhersage der Strahlungsbelastung auf Grund der Luftbewegungen und Niederschläge zur Verfügung – aber es wurde nicht eingesetzt. Die Daten schienen den Beamten in Tokyo nicht genau genug und so hielten sie sie lieber zurück, Korinthenkacker die sie sind. Es hätte drei Tage Zeit gegeben: die „schwarze Wolke" begann erst am fünfzehnten März nach den Explosionen im Block drei zu ziehen, aber die Flüchtlinge aus Namie und Futaba, die nicht auf ihren eigenen Instinkt vertrauten, wurden bürokratisch korrekt in den jeweiligen Evakuierungszentren festgehalten, einige sogar noch vom Regen in die Traufe geschickt. Es gab allerdings auch gar keinen Plan für eine Katastrophe im AKW – nein, die Evakuierungszentren waren die gleichen wie überall: gedacht für Erdbebenopfer. Probleme in Daiichi standen nie zur Debatte; es gab nicht einmal die elementarste Notfallvorsorge. Da werden einige Kinder sehr leiden müssen. Das Söhnchen von „Tanaka Taro", dem Atomer, den Stefan Klein interviewte, für den zweiten Artikel der SZ, wurde im Universitätskrankenhaus in Nagasaki untersucht; eine sehr detaillierte Bewertung seines Zustandes stellte als Hauptergebnis etwa zweiundzwanzig Millisievert Belastung durch radioaktives Jod fest. Der Junge hatte mit seinen Eltern in Futaba gewohnt, war eine Nacht in Namie, dann zwei Nächte im Auto und in Haramachi, bevor sie am fünfzehnten März nach Niigata flohen. Von dieser Anamnese auf andere schließend, wird es im Tal des Todes, durch das die Wolke zog, um sich auch noch als Schnee auf Grün und Vorfrühlingsgrau niederzulassen – auf einem genau feststellbaren Weg in Richtung auf Fukushima City – viel zu viele Kinder mit sehr hoher Belastung geben. Es gibt eine sehr beunruhigende offizielle Untersuchung. 38114 Kinder aus Fukushima mit einem Durchschnittsalter von zehn Jahren wurden mit Ultraschall untersucht: bei 35,8% von ihnen fand man Zysten an der Schilddrüse. Normal wären weniger als ein Prozent. Die englische Übersetzung des offiziellen Ergebnisses ist hier:

http://fukushimavoice-eng.blogspot.jp/2012/07/thyroid-examination-by-fukushima.html

und ich weiß gar nicht, was ich dazu sagen soll. Wie entwickeln sich Zysten weiter? Auf jeden Fall ist unglaublich, dass so viele Kinder betroffen sind und was fast noch erschreckender ist: der ausbleibende Aufschrei in TV und Zeitungen. Kein Echo. Ein dumpfer Schmerz und das lähmende Entsetzen meldet sich wieder; die

Stimme, die sagt und die Säge die singt: „Es geht ein Schnitter ... und hat Gewalt ..."

Was sollen wir nur machen, was sollen Familien mit kleinen Kindern machen, die so erbärmlich im Stich gelassen werden? Die Öffentlichkeit schweigt uns alle hier tot.

Die Politik lenkt die Blicke der Menschen nach bewährten Mustern auf Außenliegendes: „Osprey" – ein amerikanischer Senkrechtstarter, eine Fehlkonstruktion, sicher – soll auf der US Airbase in Okinawa stationiert werden und bietet endloses, endloses Material zur Ablenkung der Aufmerksamkeit. Es ist unglaublich, wie viel Tinte über dies eine hässliche Flugzeug vergossen wird: ist es auch sicher genug – es gab ungeklärte Abstürze – für die Bevölkerung? Es könnte ja jemandem eins auf den Kopf fallen. Wie besorgt man ist!!
Die Regierung will die „Osprey"/ will sie nicht / will sie ... und so weiter.
BRAUCHT sie! Ohne es vor dem Volk einzugestehen. Braucht die Amerikaner.
Es werden Spiegelfechtereien über dies Thema geführt seit der Rückgabe Okinawas im Jahr 1972. Bis dahin waren die Inseln noch amerikanische Besatzungszone. Niemand sagt den Leuten die Wahrheit: dass ein Deal eben ein Deal ist.

Vielleicht noch besser, dank China und Korea, die genauso schmutzige Süppchen kochen, die aufgebrachten Diskussionen um ein paar Felsbrocken im Japanischen Meer bzw. dem Ostchinesischen Meer. Wem sollen sie gehören? „UNS natürlich!" schreien die Manipulierten dreier Länder so schön laut, kaum voneinander zu unterscheiden. Wem sollen die Inselchen gehören?

Als ob das nicht scheißegal wäre. Als ob es nicht wirkliche Probleme gäbe.

Jodtabletten wurden schließlich im Dezember 2011 an alle Haushalte mit unter vierzigjährigen Angehörigen in der weiteren Umgebung von Dai-ichi ausgegeben, auch wir bekamen dank May und Leon zwei Packungen: ETWAS spät. Jod muss sofort genommen werden, in hoher Dosis, um den Tank voll zu machen, so dass kein „schlechtes" Jod mehr reinpasst, alles voll, bitte so schnell wie möglich weitergehen in Richtung Dickdarm, aber unaufgeklärt weiß man das im Notfall leider nicht. Auch die Apothekerin, bei der wir in Deutschland eine Packung Jodtabletten „für Fukushima" kauften, hatte keine blasse Ahnung. Obwohl doch auch in Deutschland Jodtabletten ausverkauft waren wie man hörte; na, wer will auch schon kaltes Wasser auf die Kaufbegeisterung gießen, wenn sie so schön lodert! Unsere Jodtabletten wurden zwar aus dem Koffer geholt; zum Glück brauchten wir sie bis jetzt nicht. Haben ja auch neue. Und dazu umsonst! Wenngleich Jod für Erwachsene nicht sehr viel nützt ... Was wir eventuell brauchen könnten, zum Abbau von Cäsium, ist etwas Anderes, weniger Bekanntes und hört auf den schönen Namen „Preußisch Blau", als Medikament heißt es beschwörend „Radiogardase" und ist leider wohl zu teuer, um verteilt zu werden. Eine Berliner Firma stellt es her; ich kam zufällig darauf und wollte es schier nicht glauben. Hilft dem Körper Cäsium schneller auszuscheiden, setzt die „biologische Halbwertszeit" erheblich herab. Hoffentlich aber würde es von niemandem ernstlich gebraucht. Außer den Fukushima- Fifty und anderen Kämpfern: sicher die aber werden es doch wohl bekommen. Oder etwa nicht???

Bei Tepco kann man sich nicht sicher sein. Wie die ihre Arbeiter im ersten halben Jahr behandelten: wie Vieh. Nicht besser als gutgehaltenes Vieh. Eher schlechter. Sie ließen die auf einer großen Plane auf dem nackten Hallenboden im J-Village schlafen, zu essen gab's Fertigsuppen, „Cup-Ramen", das elendest vorstellbare Fastfood. Diese Zustände wurden schließlich sogar im Unterhaus in Tokyo zur Diskussion gebracht. Jetzt hört man nichts mehr, aber die grundlegende Einstellung hat sich vermutlich nicht sehr geändert. So schnell ändert man schließlich eine erfolgreiche Taktik nicht. – Warum nicht erfolgreich? Die Leute kommen doch immer noch! In der Tat hat Tepco genug Arbeiter auf seinem Schrottplatz da, die Yakuza karrt die aus dem ganzen Land zusammen, heißt es. Gerüchte oder Tatsache? Tepco zahlt angeblich 1000 Euro pro Nase, am Tag, und die Leute kriegen auf die Flosse 100 plus 100 Gefahrenzulage. Macht 200

Euro. Den schäbigen Rest kassierten die Schlepper ... heißt es. Vorstellbar ist es auf jeden Fall. Die Yakuza ist nicht doof und diese Geldquelle NICHT anzuzapfen, wäre wirklicher dümmer als die Polizei erlaubt. Mehr Geld als im Moment hier durch die Umgebung von Dai-ichi fließt allenfalls durch das Pentagon. Und das muss man mal auf die nächsten vierzig, fünfzig Jahre voraus rechnen: wer da keine schimmernden Augen kriegt ist kein echter Krimineller. Tepco hätte bis jetzt allein an Kompensationen 229 Milliarden Dollar ausbezahlt, behauptete ein Manager in der „Mainichi"-Zeitung – was zwar nicht unbestritten sein soll, aber doch die Größenordnung des Geldflusses deutlich machen wird! Auch wenn's nur 229 Milliarden Yen waren. Ein Hundertstel der Dollarsumme also. Auch viel Geld – und, da Tepco faktisch verstaatlicht wurde, sind es eh' Steuergelder. Es bleibt Tepco immerhin – die Pleitebanken lassen grüßen – noch genug, um Boni an ihre verdienten Mitarbeiter auszuschütten. Und, um einen Vergleich zu einer schon fast vergessenen Katastrophe aus dem Jahr 2010 herzustellen: BP hat bislang an die Geschädigten rund um den Golf von Mexiko etwa fünfzehn Milliarden Dollar zur Hälfte ausbezahlt – zur andern Hälfte fest zugesagt. Tepco stellt uns mit einem Siebtel dieser Summe kalt; na, Japan ist eben anders. Die beiden Katastrophen sind ja auch im Ausmaß nicht vergleichbar! Oh, „Fukushima" war unvergleichlich schlimmer? Ist das wirklich wahr?

Die Galle kommt einem hoch, man kann einfach nicht ruhig bleiben bei so viel dreckiger Unverfrorenheit. Eine ganze Region unbewohnbar zu machen: wie viele Menschen habt ihr auf dem Gewissen? Und weiterzumachen als sei nichts geschehen.
Donnerwetter.

18 Schaufeln aus Wolfram

Ein netter kleiner Teufelskreislauf: Tepco bezahlt die Arbeiter so schlecht, dass sie nicht leicht Bekloppte finden – aber kann sie auch gar nicht besser bezahlen, weil die Mafia den „Rest" abschöpft. Die wiederum hat einen Circulus Virtuosus: hat so gute Einnahmen, dass sie ein gesichertes Monopol auf Vermittlung „Deppen aller Qualität" aufbauen kann – Nachschub gibt's genug nach der zwanzigjährigen Flaute seit 1991 und je mehr Leute sie vermittelt desto besser ist's Geschäft. Es gibt ja Interviews von „Pfeifern": die sagen klar wie unqualifiziert die Hiwis sind und wie brutal sie eingesetzt werden. Fachleute werden anders behandelt, der Taro Tanaka zum Beispiel hat exzellente Bedingungen; er arbeitet für eine Vertragsfirma, die ihre Leute anscheinend gut absichert. Tepco, die alte Sau, aber: eine Klassengesellschaft wie sie im Buche steht. Oben die Granden, unten das Vieh. Dazwischen die Angestellten, deren Wohl und Wert anscheinend schwankend gehandelt werden. Am fünfzehnten März sollten sie alle Mann in Sicherheit gebracht werden; als das aber nicht zog, einem gewissen Herrn Kan sei Dank, wurde ihnen fix die zulässige Jahreshöchstbelastung von 50 Millisievert auf 250 Millisievert heraufgesetzt! Eine Verzweiflungsmaßnahme, denn es gibt doch wohl auch eine Obergrenze für Lebensbelastung? „Verzweiflung" war natürlich das einzig Vernünftige in den ersten Wochen nach dem Knall – inzwischen müsste Tepco aber doch angefangen haben, für den langen Marsch, den langen grauen Zug durch die Jahrzehnte zu planen? Arbeiter, Ingenieure werden zu zigtausenden gebraucht werden: zur Zeit werden sie nur verbraucht. Als ob die auf den Bäumen nachwüchsen! Überhaupt scheint man zu glauben, das Problem erledige sich durch Liegenlassen; wir sind doch nah genug dran, um die großen Sachen mitzukriegen, wir haben die Webkamera an und man sieht – nicht viel. Es passiert herzlich wenig. Warum sollte Tepco sich auch beeilen? Niemand übt Druck aus, die Regierung nicht, die Medien nicht, das Ausland infolgedessen auch nicht mehr. Dies ist doch eine Katastrophe größter Dimension! Potentiell immer noch um ein Vielfaches schlimmer als Tschernobyl: die geschmolzene glühende Scheiße, das Corium, drei jeweils hunderttonnenschwere glühende Massen von etwa 3000 Grad Celsius, Eisen schmilzt bei 1538 Grad, wie soll man also überhaupt diese Schmelze je bergen? Platin schmilzt bei 2045 Grad, Wolfram, ja, Wolfram – bei 3422 Grad. Aus Wolfram ist der Draht in der Glühbirne: also, Genossen, baut Wolframschaufeln in genügender Zahl ... und fangt an zu graben, fangt nur schnell an zu graben. Niemand weiß, wo das Corium ist, Tepco kreuzt die Finger hinterm Rücken, pfeift ein kleines Liedchen und spielt auf Zeit. In Tschernobyl hatte man, hatten WIR ALLE großes Glück: Bergleute aus der ganzen UdSSR bauten unter Einsatz ihres Lebens in Rekordzeit einen Tunnel unter dem zerstörten Reaktor, um dort zur Kühlung des geschmolzenen Kerns einen Keller mit flüssigem Stickstoff zu füllen: und fanden den Kern auf Grund unvorhersehbarer glücklicher Zufälle schon zu Schlacke erstarrt und inaktiv. Der Keller wurde daraufhin mit Beton gefüllt, um das Gebäude darüber zu stützen. Wieviel Bergleute den Heldentod starben? Helden, denn sie wussten, was sie erwartete? Niemand kennt die Zahlen. In Dai-ichi starb bislang niemand außer an den schlechten Arbeitsbedingungen (Es gab bis zum Herbst keinen Werksarzt in Dai-ichi! Als ein Mann mit Herzinfarkt zusammenbrach, musste ein Arzt von Dai-ni geholt werden und bis der endlich angefahren kam, war der Mann tot. Sicher ersetzbar.), wenn es auch Gerüchte gibt. Im August lief Arbeitern im Keller eines der Gebäude hochradioaktives Wasser in die Stiefel, sie wurden hinter Planen versteckt rausgeführt, nur um ihre Privatsphäre zu schützen natürlich und nie wieder erwähnt. Dass es überhaupt Fotos von der Aktion gibt! Wohl ein bedauerlicher Unfall. Jedenfalls gibt es null Informationen in der Presse über den Gesundheitszustand dieser zwei oder drei Männer – was wieder bezeichnend für die Presse hier ist – es gibt aber Gerüchte; sie seien auf Hokkaido und sehr elend: krank, mit amputierten Beinen, heißt es. Dass die Presse nicht berichtet – es ist unglaublich. Es ist ein SKANDAL! In Dai-ichi liegen über 14.000 Brennstäbe, Tepco hatte die geniale Idee, die abgebrannten Elemente („Abgebrannt" ist auch so ein Neusprach-Wort, etwa so wie „Informationspolitik" oder „Atomaufsichtsbehörde". „Abgebrannt" also heißt, dass fünf Prozent bis zehn Prozent des Urans bzw. des Plutoniums enthaltenden Mischoxids der Brennstäbe verbraucht wurde; und man kann sich auch als mathematische Nulpe wie ich leicht ausrechnen, dass noch plenty da ist, old boy, plenty genug für einen mächtigen Knall) in großen Swimmingpools im vierten Stock der Reaktorgebäude abklingen zu lassen. IM VIERTEN STOCK von

Ruinen wie Block vier! Da oben in Block vier liegen 1535 Brennstäbe mit einem Gewicht von 263 Tonnen sehr, sehr wackelig aufgehängt in einem großen Becken voll Wasser, Gesamtgewicht mir nicht bekannt. Gut, der Tsunami kann da nicht ran, zugegeben. Sollte aber das Corium durch Risse im angeblich sieben Meter dicken Beton sickern – man kann sich doch zur Not vorstellen, dass ein Erdbeben der Stärke wie wir es hatten auch Risse in Beton fertig bringen würde, oder? Wenn es die U.S. Air Force mit ihren popeligen GBU 57, Nachfahren der englischen „earthquake bombs", juckt, meterdicke armierte iranische Bunker zu knacken – darf man einem Beben der Stärke M 9,0 auch einiges zutrauen. Die Energie von 600.000.000 Hiroshima-Bomben hätte's gehabt. Zugegeben, das war eine kleine Bombe gegen die fortgeschritteneren Modelle. Sechshundert Millionen Stück aber! Sollte nun das Corium auf Wasser treffen und Dampf entstehen, ganz normaler Wasserdampf – könnt ihr folgen, Tepco? – und der Dampf nicht irgendwas Nützliches in Bewegung setzen darf wie eine Pleuelstange oder auch nur in Frieden leise zischend dem freien Himmel zustreben darf: dann wird er echt sauer. Dann explodiert er nämlich mit extremer Gewalt; die furchtbarsten Eisenbahnunglücke früher entstanden durch Kesselexplosionen und das ist ja noch gar nichts weiter, wenn man nicht auch noch einen Gedanken an die still und leise abklingenden Brennstäbe in ihren netten Abklingbecken hoch über den Wirren der unteren vier Stockwerke verschwenden müsste: TEPCO! Wie können alle so blind sein für die Gefahr? Die Medien?! Marikos Vater ist nicht blind: der ist alter Eisenbahner, „DECO-ICHI" hieß seine Maschine, eine Dampflok, klar, und er sagt, wenn die Rede drauf kommt: „Jaaa, noch ein Erdbeben und aus ist's. Endgültig Aus." Oder bilde ich mir das alles nur ein? Sicher ist die Wahrscheinlichkeit eines solchen Ereignisses sehr niedrig; wahrscheinlich „zu vernachlässigen" wie der von Tepco bezahlte Ingenieur sagen würde – nun, wir haben auch alle die Nase pleng von solchen schwarzen Schwänen, Ereignissen, die fairerweise nicht vorkommen dürften, stimmt schon. Streichen wir die also mal weg. Haben wir nicht, kriegen wir auch nicht wieder rein.

19 Aktivitäten im Garten

Reden wir von was Anderem. Vom Wetter? Vom Frühling? Er kommt so langsam diesen März 2012! Noch habe ich keine einzige Uguissu gehört, die „japanische Nachtigall", den Frühlingsbringer; aber jetzt endlich blühen die Pflaumen mit ihrem wunderbaren zarten Duft! Oder sprechen wir von den Sternen? Dem unglaublichen Schauspiel am Abendhimmel: der neue Mond von Tag zu Tag aufsteigend zu Jupiter und Venus, einer in ihrem größten Glanz über alle Massen prächtigen Venus! Die ich gestern schon vor Sonnenuntergang funkeln sah, lange vor der Mondsichel, lange vor Jupiter ... wie schön. Bald wird sie auf die Sonne zurückfallen und im Juni in einem ihrer seltenen Übergänge die Sonnenscheibe queren ... wie es vor einigen Jahren schon einmal zu beobachten war. Ich sah es! Sah Lakshmi und errötete beschämt. Ob das Wetter gut sein wird am sechsten Juni? Die Mondsichel, das große Glück der Astrologen, das kleine Glück dazu, noch heller leuchtend als das große; so ist es doch auch im Leben manchmal, nicht? Diese drei formen ein elegantes Dreieck wie das alte Spiel mit den drei Münzen, hier bei uns mit farbigen Glasplättchen, „Ohajiki" auf japanisch; ich hab's so oft mit Leon auf dem klappbaren runden Holztisch gespielt, er war acht oder neun und spielte mit Feuereifer ... und ich möchte wohl wetten, dass der Mond bis morgen Abend durch die Linie flutschen wird! Vom Trost der Astronomie noch einmal. – Zurück in den Mai, „Back to the Future". Wir frühstückten, wir begannen uns vorzutasten durch den unsichtbaren Nebel unserer Angst. Ich höre den Staubsauger noch. Gut maskiert war sie und doch war mir überhaupt nicht geheuer, was meine Frau tat. Den vollen Beutel entfernte ich mit sehr schlechtem Gewissen und ganz, ganz spitzen Fingern. Weiter ging's. Saubermachen. Pfeifen und Singen. Geister austreiben. Messen in allen Räumen, messen rund ums Haus. Im Haus waren es bis zu 0,40 MikroSv/h, mal etwas mehr, mal weniger. Meist um die 0,30 MikroSv/h. Draußen war's mehr. Bis zu 1,0 MikroSv/h im Laub unter den Bäumen und in den Nadeln der „Golden Crest" vor der Eingangstür. Im Lauf der Zeit wurde das doch erheblich weniger, auch die offiziellen Zahlen sind im Lauf dieses einen Jahres sehr gefallen; anfangs erschien mir der schnelle Fall ziemlich dubios. Für Iwaki wurde angegeben 0,26 MikroSv/h, wenn ich mich richtig erinnere und inzwischen sind's nur noch 0,17 MikroSv/h. Wie kann das sein? Was wir hier haben, sind zwei Sorten radioaktives Cäsium, 134 und 137, etwa halbe-halbe, heißt es. Das C 137 hat eine Halbwertzeit von dreißig Jahren, das andere von zwei. Ich nehme den Mittelwert und komme auf einen Halbwert von sechzehn Jahren. Stimmt das nicht? Wohin verschwindet also das blaue Metall so schnell? Cäsium hat seinen Namen vom Blau des Himmels! Macht die Yakuza auch damit Geschäfte? Oder wird es vom Winde verweht? Sickert es ein, frisst es sich ein in Böden, Teerdecken, Dachziegel? Alles dies, scheint es und noch mehr. Gut: wenn's aus der Luft verschwindet, atmet man es nicht mehr ein, ist doch auch ein Fortschritt! Mir tun nur die Abbrucharbeiter so leid; die alten Häuser stauben beim Abreißen enorm und verderben denen sowieso die Lungen – jetzt doppelt. Wer klärt die richtig auf, wer schützt die? Ich sehe sie alle ohne Maske arbeiten, sie haben ihren Stolz als zähe Kerle, ich kenne das und weiß, dass man nichts machen kann. Aber die jungen Mädchen! Wir bekamen von der Stadt eine Erlaubnis, Müll auf die Not-Kippe hier in Yotsukura zu fahren und taten das so schnell wir konnten. Wenigstens etwas von dem ganzen Dreck rund um unser Haus, Schätze, die immer zu schade zum Wegwerfen waren, wollten wir nun loswerden. Beluden also unser Ado-Go mit altem Plunder und fuhren hoch; genau unter dem Evakuierungszentrum liegt die große Kippe. Um dort eingelassen zu werden, brauchten wir die Erlaubnis, klar, und mussten dann an einer Sperre noch mal ein Zettelchen ausfüllen. Da war so reger Betrieb, dass man Schlange stand und wartete. Es war ein ekelhaftes Gefühl vor den Bergen von Müll zu stehen, es war die trockene Zeit vor den Regenmonaten und man atmete notgezwungen bitter schmeckenden Staub ein wie man da stand. Wir wären am Liebsten sofort umgekehrt. Ein paar Minuten Wartezeit, die schnelle Runde auf den gigantischen Platz: hier Stein, hier Holz, hier Metall, hier Plastik, hier Tatamis ... all das und mehr wurde sauber getrennt. Weil das natürlich etwas durcheinanderging, auch beim besten Willen, waren und sind – die Kippe ist bis heute offen, es wird immer noch angefahren von privat sowohl als gewerblich mit großen LKWs –Leute auf dem Platz, in Dreck und Staub und halfen bzw. helfen das zu sortieren, was man korrekt als leichtverstrahltes Material bezeichnen müsste. Mit oder ohne Maske, mit oder ohne Handschuhe. Wie es grad kommt: es ist unmöglich, über ein Jahr lang wachsam zu bleiben, risikobewusst, wenn alles normaler und immer normaler läuft. Ob sie gefährdet sind, wie gefährdet sie sind, weiß ich ehrlich gesagt auch nicht, ich erinnere mich aber mit Beklemmung an unser Gefühl: Nur schnell weg von hier!! Und erinnere mich an die jungen Frauen an der Sperre. Städtische Angestellte, neue Leute sicher, aus Not angeheuert: kann mir die Anzeigen in den „Hello Work!"-Büros vorstellen. „Die Stadt Iwaki sucht Hilfskräfte für leichte Verwaltungsaufgaben. Keine Erfahrung erforderlich! Bezahlung ... (schlecht)". Genauso sahen sie aus. Arbeiteten mit großem Einsatz, schrieben so schnell und dabei so exakt wie es nur Japanerinnen können – bewundernswerte Mädel; aber wie können sie nur tagein tagaus im Staub der trockenen Zeit, wie im Regen, wie in Schnee und Matsch da stehen, schreiben, auch die Stöckchen und Fähnchen schwenken ohne Staubschutz, ohne gute Masken? Was wir ab und zu tragen, sind ja offene Scheunentore für alle Partikel von z.B. der Größe von Pollenkörnern wie man ab letzten Monat wieder leidvoll schniefend zur Kenntnis nehmen muss, und junge Arbeiter/innen in solchen Einsätzen bräuchten etwas Besseres als diese Fetzen aus Baumwollgewebe. Anfangs spottete ich sehr über alle diese „lächerlichen Masken", weil sie mir völlig wirkungslos schienen: ein kleines bisschen Wirkung haben sie aber wohl doch. Die Arbeiter unterwegs ins Sperrgebiet, in den Bussen ab J-Village, haben auch zum Teil nichts Besseres als diese Fummel und ich schwanke zwischen „Die sind alle verrückt" und „Ich bin vielleicht selber verrückt".

20 Diskriminierung

Das neue „Normal" ist nach einem Jahr ziemlich fest etabliert. Wenn auch nicht bei uns, nicht bei Mariko und mir. Wir sind vorsichtig – wie übrigens viele Menschen, vor allem die jungen Mütter. Denen billigt man's zu, „Männer" sind aber nicht so zimperlich. Und die Gemeinheit ist – diese Männer und die Frauen, die genauso im Abriss arbeiten, im Straßenbau, in der Müllverwertung, die alle sind die Armen, die ohnehin Schlechtstehenden der ganzen Gesellschaft. „The bottom of the pile". Die ausgenutzten Arbeiter in Dai-ichi – sie glauben Glück gehabt zu haben, verdienen ja gut! Ich habe immer ein schlechtes Gewissen, wenn ich die in Taira aus ihren Bussen steigen sehe. Sie steigen aus und gehen in einer Art Gänsemarsch auf direktem Weg ins Hotel, der Bus hält direkt davor, ohne sich umzudrehen. Sie haben selber auch ein perverses Schuld-Bewusstsein! Spüren den Mix von Mitleid, Schuldgefühl und Ekel, den die Bevölkerung ihnen entgegenbringt – und strahlen ihn wiederum aus. Ja, ich bin nicht der Einzige, der ihnen gegenüber solche gemischten Gefühle hat – ALLE haben seltsame Gefühle, alle gehen unter Umständen lieber kurz auf die andere Straßenseite oder wissen nicht, wo sie ihre Augen lassen sollen ... Es ist die Begegnung mit Aussätzigen, mit der Lepra. Diese Männer müssten gefeiert werden, ihnen müssten die Frauen Blumensträuße überreichen und die Kinder Lieder singen: statt dessen gehen sie mit hochgeschlagenem Kragen im Gänsemarsch ins Hotel. Es ist sehr subtil: aber man kann's mit Händen greifen, wenn man will. Ich empfinde Dank – und wenn man die Leute in Taira anspräche, würden sie das auch sagen: es ist aber der Dank, den man den Totengräbern abstattet, Menschen die mit dem Tod arbeiten. Schlachter, Fleischer, Lederarbeiter ... solche Berufe waren und sind unrein in Japan. Es gibt eine lange Tradition der Diskriminierung solcher (erblichen!) Zugehörigkeiten und es ist viel Herzeleid und Schlimmeres aus diesem Kastendenken entstanden, ja, es existiert tatsächlich immer noch eine Kaste der Unberührbaren hier in Japan! Parias in ihrem eigenen Land – „Japaner" wie sie mit gleichem Stolz wie alle andern nur im Ausland sagen können – Japaner zweiter Klasse im eigenen Land. Sie hießen früher „Eta", „Tiere" und wurden erst 1871 den anderen Japanern rechtlich gleichgestellt. Heißen jetzt „Burakumin" und haben eine eigene Bewegung, die BLL, „Burakumin Liberation League", die ihre eigene Zahl auf zwei Millionen schätzt! Regierungsdaten gehen von etwa einer Million aus. Sie leben auch heute noch in der Konzentration eigener Bezirke, die früher regelrechte Ghettos waren, schreibt Wikipedia. Im Norden, also in Tohoku, gibt es keine – wir sind zu unkultiviert für diese jahrhundertelangen feinen Nasen der Hofschranzen und ihrer blasierten Nachahmer. In den letzten Jahren hört man nicht mehr viel von ihnen, es gab zuletzt in den achtziger Jahren mehr Aufmerksamkeit: Familien ließen damals potentielle Heiratspartner routinemäßig auf „Burakumin"-Hintergrund abtasten; gute Jobs gab es sowie nicht, denn es gab ein unter dem Ladentisch teuer verkauftes Buch mit detaillierten Informationen über Burakumin-Adressen, um den Firmen die Probleme einer Falsch-Einstellung zu ersparen ... ergo kein Entkommen aus dieser Welt der geschlossenen Türen. „Ein Fluss ohne Brücke" umschließt diese Welt. Einen Ausweg fanden die Mutigen oder die Verzweifelten doch manchmal, lese ich jetzt eben und da schließt sich der Kreis meiner Argumentation! Die Yakuza bestehe zu sechzig Prozent aus Burakumin, bezeugte ein hoher Beamter, Mitsuhiro Suganuma, der frühere Leiter der nationalen Sicherheitsbehörde im Jahre 2004. Da sind also die Arbeiter vielleicht beides, Burakumin und Yakuza, natürlich niedersten Ranges, denn es geht auch hier sehr hierarchisch zu. Ich hätte schreiben wollen: „ich dachte diese Arbeiter sind so etwas wie die neuen Burakumin, die neuen Unberührbaren" – dabei sind es die alten, die ewig Untergetretenen. Ihr da unten – wir da oben. Es ist beschämend, ich muss das jetzt erst mal selber verstehen. Ob die Leute hier in Taira das wissen? Burakumin gibt es hier nicht, sagte meine Frau immer; ich war nie sicher, ob es stimmt: Wikipedia gibt ihr recht. Die Mischung von Angst, Schuld und Ekel – ok, auch Mitleid vielleicht, die ich bei den Bürgern hier spüre, die die Arbeiter mehr antizipieren als echt erfahren und gerade durch diesen Akt der Entfremdung erst den nächsten Schritt die Leiter hinab ermöglichen, ist jedenfalls vorhanden. Ich fräße meinen Hut, wenn ich das falsch fühlte. Weiß doch von vielen, vielen Berichten was die Erwähnung „Fukushima" in Tokyo, im übrigen Japan, auslöst! Autos aus Iwaki wurden in Tokyo nicht betankt aus Angst vor Verseuchung, wurden vandalisiert, im besten Fall mit Planen abgedeckt. Die Trucker fuhren nicht nach

Iwaki, gut, das ist verständlich. Die große Angst ist aber die: dass Frauen von hier, die jetzigen Kinder also, später keine Familie gründen können. Stigmatisiert sind ALLE aus Fukushima zu einem gewissen Grade, und niemand mehr als die jungen Frauen. Man hat Angst vor genetischen Folgeschäden. Sofort nach dem Reaktorunglück erhob diese hässliche Erinnerung an Hiroshima und Nagasaki ihr Haupt, augenblicklich waren alle Frauen von hier unter Verdacht. So pervers es ist, so typisch ist es. Die schwachen werden zum Sündenbock gemacht! Die FRAUEN haben das Stigma zu tragen, die jungen Männer dagegen viel weniger. Ganz offen schrieben die Zeitungen ihr Bedauern darüber aus, dass nach Hiroshima nun wohl wieder eine Generation von „Verstrahlten" vor Heiratsproblemen stände. Wenn das kein Paradebeispiel für eine sich selbst erfüllende Voraussage ist, weiß ich's nicht. Auch das, Tepco, geht auf euer Konto! Stigmatisiert sind alle, die mit dem früher so guten Atom in Berührung sind! Abgestempelt: Hibakusha. „Verstrahlte".
In einem einzigen Augenblick wurde plus zu minus, die Pole sind umgedreht, Schluss mit lustig! Tepcos „Atommuseum" in Tokyo ist geschlossen, permanent.
So ist es. Die Dummheit der Masse ist ihre Vorsicht. Angst und Ekel – jetzt haben wir die Liste schon weiter gestrafft, wir kommen der Sache immer näher! Angst und Ekel – was wird bleiben? Angenommen, die Sache geht weiter gut: HOFFEN wir es!! Die Angst wird weg sein; was bleibt? Die Frage beantwortet sich damit von selbst: der Ekel. Wenn auch nur in Gestalt eines leise tötenden „Unbehagens".

Wer gäbe schon einem Leprösen ganz unbefangen die Hand? Diese stillen Männer kennen ihr Schicksal. Sie haben nicht viel zu verlieren ... aber auch nicht viel zu gewinnen und das ist eine himmelschreiende Ungerechtigkeit! Wir stehen in ihrer Schuld – und verachten sie. Ist wohl dieser Hintergrund, frage ich mich jetzt – dies alles wird mir beim Schreiben klar – ist dies alles den Japanern vielleicht im Innern klar? Wissen die Leute in Taira, dass die Atomarbeiter „Eta" sind? das hässliche Wort ist das richtige! Alte oder neue, egal, wissen sie das instinktiv? Und die Medien – diese Blutschnüffler par excellence: sind sie deshalb so eigenartig passiv in der Berichterstattung? Loben nicht, kritisieren nicht, berichten nicht? Dies donnernde Schweigen!! Opfer, immer nur Opfer werden gezeigt, nie etwas Handfestes. Das „täte passen" ... keine Frage. Zu gut passt das, viel zu gut. Bilde ich mir das alles etwa ein? Sind die Zeitungen bloß zu zimperlich – oder haben sie Angst vor einer Schlangengrube? Berechtigte Angst? Jahrhundertealte Skelette im Schrank scheinen mir zu klappern, es graust mir und nicht vor der dagegen direkt harmlosen Strahlung. Als Ausländer versteht man vieles einfach nicht, zugegeben. Das wäre dann wieder einer der Hintergründe der so schönen, glatten Fassade: „Wir sind alle so sehr japanisch". Ich dachte, dies Denken verschwände allmählich ... aber vielleicht ist es nur tiefergetaucht. Dahin, wo es keine fremde Augen sehen können? Die tiefsten Abgründe verbergen sich hinter den geschliffensten Manieren. Werden die Japaner es nie schaffen, ungeschminkt in den Spiegel zu sehen? Ehrlich zu sich selbst? Es ist doch keine Schande! Alle wissen im Alltag, dass das Leben schwierig und oft weniger als lupenrein Top Wesselton ist; warum nur haben die Japaner diesen Anspruch an sich selber, diese quälende Sucht nach Vollkommenheit, sobald es über den Einzelnen hinausgeht? Das BILD muss perfekt sein. MUSS! Der Fuji, die Kirschblüte, ein Schwert, eine Frisur, ein Buchstabe, ein Tellergericht, ein Kleidungsstück ... ich kann es nicht begreifen. Und wenn es etwa eine Unvollkommenheit hat – ist das unter Umständen die „Japanese Imperfection", ein von Töpfern auf den fertigen Scherben gezogener Kratzer, um das Ganze damit erst WIRKLICH perfekt zu machen.

Als Ausländer komme ich ziemlich kostenlos in den Genuss dieser Wunder von Schönheit und Vervollkommnung – aber ich weiß, was sie die Japaner selbst kosten und denke manchmal: sie werden zu teuer bezahlt. Sogar ohne die Hintergründe versuchen zu ergründen. Nun, die Japaner werden es schon am Ende richtig machen. Es ist ihre Sache. „Here lies a fool – he tried to change the east", schrieb Kipling mal von irgend Einem. Ich möchte nicht so liegen, wenn ich auch noch gar nicht weiß wo. Ich möchte STEHEND begraben werden, was das angeht ... und am Liebsten mit einem kleinen Dingschen im Knopfloch, worauf geschrieben steht: er hat's nach besten Kräften versucht.

(Hibakusha. Das angsterregendste, das dunkelste Geheimnis an dieser Hysterie ist: strahlungsbedingte genetische Deformierung scheint sich über die Generationen hinweg nicht abzubauen, sondern ganz im Gegenteil zu verstärken. Der Organismus ist anscheinend nicht in der Lage, sich von dieser Verwundung des Genoms selbst zu heilen wie Untersuchungen von 22 Generationen Spitzmäusen in Weißrussland zeigen, zitiert nach Dr. Michel Fernex, Universität Basel. Haben die Rufmörder am Ende also sogar recht? Die Sünden der Väter würden heimgesucht bis ins dreißigste und vierzigste Glied?)

21 *Solidarität*

Zwei Tage nach meiner Rückkehr begann ich wieder Geld zu verdienen, alles war in Gang. Schulen, Kindergärten, Universitäten, Firmen hatten nach einer Zwangspause wieder Tritt gefasst. Zu meiner Überraschung waren in den beiden Kindergärten, in denen ich Englischunterricht gebe mit Liedern, Bilderbüchern und Spielen fast alle Kinder wieder da! Aus Klassen von zwanzig bis dreißig Kindern fehlten eins oder zwei, mehr nicht. Niemand war tot oder verletzt, die Mutter der kleinen Moe aber im Tsunami untergegangen. „Sie weiß es noch nicht ..." wurde mir gesagt und ich versuche dies Kind ein bisschen mehr als andere zu stützen. Ihre Häuser verloren Einige; gar nicht ungewöhnlich ist das: „Ja, wir sind auch weggespült ..." heißt es oft.

Wir leben am Meer ... aber erst nach Wochen konnten wir uns aufraffen, die paar Schritte an den Strand zu gehen und die Zerstörung wirklich anzusehen. Wir vermieden das, so lange es ging – wozu sollten wir dahin gehen und gaffen? Auf meinem Weg zur Arbeit kam ich an einem Felsenklotz im Meer, einer Insel, vorbei, die immer ein paar pittoreske Kiefern gehabt hatte, an die Seite des Felsens gekrallt, oben auf dem Stein in irgendwelchen Ritzen wurzelnd: die waren nun weg. Ein kahler Buckel, weiß vom Kot der Kormorane stand nackt und hässlich in der Brandung, wo früher ein malerischer stolzer Platz gewesen war. Das war mein erster Eindruck, abgesehen von Haus und Garten, von der neuen Realität hier.

Mein erster Blick aufs Meer zeigte: Beschiss.

Lange, bis heute eigentlich, kam und komme ich nicht über den Verlust der Schönheit hier an der ganzen Küste hinweg, nicht im Ästhetischen oder sonstwie Abgehobenen, nein, im Alltäglichen. Im Dreck, der überall liegt, in der Zerstörung, die überall sichtbar bleibt. Ich weiß, wie kleinmütig es ist und kann mich doch nicht aufraffen, einfach hinzugehen und zuzupacken. Was Mariko und ich früher gemacht haben, mit Müllsäcken unseren Lieblingsstrand abzugehen, um alles einzusammeln, was da angeschwemmt kam an Plastik: wäre jetzt einfach lächerlich. Man kommt gar nicht auf den Gedanken. Dies jetzt ist eine Aufgabe für Bagger, Planierraupen und Lastwagen. Und es ist bewundernswert wie schnell die Leute alle an die Arbeit gingen! Schon zwei Tage nach dem Tsunami sah ich in Hitachi, während wir den halben Tag in der Schlange auf Benzin anstanden, die ersten Müllhaufen entstehen, die ersten Reinigungsmaßnahmen schon abgeschlossen. Die dicke zeitungslesende Frau in Isohara in ihrem zerstörten Hausflur: die Strasse vor ihr, auf der wir fuhren, war schön geräumt. Die Japaner fackeln nicht lange – sie räumen auf. Ich kann nicht.

Mariko zog mich mit; wir machten unser Haus weiter fit, erstaunlicherweise gab es sehr wenige Schäden, die das Wohnen beeinträchtigten! Das Spielwarenlager war etwas durcheinander; ein umgestürzter Schrank, der einzige im Haus, hatte eine breite Garbe von Glasscherben auf den Eingangsbereich gestreut – die wurden sorgfältig entfernt, alles wieder aufgestellt soweit möglich – und wir waren „back in business"!
Die größte Sorge: sind unsere Sachen verdorben? Ist das Spielzeug verstrahlt? stellte sich als unbegründet heraus, so gut wir messen konnten. Sowieso liegt dies Lager nicht nach Norden und hat nur neue, relativ dichte Fenster. Und wir kriegten Bestellungen! Nicht

nur das, obwohl bei Weitem das Wichtigste; wir bekamen von unseren Kunden Solidaritätskundgebungen auch in Form von Geschenken: von Geld, von Gemüse, Obst und Reis aus unbelasteten Teilen des Landes. Wo gäbe es das wohl in Deutschland? Obwohl auch unsere deutschen Partner stark sind, vor allem die Firma M. Ostheimer wunderbar zu uns hält! Das ist beeindruckend! Im Geistesleben: Freiheit. Im Wirtschaftsleben: Brüderlichkeit! M. Ostheimer praktiziert sie.

Die meisten unserer Kunden stehen wunderbar treu zu uns. Viele hatten wir während unserer Flucht noch erreichen können, oder von Deutschland aus, um ihnen zu sagen, dass wir unversehrt davongekommen waren, aber einige waren sehr in Angst um uns gewesen und hatten teilweise enorme Anstrengungen unternommen, Nachrichten über uns zu bekommen! Ueno-san aus Koriyama war so besorgt, dass er tatsächlich hierher fuhr und unser Haus zu seiner Erleichterung heil, wenn auch verlassen fand. Wie rührend sich viele um uns sorgten! Mariko hatte sich im Evakuierungszentrum in eine Aufnahmeliste eingetragen, die später online gestellt wurde; wir staunten im Lauf der Zeit immer wieder, wer alles sich da nach uns erkundigt hatte: ihren Namen fand man – aber meinen nicht! Für manche Quelle neuer Beunruhigung: was ist denn mit ihm passiert?

Lange, lange dauert es, bis alle unsere Freunde, Bekannten und Kunden wussten: „Daijoobu!" Alles in Ordnung. Mein Postfach für E-Mails quoll über von Nachrichten, von Anfragen aus den ersten Stunden und Tagen nach dem Tsunami: „Lebt ihr?? Meldet euch! Warum antwortet ihr nicht???" Dann, in den nächsten Tage, von Warnungen, von zum Teil fast hysterischen Botschaften aus verschiedenen Teilen der Welt: „Get out of Iwaki!!!" Ich habe sie später im „Archiv" gespeichert, um sie anschauen zu können, sollte ich mal wieder an Freundschaft und Treue unter den Menschen verzweifeln: dies sind bewegende Zeugnisse. Die allerersten E-Mails vom Abend des elften März hatte ich noch kurz beantwortet – alles in Ordnung, daijoobu! aber dann waren wir offline bis Anfang Mai und hatten auch da noch einiges aufzuräumen. Natürlich hatten sich die guten Nachrichten herumgesprochen – unsere Kinder und Freunde sind

Facebook-Mitglieder – und auch über erstaunliche Wege ging's. Wer hätte gedacht, dass Leslie in Kanada in der „Neuen Westfälischen" online über unser Wohlergehen lesen würde? Wir hatten uns seit Jahren aus den Augen verloren – sie war damals mit ihrem Mann Ian hier gewesen und meine besten Freunde in der Einsamkeit des Jahres 1999; von ihrer folgenden Weltreise haben wir einen lieben Stapel Postkarten in einer unserer Schatzkisten, aber nach ihrer Scheidung war der Kontakt allmählich abgerissen. Jetzt las sie, was May dem Lokalreporter zum Schicksal des „Sohnes unserer Stadt" ins Telefon gesagt hatte – etwas verzerrt, aber im Groben korrekt. Die Welt ist wirklich klein geworden.

22 Massnahmen und Enttäuschungen

Ein Tischler kam, stellte sich als Marikos Jugendfreund heraus und machte die Türen wieder gängig; einiges klemmte eben doch und da waren wir auch schon wieder soweit, uns im Haus frei bewegen zu können; der Bann war gebrochen, die Gespenster der Angst mit Hilfe des Staubsaugers und der Katzen – die natürlich ihrerseits auf schnellstem Wege das Feld räumen, sobald der Elektromotor des Saugers aufheult – gebannt. Wo fünf Katzen, und nicht nur schwarze, morgens die Hausfrau hungrig begrüßen, mit gutem Appetit fressen, sich dann ausgiebig putzen, um sodann gemütlich zusammengerollt den ganzen Tag zu verschlafen, lichten sich die „Nebel des Grauens".
Ja, die Katzen halfen uns sehr. Und die Arbeit natürlich, Arbeit ist die beste Medizin.
Auch Rick hat wieder geöffnet, zwar nicht mehr in den alten, gemütlichen Räumlichkeiten die schmale, dunkle Treppe hoch, sondern im gleichen Gebäude auf Straßenhöhe. Bedeutend kleiner ist die „ies" jetzt. Leah kam nicht zurück. Wir schrieben uns einige Male, sie war erst in den Philippinen und ging dann nach Kumamoto auf Kyushu, über tausend Kilometer weit weg im Süden Japans. Kaori, die Sekretärin ist ebenfalls nicht mehr da ... alles ist bescheidener geworden. Die kleine Himari, mit der ich die Treppe herunter-

stürzte, hat Iwaki verlassen wie so Viele, aber doch waren bis zum Spätsommer etwa zwei Drittel der Kinder zurück bzw. durch Neuaufnahmen ersetzt. Nach Monaten der Sorge sind Rick und Sanae nun optimistischer. Was will man machen? Man muss eben strampeln, wenn man wie sie nicht weg kann. Sie haben dies schöne neue Haus ... mit einem Berg Schulden am Hals; was will man da machen? „Shoganai" ist die Vokabel, die man nach „Daijoobu!" gleich als Zweites hört: „Da kann man eben nichts machen!" „Da musst du eben durch." Und so versuchen wir es eben alle mit Shoganai und Daijoobu in wechselnder Reihenfolge ... und kommen so weit so gut über die Runden.

Der Rasen vor Ricks Haus war sehr belastet, sie leben in einer dieser Siedlungen für die mal kurz zwei, drei Hügel in die dazwischenliegenden Täler zu einer Ebene einplaniert wurden; ich hatte keine Vorstellung, was „Erdarbeiten" heißt, bevor ich nach Japan kam: mir fiel der Unterkiefer runter und die relativ hohe Lage mit schönem Ausblick auf die Stadt Taira hat ihnen das vierfache und mehr der durchschnittlichen Belastung hier beschert. Der Rasen war der Spielplatz der kleinen Tochter – also fing Rick vor allen Anderen damit an, die ganze Fläche Plagge für Plagge abzutragen und mit der Schiebkarre über die Böschung am Rand der Siedlung zu kippen. Was soll man auch sonst machen? „Shoganai – Daijoobu!" Ein paar Stunden lang half ich ihm in glühender Hitze – es muss Juni oder Juli gewesen sein – und kriegte fast einen Hitzschlag. Er machte's Tag für Tag, Meter für Meter arbeitete er sich vor.

Erst im Herbst gelangten die Schulen und Kindergärten auch dahin. Sicher, bis solche Maßnahmen durch die Mühlen der Bürokratie sind, schön gerüttelt und gesiebt, dauert es seine Zeit. Monate, in denen die Kinder in der feuchten Schwüle des Frühsommers wie in der Bullenhitze des Hochsommers nicht einmal in den Schulpausen nach draußen durften, geschweige denn zum freien Spielen oder zum Sport. Bei strikt geschlossenen Fenstern brüteten sie in den furchtbar heißen Klassenräumen, improvisierten „Shoganai!" und kriegten diese schlimmen Monate tatsächlich irgendwie rum. Im Sommer musste Strom gespart werden, es wurden nach der Katastrophe fast

alle AKWs für Stresstests vom Netz genommen, gegenwärtig laufen von sechsundfünfzig Anlagen nur zwei überhaupt, und es gab eine große nationale Anstrengung den Stromverbrauch zu verringern. Die Medien riefen pausenlos zum Stromsparen auf, fünfzehn Prozent sollte jeder Verbraucher weniger konsumieren, um die Versorgung sicher zu halten, gaben Tipps und gute Beispiele – das alles hatte etwas planwirtschaftlich-sozialistisches a la „Genossen und Genossinnen, lasst uns den Fünfjahresplan übererfüllen!", aber es funktionierte. Die Stromversorgung brach nicht zusammen. Es geht auch ohne! sah man in diesen Monaten so deutlich, dass es schon weh tat. Alle zogen mit; wie schon die Ölkrise 1973 war dies ein seminales Erlebnis für die Nation: es wurde durch gemeinsame Anstrengung etwas Wichtiges erreicht! Es war ein stolzer Moment für Japan – leider, leider so ganz gegen die Interessen der Energieriesen, also, des Establishments und infolgedessen baute die Politik nicht auf diesem Erfolg auf. Es wurden keine Fundamente für das neue Japan gelegt, das in den ersten Monaten nach Fukushima möglich schien, es wurde weiter im Parlament gemauschelt und um Position gerungen, es wurde Naoto Kan erst an den Rand gedrängt und dann aus der Macht. Die Wende, der Neubeginn, die Wiedergeburt: Phönix aus der Asche! wurde von der alten Garde zynisch verhindert.
DAS war das große Ereignis des Sommers, DAS war die große Enttäuschung des Jahres 2011.

Aus Deutschland zurück, wo ich erlebt hatte, was das Volk doch bewirken kann, wenn es will: sah ich vielleicht schärfer als die Japaner wie sie von den alten Männern und ihren jungen, eifrigen Helfern wieder betrogen wurden, wie sie wieder und wieder um die vollgekotzte Litfasssäule geführt wurden, der sprichwörtliche Besoffene, und keinen Ausgang fanden. Naoto Kan mit seinem ehrlichen Bemühen: wie die Politiker der Opposition, die alten Liberaldemokraten, wohl gegrölt haben vor Lachen, wie ihnen die Tränen gekommen sein müssen in ihren verrauchten Hinterzimmern: „Ein Idealist! Ein Träumer! Ein Mensch! Hahahahahaha ... Hohohohoho ... Hihihihihi ... Hahahahaha ..." und so hatten sie leichtes Spiel. Naoto Kan musste abtreten – bis heute ist die Kampagne nicht zu Ende um ihn und seine Leute bloß klein genug zu halten, bloß sicher zu gehen, bloß nicht die frische Luft einer neuen Ära in die engen japanischen Gemüter einzulassen. Es schien möglich, ein paar Monate lang schien es möglich, dass dies Land aus seiner Starre erwacht, dass es sich wieder neu findet und endlich das macht, was es doch irgendwann muss: AUFWACHEN!

Es ist vorbei, die Zeit war wohl doch noch nicht reif. Die Politiker? Die Medien? Wir alle? Wer hat's versaut? Oder gibt es die „Zeit" für alles? „There is a time ... turn, turn, turn, turn ... there is a season for every purpose under heaven" habe ich Pete Seeger im Ohr, das Alte Testament in seiner Weisheit. Ist es also immer noch nicht soweit? Fünfzehn Prozent weniger Strom zu verbrauchen, war immerhin eine Leistung, ich darf nicht bitter werden. Jede Anstrengung wird irgendwann ein Ergebnis zeitigen, nichts Gutes geht verloren – daran glaube ich doch!

Es war/ist aber sehr enttäuschend. Lähmend. Was soll ich kleines Würstchen machen, wenn die Metzger ihre langen Messer längst in der Hand haben? Soll ich an den Strand gehen und mit den Händen angeschwemmte Feuerzeuge einsammeln, wo die Flammen über meinem Kopf zusammenschlagen? Das Haus brennt und die Feuerwehr eine Truppe aus „Fahrenheit 451" ist? Ich sehe die Polizei eifrig patrouillieren, es wurde in den verwüsteten Gebieten hin und wieder auch geklaut, und möchte ihnen ins Gesicht schreien: Habt ihr nichts Besseres zu tun? Wisst ihr nicht, wer die Verbrecher sind? Wo sie sitzen? Welche Autos sie fahren? Wisst ihr das wirklich nicht???

Natürlich weiß sie es, die Polizei weiß viel in Japan, aber auch die Polizei hat sehr sehr enge Verknüpfungen zur Yakuza. Außerdem ist es ja auch nicht die Aufgabe der Polizei Änderungen herbeizuführen, weder hier noch woanders. Fahrt also eure Patrouillen. Schaut aber doch auch mal in den Rückspiegel – vielleicht seht ihr ja doch, wer hinter euch steuert und seht denen mal auf die Finger statt einen kleinen Jungen schon zwei mal zehn Tage und wer weiß noch wie lange festzuhalten, weil er eine Fensterscheibe kaputtgemacht hat. Eine Fensterscheibe! Eine Fensterscheibe im örtlichen Büro der größten Schufte Japans. „Blutsauger, Kinderschänder": Zitatende; viel Böses und Bitteres wurde doch gesagt seit dem März. Ein halbes Land zu ruinieren, ist dagegen nicht strafwürdig: es liege kein Anlass vor, irgendwelche Strafverfolgungen in Gang zu setzen, verkündet Premierminister Noda seinen erleichterten Freunden. „Friends in high places ..." Wie gut alles wieder läuft, nachdem man einige Wochen die Möglichkeit eines neuen Lebens hatte ahnen können! Ich fuhr 1984 mit der Eisenbahn durch die Sowjetunion des Genossen Andropow – ein halbes Jahr, bevor ich auf Hochzeitsreise in Paris auf einem „Time Magazine" das Gesicht von Michael Gorbatschow sah und irgendwie fühlte: Der ist anders! – und erinnere mich an das öde Grau der UdSSR in ihren letzten Monaten: es ist die gleiche Farbe, die ich heute hier sehe. Nicht mit den Augen, nein, dazu ist alles zu bunt und die Menschen zu ...? Zu was? Sie sind jedenfalls keine Russen. Aber die Politiker – es lief soeben eine der häufigen Live-Übertragungen von Parlamentsdebatten im Radio: die Politiker haben dieses Grau der sterbenden Sowjetunion in der Stimme. Die sind eigentlich tot und wollen es nur nicht wahrhaben. Ach! Vieles wäre möglich gewesen, die Leute waren im ganzen Land bereit: der Schock war groß. Jetzt wird es schwerer, es muss noch mal von vorne begonnen werden, es wird noch Jahre dauern, bis endlich ein neues Japan hervorwachsen kann aus den Trümmern von Fukushima. Aber es wird kommen. Es muss kommen ... und die Zeit arbeitet nicht für Japan: die Überalterung der Gesellschaft, China, Nordkorea, der Klimawandel ... es gibt viele Sorgen. Zurück auf den Boden – der Tatsachen? „Sind das alles etwa keine Tatsachen?" „Kann sein; aber jetzt weiter mit der Erzählung! Dies soll doch Zeitzeugnis sein und keine Brandrede!" „So? Na gut ..."

23 Kindergärten und Mütter

Zurück auf den Boden der Schulhöfe und Kindergärten also. Auf Grund von Druck von unten, endlich einmal, rückten schließlich zum Herbst hin in allen diesen Institutionen, auch in Iwaki, die Bagger und Lader an, trugen einige Zentimeter Oberfläche ab und er-

setzten sie durch saubere Erde aus froheren Gegenden des Landes. Zu horrenden Kosten, 200.000 Euro koste diese Aktion pro Kindergarten, hörte ich. Wohin die verstrahlte Erde gefahren wurde – weiß niemand so recht; alle wissen, dass dies eine Frage ohne gute Antwort ist und fragen deshalb nicht. „Shoganai". Geht eben nicht anders. Statt dessen gibt es an allen Kindergärten und Schulen die schönen weißen Strahlungsmonitore mit ihren rot leuchtenden Ziffern. Auch in Parks. Im Satogaoka-Kindergarten waren Stefan Klein und ich, um die Geschichte des kleinen Atsuto weiter auszuleuchten. Da erfuhr ich erstmalig im Detail wie hart das Jahr 2011 für Kindergärtner war. „Satogaoka" ist für uns fast Familie, wir trafen ja auch zufällig die Leiterin, Seiko-sensei mit großen Anhang, Mutter, Kindern, Enkel und zwei Wauwis auf dem Flugplatz Fukushima und flogen zusammen in die Freiheit (am fünfzehnten März letzten Jahres!).
Satogaoka: ein Barfuss-Kindergarten! Unsere Kinder besuchten ihn beide, den besten Kindergarten der Welt ... mit dem Motto: Essen, Spielen, Schlafen! das programmatisch zeigt, was dort für wichtig gehalten wird. Und zeigt die Probleme dieses Jahres glasklar. Erst hätte sie gedacht, sie könne gar nicht weitermachen, erzählte Seiko-sensei uns. Aber, wenn Kinder da sind? Wo sollen die sonst hin? Es wurde also ab Mai wieder aufgemacht. Mit Essen aus einer ganz entfernten Ecke Japans. Mit Spielen NUR in den Räumen. Schlafen? Welches Kind kann schon richtig schlafen, ohne richtig gespielt zu haben. Die Eltern machten mit: alle Oberflächen der Gebäude wurden abgewaschen, immer und immer wieder. Der gesamte große Spielhof wurde mit Sonnenblumen – die Radioaktivität aus dem Boden ziehen sollten – bepflanzt; es gab und gibt ja die ausgefallensten Maßnahmen zur Reduzierung von Cäsium; Sonnenblumen zu pflanzen war die hübscheste von ihnen: wenn auch total wirkungslos wie gegen Herbst verschämt berichtet werden musste. Und dann, gegen Ende des Sommers, wurde endlich auch hier der Boden ausgetauscht, so dass die Kinder gegenwärtig vormittags und noch mal nach dem Essen für jeweils eine knappe Stunde draußen spielen dürfen. Sie ziehen sich nach dem Spielen um und waschen sich dabei gründlich.

Müssen also jeden Tag drei Garnituren Klamotten mitbringen, die Mütter müssen waschen wie nie und die armen Kindergärtnerinnen müssen arbeiten, arbeiten, arbeiten. Sind wunderbar stark wie die japanischen Frauen immer sind, sobald's um Kinder geht: aber ereichen allmählich doch das Ende ihrer Kräfte. Mit Marikos Hilfe taten anthroposophische Ärztinnen und Helferinnen aus Tokyo – von so vielen Seiten kam Beistand auch nach Iwaki – denen etwas sehr Gutes. Sie verabreichten den Kindergärtnerinnen herrlich entspannende und die Lebensgeister anfachende Ölmassagen! Wunderbar belebend sind diese Massagen; Mariko gab mir zu Haus später auch welche und ich schlief danach warm und weich eingehüllt wie ein Baby. „Ein Riesenbaby!" sagte die beste Ehefrau von allen und fotografierte mich, zehn Jahre verjüngt – leider nur für ein paar Stunden, bis das müde, alte Gesicht wieder da war.

Es wird mit besonderem Öl massiert: die Firma Wala stiftete eine große Menge „Pflegeöl Moor Lavendel". Für zarte Naive ist dies ein unschuldigwohlriechendes Produkt des Hauses, welches unter dem Namen des Gründers Dr. Hauschka halb Hollywood verschönt – für die Eingeweihten ist der Namenszusatz „Moor" entscheidend. Durch ein besonderes Verfahren würden in den Torfmooren eingeschlossene Lebensgeister freigesetzt und schützten so den Menschen vor allerlei schädlichen Einflüssen ... ist der Gedanke und das nicht nur in Form von Ölen, nein, Margarete machte uns auch mit Herrn Böhlefeld bekannt, dem es mit seinen Mitarbeitern von „Wandil" als Erstem gelang, die heilenden Kräfte des Wollgrases – aus dem Torf zu Fäden ausgesponnen – und damit am Körper tragbar zu machen! Ob und wieviel dies schützt? Man wird sehen. Wer heilt, hat Recht! Die Ölmassagen jedenfalls sind einfach wunderbar. Und die gestrickten Torfmützen tragen sich sehr gut! Zuerst dachte ich: Das kann doch nicht wahr sein! Aber, man versucht es eben.

Auch ein Puppenspiel wurde aufgeführt; die Kinder waren gebannt. Mir kamen die Tränen in die Augen wie ich die simple Geschichte von Gefahr und Rettung und Neubeginn im Zwergental miterlebte, die da zu Marikos Leierbegleitung aufgeführt wurde. Der Schreck sitzt tief, immer wieder stößt man unvermutet auf eine Ader von Trauer oder Angst, wenn man irgendwo bohrt oder durch irgendetwas in das Bergwerk der Erinnerung mit seinen geheimnisvollen Gängen geführt wird.

So ein simples Puppentheater! Eine wirksame Hilfe für die so notwendige Enttraumatisierung der Kinder, fühlte ich. Wie viel Angst in jedem der Kleinen stecken muss! Die Angst der Mütter nämlich ist riesengroß. Der Monitor zeigt konstant unter 0,1 Mikrosievert pro Stunde an, nicht mehr als in Hamburg, laut Maria Gresz, aber das ist den Müttern nicht gut genug. Sie wollen zurück auf den Wert vor dem Beben: 0,04 Mikrosievert pro Stunde betrug die natürliche Radioaktivität hier. Ohne das irgendjemand auch nur das Geringste darüber gewusst hätte, natürlich. Aber die Mütter wollen dahin zurück, wollen zurück ins Paradies. Das hässliche Wort Regression kommt mir in den Sinn. Sie üben Druck auf Seiko-sensei aus – aber die kann doch nicht hexen!

Würden sie ihre Unzufriedenheit doch nur auf die Schuldigen richten: wie schnell sähe alles hier anders aus!

Aber zurück zum Interview; ich schweife ständig ab: ob das eventuell auch eine Folge der Verstrahlung ist? Ein Arzt war zur Stelle und erklärte mit penetranter Ruhe, die auch nicht durchs häufigste Nachfragen aus dem Gleichgewicht gebracht werden konnte seine Aufgabe wie er sie sieht: den Müttern unnötige Angst zu nehmen. Die kommen zu ihm und wollen wissen, ob das Bauchweh, das Nasenbluten, der Durchfall, die Hautreizung und die Appetitlosigkeit nicht Symptome von Verstrahlung sind. „Was soll ich ihnen sagen? Ich muss versuchen sie zu beruhigen. Die Wissenschaft weiß einfach nicht, was für Auswirkungen gering erhöhte Strahlenbelastung auf die Dauer hat. Damit muss ich leben und kann nur versuchen den jungen Müttern ihren eigenen eigentlichen Standpunkt bewusst werden zu lassen." „Kann ich die Situation akzeptieren oder nicht?" sei die entscheidende Frage. Aus deren Beantwortung Konsequenzen gezogen werden sollten ... Ein praktischer Arzt mit vielerlei Aufgaben, er kam direkt aus einer ambulanten Sprechstunde in einer Notsiedlung – da sind seine Patienten überwiegend alte Menschen, die auf andere Weise Trost und Rat brauchen – als interessantes Gegenüber zum Interview. Er blieb fest, so sehr ihn der bohrend fragende deutsche Journalist auf die Probe stellte – und war zuletzt überzeugend! „Mehr Seelsorger als Arzt!" beschrieb Stefan Klein ihn in summa sehr zutreffend.

Auch eine von der Präfektur Fukushima angeheuerte Psychologin aus Yokohama, die seit Herbst hierher kommt, um Trauma-Bewältigung zu ermöglichen bzw. gefährdete Kinder zu identifizieren, sagte etwas sehr Ähnliches. Die Mütter sind der Schlüssel zum Seelenfrieden der kleinen Kinder; die Kleinen nehmen die Welt durch die Gefühle der Mütter wahr. Sind die Mütter stark, wie die des kleinen Atsuto, ist viel gewonnen. Also ist hier die eigentliche Frage für die Mütter: „Habe ich im tiefsten Innern furchtbare Angst oder nicht?" Und „Können wir hier bleiben?" heißt dann eigentlich: „Bin ICH stark genug, meinen Kindern Mut zu geben oder möchte ICH weglaufen?" Das ist der Punkt, wo jede Mutter gezwungen ist Verantwortung zu übernehmen; DAS ist die große Änderung, in der inneren, der Persönlichkeitsstruktur einer ganzen Generation, glaube ich. Ich hoffe auf die Mütter ... die lernen selbst zu entscheiden.

24 In Fetzen

In unserem eigenen Garten? In unserer eigenen Persönlichkeitsstruktur – was hat sich da getan seit letztem Frühling? Nicht sehr viel, leider. Mariko und ich hatten so auf einen neuen Anfang gewartet; wo die Angst groß ist – ist auch die Hoffnung groß: aber nichts geschah. Wir litten unter der eigenen Untätigkeit. Der Garten wurde grüner und wucherte bald wie selten ... „die Strahlung!" lasse die Pflanzen dieses Jahr besonders gut wachsen, wurde überall gesagt; erst nach Ende des Gartenjahrs fand Mariko den Mut auch hier einzugreifen. Sie hatte von Anthro-Freundinnen biodynamische Präparate nach Maria Thun bekommen, die sie in einem Holzzuber aus vollem Herzen und ganzer Seele vorgeschrieben rhythmisch anrührte – wie es da rundging! – um daraufhin mit einem Wedel aus Palmgras durch den Garten rund ums Haus zu gehen, immer wieder eintunkend und mit raschen Schwüngen austeilend über all die Beete und Wildnisse ihres so heiß geliebten Grünzeugs. Alles was wächst, liebt sie gleichermaßen, Unkraut gibt es für sie eigentlich gar nicht. Wieviel Pflanzen sie kennt, ist unglaublich! Diese Dynamisierung hat sie schon dreimal gemacht jeweils kurz nach Vollmond und sieht inzwischen gute Erfolge! Alles kommt sehr gut dies neue Jahr ... meint sie. Und ich finde auch – man kann das direkt sehen! Ob es nun an den Präparaten aus den vergraben gewesenen Kuhhörnern liegt oder einfach an ihrem grünen Daumen: etwas wirkt! Und die Präparate sind ja tausendfach erprobt – warum sollten sie uns nicht helfen? Marikos Garten lebt jedenfalls, auch wenn wir vorerst kein Gemüse mehr anbauen.

Wir erlebten einen blutroten Vollmond Ende Mai; ich sehe ihn noch direkt über unserer Strasse zum Meer stehen! „Rot scheint der Mond auf die Verwüstung – sechshundert Kilometer schaut er an ..." schrieb ich auf und fand Gott sei Dank meine Stimme wieder. Kraft zur Tätigkeit fand ich nicht. Mariko eher als ich – aber auch sie zu überwältigt, um viel tun zu können. Wir waren so deprimiert nach unserem ersten Ausflug ans Meer. Furchtbar zu sehen wie da alles kaputt war, alles in Fetzen, alles krank. Natürlich waren wir uns bewusst, noch relativ gut davongekommen zu sein; aber was half das schon gegen die akute Gewissheit – wir hatten's ja vor Augen! – dass alles in Fetzen geflogen war und wir zwar zurück in unserem Haus waren, aber doch nicht viel mehr als Leichen auf Urlaub? Jeden Moment konnte die Erde wieder katastrophal beben, jeden Moment konnte es die Explosion in dreiunddreißig Kilometer Entfernung geben, die wir unter Umständen sogar hier hören würden (die Explosion vom zwölften März war vierzig Kilometer weit hörbar) und saßen also im Grunde das ganze Jahr auf den gepackten Koffern um innerhalb von Minuten verschwinden zu können. Schlechtestenfalls innerhalb von Stunden. Wir aktivierten Leons Handy für den Notfall und machten aus: wir würden im Notfall versuchen über Koriyama und Niigata ans japanische Meer zu fliehen, um von dort nach Osaka zu gelangen – weit weg von Tokyo auf jeden Fall. Falls wir getrennt fahren müssten, würden wir uns an einer Raststelle vor Niigata

versuchen zu treffen, nicht vorher ... auf jeden Fall 200 Kilometer Entfernung gewinnen!
Mariko hat ein gültiges Ticket nach Frankfurt; mir als Deutschem würde das Konsulat sicher helfen. So unser Notplan. Wahnsinn? Viele Familien haben solche Verabredungen, höre ich immer wieder. „Wir leben eben auf einem Vulkan!" sagte ich Johannes Kerner. So fühlten wir uns, so fühlen wir uns im Grunde noch – es hat sich nichts Grundsätzliches geändert seit dem Sommer! Details, schon. Je länger Dai-ichi ruhig bleibt, desto größer sind die Aussichten auf einen guten Ausgang denkt man im Innern – und die Wissenschaftler geben diesem Gefühl in ihrer Mehrzahl recht. Hoffen wir also etwas kräftiger! Mutiger! Überall in Iwaki gab es seit dem Sommer schon Solidaritätsveranstaltungen, es kamen Künstler, es kam Musik, es kamen Freiwillige um aufzuräumen.
In Hisanohama sprühten sie Blumenmotive auf die vereinzelt stehengebliebenen Trümmer des ehemaligen Ortskerns, auf ausgebrannte Autowracks und verbeulte Briefkästen. Love and Peace: ist das lächerlich? Lasst tausend Blumen blühen: ist das idiotisch? Tatsächlich war dies ein kleiner Lichtblick im Grauen der Zerstörung. Unfassbares kann man nicht verstehen, das Auge gleitet ab an so vielen verbogenen – verlogenen! – und zerrissenen, zerbrochenen und zerfetzten Linien, Flächen, Räumen und erkennt augenblicklich – so sind wir Menschen eben als MENSCHEN – die verlorenen Leben, die abgebrochenen Biografien, die vernichteten Träume, die hier einmal ein Dorf ausmachten. Man brauchte nicht viel Phantasie und keine übersinnliche Erkenntnisfähigkeiten, um das zu sehen: man konnte vielerorts direkt in die Schlafzimmer, die Küchen und die winzigen Badezimmer hineinschauen – Häuserwände waren weggerissen oder hingen an einem Nagel schräg runter, Trennungen sind nicht mehr vorhanden – nicht zusammengehörige Sphären der Existenz brutal wurden zusammengematscht zu einem Brei aus Erde, Holz, Eisen, Plastik, Textil, Papier. Es schmerzt, ein zertrümmertes Auto in der Küche liegen zu sehen oder vermülltes Bettzeug über den Garten ausgebreitet zu finden; es ermüdet unglaublich, alle diese tausendfachen Verluste von Würde und Anstand sehen zu müssen;

Anstrengung und Behagen tausendfach in den Dreck getreten finden zu müssen. Es sind eben nicht nur die Gebäude, deren Trümmer man sieht: es sind die Leben dahinter, deren Verlust man betrauert. Es sind die Schicksale. Da war eine Familie mit kleinen Kindern gewesen: die verdreckten Spielgeräte sind noch in einem Winkel, in den sie die Flut gepresst hatte, deutlich zu sehen ... hier ein stattliches altes Haus als Sitz der Stammfamilie: die schöne Architektur, der goldene Schnitt in den Proportionen der Tatamis und von da ausgehend in sämtlichen Räumen bis aufs Klo ein Hohn unter all dem traurigen Gemetzel – und doch nicht ganz unterzukriegen! Diese Art von Haus hatte auch im Untergang Stil – Contenance, alten Adel eben – was ihren Verlust nur umso schmerzhafter macht. Besonders, weil man weiß durch was sie ersetzt werden: durch die schon im Leben hässlichen, als Kadaver aber schier unerträglichen chimärenhaften Gebilde zwischen Haus und Garage wie sie überall vorherrschen, in Yotsukura genau wie auf dem Schlachtfeld da in Hisanohama. Das Auge versucht Sinn in der Willkürlichkeit solcher Architektur zu finden, „persönlicher Stil" wohl und findet dieses Bemühen hundertfach verhöhnt in der Willkür mit der die Welle zugeschlagen hat – oder verschont hat. Wie kann EIN Haus fast unversehrt stehengeblieben sein, während drumherum alles weggefegt wurde? Warum wurde dort ein Gebäude weggewaschen, wo hier sogar ein Blumenbeet unbeschädigt ist? In dem aber bizarr verformte Eisenteile liegen ... und vielleicht vor Wochen noch ein Leichnam lag.

25 Zerstörungen

Wir fuhren die Strasse am Hafen Yotsukura entlang. Bis dahin war die Zerstörung überschaubar, wir wussten natürlich, dass die Hauptstrasse unter Wasser gestanden hatte, das hatte ich ja am elften sogar selber gesehen, und wussten vom Doktor Hassegawa, dass in seinem Haus das Wasser gestanden hatte und es mit Hilfe von Freiwilligen gesäubert worden war, aber wir hatten den Hafen noch nicht gesehen – die Hauptstrasse zwar auch nicht, wir wollten das

alles auch nicht sehen: mussten aber nun doch diese Fahrt einmal machen.
Fischerboote kreuz und quer, Berge von Müll mit aufmunternden Parolen auf Schilder gemalt: „Wir schaffen das!" „Es lebe Yotsukura!" „Iwaki!" „Fukushima!!" Wie Schmerzensschreie kamen uns diese roten Sätze vor, wie Inkantationen, Versuche zu zaubern. Genauso verzweifelt wie das „Sei's gewesen!!" des Zauberlehrlings und genauso vergeblich. Wir sahen die Berge und fühlten uns besiegt. Denn dies war ja überhaupt nur ein Nebenschauplatz! Ein völlig unwichtiges Detail im Kampf, eine Ablenkung, eine Zersplitterung der Kräfte: 30 Kilometer weiter nördlich ging es doch um alles, nicht hier. Nicht hier!

Verstand das niemand? „Alles das ist vergeblich. Gebt's auf ..." flüsterte die Stimme in meinem Kopf ohne nachzulassen. „Alles das bringt doch sowieso nichts!" Wie konnten die Leute mit ihren kleinen LKWs und ihren winzigen gelben Baggern erwarten, irgendetwas zu erreichen gegen diese Übermacht der Flut: den ganzen Müll des zwanzigsten Jahrhunderts sah ich unflätig vor mir liegen und verzweifelte. Jetzt – acht Monate später sind diese Berge verschwunden! Mir unverständlich, aber es ist Tatsache! Sie sind weggefahren worden – Asche zu Asche auf größere Haufen zweifellos. Solange die „Endlagerstätte Futaba" oder wie immer das heißen wird in seiner Monstrosität von fünf Quadratkilometern Radioaktivität, noch nicht angelegt ist, sicherlich unten und um die Seiten rum hervorragend betoniert, werden immer nur kleinere Berge auf größere Berge gesetzt: und wenn es dann soweit ist? Der Teufel scheißt auf den größten Haufen, sagt der Volksmund. Das Haus von Mayu und Ken; „Under the sea" war das Motto der Einweihungsfete am Wochenende vor dem Elften gewesen ... das Haus stand noch! Wie durch ein Wunder.

War das Motto also ein Abwehrzauber gewesen, eine Botschaft an die Tiefe: „Wir machen das schon mal selber! Vielleicht nicht ganz so gut, aber wir haben's jedenfalls schon mal gemacht, also, nur zur Kenntnisnahme, hier war schon unter dem Meer, ok?" Scheint fast so! Gai ist eben doch eine gute Fee. Wie hatte ich das bezweifeln können? Wandelte das todbringende „Überflutet sollst du sein!" In ein „Wir sind jetzt alle mal selber kurz die böse Welle tralalalalaa ..." Respekt, liebe Gai. Woman of Mystery stelltest Du Dich auf meine ziemlich direkte Selbstansage als „Idiot" vor – Rrrrrespekt!

Der hässlichen Hotelanlage von „Krebsenbad" gleich gegenüber, so heißt sie übersetzt, ist es nicht so gut ergangen. Einige Gäste, die sich wohl sicher wähnten so hoch über dem Meer und den Pool nicht verließen, verloren ihr Leben. Die blühende Anlage ist geschlossen, hoffentlich bleibt sie es. Das kleine Haus auf dem Felsvorsprung direkt vor dem Tunnel, das mal den Schwiegereltern eines „amerikanischen Freundes" gehört hatte, in phantastischer Lage direkt über dem Strand, ist spurlos verschwunden. Treibt vielleicht mit den Millionen Tonnen Abfall aus Tohoku im Nordpazifik Nordamerika entgegen ... wo gerade ein kompletter Fischtrawler aus Tohoku nach einem Jahr „Reise nach Jerusalem" amerikanische Küstennähe erreicht hat.

Durch die Tunnel; der Torii rechts auf dem Felseninselchen steht noch! Linkerhand – der Tempel auch! Adrians Zen-Tempel, in einer Mulde tief unter Straßenhöhe, hat den Tsunami überstanden. Wären wir in der Provinz Aceh in Indonesien und gute Moslems, dieser altehrwürdige Tempel also eine Moschee: Fotos von seinem Überleben gingen um die Welt. Der Allerbarmende hält seine Hand über die Seinen ...

Die Gebäude weiter die Strasse lang sind aber alle ruiniert. Unser Lieblingsrestaurant ... und die ganze Zeile zwischen Strand und Bahndamm. All die kleinen Häuschen mit ihren Zwiebelgärtchen wurden erbarmungslos zerstört – „erbarmungslos" was für ein unpassendes Wort. Obwohl man als Europäer doch schon den Zorn Gottes empfindet, wenn man diese Szene sieht – ist ein Tsunami weder aus der Sicht der Opfer hier noch aus der Sicht der „Verschonten" irgendetwas Göttliches oder Moralisches oder etwas, über das man zu hadern hätte: es ist ein Schlag wie andere im Leben und man übersteht ihn, wenn man Atem hat. Amen.

Shoganai. Nur: mir drängt sich doch noch die Geschichte von der armen Witwe auf und ihrem Lamm, wenn ich mir die armseligen Hüttchen da zwischen Strand mit Nationalstrasse auf der einen und Bahndamm auf der andern Seite in Erinnerung rufe: Nein, kein Reicher wohnte hier.

Ins Dorf, ins ehemalige Hisanohama, fährt man auf einer Nebenstrasse wasserseits, während die N 6 der Bahntrasse folgend etwas weiter vom Meer weg bleibt: Bahnhof Hisanohama und alles in Bahnhofsnähe steht wie eh und je; aber geht man nur ein paar Schritte über die N 6 weg in Richtung Meer, findet man sich jetzt noch, ein Jahr danach, auf einer Einöde. Auf dürrer Heide.

Fundamente sind noch zu sehen, Betonmäuerchen wie die Labyrinthe in Malbüchern von Kindern: folgt man den Linien findet man im Buch vielleicht den Buchstaben „W" oder einen Apfelbaum, hier in Hisanohama aber wie an der ganzen Küste auf und ab immer nur das gleiche Alphabet von Küche, Wohn-, Schlaf- und noch 'nem Zimmer, Toilette, zwei, drei winzigen Fluren und einem kaum größeren Badezimmer. Die Dämonen der Zerstörung, wie alle Bruten Analphabeten, können diese Buchstabenfolge jetzt aus dem Effeff. Als wir zum ersten Mal langsam durch die Strassen fuhren und uns das Herz tiefer und tiefer sank, die Lippen sich zusammenpressten vor Schmerz, war diese Wüste noch ein Dschungel mit einer Lichtung – Brandrodung? – von verkohlten Balken, ausgebrannten Autos. Leere. Abwesenheit allen Sinns und damit allen Trostes.

Ein Brand im schwarzem Wasser des schneller als ein Panther hetzenden Unheils? Wie kann das nur sein, fragte ich mich, als ich dies sah. Im TV sah man's an anderen Orten, in der gleiche Flutwelle: ein forttreibendes Haus geht plötzlich in Flammen auf! Wie kann das sein? Oder ein noch größeres Rätsel: Hunderte überflutete, ehemals sauber in Reihe geparkte Autokarkassen im Hafen von Hitachi, ausgebrannt das eine wie das andere Wrack. Mercedes hat da sein Importzentrum – ob das nun Benzen sind, die nach der langen Reise weg von den Zündlern in Berlin nun hier das gleiche en masse erlebten oder irgendwelche anderen Wagen, war nicht mehr zu erkennen: wie konnten die so säuberlich aufgereihten Autos in Flammen

aufgehen und ausbrennen? Feuer? OK. Wasser? OK. Beides gleichzeitig? Wenigstens kam dort niemand zu Schaden.
In Hisanohama dagegen folgte der Tod von dreiundsechzig Menschen einem schlimmeren Szenario. Eins bedingte das noch schlimmere Andere. Auf der Geschäftsstrasse brach, durch das Erdbeben verursacht, ein Brand aus; das Feuer griff um sich ... die Feuerwehr, alarmiert, würde jeden Moment kommen ... vielleicht versuchten die Bewohner, irgendwelches Zeugs zu retten oder selber Brände zu löschen ... die Nachbarn halfen oder versuchten ihre eigenen Häuser zu schützen, alles lag doch durcheinander, Türen klemmten, Wege waren blockiert, es herrschte Verwirrung, die Flammen prasselten lauter und lauter, es muss die widerstrebendsten Auffassungen gegeben haben, was zu tun sei: die Leute waren sich bewusst, müssen sich der Tsunami-Warnung bewusst gewesen sein, und also schrieen Einige „Wir müssen weg, so schnell wie möglich weg hier!!" und liefen vielleicht zu ihrem Glück auch, kriegten böse Blicke oder auch verzweifelte hinterhergeschickt, in der offensichtlichen Not wegzulaufen vor einer hypothetischen? Während die Mutigen, die Pflichtbewussten blieben und ein paar Minuten später überrollt und weggefegt wurden.

Ihre Schreie ereichten die Lebenden sicher noch ... es muss furchtbar gewesen sein. Wir fuhren durch die trümmergesäumten Strassen und hielten einige Male an, ich hatte meine Kamera dabei und machte mit schlechtem Gewissen ein paar Fotos: man will doch „gute" Fotos machen, wenn man die Kamera in die Hand nimmt, das heißt also, man wünscht sich möglichst Aufregendes, um dramatische Bilder zu bekommen. Oder macht sich sogar selber welche! Die russischen Soldaten auf dem Reichstag, die Marines auf Iwo Jima, der sterbende Soldat im spanischen Bürgerkrieg, das alles sind gefälschte Szenen, weil die Fotografen nicht genug Drama fanden: sollte ich etwa auch so was machen? Verstohlen schoss ich ein paar Bilder, voll Scham über unser Überleben. Mariko stieg gar nicht erst aus, nein, nein.

26 Eine Perle

Weiter; durch die zwei sich schnell folgenden Tunnel, die irgendwie immer das Nordende unserer Aktivitäten gebildet hatten! Iwaki endet hier und man betrat schon immer ein seltsames Zwischenreich, sobald man diese Tunnel durchfahren hatte; fuhr auf einer langen, nichtssagenden Strecke Strasse durch eine Grauzone. Atomkraftwerke abseits der Strasse im Wald lauernd, lange nichts und erst Stunden Fahrt später die Metropole des Nordens: Sendai. Partnerstadt Hamburgs, was nicht unpassend erscheint! Was es aber für uns gab in dieser Grauzone, war unser „Onsen" im Tenji Misaki Park bei Dai-ni und es gab das liebe Dörfchen, den Weiler Suetsugi mit dem kleinsten Bahnhof und dem unverdorbensten Ensemble von alten Bauernhäusern und mit seltenem Gefühl für Maß und Harmonie angelegten neuen Gebäuden weit und breit. Entlang einer Flussmündung ist diese Perle gewachsen. Wir hatten da vor vier Jahren ein Zwiebelfeld und die Hoffnung, irgendwo im Ort einmal ein Häuschen für uns selber zu finden. Die alten Leute Endo waren unsere Verpächter; Geld wollte zwar niemand haben und wir erstatteten unseren Dank mit was Süßem wie üblich. Als der alte Mann dann unsere magere vollbiologische Ernte sah – unser Ackerbau hatte monatelang die Nachbarn erheitert – schüttelte er nur lachend den Kopf und gab uns eine Tasche seiner eigenen fast kohlkopfgroßen Produkte mit auf den Weg. „Düngen müsst ihr ...!"
Jetzt sahen wir entlang des Flüsschens völlige Verwüstung. Endos prachtvolles Bauernhaus mit seinen vierzig Zentimeter starken Querbalken hing schief und geschlagen auf seinen ehemals wuchtigen Ständern, nur noch zum Abbruch gut; die Scheune weggewaschen, überall Müll. Die alte Frau war ertrunken. Wir glaubten, den alten Mann aus der Entfernung zu sehen, aber getrauten uns nicht ihn anzusprechen. Was hätten wir ihm auch sagen können? Oder hätten wir's doch versuchen sollen – wir waren doch selber so traurig über alles, was wir sehen mussten, dass wir keine Reserven hatten jemanden zu trösten. Alles verloren hat dieser freundliche Mann mit seinen dicken Zwiebeln und dem verschmitzten Lachen!

27 Das Ende der Welt

Weiter fuhren wir – wir waren auf dem Weg an das Ende der Welt, an die Barriere am Ende der Welt. Da stehen Polizisten mit Masken und Stöcken und fragen jeden Ankommenden: Was willst du hier? Wo ist deine Legitimation? Sie tragen schwarze Uniformen und sind umgeben von rot blinkenden Lichtern auf Stahlgerüsten, Betonklötzen und grauen Bussen; in den Rhythmen des Erschreckens blinkend. Sie stehen rund um die Uhr, ohne zu ermüden: und nicht nur hier. Alle Strassen in die Todeszone sind wie diese bewacht. Wie der Engel mit dem Flammenschwert steht diese Macht breitbeinig und seiner selbst sicher vor einem verlorenen Paradies, steht 20 Kilometer vor dem brennenden Dornbusch, aus dem die Stimme ertönt: „Du sollst keine Götter haben die Du nicht verstehst." Und steht am Eingang zur Hölle: „Wer hier eintritt – lasse alle Hoffnung fahren."
Ebenso dick uniformiertes und eingemummtes Wachpersonal in Blau bildet eine Vorhut – sie schätzen die Ankommenden mit einem Blick ab, bevor sie die Einen durchlassen, hin zur zweiten Stufe der Initiation oder aber Leute wie uns im scharfen Bogen, gar nicht anhalten, sondern gleich zurück, um die Fahrbahnteilung herum zurückfahren lassen. Die N 6 ist hier sehr breit angelegt; links ging es mal zur Autobahn – bis letztes Jahr war hier die letzte Ausfahrt der sich von Tokyo langsam vorschiebenden Autobahn in den Norden, nach Sendai – früher. Jetzt geht es links nirgendwohin ... doch rechts zum J-Village, dem groß angelegten Fußball-Trainingslager der japanischen Nationalmannschaft, dessen elegantes Dach man hoch über die Straßenbäume ragen sieht. Zur Einweihung damals kam extra der Kaiser hierher, eine Plakette erinnert daran: jetzt würde er wohl kaum noch kommen. Er fuhr durch Yotsukura! Wir hörten die Hubschrauber fröhlich über ihm knattern, während wir bei einer Tasse Tee mit Freunden saßen; inzwischen hat Hubschraubergeräusch für uns eine andere Bedeutung, ich kann die amerikanische Hysterie der „Black Helicopters" auf meine Weise verstehen! J-Village ... mit einem Shinto-Schrein im Obergeschoss, in dem als „Gott" ein fetter Fußball, schwarz-weiß, das WM Modell 2002, hässlich genug inthronisiert, prangt: ich wollte's nicht glauben, als

ich's vor der WM 2002 sah! Leider führten meine amateurhaften Versuche, dieses Wunder der Religion dem „Kicker" und anderen Sportzeitschriften weltweit als story am Rande der Weltmeisterschaft zu verkaufen zu nichts. Vielleicht lag's auch daran, dass die argentinische Nationalmannschaft, die dort einquartiert war, sehr unrühmlich in der Vorrunde ausschied ... und wir in Iwaki unsanft aus unserem Argentinientaumel geweckt wurden: all die kleinen blau-weißen Flaggen, die Spanischkurse „Bienvenidos en Iwaki!", all die Vorfreude? Der schwarz-weiße Fußballgott schwieg. Wie er sich wohl zur neuen Einquartierung stellt? Na, der Ball ist rund. Sieht die Leute kommen und gehen. Ob's nun hoffnungsvolle Nachwuchsspieler sind oder zermürbte Atomarbeiter am Ende ihrer Kräfte: über all diesem thront er unberührt hinter Glas. Die Kugel des Glücks rollt, wohin sie will, Fortuna ist unbestechlich in ihrer Käuflichkeit: lächelt, winkt einladend dem Meistbietenden. Schweigend fuhren wir heim, wie erfroren, wie vernichtet von der Düsternis dieses dreifachen Unglücks. Dem Gefühl der unsagbaren Hoffnungslosigkeit. Wie soll das je wieder in Ordnung kommen? Erst langsam tauten wir wieder auf; es geht eben irgendwie weiter, immer geht es weiter, und was sollten wir uns überhaupt beklagen? Wir haben so viel Glück gehabt in diesem Unglück.

Nach dieser schlimmen ersten Fahrt waren wir noch dreimal dort oben in den Zerstörungen, einmal mit Gesa und zweimal mit TV-Leuten. Jedes Mal gab es etwas weniger zu betrauern, bis jetzt ein Jahr danach wirklich fast nur noch Fundamente übrig sind. Der Müll ist weg. Die Barriere aber ist so undurchdringlich wie zuvor. Die ehemaligen Bewohner der „Zone" durften einige Male per Bus, durch weiße Schutzanzüge in Marsmenschen verwandelt, für jeweils eine halbe Stunde in ihre ehemaligen Häuser zurück. EINE Plastiktüte durften sie dort füllen, mit was auch immer. Sparbüchern, Wertsachen, Plüschtieren, Fotos. Ähnlichen Mischungen wie wir sie bei unserer Flucht in die Rucksäcke gestopft hatten! Bei einem zweiten Besuch durften auch die damals stehen gelassenen Autos mitgenommen werden; innen verschimmelt waren die nach einem halben Jahr japanischem Sommer, sagte unser Freund Sasaki, natürlich die

Batterien tot, und so verstrahlt – in Sanaes Fall, ihr Heimatort Namie liegt eben ungünstig, genau in der „roten" Schneise, wie eine Kerzenflamme sieht das in den Illustrationen immer aus – dass der gute Toyota nicht mehr zu benutzen war. Wohin er „entsorgt" wurde? Ich habe nicht gefragt. Es gibt sicher offizielle Wege, man könnte sie sogar eine Strecke lang verfolgen. Bis zu einem Punkt; wie das so ist. Plötzlich verliert sich's dann im Ungewissen und man weiß aus Erfahrung, dass das nichts Gutes heißt. „Shoganai!" Es gibt eben für so Vieles keine Lösung. Vielleicht steht die Karre ja auf dem Parkplatz vor Dai-ichi! Da gehörte sie jedenfalls hin. Japanische Reporter wurden einige Male eingelassen, zweimal bis aufs Werksgelände. Im Februar durften sie sogar aussteigen und südlich von Block vier, wo es ungefährlich ist, nichtssagende Kommentare abgeben. Die IIEA mit ihrem japanischen Vorsitzenden Amano war neulich vor Ort, der Präsident von Tepco selber bemühte sich am Jahrestag in die Nähe des Werkes – nicht weiter. Kritische Berichterstatter sind nach wie vor unerwünscht – wozu auch, wo doch die Lage unter Kontrolle ist. Wie im Dezember erklärt wurde. Aus welchen Gründen auch immer. Jedenfalls aus Gründen, die nichts mit der Realität zu tun haben.

28 Zum Leuchtturm

Auch nach Süden zu standen noch Fahrten an: am schönen, ehemals weißen Strand „Shinmaiko" entlang zum Leuchtturm und weiter nach Onahama. „Shinmaiko": kleine Restaurants, Rameesh aus Nepal hatte da sein gutgehendes indisches Restaurant „Mayuur", im gleichen Gebäude gab's das „Pasta Tei" mit italienischer Küche vor griechischer Wanddekoration, es gab etwas weiter die Jugendherberge, die 1984 mein Ziel gewesen war, gegenüber das Café „Zum Schutzwäldchen": dies alles ist inzwischen abgerissen oder wartet auf den Bagger. Obwohl das Schutzwäldchen, ein schmaler Streifen krüppeliger Kiefern längs des Strands, nach dem das Café benannt worden war, tatsächlich die dahinterliegenden Häuser schützte! Was den direkt am Strand liegenden Restaurants natürlich nicht half.

Immerhin wird jetzt geplant, so einen natürlichen Wall gegen mögliche zukünftige Überschwemmungen auszubauen. Traurig anzusehen, wie viele von den Kiefern nun trocken werden; es blieb zuviel Salz im Boden. Genau wie die eine berühmt gewordene lang und einsam aufragende Kiefer am Meer bei Rikuzentakata vertrocknete – als Symbol des Überlebens wurde die gefeiert. Man hofft dort nur noch auf Leben in der Wurzel. Möchte einen Ableger ziehen wie aus dem verbrannten tausendjährigen Rosenstock am Hildesheimer Dom.

Und es gibt das „Bourbon": ein unbeschreibliches Etwas, ein Café, ein Gesamtkunstwerk mit Statuen, Skulpturen, Objekten und Abjektem jeglicher Form und Unform, dermaßen kraus und schräg, dass es sicherlich „Kunst" ist. Der Besitzer und Schöpfer all diesen ungestalten Unfugs ist ein liebenswerter älterer Herr von solch kreativem Schwung, dass er gleich zwei dieser Stätten betreibt: ja, betreibt in der Gegenwartsform! Er ist der Einzige dort, der die Trümmer seiner Künste nicht dem Bagger überlassen hat, sondern rettete, was zu retten war und wohl alsbald DAS Tsunami-Café aufmachen wird. Es liegt zwar noch alles etwas wild, aber na ja, vielleicht gehört das dazu! Bravo jedenfalls! Und eigentlich passt es. Ein Stil von ungeschlachter, bunter Brutalität in ungeheuerlich „danebenen" Werken ist jetzt zweifellos das einzig der Realität Angemessene. Eine nackte, gipsweiße Dame unbestimmbaren Geschlechts und Alters ballt trotzig ihre Fäustchen in Richtung einer übergroßen Kaffeetasse – wem ständen da nicht die Haare zu Berge? Das ist so krude wie banal. Damon Hirst – eat your heart out! Obwohl ich mir was Anderes wünschte. Etwas Besinnlicheres, etwas Heilendes. – Es gab den „künstlichen Strand", ein Millionengrab, zwanzig Millionen Euro allein in der Anlage, ein Bubble-Projekt der Präfektur Fukushima anlässlich eines großen, jedes Jahr in einer anderen Präfektur Japans abgehaltenen Sportwettbewerbs, dessen Instandhaltung Unsummen aus der Kasse unserer Stadt Iwaki verschlang: „not any more ..." wie Inspector Cluseau auch hier nüchtern konstatieren würde. Gut, dass dies Kapitel erledigt ist! Hatte also auch sein Gutes, der Tsunami. (Ich sage das jetzt nicht, weil ich an dem Strand da mal

einen dummen Hechtsprung tat! Sondern weil die ganze Anlage einfach allzu hanebüchen dumm angelegt war.) An einer willkürlich festgelegten Stelle auf halber Länge des zehn Kilometer langen, ehemals wunderschönen weißen Sandstrands – Marikos Mutter stammt von dort und sie hat also sehr schöne Kindheitserinnerungen – wurde auf der Höhe des Booms eine Strandpromenade hingesetzt wie aus einem Flugzeug abgeworfen. Gehwege mit Mosaiken, die Fische und Krebse darstellten und zwölf sternförmige Betonklötze, die mit eingemeißelten Tierkreiszeichen einen Gehweg zu einer Art Aussichtsplattform am Rand des Wassers flankierten. Von den Resten dieser Plattform aus hat man immer noch einen sehr guten Blick auf eine Doppelreihe von Tetrapoden, so heißen die japanischen Trumms von Wellenbrechern, weil sie von einem Mittelpunkt ausstrahlend regelmäßige Vierender sind: obwohl diese hier ein anderer Bautyp sind! Ein Würfel in der Mitte mit je einem Würfel Beton auf die Seitenflächen aufgesetzt, ergibt ein überaus hässliches Objekt, auch wenn es aufgetürmt zu hunderten direkt vor einem aufragt. Alle Küsten Japans sind damit verschandelt – Millionen dieser Monster sind zu nichts nutze außer der Bauindustrie und damit den Politikern die Taschen zu füllen. Bei uns im Hafen Yotsukura ist jetzt eine große Produktionsstätte und das Transportschiff „Shizuka" ist das einzige, was sich im Hafenbecken bewegt. Wie konnte der Archipelago hier überhaupt die Jahrtausende überdauern, ohne dass seine Küsten zubetoniert waren? fragt sich der aufmerksame Leser vielleicht; die Antwort, mein Freund, die Antwort weiß ganz allein der Wind! Beim Tsunami jedenfalls waren sie zu nichts nütze. Woraus man vielerorts den brillanten Schluss gezogen zu haben scheint: es müssen noch viel mehr her!
Die Bagger und die Betonmischer und die Verladekräne arbeiten überall auf Hochtouren. Und die neuesten Gerüchte wollen wissen, dass nun auch bei uns eine Mauer gebaut werden soll. Allerdings „nur" sieben Meter hoch ... da fällt es mir wieder sehr schwer, nicht vor Schmerzen aufzubrüllen und wie ein angestochener Oktopus die schwärzeste, galligste Tinte zu versprühen. Eine sieben Meter hohe Mauer den ganzen schönen Sandstrand lang – den einzigen weit und

breit? Um ein paar Gemüsefelder, es gibt nur einzelne Bauernhäuser, vor einem Tsunami – erwartet kaum vor dem Jahr 2500 nach Christus – zu schützen?! Ay, Mama!

Es hätte ja da am Strand niemand sterben brauchen! Schon jetzt waren im Grunde alle gewarnt und man darf doch darauf hoffen, dass die Warnsysteme in fünfhundert Jahren noch etwas besser sein werden als jetzt: ob aber die aufragenden grauenhaften Mauern überall – ich sehe sie schon vor mir – dann noch stehen werden? Ein bisschen ist dies wie der geniale Plan der Bürger der Stadt Schilda: um Geld für Fenster zu sparen, trugen sie das Licht in Säcken ins neue Rathaus. Versuchten es jedenfalls.

Der Leuchtturm selber steht von weither sichtbar hoch über allem – und ist wieder in Betrieb! „Shiyoyazaki" heißt er und ist auf einer ziemlich spektakulären Felsnase angelegt ein beliebtes Ausflugsziel. Es gibt ein Lied der legendären Sängerin Misora Hibari, eventuell vergleichbar mit Oum Kaltsum in Ägypten (und mit niemandem in Deutschland was Bekanntheit und Länge der Karriere angeht), das angeblich hier entstand. Also werden die Touristen in Bussen angekarrt und drücken auf einen Knopf – woraufhin, o Wunder der Technik, dies Lied ertönt. Irgendetwas von zerzausten Haaren. Gefällt mir persönlich lange nicht so gut wie das „Hafenstrasse Nr. 13". Ob Yves wohl die CD noch hat, die er damals, Ewigkeiten ist das alles her, dort kaufte?

Wieviel Schönes wir doch hier erlebt haben in all den fast 28 langen Jahren. Der Leuchtturm steht, von der Flanke des Felsens ist was abgerutscht, never mind; die Touristen sind auch schon wieder da: gerade jetzt! kommen manche, um uns nicht im Stich zu lassen. Und vielleicht auch wohl, um sich heimlich ein wenig zu gruseln; oder etwa nicht, liebe Reisende aus der Hauptstadt? Der Leuchtturm also steht.

Nicht ganz zufällig waren Mariko und ich Zeuge wie der erste „neue" Lichtblitz als wanderndes, leuchtendes Auge die hereinbrechende Dunkelheit eines wunderbaren Novembertages durchfuhr: Mari tat vor Freude einen ihrer Luftsprünge! Es war in der Zeitung angekündigt worden und wir warteten am Strand von Yotsukura, von wo aus man den Leuchtturm als Tüpfelchen auf dem „i" als Endpunkt des weit ausgeschwungenen Sandstrands sieht, waren fast am Ende unserer Geduld angelangt, als plötzlich der gleißende Strahl in der Entfernung aufblitzte und seine Runde über Land und Meer zog als sei nichts, gar nichts gewesen. So beruhigend. Unwirklich in seiner unbeirrbaren Ruhe! Ein gemaltes Bild dieses Leuchtturms ist alles, was einem älteren Mann, einem entferntem Bekannten unserer Freundin Frau Shiga, von seiner Enkelin bleibt: das kleine Mädchen verschwand mit seiner Mutter in den Fluten und der Großvater trauert mit dem preisgekrönten Bild, erzählte unsere Freundin uns.

Das Örtchen vor dem Leuchtturm aber, Usoisso ist, wie Hisanohama, bis auf das hohe Schulgebäude vollständig von der Landkarte verschwunden. Wir kamen an und wussten nicht, wo wir waren. „Hier?" „Hier" war nichts mehr. Alle Gebäude bis in den Hintergrund der halbkreisförmigen Bucht waren fort, einfach weg, spurlos, als wir dort im Herbst zum ersten Mal durchfuhren. Auch Toyoma, auf der anderen Seite des Leuchtturms, erging es nicht besser wie Ex-Bundespräsident Wulff auf seinem Besuch hier im Oktober selber sah. Onahama dann hatte Glück im Unglück: als gut ausgebauter Seehafen war es vielleicht durch die vielen Buhnen und Piers etwas geschützt, so dass hier keins der festgemachten, großen Schiffe aufs Land gesetzt wurde. Kohle, Stückgut aller Art und Bauholz wird hauptsächlich eingeführt. Die Boote des anliegenden Fischereihafens aber wurden kunterbunt durcheinander geworfen! Das neue in ganz Japan und sogar international bekannte Aquarium wurde schwer verwüstet, viel Meeresgetier verendete qualvoll. Wo man sich doch vorstellen könnte, die große Welle hätte auf ihrem Siegeszug alle Gefangenen aus ihren gläsernen Käfigen in die Freiheit mitgenommen; es war nicht so. Alles was da die „waterfront" ausmachte, wurde weggespült, das schöne Promenadendeck mit seinen Bankirai-Planken in alle Winde getragen: ich fand im Sommer ein vielmeterlanges Teil herrenlos halb im Sand von „Shinmaiko" vergraben und gewann mit Schraubenzieher und Brechstange einige schöne Bretter daraus bis ein vorüberziehender Taifun mir einen Strich durch die

Rechnung machte: das gute Holz liegt nun – bis zum nächsten Taifun vielleicht – tief im Sand vergraben ... Bretter, hmmm ...
Hinter Onahama in einer malerischen kleinen Bucht versteckt gab's die „Marina", Hafen für die wenigen Segelboote die es nördlich von Tokyo überhaupt gibt, ich habe nie verstanden warum die Japaner die Berge lieben, auch den Fisch auf dem Teller, aber nicht das Meer: bis jetzt! Jetzt beginne ich zu verstehen. Ausserdem ist es vielleicht auch wirklich deprimierend lediglich die betonierte Küste etwas rauf - und runtersegeln zu können bevor man wieder heimkehrt ... denn Hawaii oder die Midway Inseln als nächste Anlaufstellen sind doch für die meisten Segler etwas zu weit weg! Und auch für den „Ballon-Onkel", einen Verrückten der tatsächlich in den achtziger Jahren an einer Traube Heliumballons von hier in Richtung Amerika gestartet ist – war Amerika zu weit. Er verschwand spurlos. Genau wie die Boote der Marina. Wie die Marina selbst schon nicht mehr existiert und in ein paar Jahrzehnten nicht spurlos fort – aber doch komplett vergessen sein wird.

29 Ein Schiffbruch

Nicht zu weit für die stolze „Freydis II", glaubten bis zum elften März die Eigner Ehepaar Heide und Erich Wilts. Weltumsegler, lebende Legende in deutschen Seglerkreisen wollten sie ihre „Freydis" hier überwintern lassen um im Frühjahr einen neuen grossen Törn Richtung Alaska zu beginnen. Die „Freydis", eine Spezialanfertigung in Ferrari-rot für extreme Verhältnisse, besonders für das Eis der Antarktis, mit extrastarkem Stahlrumpf, wurde vom Tsunami mit allen anderen Boote aus der Marina fortgetragen wie ein Spielzeug aus der Badewanne wenn darin die Seeschlacht von Salamis tobt; nur um von der Laune des Windes und der Strömung wieder in der Nähe angespült zu werden. Was für eine Ironie des Schicksals! Fast gerettet – und doch ruiniert.
Ich sah die „Freydis" zum ersten Mal auf den Felsen diesseits Onahama desolat aufliegen. Nach 228.000 Seemeilen durch alle sieben Meere, einer Überwinterung im Eis nahe des Antarktischen Konti-

nents, großen Plänen für die nächste Reise hier also: das Ende. Imai-san war's, ein alter Freund und wirklicher Enthusiast, ein Sailor mit Unterarmen wie Popeye und genauso goldenem Herzen, der mich plötzlich besuchte: „Jürgen, das ist eine Sache. – Kennst Du die Freydis?!" --- „Nee ..." -- „Ach?" - „Nein!"

Er war voll entbrannt: Wir müssen die Freydis retten ... war bereits von Amt zu Hafenamt gelaufen: wie kriegen wir das überschwere Boot von den Felsen? Und das war nicht mal die schwierigste Frage. Erst mussten die Besitzverhältnisse geklärt werden und mussten Versicherungen und Zuständigkeiten und weiss der Kuckuck was geklärt werden. Es drehte sich letzten Endes um Geld; viel Geld würde die Bergung kosten, und was dann? Was sollte aus dem Wrack werden? Ein Symbol für die 150 Jahre während deutsch-japanische Freundschaft, die dies Jahr gefeiert wird! war gleich meine Idee. So wurde ich Mitglied einer Verschwörung, wenn man so will; prosaischer gesagt lieferte ich einige Ideen die alle nicht weit führten und stellte einen Kontakt zu den überraschten Eheleuten Wilts her --- was alles mit vielen Treffen in Ämtern und Cafés verbunden war zu denen mich Imai-san mitschleppte, und langen Stunden am PC. Die deutsche Botschaft reagierte gar nicht erst auf meine Eingaben, total überlastet wie sie wohl war, ebensowenig wie deutsche Medien die ich zu interessieren versuchte. Imai-san aber war unermüdlich und fand zu seinem Glück – oder Pech – den bulldozerhaften Mister K. der die Sache in die (eigene) Hand nahm und nach vier oder fünf Monaten tatsächlich Erfolg aufweisen konnte. Die rote Freydis, ehemals ein Traum von Freiheit und Abenteuer vor den weißblauen Eisbergen des Südpolarmeeres wurde in haarsträubend gefährlicher Arbeit halb unter, halb über Wasser am Fuß des Kliffs zerschnitten und dann in zwei größeren und mehreren kleinen Stücken sieben Meter hoch auf – einen Parkplatz gehievt wo wir ihre verschlammten Reste besahen und nichts machen konnten als weiter auf einen würdigen letzten Platz für diese Wikingerbraut zu hoffen. Sie liegt zur Zeit, grob gereinigt, an einer Schule ohne Meeresblick und erwartet ihr Schicksal. Was ich eigentlich erhofft hatte, nachdem „Gestrandete Yacht" den Leuten von der Botschaft als Symbol für 150 Jahre

Freundschaft doch anscheinend zu anrüchig war: die „Freydis" als ein Kunstwerk des Feuerwerkers und weltbekannten Künstlers Cai Guo Qiang auferstehen zu lassen – läuft wohl auch nicht.
Der chinesische Künstler mit Wohnsitz in New York begann seinen kometenhaften Aufstieg nämlich hier in Iwaki! Ausgerechnet hier.
Hier begann er mit Schiesspulver auf Papier zu experimentieren. Das streute er mit kreativem Schwung aus oder liess es durch seine genialen Finge laufen bis der richtige Moment erreicht war: und Streichholz dran! Das enstandene Muster von Schmauchspuren und dem einen oder anderen Loch kriegte einen Namen, manchmal auch nur eine Nummer: und ist heute Hunderttausende Euro wert wenn es nur groß genug ist. Leider war ich zu dumm das vorauszusehen ... und kaufte nur ein kleines; „Arrows No. 7". Aus Solidarität ...
Er wohnte fast ein Jahr in Yotsukura, ein paar hundert Meter von uns, auf einem eigenartigen winzigen Hochplateau mit Meeresblick, einer nur zu Fuss erreichbaren eigenen Welt. Ob er da zu seinen „Zeichen an die Ausserirdischen" inspiriert wurde? Einem meilenlangen Strohseil mit – natürlich – Schwarzpulver als Seele. Dieses Seil wurde von vielen freiwilligen Helfern mit klammen Fingern gedreht, es war die kalte Jahreszeit, wurde auf See geschleppt und angezündet: wohl die erste seiner Feuerwerks-Installationen mit Fortsetzung weltweit, über Taipeh, New York, Wien bis zur Olympiade von Beijing. Er ist wirklich ein großer Künstler mit immer neuen Ideen. Und ein Mensch der seine Anfänge nicht vergisst! Ist den Leuten die ihn anfangs hier förderten noch immer in Freundschaft verbunden. Eins seiner bekanntesten Werke nun ist eine alte Dschunke, lokale Variante, die er hier aus dem Sand bei Onahama grub und als „Traveler" um die Welt schickte. Venedig, Montreal, Washington, Bilbao ... ich weiss gar nicht wo sie jetzt ist. Wäre es nicht passend als Pendant dazu die weitgereiste „Freydis" hier aufzustellen und zu sagen: „Traveler Returned"? Leider war ich zu spät mit dieser Idee, wie es scheint – so schön sie mir auch heute noch vorkommt. Cai-san hätte nach dem Tsunami nach Wegen gesucht der Stadt Iwaki irgendwie zu helfen sagte sein glücklicher Entdecker, unser alter Freund Chuhei, zu dessen „Iwaki Gallery" mich ein jun-

ges Mädchen an jenem heissen Juniabend im Jahr 1984 an einem unsichtbaren Zügel im Galopp durch das Barviertel der Stadt führte: schade dass nichts aus einem „Traveler II" geworden ist! „Korrekter: „Traveler III" denn es gibt inzwischen schon zwei Vorgänger!"

30 Lügen!

Es kamen viele, um Iwaki zu helfen. Manche kamen auch ihr eigenes Süppchen zu kochen – Mariko beäugte einige grüne, deutsche Politiker mit ziemlichem Misstrauen und die deutschen Medien erst recht: ich dagegen vertrat die Meinung, je mehr kommen und je mehr sie sagen und Aufmerksamkeit erregen desto besser! Ganz egal, was ihre Motive sind; Eigennutz ist überall dabei. Das Wichtigste ist, dass wir nicht vergessen werden! Dass irgendwie Druck auf Japan ausgeübt wird, auf die japanischen Medien, um es ihnen schwerer zu machen, „Fukushima" unter „ferner liefen ..." zu behandeln. Das wird ständig versucht; und Fukushima als bedauerliche Naturkatastrophe dargestellt. Höhere Gewalt!? Damit darf die offizielle Seite einfach nicht durchkommen. Es ist eine Lüge, aber je öfter sie wiederholt wird, desto wahrer wird sie; man braucht heutzutage gar nicht mehr Trotsky aus Fotos wegretuschieren – es genügt völlig, oft genug zu sagen: das ist nicht Trotsky sondern Brotsky! Der außerdem ganz anders aussieht. Ein X für ein U; wieviel Finger sind's denn nun??? Gut, Genosse.

Die öffentliche Meinung wird überall manipuliert; man merkt es im Ausland nur leichter als im eigenen Land. Es war frappierend, zu beobachten wie selbst intelligente Amerikaner auf Bush und seine Bande hereinfielen – nicht Rick! mein demokratischer Freund – und so ist das NHK für mich einfacher zu durchschauen als das ZDF. Obwohl mir auch da oft die Haare zu Berge stehen ... Es ist ja auch wohl keine Absicht im engeren Sinn, ich halte nicht viel von Verschwörungstheorien, es ist wohl folgendermaßen: Die Japaner haben dies ungeheure Bedürfnis nach Harmonie, nach einmütigem Verstehen und Handeln. Diese Harmonie wird eigentlich nicht künstlich aufgestülpt, ihre Herstellung ist das Ergebnis echten Bemühens aller beteiligten Parteien. So auch in diesem Fall. Beteiligte sind vor Allem das Volk, das leidende und profitierende – denn wer verbrauchte keine Elektrizität? und die Industrie, die den Leuten Arbeit gibt. Wer wollte der Industrie allzu strenge Auflagen machen, wenn alles Volk doppelt profitiert? Etwas muss eben gelitten werden für den Fortschritt, das ist klar! „Shoganai". Das ist eine eigentlich nicht unrealistische Position! Im zweiten Schritt dann gehe ich nicht aber mehr mit, im zweiten, der eigentlich der allererste ist: das unausgesprochene Axiom, dass die Parallelen sich im Unendlichen schneiden. Es wird nämlich immer gesagt, wenn Mariko oder ich gegen Atomstrom reden: „Ihr Deutschen kauft ja auch euren Strom von Frankreich!", was ja falsch ist, aber interessant. Es bedeutet: „Du hast gut reden, ihr Deutschen habt Nachbarn, wir aber haben niemanden, der uns unter die Arme greifen würde. Wir sind allein auf unserer kleinen Insel!" DAAA liegt der Hase im Pfeffer, immer wieder kommt man darauf zurück. Die Grundthese ist immer: „Wir sind allein, niemand versteht uns, niemand hilft uns". In Konsequenz: „Wir sind von potentiell feindlichen Mächten umgeben, wir sind bedroht und müssen eben VIEL in Kauf nehmen um Japans Überleben zu sichern." „Mehr als ihr Deutschen!"

Dieser These stimme ich nicht zu. Ich glaube im Gegenteil, dass diese Auffassung des Weltgeschehens mehr Schaden als Nutzen hat und Schaden vor allem für das „Volk". Gegen diesen Holzhammer wird jede Kritik an der Regierungspolitik unmöglich. „Es ist besser so für unser Land": unausgesprochen ist es am Wirksamsten, ist es DAS Argument mit dem Atomkraft hierzulande weiter gefördert wird. IST SCHLECHTER! Sage ich. Sagen die Leute hier in Fukushima jetzt alle. Wir haben es erlebt. Atomkraftwerke sind überall Denkmäler des Wahnsinns und nirgends mehr als auf einem Boden, der mehr Beben hat als ein Straßenköter Flöhe: wenn er sich richtig schüttelt, fliegen wir in hohem Bogen. Japan kann es besser machen ohne diese Einflüsterungen von nationaler Einsamkeit, ohne die Suggestion der Schwäche bei gleichzeitigem Appell an die Liebe zum Vaterland – der mir überall verdächtig vorkommt, nicht nur hier. „Wir sind Japaner!"

Auf deutsch „Wir sind ein Volk"? Wenn ich nur nicht den bösen Verdacht hätte, dass einige von ihnen „japanischer" sind als die andern alle und daraus erheblichen Nutzen ziehen. Auf Kosten der einfachen Leute in den Städten, auf Kosten des flachen Landes. Die Meinung zu Fukushima lag ein paar Tage oder Wochen lang in der Waage, rekonstruiere ich und dann hob sich die Schale mit Herrn Kan drin: die Lage schien nicht mehr ganz so verzweifelt und das Bild konnte wie gehabt fortgezeichnet werden. „Wir haben keine Wahl." Und ist der Rahmen abgesteckt, die Leinwand gespannt: kann einfach niemand mehr so einfach gegen Pinsel und Farbtopf argumentieren. Es erfordert enormen Mut, enorme Selbsterkenntnis, jetzt noch zu sagen „Das Bild ist total schief!" Die Politiker geben den Reportern vor, was „richtig" ist; die Reporter berichten das möglichst wortgetreu: ich habe ein anderes Verständnis von „Presse". Denke wie ein Europäer.

Habe ich Recht? Oder ist Japan wirklich allein und bedroht, mehr als andere Länder? Haben die 128 Millionen Japaner Recht? Wenn ja – hätten dann die 1300 Millionen Chinesen nicht auch recht? Sie empfinden genau das Gleiche – ob mit mehr oder weniger Recht? Wo hört man auf, wenn man so anfangen will zu denken? In der Katastrophe!
Jedenfalls stinkt die Berichterstattung über Fukushima zum Himmel. Und das sagen alle hier! Nicht mehr „Shoganai!" Und es sind auch nicht mehr alle Japaner, waren es im Grunde nie, die Ja und Amen zu Allem sagen. Nur leider fanden die garstigen, kritisch abweichenden Stimmen so gar kein Gehör.
Na, was rege ich mich auf. Will ich das Rad neu erfinden? Oder das „Kommunistische Manifest" noch einmal schreiben ...? Denke ich wirklich, alles besser zu wissen? Die Japaner sind clever genug, ihre eigenen Sachen zu regeln, klar. Und es sind wirklich Viele gegen die inzwischen offizielle Linie des „Es war ein bedauerlicher Unfall" – nur erreicht diese unterschwellige Unzufriedenheit keine kritische Masse. „Kritische Masse" einmal nicht in Reaktorbehältern – das wäre was! „Was geht Dich das an?" stelle ich mir jetzt vor, gefragt zu werden. Was es mich angeht? Ob meine Kinder, meine Enkel eine

Zukunft haben oder nicht, geht mich eine ganze Menge an. Was für eine Zukunft sie haben werden, hängt eben auch davon ab, ob die Betonköppe in den Hinterzimmern Tokyos weiter alles untereinander regeln können, ohne von einer kritischen Öffentlichkeit, noch einer „kritischen Masse", auf die Finger zu kriegen, wenn sie ihre Profite gegen unsere Risiken wägen und die Naoto Kans abserviert werden und die jungen Daiske Yudas zweimal zehn Tage für eine zerbrochene Fensterscheibe festgehalten werden! Na, was rege ich mich auf. Adrian würde das auch sagen ...

31 *Adrian im Frühling*

Adrian! Einer, der wirklich uneigennützig helfen kam. Was für ein Mann! Ein Verrückter, zweifellos. Er kam Ende Mai und blieb zwei Monate. Ohne ihn wäre alles noch viel schwerer für uns gewesen, noch düsterer ... aber er, mit seinem unbeschwert australisch-buddhistischen Lachen vertrieb die Lethargie und die Trauer im Augenblick. Vor sechs Jahren habe ich ihn bei Rick kennen gelernt, er stand eben angekommen am Tresen mit einem kleinen rotkarierten Schlips und sehr aufrechter Haltung: Surfer sind fit! Wir wurden Freunde und sind's seitdem. Mariko liebt ihn – fast so sehr wie mich. Er wohnte damals auch hier in Yotsukura und kam oft schon vor dem Frühstück – nach dem morgendlichen Surfen – ums Haus in die Küche, ich hörte seine Tritte auf den wackelnden Steinplatten: „Aus dem Bett, Schlafmütze!" begrüßte er mich freundlich.
Direkt aus Tasmanien von seinem Sommerjob als Führer durch die Naturschutzgebiete kam er Anfang Juni zu uns, ohne großes Trara. Half Rick, half seinen Surferfreunden, auch dem Dottore, aber vor allem dem Tempel vor Hisanohama. Da hatte er früher Sonntags morgens „gesessen" und die brauchten jetzt Hilfe: alles hatte unter Wasser gestanden, ein Wunder, dass der Tempel überhaupt noch da ist! So schnell verging die Zeit mit ihm; ein paar Tage wohnte er auch bei uns und wir winkten ihm nach wie er auf seinem alten Scooter um die Ecke brauste wie eh und je: minus Surfboard, auch wenn die patentierte Halterung noch dran war. Dass der Scooter noch exis-

tiert! Vielleicht ist das so wie mit seinem Auto, das wir fahren und froh sind an ihn denken zu können egal wie alt die Schleuder ist. Ado-go! Jemand hält also auch den Scooter in Ehren. Schnell wie ein Lächeln vergingen die acht Wochen mit ihm. Er wird wiederkommen, schrieb er zuletzt – wir freuen uns sehr darauf. Gäbe es mehr Menschen wie ihn brauchten wir weder Atomkraftwerke noch Proteste.

Uns aber, vor allem mich! in Bewegung zu setzen, gelang ihm nicht recht. „Sollen wir euren Garten nicht mal anfangen? Eine Schicht Erde abtragen? Come on!" versuchte er's wirklich oft genug: aber er hätte genauso gut eine Schnecke auffordern können mal ihre Krallen zu zeigen. Nichts konnte ich. Mariko ging allein dem wuchernden Gras zu Leibe, allein machte sie sauber: ich hockte rum, nachdem ich meine „Arbeit" erledigt hatte. Zum Glück hatte ich halberlei zu tun ... und konnte mich so zurückziehen auf „Ahhhhh, das war heute wieder anstrengend!", während in Wirklichkeit alles in mir nach wirklicher Arbeit lechzte. Einen Spaten in die Hand zu nehmen, im Garten, im frischen Wind Norddeutschlands, war der Traum jeder trägen halben Stunde dieser Frühsommermonate. Es wurde schwüler und schwüler, das Grün rund ums Haus wucherte und wucherte, bis die jungen Triebe der Bäume von oben und das Gras von unten den Himmel auf ein bloßes Guckloch reduziert hatten wie mir schien ... während ich den Wind in den hohen Eschen und Birken rund ums Haus in der Heimat wehen spürte und das kleine Bächlein, den „namenlosen Wasserlauf dritter Ordnung", plätschern hörte. „Was will ich hier? Wo doch alles verloren ist? Warum quälen wir uns so?" gingen die Gedanken vorwärts und rückwärts ohne Halt zu finden. Nur einmal über unverseuchten Acker zu gehen ... einmal in unverseuchtem Gras zu sitzen ... einmal wieder den Spaten in die Hand nehmen zu können ohne Widerwillen. Den Wind durchs Gesicht zu lassen, ohne überlegen zu müssen, ob der von Dai-ichi her weht.

Das Grünzeugs des Gartens essen zu können, die Blumen in Blüte zu sehen, ohne sie zu bedauern. Die Bienen ... die armen Viecher alle. Was gedieh, waren die Kakerlaken; nach einem späten Start kamen sie immer zahlreicher zum Vorschein und ich musste an den alten Spruch denken, dass sie diejenigen sind, die sogar einen Atomkrieg überleben würden. Und was noch gedieh, waren Schnecken. Wirklich, wir haben noch nie im Entferntesten so viele kleine Schnecken gehabt wie letztes Jahr. Niedliche, kleine, die die Wände völlig schwerelos hochzogen, eine Silberspur hinter sich zurücklassend mit der Eleganz von Segelschiffen auf hoher See. Ein Teeclipper: die „Cutty Sark" bewegungslos in dem Ungeheuren des Ozeans, schräg vor der Brise ... auf dem Weg zu irgendeinem unbekannten fernen Ziel. Täglich pflückte ich ein Dutzend oder mehr von allen möglichen Oberflächen, hauptsächlich im Bad natürlich, und warf sie raus. Erst jetzt verstehe ich die Botschaft! Das Jahr der Schnecke war dies wahrhaftig. Und ich war die Schnecke. Kroch schleimig und geduldig irgendwo entlang ... wohin? Keine Ahnung. Letztes Jahr begriff ich das noch nicht – ist also ein Zeichen für gewisse Fortschritte meinerseits, nicht? Dies Verstehen?

Selbsterkenntnis: der erste Schritt zur Besserung. Tatsächlich brachte der Juli einen ganz neuen Wind in mein Leben – ohne dass es mir anfangs klar war. Ein Windchen, das zunächst kaum ein Blatt kräuseln konnte ... mich aber in eine ganz neue Welt führen sollte: ich reagierte sofort, aber doch zu spät, erst mal auf einen Vorschlag meiner guten Freundin Gesa, mich doch mit einem deutschen Journalisten in Verbindung zu setzen, der einen Begleiter/Dolmetscher in Iwaki suchte. Auf so etwas hatte ich schon wochenlang gehofft! Und wurde enttäuscht – er hatte schon jemand anders gefunden.

32 Hoffnungsfunken: Grimms Märchen

Es entspann sich aber ein netter Briefwechsel und ich konnte ihm, Stefan Klein nämlich, doch ein Gespräch arrangieren. Mit Hilfe von Hassegawa-sensei, des Dottore, der ja alles und jeden hier in Yotsukura kennt, kam ein Treffen mit Fischern zustande, die ihre Boote verloren haben oder auch nicht, weiß ich gar nicht mehr, ist auch unerheblich, da sie auf jeden Fall nicht mehr fischen dürfen. Vor der ganzen Küste hier gibt es auf 200 Kilometer nicht ein Fischerboot mehr. Die ihr Boot verloren haben, sind fast noch besser dran als die andern! Ich traf Stefan Klein mit seiner Dolmetscherin am Bahnhof; sie waren später dran als geplant und ich hatte kaum die Zeit ihn zum Doktor zu bringen. „Auf Wiedersehen!" – und was nur eine Floskel schien wurde tatsächlich Wirklichkeit.

Darüber hinaus hatte ich unerwartet einen Menschen gefunden, der meine Gedichte schätzte! Wahnsinn! Wie ich dazu kam, weiß ich gar nicht mehr; jedenfalls schickte ich ihm ein paar Zeilen, die ich im Mai geschrieben hatte nach Deutschland, vom roten Mond, und er antwortete, ich kann es auswendig, und es kitzelt in der Kehle, wenn ich's mir in Erinnerung rufe: „Wer hat denn dieses beeindruckende Gedicht geschrieben? Und wer hat es so gut übersetzt?" Ich hätte vor Freude – und was weiß ich noch – bis an die Decke springen können! Ich höre in diesen Worten bis heute immer eine Stimme aus einem Märchen der Brüder Grimm. Welches kann ich dabei nicht eindeutig sagen, höre sie aber überdeutlich. Und „Das war der kleine Jürgen!" hätte ich antworten mögen. Ich war ekstatisch. Jemand, und zwar nicht ein Freund oder Bekannter – nie hatte ich jemandem überhaupt etwas gezeigt außer Mariko und den Kindern mal – fand etwas zu loben an meiner Poesie! Ein Fachmann! Es war unglaublich, ich war glücklich, war von DEM Moment an eigentlich ein anderer Mensch. Ein Mensch mit Hoffnung, mit einem Ziel, das er zum ersten Mal irgendwo weit weg in der Ferne, aber doch nicht völlig außer Reichweite zu erkennen glaubt. Dem Ziel: „Ein Buch" veröffentlichen zu können. Irgendwie Menschen zu erreichen mit Gedanken, die ich wichtig finde. Ich schrieb beflügelt und schickte ihm „Signale aus Fukushima"; er lobte sie und was mehr war – er versuchte sein Bestes einen Verleger zu finden! „Ich hätte nicht gedacht, dass es so schwer ist …" musste er zwar vorerst die Waffen strecken und auch ich fand, als ich selbst Initiative ergriff – wie ermutigend das Lob eines guten Mannes ist! – dass es leider außer bestenfalls lauwarmem Lob nichts zu gewinnen gab. Trotzdem war diese Begegnung ein wahrer Segen für mich, denn abgesehen von der Kraft, die sie mir im trüben letzten Sommer schenkte, geht die Story ja weiter bis heute! Eine wahre Geschichte – und doch eins der kleinen Wunder des Lebens. „Wer hat denn dieses ...?" Ja, wer denn wohl ...?

33 Kein Sommerurlaub...

So kam der August; frühe Taifune brachten noch ekelhaftere Luft, als wir ohnehin schon hatten, brachten Regen in unvorstellbaren Mengen. Im fernen Südwesten Japans fielen in drei sintflutartigen Tagen fast zwei Meter Wasser auf den Fleck ... zum Glück ging es bei uns glimpflicher ab. Wir hatten lediglich etwa zwanzig Zentimeter. Nicht viel; für das Meer vor Dai-ichi aber war jeder Tropfen zusätzliches Wasser eine Bedrohung. Es war ja monatelang Seewasser auf die Reaktoren gepumpt worden; das damit radioaktiv gewordene Wasser wurde gereinigt, durch Anlagen drei verschiedener Hersteller gepumpt, die nicht recht kompatibel waren und sowieso gab es Unmengen von hochradioaktivem Wasser in allen Kellern – das auch immer mal wieder ins Meer floss – und es war und ist ein Drahtseilakt, diese hunderttausende Tonnen Giftbrühe nicht überfließen zu lassen. Es wurden provisorische Tanks gebaut, es wurde mit großem Tamtam ein sogenanntes „Giant Float" von Tokyo über Onahama zum Werk geschleppt, ein gigantisches schwimmendes Becken zur Lagerung von etwa 40.000 Tonnen Wasser: ich kratzte mich am Kopf – es gibt genug Öltanker, die mehr als das Zwölffache bunkern! – Was bitte, genau, war so gigantisch an diesem Reklamegag? Jedenfalls waren alle froh, dass die Taifune hier gnädig blieben.

Wir hatten inzwischen einen Link von Chie-san aus Düsseldorf geschickt bekommen und konnten uns Dai-ichi über eine Webcam der Tepco live ansehen, ach, FAST live: die Kamera zeigt die Szene, Block 1, den schönen Block 1 im Vordergrund, mit einer Verzögerung von dreißig Sekunden. Wer nun Böses dabei denkt, ist doch ein Schelm ... Tepco! Die Lachnummer des Jahres war bei allen Konkurrenzprogrammen doch auf jeden Fall „Die Pressekonferenz". Ob Loriot das „von da oben" wohl sehen konnte? Vor Neid erblassend? Anerkennend schmunzelnd? Erzählenswert und am Besten ohne höhnische Kommentare. Also. Tepco gab eine Informationsveranstaltung mit Pressekonferenz speziell für ausländische Journalisten. Leider, leider war kein einziger Journalist erschienen. Ganz unangefochten hielt der Mann am Pult aber seinen kleinen Vortrag; hielt seinen Vortrag, schaute in die Runde – zur Erinnerung: es gab keinen einzigen Journalisten im Raum, das Youtube-Video zeigt die leeren Stuhlreihen überdeutlich – und hob die Stimme zu seinem imaginären Publikum: „Gibt es noch irgendwelche Fragen?" – Noch irgendwelche Fragen? Nur eine: „Wie blöd seid ihr eigentlich?" Aber Gernot Hassknecht hätte die stellen müssen ... Tepco At Its Best. http://www.youtube.com/watch?v=i4RqW0RsSGY&feature=related

Mariko und mir versaute einer der Taifune das Einzige, auf das wir uns wochenlang gefreut hatten: fünf Tage Urlaub. Auf einer kleinen Insel, Mikurajima, eine Nachtfahrt mit der Fähre von Tokyo entfernt. Mikurajima! Ein kreisrundes winziges Inselchen mit 120 Einwohnern und sehr begrenzter Aufnahmekapazität für Touristen – wo wir Übernachtungsmöglichkeiten hatten reservieren können! Delphine gibt es da! Wir würden mit Delphinen schwimmen!! Glaubten wir. Bis der Taifun Nr. 6 von den Philippinen aus so unsäglich langsam nordwärts zog, dass uns fast eine Woche lang jeden Tag die Gesichter länger wurden: bis das Telefon am Vortag der gebuchten Überfahrt klingelte. „Fährbetrieb vorübergehend eingestellt, ohne weitere Kosten für die Kunden; beehren Sie uns bald wieder!" Wie wir uns gefreut hatten, wenigstens für ein paar Tage blaue See um uns zu sehen! Sauberes Wasser, in das wir uns gestürzt hätten, in dem wir uns getummelt hätten ohne einen einzigen Gedanken ... in dem wir vielleicht wirklich Delphine getroffen hätten – einmal im Leben! Nun, es sollte eben nicht sein.

34 Robinsonade am Strand

In den Feiertagen um Obon, dem japanischen Seelenfest, hatten wir so schönes Wetter, dass wir es einfach nicht mehr aushielten ... und uns schließlich auf den Weg zum Strand machten. Das Meer war nicht unschuldig und einladend im letzten Sommer. Es war verpestet von unsichtbaren Gefahren, es hatte erst vor Kurzem Menschen in großer Zahl in den Tod gerissen, es hatte unser Leben zerstört – fast zerstört. Wir sahen nicht gern auf das Wasser im letzten Jahr; wie sollte man es ohne Vorwurf ansehen? Trotzdem der Vorwurf idiotisch war, das wusste man natürlich, war es doch einfach unmöglich, mit Liebe oder mit Sehnsucht auf die Brandung zu schauen wie sonst in der Hitze der Jahreszeit. Mord! dachte man, wenn man die Wellen an den Strand schlagen hörte, wie verführerisch sie immer rauschten, Tod! wenn man auf die bis zum Horizont sich erstreckenden Flächen starrte. Cäsium, Plutonium Strontium – was nicht noch alles glaubte man unter der Oberfläche lauern zu sehen. Becquerel auch hier. Mehr spürbar hier als anderswo, die Bilder – das Leck am Daiichi, aus dem sich rauschend hochradioaktives Wasser ergoss – hatten sich tief eingebrannt. Zu tief, um noch an den kleinen Sprint mit dem Köpper ins Meer denken zu können: lustlos, mürrisch spürte man nur Ekel bei dem Gedanken an das Wasser der See: Resignation, nur schmerzvollen Verzicht. Kein vorfreudiger Gedanke daran, wie es den heißen Körper aufnehmen würde, kühl bis ans Herz hinan, wollte aufkeimen ...Vorsichtig ... tasteten wir uns voran.

Der Gedanke an unseren Lieblingsstrand in Hisanohama kam gar nicht erst auf. Stattdessen bewegten wir uns in die entgegengesetzte Richtung und fuhren ein Stückchen die Küstenstrasse entlang, Shinmaiko, der schöne Sand, linkerhand. Bis zur langen Brücke über den Natsuigawa konnten wir fahren: da endete die Strasse bis auf Weiteres. Wir fuhren das alte Auto, den Ado-go, in die Büsche und erkundeten die Gegend zu Fuß: gingen die paar hundert Schritte, bis wir die Mitte der weiten Flussmündung erreichten. Der Fluss, der Natsuigawa, hat da einen ganz eigenartigen Lauf mit zwei Hauptmündungen, von denen meist eine mit von Bulldozern aufgeschobenen Sandbergen abgedämmt ist. Genau diese also. Vor der künstlichen Düne in Flussmitte lagerten wir und fühlten nach ein paar Minuten schon eine so völlige Einsamkeit wie ich sie in Japan selten erlebt habe und noch nie am Strand. Über uns die sengende Sonne, unter uns der heiße Sand, vor uns nichts als tiefblaues Meer, das in großen Atemzügen mächtig gegen die auf den letzten Metern steil ansteigenden Sandmassen anschlug und hinter uns, in der Ferne, eine

Brücke, die gesperrt war und eine Strasse, auf der infolgedessen kein Auto fuhr. Kein Mensch war zu sehen, kein Zeichen menschlicher Aktivität – nicht ein einziges Schiff auf dem ganzen weiten Ozean. Kein Zeichen von Zerstörung. Es war einfach still dort. Wir hörten das Meer und sonst nichts. Sahen nichts außer Sand, Meer und wolkenlosem Himmelsblau.

Zum ersten Mal nach mehr als vier Monaten empfanden wir Frieden. Zum ersten Mal konnten wir uns entspannen und vergessen. Es gab plötzlich schon nichts mehr zu vergessen! Alles war gut. Mariko hatte einen alten schwarzen Regenschirm als Parasol mitgenommen, ich wickelte mir irgendwas um Kopf und Schultern: so überquerten wir wie Robinson Crusoe und Freitag die trockene Mündung dieses Flusses, bis wir an eine Stelle gelangten, an der es möglich war in flaches Wasser einzutauchen, ohne richtig schwimmen zu müssen, wie in eine Badewanne: dahinein legte ich mich vorsichtig. Endlich wieder im Meer, endlich wieder einmal frei von den Sorgen und der Schwere der Erdanziehung. Treibend. Für ein paar Minuten FREI von allem, paradiesisch genug, um nackt auf die kleine Wanderung zurück zu gehen, trotz aller Proteste meiner Frau, die mich schalt und natürlich sittsam angezogen blieb. Das war aber einfach zu schön, um es zu verpassen! Das Paradiesgefühl: jetzt sogar Adam neben meiner Eva zu sein! Die Phantasie wurde nur einmal gestört als ein Rettungshubschrauber – der wohl nach Leichen suchte – in sehr geringer Höhe über uns hinwegknatterte und Mariko mich unter ihren Schirm nahm, um den Piloten meinen Anblick zu ersparen. Es knatterte sich aber so schnell aus wie's gekommen war und die nach Sekunden wiederhergestellte Stille schmeckte fast noch süßer. Mit einem ganz kleinen reizvollen Beigeschmack von rotem Chili.

An diesen Ort kehrten wir einige Male zurück, sogar mit Hängematte, die Mari zwischen die krüppeligen und vom Tsunami ruinierten Kiefern des Schutzwaldes aufspannte, genossen die heilsame Stille und träumten ein paar Stunden lang von Sonne und Meer. „Wäre es nicht schön, eine Hütte hier am Strand zu haben? Nur für den Sommer ...?" Für ein paar Stunden konnten wir alles gehen lassen, endlich einmal. Alles Schwere fiel von uns ab, hatten wir das

Gefühl; wenn auch nur für ein paar Stunden. Das war schon ein großes Geschenk!
Nur ein paar Minuten frei von allem zu sein. Wie kann man ertragen in einem Trümmerhaufen zu leben? Sogar nachdem unser Ortsteil Yotsukura vom Schlimmsten befreit war, blieb – bleibt nicht viel übrig vom Leben „früher".

Ich bin jetzt darauf gekommen, warum: es fehlt der Zusammenhang zwischen all den kleinen Puzzleteilchen, die ein „Dorf" ausmachen oder eine Stadt. Jedes Teilchen für sich ist so abgrundtief hässlich wie die Rückseiten westfälischer grauer Häuschen frühmorgens von der Eisenbahn aus gesehen: es gibt hier anders als im Schwarzwald oder in der Heide kaum für sich schöne, in sich geschlossene Höfe oder Ensembles. Das Ganze wird nur zusammengehalten und fühlt sich wohnlich an durch die Menschen und ihre Energie, ihre Lebensfreude; für mich persönlich heißt das „Hoffnung auf die Zukunft", habe ich jetzt festgestellt. Wenn ich mich nicht mehr auf eine bessere Zukunft freuen kann, ist gleich die Gegenwart unsagbar fade. Und wie ich für unser kleines Yotsukura und all die Orte und Dörfer keine gute Perspektiven erkennen kann, erscheinen mir Gebäude und alles nur noch wie ein wild oder ungeschickt umgeschmissener Baukasten: wohin der Blick fällt, tut es weh, nirgendwo sieht man mehr ein „geistiges Band", das die Trümmer in Schach halten könnte. Das aus sinnlosen Pixeln wieder ein Bild formen könnte. Die Menschen nach der großen Katastrophe, nach 1945, hatten eine Vision: mir fehlt der Glaube an die Zukunft jetzt so sehr.
Wie niederdrückend diese Monate waren, das ganze Jahr, ist für jemanden, der es nicht mitgemacht hat, unvorstellbar. Umgeben von Zerstörung, von Müll – ständig in Angst, in Gefahr. Radioaktivität sieht man nicht, hört man nicht, schmeckt man nicht – und trotzdem war sie DAS, was alles dominierte. Ein Alptraum. Da nicht krank zu werden?

35 Leon kommt nach Japan

Für Ende August erwarteten wir unseren Sohn! Ein Jahr Auslandsstudium in Japan hatte auf seiner Wunschliste gestanden; schon bevor dem Unglück hatte er alles vorbereitet, gewissenhaft wie der junge Löwe ist, und nach all der Verzweiflung der Märztage und all dem Überlegen der folgenden Wochen war er zu einem Entschluss gekommen: „Ich mach's!" Wir, Mariko und ich, freuten uns mit gemischten Gefühlen, aber nun war Ende August, er löste seine Wohnung in Bochum auf, er saß schon im Flugzeug! Und stand im nächsten Augenblick vor der Tür. „Da bin ich wieder!" Wie schön, lieber Leon. Mit Sorgen – aber Eltern haben ja die dumme Angewohnheit sich Sorgen zu machen, gut dass die Kinder nichts drauf geben. Sie würden ja sonst nie aus den Windeln herauskommen. Und wer sollte etwas Neues wagen, wenn nicht die Jugend, also, mit voller Kraft! Ein paar Tage hatten wir hier gemeinsam: gutes Essen aus Mutters Küche, gute Gespräche, späte Biere nach Streit und Versöhnung mit mitternächtlichen Gängen durch das menschenleere Yotsukura – selbst bei Tag gibt es kaum noch Menschen auf der Strasse, Kinder sowieso nicht – Fußball auf Footytube und ein neues Kartenspiel. Es heißt „Chinese Doubt", eine Variante von „Lügen", ist aber anders als das alte Kinderspiel. Man spielt mit Rommeekarten: die Joker können drin sein, brauchen aber nicht; Leon gewinnt jedes Spiel. Die Regel ist folgende: der Anspieler gibt eine Karte vor wie „Bube" oder „5" und alle Mitspieler müssen diese eine Karte bedienen, wobei der Anzahl der natürlich verdeckt gespielten Karten keine Grenze gesetzt ist. Hört sich langweilig an – ist aber strategisch unglaublich ausgefuchst und gegen Leon wie gesagt, unmöglich zu gewinnen. Wir haben es oft genug probiert.

Wie Leon sich wohl die erste Nacht hier gefühlt hat? Ob es ihm auch unheimlich war unter die Bettdecke zu schlüpfen? Oder hatte Mariko das Haus inzwischen wieder so bewohnbar gemacht, dass kein Zweifel bleiben konnte? Wir schliefen alle gut, auch die gelegentlichen Erdbeben – bedeutend mehr als früher immer noch – konnten ihn nicht mehr erschüttern. Man lernt dazu. Besuche bei den Großeltern ... die Katzen (besonders Gorri ist Leons Liebling) und eine Fahrt an den Strand in der Nachbarpräfektur. Ob dort das Wasser viel „radiopassiver" war als bei uns, dort am Kap Kormoran, weiß ich nicht. Baden war aber erlaubt und tatsächlich gab es einige Familien am Strand und auch wir genossen die Wellen unbeschwert. Wie schön, Leon wieder im Wasser zu sehen, jung und stark wie ein David aus Fleisch und Blut. Schöne, leichte Tage waren das! Dann begann schon das Semester und er schwirrte ab nach Mitaka in Tokyo, zum Glück etwas am Stadtrand, wo seine Uni ist: die ICU, was für „International Christian University" steht und eine der guten Universitäten Japans ist. Er hatte im Jahr zuvor lange gesucht und besucht, Informationsveranstaltungen nämlich, bis er sich für die ICU entschied. Die Freude war groß gewesen, als der Aufnahme-Entscheid ins Haus flatterte! Seit September ist schon ein gutes halbes Jahr vergangen und er ist sehr glücklich dort: hat eine gute Wahl getroffen! Nach Bochum nun also Tokyo; und dann? Er hat's schon in Planung: Lyon. Französisch lernen! Wie beneidenswert die deutschen Studenten, die europäischen, mit ihrem Erasmus-Programm und vielen anderen Vorteilen ihren japanischen Kommilitonen vorkommen müssen! Wie schwer es ist, die Insel zu verlassen, kann ein Festländer nicht verstehen. Eine Holzaktion machten wir bei einem seiner gelegentlichen Heimatbesuche – wir freuen uns schon auf das nächste Wochenende – noch: Um die Radioaktivität zu verringern, beschnitt ich unsere vielen Gartenbäume drastisch. Angefangen mit der Golden Crest vor der Eingangstür, deren Nadeln 1,0 Mikrosievert pro Stunde aufwiesen, wurde alles stark gekappt. Wie ich da oben im Baum sägte, sprach mich der neue Nachbar an, Herr Abe, der von seinem Auto eingeklemmt, das Wasser bis zur Brust im Tsunami gesteckt hatte. „Seien Sie vorsichtig!" rief er mir hoch.

Ich hätte ihn gern ausgefragt wie das war, am elften März, aber er spricht nicht gern darüber, sagte seine Frau. Nimmt auch Medikamente, um schlafen zu können. „Kein Problem", rief ich gut gelaunt runter, bin gern auf Bäumen, Vogel Frei, und dies jetzt war sowieso fällig; Bäume werden hier immer beschnitten, ich mache das gern, denn ich mache es inzwischen ganz gut. Das Problem ist nur „wohin mit den Ästen?" seit die Polizei vor Jahren einmal plötzlich im Garten stand und mich höflich aber bestimmt bat, doch in Zukunft keine offenen Feuer mehr zu machen. Dieses Mal nun liehen wir einen kleinen Pritschenwagen von den Hausverwaltern und karrten zu dritt ganz fröhlich Berge von Ästen und anderem Zeugs auf die große Müllkippe. Die Abteilung für frisches Holz, dies lief noch unter Erdbebenschäden, war zum Glück ganz am Eingang der Kippe. Wir sahen auf dem Nachhauseweg auf einer Waldwiese Wildschweine! Mariko war ganz aus dem Häuschen, ich ebenfalls: um ein Haar hätte ich den Kleinlaster im Matsch festgefahren. Zum ersten Mal sahen wir Wildschweine in Japan. Unser Interesse an den Borstentieren war ganz unblutig, wir sind Vegetarier; die Jäger hier werden aber in Zukunft wenig Freude am edlen Wildbret haben. Mit 55.000 Bq/kg wurden Wildschweine aus Bayern vor einiger Zeit gemessen; also, man darf gespannt sein auf „Sau tot aus Fukushima". Überhaupt bin ich gespannt wie sich die Tierwelt in der Todeszone entwickeln wird, ohne Menschen in der Nähe? Es gibt freigelassene Haustiere: von Katzen und Hunden bis hin zu Rindern und sogar Straussen – was wohl aus denen werden wird? Und die Wildtiere alle! In Brandenburg soll's wieder Wölfe geben? Warum nicht auch hier? Oder ein paar Amurtiger? Nein, für die ist das Revier nicht groß genug.

Aber für Wölfe müsste es reichen! Wo es so viele Wildschweine gibt, die kein Mensch jagen wird. In der Präfektur Fukushima haben dreißig Prozent der registrierten Jäger ihre Lizenzen nicht erneuert, las ich jetzt. Besteht da nicht ein Zusammenhang?

36 Präsidentenbesuch

Neue Ereignisse warfen ihre Schatten voraus: die winterliche Hetzjagd mit dem abschließenden großen Halali mit Vuvuzelas beim Grossen Zapfenstreich zwar noch nicht absehbar – aber was für ein Ereignis kündigte sich an! Der Bundespräsident Wulff kam nach Iwaki. Erst schienen es Gerüchte zu sein, nicht zu glauben, die von Imai-san ausgingen, dann verdichteten sich die Anzeichen aber so

sehr, dass es keinen Zweifel mehr gab und ich an das Bundeskanzleramt schrieb und höflich darum bat, als örtlicher Deutscher eine Einladung zu Abschlussfeier mit Konzert und Opfern zu erhalten und zwar gemeinsam mit meiner Frau, sollte das möglich sein. Es war möglich! Ein sehr freundlicher Herr aus dem Amt in Berlin, Referat 22, veranlasste die Einladung per Botschaft in Tokyo: auf geprägtem Papier, mit dem Bundesadler obenauf, gab sich der Bundespräsident der Bundesrepublik Deutschland die Ehre, uns zu einer kleinen Feier im „Aquamarine Fukushima" einzuladen.
Wir waren hocherfreut und nahmen die Einladung an. Ehrlich gesagt freuten wir uns ganz diebisch! War doch klar, dass wir zwischen all den zu erwartenden Würdenträgern, man weiß doch wie sowas in Japan geht, nicht ganz am Platz sein würden ...! Andererseits hätte es mich furchtbar gefuchst, wenn der Präsident meines Landes hier nach Iwaki gekommen wäre und ich als einziger wirklich ansässiger Deutscher hier nicht dabei gewesen wäre. Soviel Stolz habe ich. Fühlte mich in dieser Hinsicht also durchaus in meinem Element. Wir machten uns fertig, so elegant wie wir's vermochten, nahmen unser Fähnchen mit der Atomsonne in die Hand und begaben uns nach Onahama. Dort war schon alles in heller Aufregung, das Bundeskriminalamt saß auf dem Rasen vor dem Aquamarine und maß die Strahlung, ein paar Herren von Mercedes Benz, bzw. Daimler, Abteilung Nutzfahrzeuge, hatten einen aufgemotzten Unimog als Beitrag zur Katastrophenhilfe neben sich stehen und sahen uns aus den Augenwinkeln abschätzend an wie wir hochmütig an ihnen vorbeischlenderten: Falsche Gäste am Hofe des Königs. Die japanische Dame am Empfang dagegen wunderbar freundlich und verbindlich, so dass ich dachte, die Herren aus Stuttgart wären möglicherweise nur unsicher auf fremden Terrain gewesen. Verwirrt neben dem hochrädrigen Vehikel ihrer Träume stehen zu müssen, statt darin sitzend über Stock und Stein voranbrausen zu können. Wer kennt schon die Menschenseele. Bauer oder Bär?

Wir waren sehr früh; gingen schnurstracks durch die Gänge, bis wir die vorbereiteten Stuhlreihen fanden. Zwei Blöcke gab's da: wir wählten instinktiv den richtigen, den seitlich gelegenen. Die billigeren Plätze. Auf dem genau vor der kleinen Bühne gelegenen sammelten sich richtig dann die Herren; wir saßen aber auch nicht schlecht, und zwar hatte Mari mich mit ehefraulich starker Hand in die erste Reihe gezogen, als ich die zweite Geige spielen wollte: und da saßen wir nun als allererste und genossen zunächst mal unsere eigene Anwesenheit. Es war dies zur Dämmerstunde, die hohen Glaswände auf den Hafen von Onahama dunkelten ganz allmählich, dann kam das kleine Orchester, junge Musiker aus Tokyo und Deutschland, es gingen Deutsche und Japaner undefinierbarer Aufgabenstellungen um, Flugkapitäne in protzigen Uniformen, Polizei in schlichten, Leibwächter ohne. Es war ein großartiger Zirkus. Ich fand sogar den netten Beamten, der uns eingeladen hatte – dankte ihm und gab ihm mit der Bitte um Überreichung eine handgeschriebene Seite an den Bundespräsidenten, zum Dank für und zur Erinnerung an ... den Besuch in Iwaki. Peinlich, peinlich würde Marie May sagen: ich wollte mich aber irgendwie revanchieren und wusste keinen besseren Weg.

Wir saßen da in einer hoch gespannten Erwartung, harrten der Dinge, die da kommen sollten und wurden nicht enttäuscht. Bewegung! Die großen Geschütze fuhren auf ... alles ging sehr schnell, in kürzester Zeit waren die guten Plätze gefüllt ebenso wie die Stühle neben und hinter uns: ältere Leutchen – wie wir? – zumeist, die Opfer eben. Das Fußvolk.
Der Dirigent betrat die Bühne, Gerd Albrecht war's, verneigte sich, schwang das Stöckchen und die Musiker spielten ein sehr schönes Stückchen eines bekannten deutschen Klassikers. Genau gegenüber saßen sie alle sehr stattlich, ich erkannte den Präsidenten und den Botschafter auf deutscher Seite sowie auf japanischer Seite den Gouverneur von Fukushima, den Bürgermeister von Iwaki und den Chef des Aquariums. Es gab eine recht schmalzige Rede des Herrn Sato aus Fukushima, in der er sowohl vermied auf seine Fahrlässigkeit im Umgang mit Tepco hinzuweisen als auch auf die Umstände, die ihn ins Amt bzw. seinen atomkritischen Vorgänger gleichen Namens aus dem Amt brachten – und es gab eine ziemlich kleine Rede meines Präsidenten, des Hauptmatadors. Er war ja nun nicht grad meiner;

der andere wäre mir etwas lieber gewesen, na, der Andere ist ja auch inzwischen da, wo er damals schon hätte sein sollen: und DAS hätte diesem wiederum viel Gram erspart. Er sieht erbärmlich aus, jetzt, nach kaum einem halben Jahr und obwohl er es sich selber zuzuschreiben hat und auch monatlich ein hübsches Trostpflasterchen auf seine Wunden legen kann – tut er einem etwas leid. Wie die Mächtigen fallen. Und als ob ich irgendwas geahnt hätte, schrieb ich damals sogar irgendetwas in der Art auf. Da im Oktober aber stand er sehr aufrecht, ganz niedersächsischer Rechtsanwalt, dröge und ohne eine Emotion zu zeigen, genauso wie er durch die Zeit der Musik gesessen hatte und sprach ein paar erhebende Worte. Die ganze Zeit versuchte ich hinter die lederne Maske zu sehen, die dieser Mann trug: es gelang mir nicht für einen Sekundenbruchteil. Ein echter Profi! dachte ich beeindruckt. Er schloss mit einem Zitat von Seneca von einem Schiff ohne Hafen für das jeder Sturm von Übel sei. Die Übersetzerin leistete gute Arbeit – aber die Japaner waren irgendwie nicht so beeindruckt, hatte ich das Gefühl. Wer weiß, in welches Fettnäpfchen er sich da gesetzt hatte? Kann mit Zitaten und Sprichwörtern schnell passieren: ich erinnere mich an eine überaus peinliche Viertelstunde nach einem Versuch, in meiner deutschen Sprachstunde das Sprichwort „Lügen haben kurze Beine" zu erklären. (Man muss wissen, dass die Japaner furchtbare Komplexe haben, was ihre Körpergröße angeht ...) Je mehr ich zu kitten versuchte, desto heißer wurde mir, weil ich sah, dass ich nur immer tiefer in die Tinte kam! Der Präsident blieb jedenfalls unberührt. Wohl dem der ein dickes Fell hat. Es gab nun ein modernes Stück Musik, Hosokawa, das durch Mark und Bein ging mit seinen Dissonanzen. Wenn es „Radioaktivität" akustisch darstellen sollte, war es sehr gut gelungen. Quälend war es, dem zuzuhören, quälender wohl noch es zu spielen. Musiker leiden sehr unter dem modernen Kopfmist, den sie von Beruf her nicht vermeiden können, las ich! Zum Glück schloss das Orchester versöhnlich mit Mozart, einem der großen Heiler. Gerd Albrecht war sichtlich froh und richtete in einem der Überschwänge, die ihn doch wohl früher in Prag schon mal in Schwierigkeiten gebracht haben, das Wort an die Versammlung, besonders an den Präsidenten, und erwiderte dessen klassisches Zitat mit einem etwas dubiosen, hatte ich das augenblickliche Gefühl, Plato, und da sah ich doch einen Moment lang eine menschliche Regung bei Herrn Wulff: er verzog den Mund; er war sichtlich genervt!

Alles war damit vorüber, wie ein Rauch verzog sich die ganze Versammlung – sie musste aber direkt vor uns vorbeidefilieren und so kam Mariko wie zwei, drei andere Frauen in den Genuss eines präsidialen aber unangenehm schlaffen Händedrucks und ich zu einer neuen Bekanntschaft!
„Hallo! Ich bin Doris Dörrie!" sagte eine lachende, temperamentvolle Frau und streckte mir ihre Hand entgegen. Völlig verblüfft konnte ich sie gar nicht als die Filmemacherin identifizieren – „Hanami" liebten wir doch sehr – und stotterte was. Durch meinem Kopf schwirrte Ulla Hahn – obwohl mir deren Name just nicht einfallen wollte, und so überließ ich Frau Dörrie verwirrt die Initiative. Sie wolle einen Film über Fukushima machen ... gab sie mir ihre E-Mail-Adresse. Ich hatte immerhin Geistesgegenwart genug, ihr eine Kopie meines peinlichen Schriebs an den Herrn Wulff mitzugeben ... und schon war der ganze Saal leer. Wow! Wir waren begeistert. Die Nähe der Macht stimuliert schon irgendwie, das erfuhren wir am eigenen Leib. Fähnchenschwenkend verließen wir die Stätte unseres Triumphs, fotografierten uns zur Erinnerung auch noch mal und aßen in einem kleinen Restaurant am Straßenrand eine heiße Nudelsuppe.

Das war, sprach der Professor Stein, ein unerhörtes Erlebnis. Und sicher war auch für den Präsidenten und seine Begleitung der Besuch in Iwaki nicht so schnell zu vergessen, denn vor der kleinen Feier im Aquarium besuchten sie das verwüstete Toyoma und anschließend eine Notsiedlung. Zurück nach Tokyo ging's per Zug; Iwaki war im Besuchsprogramm sowieso nur ein Nebensatz. Am Tag zuvor hatte es in der deutschen Botschaft eine große öffentliche Party zum Abschluss des 150-Jahre-Freundschaft-Jahres gegeben mit dem Kronprinzen als Gast. Auch Leon war da gewesen – überhaupt trifft der in Tokyo viele von den staatstragenden Leuten, deren Rocksaum uns

hier einen Moment lang streifte. Es kamen einige Grosse nach Iwaki in den letzten Monaten, es gab viele Benefizvorstellungen japanischer bekannter Sportler und Künstler, auch europäischer Musiker, die vor Schulkindern auftraten, vor alten Leuten, vor Vertriebenen und vielen hier Freude brachten. Allein das Gefühl nicht vergessen zu sein! Freunde zu haben!
Auch ein amerikanischer Investor zeigte völlig überraschend Solidarität: Warren Buffet, der „Weise aus Omaha" kam mit dem Helikopter zu einem Blitzbesuch seiner Firma Tungalloy her: ist es zu glauben? Vielleicht steht er schon in Verhandlungen mit Tepco, um Wolframlegierungen für die hitzebeständigen Baggerschaufeln zu liefern, die zur Extrahierung der Schmelze gebraucht werden? Liebe Besucher brachten Momente von Licht; Gai, die mit der kleinen Tochter getrennt von Kazuki in Australien lebt, kam mit Joy auf Besuch; der kleine Sonnenschein flitzte durchs Haus und brachte die schönen neunziger Jahre zurück, die gleichen Versteckspiele, die gleichen schnellen Füßchen: wie lange ist das schon her! Gesa kam aus Deutschland, wir hatten uns so lange nicht gesehen! Sie ist immer aktiv im deutsch-japanischen Austausch und arbeitet jetzt ganz für Projekte in Tohoku als einer der vielen guten Engel: wenn es auch alles sehr zähflüssig ist und kulturelle Differenzen nicht leicht zu überwinden sind. Es geht aber, mit viel Geduld, voran.

37 Der Dalai Lama

Einen Besuch muss ich noch erwähnen: und zwar war Seine Heiligkeit der 14. Dalai Lama im November in Japan. Er war erst an der Tsunamiküste und dann in Koriyama, um Trost zu spenden – obwohl er selbst an den Problemen seines Landes schwer trägt: gerade in jenen Wochen begannen junge Tibeter sich aus Protest gegen die chinesische Unterdrückung selbst zu verbrennen. Wie traurig und wie dankenswert, dass er trotzdem zu uns kam. Wir hatten zwei Eintrittskarten für seinen Vortrag oder wie immer man so eine Massenbegegnung nennen kann. Ich hatte leider nicht frei für die Zeit in der Halle, unsere zweite Eintrittskarte bekam Leon, aber ich fuhr doch nach getaner Arbeit schnell nach Koriyama in der Hoffnung, ihn vielleicht bei seiner Abfahrt zu „sehen" und genauso kam es. Ich stand mit drei, vier anderen am Seitenausgang der Halle und sah zwei noble aber nicht übertrieben teure Autos mit Chauffeur warten, dann ging oben die Tür auf und mehrere Lamas in rotgelben Roben erschienen. Sie gingen die Treppe herunter, der Dalai Lama wurde gestützt und ich war bestürzt wie schwach er zu sein schien. Er stieg fünf, sechs Meter von mir in ein Auto mit geöffnetem Fenster und wie der Lexus an mir vorüberrollte, trafen sich unsere Blicke kurz.

Ich muss sagen, dass ich noch nie in solch ein Auge geschaut habe. Es war sehr dunkel, es war wie alles durchdringend tief. Dieser eine Blick lässt mich bis heute nicht los. Hält mich nicht fest, so gar nicht, aber ist immer gegenwärtig, wenn ich will. Ich hatte ganz deutlich das Bewusstsein – dies ist kein normaler Mensch wie ich, dieser ist etwas Anderes. Diese schwarzen kleinen Augen unter Brauen wie die eines Adlers sehen durch die Schleier auf das Wesen der Dinge, empfand ich zutiefst. Ich konnte nicht anders, als mich zu verneigen und zu stammeln „Thank you ..." obwohl er schon längst fort war. Hysterie? Was war das? Ich fühlte mich erhoben und froh wie lange nicht mehr. Was ist das – „heilig"? Ich glaube, eine Ahnung davon erfahren zu haben, zum ersten Mal in meinem Leben glaube ich verstehen zu können wie man einen Menschen als Heiligen verehren kann. Dies Hochgefühl blieb mir über Stunden erhalten, steckte sogar Mariko und Leon an, die im Saal sehr weit weg vom Podium nicht viel erlebt hatten und mich um den Augenblick im Nieselregen beneideten! Ich war wirklich glücklich und denke, dass dieser Blick noch immer auf mir ruht. Er hat mich gesehen, hat mich als Individuum registriert – und das bleibt vielleicht irgendwo aufbewahrt. Mich erkannt?

Ich weiß nicht wie tief so etwas geht. Habe den höchsten Respekt vor ihm, auch wenn ich manche seiner deutschen Freunde nicht leiden kann. Ein Satz von ihm aus dem September 2001 bliebt mir in Erinnerung. Er sagte zum elften September: Dies ist eine große Gelegenheit zum Frieden, „a great chance for peace" – was kann man mehr verstehen? Höchstens Nelson Mandela hätte noch so einen Ausspruch tun können. „Dalai Lama" heißt Ozean der Weisheit und wurde dem herausragenden Lehrer Sonyam Gyatso, dem 3. Lama einer Reihe von tibetischen Äbten, als Titel von einem mongolischen Herrscher verliehen. Da der Dalai Lama aber immer selbst wiederkehrt, in immer neuen Leben, und sich anders als wir an seine vorhergehenden Verkörperungen erinnert – ist dieser Vierzehnte ebenso der Dritte wie alle folgenden zugleich ... mit Sinnen, die nur wenig vom Staub der Welt bedeckt sind. Klares Erkennen haben! So ist die Lehre und so habe ich in ein Auge geschaut, das klar sieht. Eine Inkarnation des Buddhas Avalokitesvara – der Mitleid mit allen fühlenden Wesen in unsere Welt bringt – ist dieser alte Mann mit den Adleraugen für die Tibeter. Ein Geheimnis für uns Westler, ein kleines Wunder für mich. Ora pro nobis, bitte für uns, würde ein Katholik vielleicht sagen, wenn er an so eine Begegnung denkt.

38 Bitten und Danken

Bitten und danken: zu beidem haben wir Grund; vor allem auch zum Danken! Dessen bin ich mir – sind wir uns sehr bewusst. Wir leben noch, wir haben nicht so viel Strahlung abbekommen wie es unserer Nähe zu Dai-ichi entspräche – und überhaupt hätte alles viel, viel schlimmer kommen können. Der nächste solche „Unfall" wird vielleicht nicht so glimpflich abgehen, glimpflich trotz allem Elend, das menschliche Gier, Verblendung und Trägheit – um die buddhistischen drei Grundübel der Menschenseele zu nennen, Todsünden würden wir sagen – über Fukushima gebracht haben. Auch Faulheit: zu bequem denken wir immer. Endlos Energie aus irgendwelchen winzigen Teilchen zu gewinnen – die Vorstellung gefällt uns einfach zu sehr! Ganz abgesehen von den Sünden im Betrieb der Reaktoren. Aber wir haben von so vielen Seiten Hilfe und Unterstützung erhalten, von überall her Ermutigung, sogar in Form von Geld, dass ich gar nicht an die armen Ukrainer und Russen denken mag, die von der Welt vergessen, in tristen Krankenhäusern litten und starben. Ich selbst hatte keine Ahnung von Tschernobyl ... und auch die Kinder, die einen Sommer für ein paar Tage hierher kamen – es muss 1991 gewesen sein – gaben mir mit ihren blassen Gesichtern nichts zu denken. In Kawauchimura war das, ein Fest des „Anti-Atomdorfs" mit seinen paar Widerständlern, Aussteigern und Freaks aus Tokyo: davon geblieben ist Kazami-san, der „Eggman", der einen sogar jetzt vergeblichen Versuch machte in den Gemeinderat gewählt zu werden. Der nach wie vor jede Woche seine Eier ausführt. Eier aus dem fast komplett zwangsevakuierten Kawauchimura? Wir waren erst gar nicht sicher, maßen Eigelb und Eiweiß und schlugen trotzdem die erste Ladung Landeier mit sehr gemischten Gefühlen in die Pfanne: inzwischen schmecken sie uns wieder! Genau da in den Hügeln, wo jetzt die radioaktiven Winde nicht ankamen, war damals eine Gruppe verschüchterter, armer Kinder zu Besuch und planschte im schnell ausgegrabenen, durch eine blaue Plane wasserdichten Schwimmbecken. Jetzt waren wir in Fukushima also dran, der ungebetene Gast pochte diesmal an unsere Tür. Er schlug aber die Tür nicht ein wie in Tschernobyl und wir haben viel Grund dankbar zu sein. Wie verzweifelt manche Bauern aber sind, kann man sich kaum vorstellen. Ein Mann erhängte sich in seinem Kuhstall, eine letzte Botschaft an die Wand gekritzelt. Er konnte nicht mehr weiter. Viele alte Leute überleben die Entwurzelung nicht, man liest von erschreckenden Sterblichkeitsraten. Kinder werden krank werden. Vielleicht auch wir? Man weiß es nicht.

Trotzdem haben wir Grund zum Danken. Das böse Jahr 2011 ging mit gemessenen Schritten dem Ende entgegen; wenn der Herbstanfang vorüber ist, werden die Tage überall schnell kürzer: aber hier werden sie dann immer wunderbar schön! Nach dem unerträglichen Sommer mit Stagnation und Lähmung aller Kräfte, ohne jegliche Erfrischung, mit Monaten von Stechmücken, Kakerlaken und Ungewissheit, der Angst und der Ohnmacht rückte der Herbst verheißungsvoll näher wie jedes Jahr. Ohnmacht ... „was kann man schon machen?" Mariko machte allerhand, meine zarte und zurückhaltende kleine Frau! Sie begann Unterschriften zu sammeln, eine Million Unterschriften gegen die Atompolitik der Regierung, und kriegte mehr als tausend Leute auf ihre Liste! Ein Riesenerfolg. Und sie ging nach Tokyo: auf die große Demonstration im September! 60.000 auf der Strasse! 60.000, die sagten NEIN, wir wollen nicht mehr, nein, wir wollen was anderes! STOPPT die Atomkraft! GEGEN die Atomkraft! FÜR erneuerbare Energien! Das war eine mächtige Kundgebung und wurde auch vom NHK nicht ignoriert. Ausländische Teilnehmer, Redner aus Deutschland, Redner aus Fukushima – es war eine große Sache und Mariko war dabei mit deutscher Fahne und einer Sonne zum Aufsetzen, die sie genäht hatte. Als Sonnenblume ging sie also und protestierte gegen all die Verlogenheit, die Geschäftemacherei, die Dummheit der Politiker und der Techniker. Wenn ein Ereignis extrem unwahrscheinlich ist, wie ein riesiger Tsunami, existiert es für die Planung eines AKW eben nicht! „Man kann nicht auf alles vorbereitet sein" sagt die Arroganz derjenigen, die notfalls eben in ihre Privatjets steigen.

Lügen sind das, was meine Frau entrüstet macht. Unehrlichkeit kann sie nicht ertragen. „Man ist dafür verantwortlich, was man tut!" sagt sie. Sie liebt Kinder, Katzen, mich auch, liebt Pflanzen und Blumen: was sie hasst, was sie nicht verstehen kann, ist Doppelzüngigkeit. „Ja – aber"? NEIN. Die Welt ist nicht so einfach gestrickt, Mariko, denke ich oft, sage es auch manchmal – aber hat sie nicht eigentlich recht? Eine Mutter erzieht ihre Kinder zu Anstand und Ehrlichkeit, jede Mutter tut das: wie könnte sie solche „Söhne" wie die Tokyoter Nomenklatur mit ihren hinter dem Rücken gekreuzten Fingern sehen, ohne denen eine gepfefferte Maulschelle geben zu müssen?

„Dass sie auch noch andere Länder mit hineinziehen, den Nachbarländern Unannehmlichkeiten bereiten, dass sie Japan Schande bereiten – ist unverzeihlich!" findet sie und ist im Gegenzug gerührt von all den internationalen Hilfeleistungen. Wie viel besser wäre die Welt dran, von Frauen, von Müttern regiert zu werden, sagt sie oft und sie hat Recht. Hier in Japan haben die Mütter in den Familien das Sagen, haben auch das Portemonnaie – es wird Zeit, dass sie es richtig benutzen lernen und nicht nur dazu, ihren missratenen Söhnen noch ein Spielzeug zu genehmigen, wenn sie allzu penetrant

quengeln. „Ich will aber auch Atomkraftwerke! ALLE haben die jetzt!" „NEIN." Punkt. –
Das wäre doch mal ein echter Fortschritt! „Willst Du nicht mal ein richtig gutes Photovoltaiksystem bauen? Guck mal, sogar die Chinesen haben eins!"

Jetzt ist Mari eins von drei Gründungsmitgliedern bzw. „Unterstützern" der grünen Partei in Iwaki. Eine von dreien ... drei von Dreihunderttausend Iwakianern. Es ist unglaublich.

39 Der Atomklaus

Oh, Dalai Lama ...! Eine Art Postkarte mit seinem Foto hängt an unserer „Fototür" am Esstisch genau neben Mays engem Plätzchen, wo sich die Yoghurtbecher stapeln und die Äpfel mit den Apfelsinen um die Wette kullern und wir schauen oft hoch zu dem verschmitzt Lächelnden. „Never give up! Gebe niemals auf!" ist einer seiner bekanntesten Aussprüche, ist auf jeden Fall der bei uns bekannteste Ausspruch.

Tatsächlich sieht man allmählich mit Erstaunen, dass die Aufräumungsarbeiten, Handschlag für Handschlag, Baggerschaufel für Baggerschaufel etwas bewirken! Und auch in unseren Köpfen, in den Herzen wurde es ganz allmählich etwas klarer. Ich konnte mich zwar zu nichts aufraffen als weiter fleißig Gedichte zu schreiben in der Hoffnung, dass sie vielleicht doch irgendwann irgendwem irgendwie zu irgendwas nutzen könnten – und dann wurde ich plötzlich berühmt! Als der „Genpatsu no Giorgio", der „Atom-Klaus" wie Mariko witzelte, erlebte ich meine fünf Minuten, Warhols „five minutes of fame", und zwar mit Johannes B. Kerner in dessen Jahresrückblick 2011. Neben einer alten englischen Dame, die mit ihrem Regenschirm drei Räuber in die Flucht schlug, dem Meistertrainer Jürgen Klopp, Lady Gaga, Marcel Gleffe, dem deutschen Lebensretter von Utoya, einer in einer Seilbahngondel gefangenen Familie und einem Mädchen, das per Facebook unversehens eine Party mit tausenden von Gästen organisiert hatte und vielen anderen wurden auch

Mariko und ich zu später Stunde über die Bildschirme sehr sehr vieler deutscher Wohnzimmer gejagt.

Angefangen hatte dies als Jobangebot: Gesucht wurden Fahrer, Führer und Dolmetscher in einer Person, „Stringer" heißt das auf Neudeutsch, und ich meldete mich sofort – begierig nach Arbeit, nach Abwechslung. Im Lauf der Vorbereitungen – es gingen -zig E-Mails hin und her und ich bekam enormen Respekt vor einer jungen Frau namens Anne – stellte sich heraus, dass eventuell auch noch meine Person als „Protagonist" gefragt wäre. Ob ich bereit sei, meine Geschichte zu erzählen ...? – Klar! Kein Problem, sagte ich zu und so kam unser bescheidenes Häuschen samt Garten – „aber nur wenn Sie versprechen, ein bisschen schöne Aufnahmen zu machen!" hatte Mari sich auserbeten – in den Genuss, von einer ganzen Horde Deutscher überfallen zu werden.

Neun Leute waren „wir": es ist unglaublich, wieviel Aufwand in ein paar Minuten Sendung steckt. Los ging's in Narita am Flughafen. Ich übernachtete da, um morgens auf jeden Fall rechtzeitig parat zu sein, hatte am Vorabend vorsichtshalber schon die wichtigsten Wege in Tokyo abgegangen und stand also nun fähnchentragend bereit. Super! Bis ich sie dann alle zusammenhatte, dauerte es zwar etwas, sie kamen in zwei Flügen, und wir verpassten den Zug nach Tokyo um Sekunden – aber die Stimmung war gut, alles war locker, alles klappte irgendwie. Eine nette deutsche Familie in Tokyo – erster Dreh. Abendessen, Karaoke mit „We will we will rock you!" bei Bier und allgemeinem „Du"; Hotel und am nächsten Morgen zeitig ab nach Iwaki! Zwei Mietwagen. Zerstörung in Hisanohama, Leben in der Gefahr – Familie Oberbäumer, Yotsukura.

Mari hatte eine wunderbare Torte von Cakeland geordert: „Atomkraft-Sayonara", die sehr groß und bildkräftig auf dem Tisch stand über den hin mich Johannes sehr einfühlsam interviewte. Wir leben mit gepackten Koffern ... sagte ich ihm, leben auf dem Vulkan und erzählte einige Kleinigkeiten in der Hoffnung, ein Bild vermitteln zu können und eine Warnung. Dies kann überall passieren! Alle Technologien haben ihre Gefahren, mit einem Hammer kann man sich eben schwerer verletzen als mit einem Faustkeil und – es ist ja nicht nur die Atomkraft. Das Finanzsystem, die Medizin, die Biologie – wohin man sieht, fehlt das Augenmass, fehlt das Bewusstsein für die alte Wahrheit: „Es gibt nichts geschenkt." Physikalisch lässt sich das in Gleichungen ausdrücken, das können die Wissenschaftler; was sie nicht können ist: es im täglichen Leben, bei sich selber anzuwenden. Ganz erstaunt schaut Dr. Frankenstein auf und blinzelt: „Ach ...?!"

Schizophrenie als Grundgestalt. Wir haben es so weit gebracht, dass die Milch aus dem Kühlschrank kommt, die Wurst aus dem Supermarkt, der Strom aus der Steckdose ... aber wer könnte noch eine Kuh melken oder ein Schwein schlachten, geschweige denn einen Generator bauen? Da zeigt sich das Problem vielleicht: Spezialisierung muss sein, nur Fachleute können eine Glühbirne zum Leuchten bringen, Spezialisierung ist aber gleichzeitig eine riesige Gefahr. Sie macht blind. Macht uns alle blind; in einem lütten Handy zum Beispiel steckt mehr Wissen und Können als selbst Einstein und Planck gemeinsam hatten. Dinger wie diese als Spielzeug in die Hände von Kindern – unsere Hände – zu geben, ist unverantwortlich. Diese Technologien sind einfach zu komplex, zu mächtig für uns! Haben Konsequenzen, die wir nicht überblicken können. Nicht sehen WOLLEN! Bei der Atomkraft ist inzwischen vielen verantwortungsbewussten Menschen klar, dass das ganze blaue Wunder ohne eine ganz gewisse simple Gemütshaltung gar nicht möglich wäre: „Nach uns die Sintflut!" Es gibt kein Endlager? Recycling unmöglich? Egal. Irgendeiner Generation wird schon was einfallen. Die Wissenschaftler geben immer weiter Gas und wir sind so blöd, ihnen nicht auf die Finger zu hauen. Mit etwas gesundem Menschenverstand würde doch kein Mensch ohne zu überlegen, ohne Rücksicht auf Verluste forschen und bauen? Was machbar ist, wird aber gemacht, ob's Reaktoren sind oder – künstliche Menschen. Heinerich mir graut's vor Dir. Der Wissenschaftler wäscht sich die Hände in Unschuld wie ein gewisser Statthalter vor 2000 Jahren und fragt noch scheinheiliger, was denn Wahrheit sei? Es gäbe nur Arbeitshypothesen – und manchmal eine Theorie. Keine WAHRHEIT. Keine Verantwortlichkeit.

R. Oppenheimer zitierte sich selbst eine schaurig-schöne Zeile aus dem Mahabharata, als die erste A-Bombe hochging, anstatt sich Gedanken über das eigene Seelenheil zu machen. Wenn man auch die Hypothese einer „Seele" für Wissenschaftler zu gewagt erachtete, um darauf näher einzugehen, könnte man doch immerhin in einem kleinen Gedankenexperiment die Frage untersuchen, ob so einem, auch wenn er die tausende Kreaturen, die bei dem „Test" unweigerlich erbärmlich ums Leben kamen mit der bloßen Faust oder mit einem Faustkeil hätte erschlagen sollen, wohl so erhabene Verse in den Sinn gekommen wären.

Oder doch eher die Frage: „Was mache ich hier eigentlich?" Die Faszination der großen Gewalt, der scheinbaren Gottähnlichkeit wenn nicht in der Schöpfung so doch in der Zerstörung, kenne ich auch – habe als Sechzehnjähriger über den Atompilz von Hiroshima geschrieben: „Das Schönste, das Du je gesehen hast, gib es zu!" aber im gleichen Atemzug auch „ ... ein Flugzeug versucht sich davonzustehlen, versucht unbeteiligt auszusehen trotz der hunderttausend Toten in seinen Bombenschächten: es gelingt ihm nicht!" Und genau sowenig gelingt es den adoleszenten Wissenschaftlern – sie werden heutzutage einfach nicht mehr älter als achtzehn, zwanzig Jahre – unbeteiligt neben ihren Explosionen zu stehen und ein Liedchen zu pfeifen oder sich Verse aus anderen Zeiten, anderen Welten durch den Kopf schießen zu lassen statt der einen Frage: „WAS HABE ICH GETAN?" sosehr sie es auch „versuchen".
Sie alle erliegen der Versuchung ohne viel Widerstand. Sie sehen den Versucher nicht wie er hinter ihnen auf der Klippe hoch über dem Tal steht und ihnen zuflüstert: „Mach's doch einfach! Es geht! Die Welt wird Dir gehören ... wenn Du nur willst." Ihre hochwissenschaftlichen Experimente, „Versuche", sind aus dem Geist des Tieres geboren, des neugierigen, des raubenden, des intelligenten, ewig fragenden aber nichts verantwortenden, fürchte ich, wenn ich die Physiker sehe, die Napalmbomben entwickeln – von ihren atomaren Spielzeugen, den wirklich mörderischen Dingen, ganz zu schweigen.

Die „alten Leute" hatten noch ein Bewusstsein für Grenzen. Die gute Luise, meine Großmutter, sagte (auf Platt) oft: „Gott stört die Bäume, dass sie nicht in den Himmel wachsen!" und wusste sicher nicht, dass es ein Goethewort war. Musste sie auch nicht wissen. WISSEN: was las ich jetzt im ersten Korintherbrief? „Wissen bläht auf – die Liebe baut auf!" Besser kann man es nicht sagen. Uli Müller vom Gymnasium schmiss mal was ähnlich Gutes auf uns eingebildete Schnösel ab: „Es gibt auch ... Herzensbildung!", ohne dass wir verstanden. Ist ja auch schwer zu verstehen!

Eine Episode aus der alten Volksschule: je zwei Jahrgänge teilten sich ohne Probleme einen Klassenraum, ich war im dritten oder vierten Schuljahr, bei Frau Franzmeyer. Eine kleine Schülerin meldete sich, ihre Oma habe gesagt, die Menschen heutzutage brächten mit ihren Raketen das Wetter durcheinander? und wurde von der entrüsteten Lehrerin fürchterlich abgebürstet: „Was für ein Blödsinn! Wie kann man so was nur glauben?!" Das war ca. 1963, ein Jahr nach John Glenns erster westlicher Erdumkreisung, zwei Jahre nachdem Yuri Gagarin keinen Gott im Weltraum finden konnte, und in der Tat hatte damals kaum ein Wissenschaftler eine Ahnung vom Einfluss der Technik auf das Klima: aber irgendein ein bäuerliches Großmütterchen vom Lande hatte schon!

Etwas von der edlen Zurückhaltung der Inka täte uns gut. Zur Erinnerung: die Inka waren das einzige Kulturvolk, das sich weigerte, das Rad zu erfinden. Sie erlagen nicht der Versuchung zur Abstraktion! Wir dagegen – sind fast hoffnungslos ausgeblutet. Und auch noch stolz darauf. Vampire sind der Hit des Tages. Zombies und Horrorfilme ein Zeitvertreib. Selbst fast nur noch Schatten: werfen wir überhaupt noch einen?

40 Mit J. B. Kerner unterwegs

Oh, Dalai Lama, ich will mich nicht schon wieder aufregen. Auch wenn ich Grund dazu hätte – gebranntes Kind scheut das Feuer, heißt es ja und wir sind gebrannt. Habe ich Wahnphantasien, wenn ich versuche, Lehren aus diesem Feuer zu ziehen, die über ein „Man darf Atomkraftwerke nicht an einer Tsunami-Küste bauen! Und wenn schon dann nur mit wirklich hundertprozentig sicheren Notstromaggregaten" hinausgehen?

Nein, ich will mich in buddhistischem Gleichmut üben und ganz ruhig werden; ruhig atmen, ausatmen – einatmen; ausatmen – einatmen ... Alles ist gut, alles wird sogar noch besser! Lieber Gott, gib mir Geduld – und zwar sofort! Oder wie war das noch?

Im großen Interview sagte ich auch so was nicht. Ob man zwischen den Zeilen „lesen" konnte? Wir, die „Crew", verbrachten also ein paar kurze Stunden hier bei uns in Yotsukura. Mariko freute sich über bewundernde Ausrufe wie „Hier ist es aber gemütlich! So könnte ich auch leben ..." und kaum, dass Andreas draußen mit seinen Messungen fertig war: „belastet aber nicht verseucht!" in einem Wort, ging es schon wieder los und zwar an die Barriere am J-Village. Schon hier auf dem Parkplatz waren wir alle in Schutzanzüge geschlüpft – von denen wir zwei als Geschenk hier behalten durften – so dass wir wie überdimensionierte Osterhasen aussahen, nur ohne die langen Ohren, und nach zwanzig Minuten Autofahrt drehten Jan und Björn schon die nächste Szene: Johannes lässt sich von Andreas über Strahlungsgefahr aufklären, während im Hintergrund die Busse mit maskierten Arbeitern fahren. Die drei bulligen Herren mit den ausgebeulten Sakkos? Sahen uns interessiert aus einigem Abstand zu: ohne ein Wort.

Weiter ging's, go go go nach Sendai, eine ermüdende Autobahnfahrt in einen klaren Herbstabend, auf der Johannes mich sehr kameradschaftlich wachhielt; ein wirklich sympathischer Mann ist er! Ganz so wie er im Fernsehen rüberkommt, Sportsfreund. Sogar Leon behandelte er bei allen Unterschieden ohne Allüren ganz von gleich zu gleich. Er reiste mit Dennis dem Chef zusammen voraus ab (wie lange hält man so ein schnelles Leben aus?) und Leon nahm die beiden am Bahnhof Tokyo in Empfang, brachte sie zum Flughafen raus und kam so in den Besitz eines „TwoShot", eines Fotos mit J.B.K. und einer neuen Bekanntschaft.

Sendai: Metropole vor schneebedeckten Bergen; ein Hotelzimmer wie ich es noch nie erlebt habe im vierunddreißigsten Stock mit einem riesigen Fenster über die weitglitzernde Stadt unter dem aufgehenden Mond darüber ... schade, dass ich zu müde war, es genießen zu können! Schwärmte von „meinem" Hotel, wie von den ganzen drei Tagen, noch Wochen hinterher. Obwohl ich in einem Teil meines kleinen Gehirns die Energiebilanz so eines Luxusaufenthalts im vierunddreißigsten Stock, wie auch der ganzen Safari, ziehen musste. Der nächste Tag ließ mich wieder früh aufstehen; Claudia, die Visagistin, wartete schon in der Lobby auf mich; wir fuhren zum Flugplatz raus – wer hätte damals nicht den Tsunami die Flugzeuge wegdrücken sehen, von wo sie ebenfalls separat flog. Sonnenaufgang, ein Kaffee, zurück ins Hotel, Frühstück! Dann ging's raus zu einem Feuerwehrmann, Andreas' Freund, der – auf das Dach seiner Scheune gerettet – die Wasser steigen sah. Wie Noah in seinem Kasten dachte ich, muss er sich gefühlt haben. Zum Glück war die Scheune stehen geblieben, dies war kilometerweit vom Strand. Zum ersten Mal bekam ich einen Begriff vom Ausmaß der Flut. Die Ebene östlich von Sendai erstreckt sich bis zum Horizont: viel, viel weitläufiger als hier ist dort alles, und alles was man sah, waren verschlammte Felder mit Trümmern drin, ruinierte Häuser bzw. deren Fundamente, Berge von Trümmern vor Silhouetten vereinzelt stehen gebliebener Bäume, Bagger an vielen Orten und Kolonnen von emsig wie Käfern brummenden schweren LKWs auf notdürftig wiederhergestellten Strassen. Das war noch einmal neu niederschmetternd. Das waren Szenen aus einem Angsttraum – aus dem man nicht erwachen kann. In so gewaltig großem Ausmaß hatte ich die Flutwirkung noch nicht gesehen.

Sprachlos hockte ich mit Fabian, dem zweiten Fahrer, an den geparkten Autos und hörte dem Herbstwind zu wie er über die Gräser strich, während etwas entfernt gedreht wurde, was doch nie zur Sendung kommen sollte. Was auch nie gesendet wurde, war eine kleine Intro auf die wir so viel Zeit verwendeten, dass ich nur mit Glück noch meinen Bus nach Haus erreichte! Am letzten Abend in Sendai stand ich auf dem Bahnhofsvorplatz, einer Plattform hoch über dem unter uns pulsierenden Verkehr und sagte wieder und wieder in die Kamera: „Mein Name ist Jürgen Oberbäumer und in 2011 war ich Erdbeben, Tsunami und Atomkatastrophe in meiner zweiten Heimat Fukushima – viel zu nah." bis endlich die Kameraleute und Anne zufrieden waren und ich mich fühlte wie ein echter Profi. Und losrannte.

41 Ausklang – Ausblick

Die Blätter begannen sich zu färben, begannen zu fallen. Mariko sammelte eifrig totes Laub in Müllsäcke und ab damit ... wohin? „Shoganai!" Müllverbrennungsanlagen im ganzen Land produzieren radioaktive Asche, was soll man machen? Man kann nichts machen. Der Herbst, der unvergleichliche japanische Herbst, senkte sich tiefer und tiefer über das Land. Der erste Advent kam, Mays Geburtstag in der Ferne! Viel Glück und viel Segen auf all Deinen Wegen ... der zweite Advent ... und es war „Sendung"! Meine gute Mutter harrte aus bis halb eins morgens: und freute sich, uns in der Flimmerkiste zu sehen! Verwandte und Freunde – alle schauten uns zu – und waren gebührend beeindruckt, hatte ich das Gefühl. Eigenartig: als ob wir „realer" geworden wären durch unseren Auftritt, durch die Darstellung im Fernsehen!

Hinterm Bahnhof Yotsukura entstand noch eine Siedlung für Evakuierte, neue Kundschaft im „Maruto", dessen Manager sich im März sicher noch die Haare gerauft hatten: ausgerechnet jetzt! ein brandneues, vergrößertes Gebäude im Bau! lächeln inzwischen zufrieden über ihre weise Voraussicht, wo die Kassen klingeln wie nie und wir Einheimische das Gefühl kriegen, Fremde in unserem eigenen Dörfchen zu werden. Am Bahnhof selber hat sich nichts verändert, außer dass die sehr kurz gewordenen Züge inzwischen nicht mehr nur bis Hisanohama fahren, sondern zwei Stationen weiter bis Hirono; mit ziemlich leeren Sitzen. Block eins in Dai-ichi bekam zu Weihnachten eine schicke neue Außenhülle; was uns alle aber nach wie vor bedrückt, sind die Fragen: wo sind die geschmolzenen Kerne? Wie sicher ist das Abklingbecken in der Ruine von Block vier? Was ist überhaupt der Plan? „Kontrollierte Abschaltung", „cold shutdown" wurde erklärt und nicht nur im Ausland zynisch kommentiert.

Die Leute aus den evakuierten Gebieten berieten und beraten über Wege zurückzukehren; sieht man Bilder der Rückkehrwilligen, fällt sofort auf dass, es nur ältere Leute sind. Die Regierung fördert ihre Bestrebungen. Tepco verschickte sehr komplizierte Papiere anhand derer betroffene Unternehmer, also auch wir, Schadensersatzansprüche geltend machen konnten: Mariko ließ sich beraten, auch von Tepco selber, deren junge Sachbearbeiter einem leid tun können: sie müssen viel aushalten. Auch von Mariko kriegten sie Einiges gesagt – obwohl sie persönlich nichts „dazu" können. Wurden sicher extra für diesen Job angestellt – aber so ist es nun einmal. Überall üben sich die Tepco-Leute seit einem Jahr im Senken der Köpfe: gut, aber nicht das Wichtigste! möchte ich sagen. Sehr zügig bekamen wir dann tatsächlich fast unsere ganzen projektierten Einbussen für 2011 ersetzt: was für ein Freudentanz! und stellten neulich schon einen Folgeantrag für Anfang 2012. Private Ansprüche wurden nicht so zügig bearbeitet, scheint es: wie stets geht das Geschäft vor; und ich bin inzwischen so lange hier, dass ich's nicht nur zynisch meine. Die Japaner verstehen was von Geschäft und Wirtschaft; kaum jemand ist da so unbedarft wie die meisten Deutschen – wenn sie doch nur auch etwas von Politik verständen!

Ruth, unsere einzige Freundin in Japan – nachdem Andrea mit Mann und sechs Kindern bis heute verschwunden bleibt – verließ das Land gegen Ende des Jahres endgültig. Was für ein grausames Jahr dieses für sie war! Sie könnte sicher drei Bücher darüber schreiben, auch auf japanisch, und sie obendrein illustrieren. Musikerin ist sie, zur Erklärung, falls das etwas erklärt. Literaturliebhabern dazu – sie schickte uns die letzten Kartons mit Büchern (und leckeren, leckeren Lebensmitteln und einem phantastischen Reiskochtopf und, und ...); ich habe sie längst noch nicht alle gelesen: die laufen nicht davon. Jedenfalls ist Ruth mit Katze Lulu gut angekommen und lebt sich drüben ein. Ein unersetzlicher Verlust für uns, aber für sie mit Sicherheit die richtige Entscheidung!

Weihnachten. Mit Leon aus Tokyo zu Besuch feierten wir hier in aller Stille. Es gab liebe Gaben aus Deutschland – Selbstgebackenes von Mutter, allerlei von May und Markus; die beiden übertrafen sich wieder selbst in kleinen Dingen mit großem Herz: ein Foto-Kalender mit schönen Andenken aus der Zeit „ „vor dem Fall" ... ein Buch von Tolstoi ... und soviel mehr. Das Tagebuch weiß alles, ich bringe es nicht mehr auf die Reihe. Die letzten Blätter unseres Ahorns waren kurz vor Weihnachten gefallen und schon war das eigentliche japanische Fest der kalten Jahreszeit da: Neujahr! Neujahr; einige Tage ohne Arbeit, traditionelle Ruhetage: nicht aber für Cakeland. Kuchen wollen alle auch zum Jahresanfang. Marikos und Leons Hilfe wurde gebraucht!

Zu Sylvester stießen wir auf ein „Frohes Neues Jahr" an – mit May und Markus am Telefon – und ließen uns ein Gläschen schmecken: wenn auch für mich das Neue Jahr irgendwie erst mit dem Neumond zum Jahr des Drachen beginnen wollte. Den wir zum dreiundzwanzigsten Januar erlebten und endlich einen Schlussstrich ziehen konnten unter ein schlechtes Jahr – in dem wir aber doch mit einem blauen Auge davongekommen waren. Das Jahr des Wasserdrachen, glückverheißend laut der chinesischen Astrologie, begann sehr gut: mit dem Ende meiner „Flucht aus Fukushima".

Ein Buch in zwei Teilen ist nun fast fertig, in einer enormen Kraftanstrengung ganz in einem wilden Zug geschrieben: auf den Knien (leider vor dem Killer PC ...) geschrieben, ganz wie die alten Japaner es gemacht hätten. Ich hocke vor dem Schreibtisch unseres lange verstorbenen, guten Vermieters und höre ihn noch einmal anerkennend sagen „Taishtamon!", was mir vor 27 Jahren so gut gefiel, ohne dass ich es im Mindesten verstanden hätte. Ich verstand seine Herzensregung und so verstehe ich Japan und seine Probleme bis heute – nicht analysierend. Aber ich verstehe sie von Herzen und würde so gern ein kleines bisschen dazu beitragen, dieses Land glücklicher zu machen als es heute ist.

Und wie geht es jetzt weiter? Was wird die Zukunft uns bringen, die langen Jahre, die ich hier vor uns liegen sehe wie eine ziemlich enge, ärmliche Strasse, die sich im Nebel verliert? Ich muss mich an eine Fahrt von Dresden nach Prag erinnern: nach dem Horror der Nationalstrasse mit ihren billigen Vergnügungsangeboten für westliche Währung auf den ersten 50 Kilometern hinter der Grenze die nicht enden wollende Fahrt durch ein graues, trübes Land mit verfallenen Dörfern und hin und wieder einem von Weiden und Krüppelholz gesäumtem Fluss. Krank von der Melancholie dieser traurigen Gegend kamen wir abends in Prag an, ließen irgendwo in der Vorstadt einen maulfaulen Anhalter raus und wurden gleich von der Polizei angehalten und abgezockt. Zahlten in D-Mark, fuhren weiter ohne Plan, wollten irgendwo in die Innenstadt und gerieten in ein Gewirr von Einbahnstrassen, aus dem es kein Entkommen gab. Es kam ein Punkt, an dem ich einfach aufgab; an den Straßenrand fuhr und den Zündschlüssel nach links drehte: meine Kinder um Hilfe bat, völlig am Ende meiner Kräfte. So komplett am Ende, dass ich noch nicht einmal bemerkte, wo wir uns befanden: mitten auf dem Altneustädter Markt, just am Rande der goldenen Herrlichkeit, die Prag ist.

Das goldene Prag sehe ich nun leider nicht am Ende unseres Weges durch diese Jahrzehnte des Abbaus. Wie soll man sie anders nennen? Es gibt einen Boom hier, Iwaki ist eine Goldgräberstadt geworden: Grabräuber suchen und finden das Gold der Inkas in den Ruinen des Tempels. Wir leben an der Strasse, über die sich inzwischen schon wieder ein erklecklicher Strom Fahrzeuge in Richtung Dai-ichi schiebt, nachdem die N 6 monatelang wie ausgestorben dalag; kein LKW-Fernverkehr und wenig PKWs – wohin denn auch? Es fuhren seltsame Gefährte, Polizei, Militär, Hilfskonvois und ein einzelner Radfahrer, zu jeder Tageszeit, bei Wind und Wetter unterwegs mit bepackten Satteltaschen, im hellblauen Schutzanzug, mit Maske und Kapuze. Wer ist er? Wohin radelt er täglich? Woher kommt er? Eine geisterhafte Erscheinung; ein fliegender Holländer der Landstrasse. Jetzt aber fließt wieder eine bunte Mischung von Verkehr und der seltsame Radfahrer fällt kaum noch auf. Noch ein Jahr und die LKWs werden ihn von der Strasse kegeln wie sie nach Dai-ichi und zur fünf Quadratkilometer großen Müllkippe für schwach strahlendes Material brausen. Platz da!

Abbau ... ich erinnere mich an meine Jugend: wie gut es war, im Vollbesitz der Kräfte überflüssig Gewordenes zu zerstören – aber jetzt empfinde ich nur ein dumpfes Grauen bei dem Gedanken, meinen Lebensabend in der Nähe, an der südlichen Anfahrt zur größten und gefährlichsten Mülldeponie der Welt verbringen zu sollen. Gibt es hier eine Zukunft – außer für die Glücksritter, die eine schnelle Mark machen wollen mit einigen Monaten auf der Planierraupe? Werden wir den langen Abschied ertragen können? Eine Welt des Verlustes, Jahre der Tristesse – selbst wenn der große Knall ausbleiben sollte, der unser Dilemma endgültig lösen würde – wie werden wir das überstehen können, ohne selbst marode zu werden? Das lange Elend? Woher wird uns die Kraft kommen, dies zu bewältigen? Die Sonne wird siegen – das Leben geht weiter, das habe ich schon gelernt, aber es gibt noch so viel dazuzulernen! Und man muss die Hoffnung nie aufgeben: wie das Furchtbare kommt auch das Hilfreiche, wenn man nicht damit rechnet. Sicher haben wir hier eine Aufgabe – sonst wären wir nicht hier. Und wenn es soweit ist, werden wir auch die Aufgabe erkennen.

Zum Baden im Onsen des „Golf-Hotels" in Onahama, ganz nahe dem ehemaligen Yachthafen, aus dem heraus die stolze „Freydis" vor einem Jahr ihre letzte Fahrt antrat, in einem Becken unter freiem Himmel mit Sicht auf das herrlich blaue Meer. Die Sonne scheint frühlingsverheißend, die Wellen raunen tief unter uns, mein Sohn erzählt mir von einem großen Sieg im Schach und die Welt ist schön. Nebenan werden Mariko und May etwas Ähnliches erleben, Mutter und Tochter sind sich sehr nah. Zum Wort des Jahres wurde „Zusammenhalt" gewählt. Was gibt es Schöneres, als mit der ganzen Familie zum Ende des Winters unter der wärmenden Sonne im heißen Wasser zu liegen, während unten am Fuß der Klippe das Meer rauscht? Alles wird gut! Wie könnte man anders empfinden? Bis man dann die anderen Badegäste sieht, alte Männer in allen Variationen, allen Graden der Hässlichkeit: zu mager, zu fett, mit zu langen oder zu kurzen Beinen, leicht hinkend oder sich plump ungelenk vorwärts schiebend – das ist, was auf mich wartet, ich sehe meine nahe Zukunft vor mir watscheln und erschrecke. Ist es das, wofür man aufgespart wurde? Die Last der Jahre – wozu? zu tragen? „LEBEN" Was ist das? Der hochmütige Spruch von W. B. Yeats zitiert: „Leben? Das mögen unsere Bediensteten für uns tun ..." gewinnt eine gewisse Attraktivität, wenn man älter wird; ursprünglich sicher nicht so gemeint, aber desto gewisser. Hochmut in kleiner Münze: den sich nun auch die Mittelmäßigen leisten können.

Ich sehe die alten Faune und Satyre – und sehe in weiße Handtücher locker eingeschlagen einen jungen Gott vom Getränkeautomaten zurückkommen, mit einem Kaffee für mich in der Hand: und komme zum Verstehen, dass es schon völlig gleich ist, ob wir gehen oder bleiben. Hochmut ist das nicht, wir werden ja tragen. Es ist das Erkennen einer einfachen Wahrheit. Unsere Zeit ist um. Der Jugend gehört die Zukunft und die wird das Beste daraus zu machen verstehen! Sie wird uns unterstützen; aber wir, Mariko und ich, werden dies nun zu zweit ertragen müssen: das Vergehen und das Absterben, um uns wie in uns. Keine schöne Aussicht! Wir wollen uns nur nicht kampflos ergeben. – Bleiben wir? Wohin sollten wir sonst?

Wird Mariko, werde ich für meine Frau hier noch ein gemütliches Plätzchen finden?

Inhalt:

Teil 1: Katastrophe und Flucht

1 Wir bleiben! 6
2 Wurzeln 6
3 Haben wir's geahnt? 8
4 Taira plus 21
5 Intermezzo mit Freunden 35
6 Beben 40
7 Tsunami 55
8 Nachbarschaft 66
9 Unser Haus/Aokis Haus 80
10 Ein kleines Beben am Rande 99
11 Nach dem Tsunami 102
12 Kinder, Atomangst 107
13 Flucht die Erste 124
14 Der 13. März 130
15 Der 14. März 138
16 Nach Fukushima! 145
17 Nach Osaka 155
18 Geburtstag im „Ten" 172
19 Abflug 177

Teil 2: Ein schwach verstrahltes Jahr

1 Ein fernes Land 182
2 Gedenkfeiern 183
3 Genpatsu Hantai! 188
4 Etwas in Bewegung 194
5 Kleine Schicksale 198
6 Verluste 203
7 Die Stimme Japans 212

8	Neue Tsunamiwarnungen…	215
9	Das deutsche Gedächtnis	218
10	Opfer und Taeter	223
11	Kein Neuanfang	232
12	Ein Kind ist geboren!	235
13	Zukunftsphantasien	239
14	Fruehlingsanfang	243
15	Intermezzo in Deutschland – zurück nach Japan	248
16	Zurück zu Haus	257
17	Alltag	263
18	Schaufeln aus Wolfram?	269
19	Aktivitäten imGarten	273
20	Diskriminierung	275
21	Solidarität	280
22	Massnahmen und Enttäuschung	283
23	Kindergärten und Mütter	287
24	In Fetzen	291
25	Zerstörungen	294
26	Eine Perle	299
27	Das Ende der Welt	300
28	Zum Leuchtturm	302
29	Ein Schiffbruch	307
30	Lügen!	310
31	Adrian im Frühling	313
32	Hoffnungsfunken: Grimms Märchen	315
33	Kein Sommerurlaub….	317
34	Robinsonade am Strand	318
35	Leon kommt nach Japan	322
36	Präsidentenbesuch	324
37	Der Dalai Lama	329
38	Bitten und Danken	331
39	Der Atomklaus	334
40	Mit J. B. Kerner unterwegs	338
41	Ausklang – Ausblick	341

Verlag Ch. Möllmann

Gerhard Joedicke: Worte der Heilung für Erde und Mensch
in Anbetracht von Fukushima - eine Chronik
ISBN 978-3-89979-155-6

Ein Bild kam mir zu:
Als das Mega-Erdbeben verklungen war, wanderte ich durch das Feld der Zerstörung. Tagelang traf ich keinen Menschen, traf ich kein Tier. Das Hoffnungswort trug mich, bis ich müde und erschöpft zu einer großen Höhle kam. Im hohen Gebirge, dort traf ich einen uralten Mann.
Er bewegte ein Rad mit seinen Händen. „Was tust Du?" fragte ich. „Ich sammle und hüte das Leid der Menschen. Ich keltere die Schmerztropfen in der Schale des Mitleids" antwortete er.

SCHMETTERLINGE ÜBER MANHATTAN
Gedichte und Texte durch Gerhard Joedicke
im Gedenken an den 11. September 2001
ISBN 978-3-931156-98-5

"Diese Texte möchten zeigen, wie sich das Ereignis von Manhattan in der Seele eines Zeitgenossen gespiegelt hat. Wie ein Mensch versucht hat, im Miterleben und Mittragen teilzunehmen an dem unfassbaren Geschehen unserer Tage.
Der Terroranschlag vom 11. September 2001 traf unmittelbar das Herzempfinden der gesamten Menschheit.
Als uns die ersten Bilder im Fernsehen erreichten, war neben der tiefsten Erschütterung eine Wahrnehmung von Licht über dem Trümmerfeld von Manhattan. Das erlebten viele Menschen. Und vor meinem Auge standen die Seelen der Toten, die gemeinsam aus ihren Leibern herausgerissen waren.
Es soll gezeigt werden, wie ein Mensch unserer Tage versucht hat, mit dem Ereignis von Manhattan zu leben. Wie er zugleich versucht hat, die weiteren Folgen zu begleiten. So kann es eine Art von "Dokumentation" sein, aus der Sicht eines einzelnen Menschen.
Dabei wurde ihm deutlich, wie jedes Mitfühlen, Mitleiden und Mittragen Einfluß nimmt auf das weitere Geschehen.
Diese Texte sind bereits an viele Menschen gegangen und haben ein tiefes Echo erfahren. Möge das vorliegende Buch die Herzen der Menschen erreichen und damit etwas beitragen zu einer Katharsis unserer Zeit. Was Menschen denken und empfinden, wirkt sich aus auf die Atmosphäre unseres Lebens. Denn immer sind es Menschen, die künftige Taten vollbringen, die bereit sind, sich für eine neue Entwicklung zu entscheiden.